KB091355

디지털 포렌식과 사고 대응 2/e

사이버 위협에 대응하는 사고 대응 기법과 절차

디지털 포렌식과 사고 대응 2/e

제라드 요한센 지음 백명훈·이규옥 옮김

i!i
에이콘

| 지은이 소개 |

제라드 요한센^{Gerard Johansen}

침투 테스트, 취약성 관리, 위협 평가 모델링, 사고 대응 분야에서 15년 이상의 경험을 가진 정보 보안 전문가다. 사이버 범죄 수사관으로 정보 보안 직종에 입문했고, 의료 및 금융 분야의 고객과 조직을 대상으로 컨설턴트와 보안 분석자로 일하면서 경험을 쌓았다. 노리치 대학교^{Norwich University} 정보 보호 석사 학위를 받았고, 공인 정보 시스템 보안 전문가^{CISSP} 자격을 취득했다.

현재는 사고 탐지, 대응, 위협 인텔리전스 통합에 주력하는 대형 기술 회사에서 고위급 사고 대응 컨설턴트로 일하고 있다.

책을 출간하기까지 아낌없는 지원을 다해 준 가족에게 감사를 전한다. 또한 나의 동료들 덕분에 많은 것을 배울 수 있었다. 마지막으로 이 책을 출판하는 데 지치지 않는 노력을 해준 출판사 직원분들께 감사의 말씀을 전한다.

| 감수자 소개 |

카일 앤더슨 Kyle Anderson

JCACJoint Cyber Analysis Course를 졸업하고 챔플레인 대학교Champlain College에서 디지털 포렌식 석사 학위를, 아이다호 주립 대학교Idaho State University에서 예술학사 학위를 받았다. 현재 미 해군에서 근무하며 사고 대응, 디지털 포렌식, 악성코드 분석에 주력하고 있다. DF 및 IR 팀의 책임자로서 민감 데이터 유출, 내부자 위협, 악의적인 침해에 관한 다수의 사건에서 사고 분석 책임을 맡았다. 해군 적색 팀원, 주니어 포렌식 및 악성 코드 분석자, 기타 공무원 등 다양한 독자를 대상으로 포렌식과 악성 코드 분석 훈련을 창안하고 제공하는 업무를 담당했다.

| 옮긴이 소개 |

백명훈(mhbaek@gmail.com)

경찰청 사이버테러대응센터 기법개발실 연구원, 사이버범죄수사관, 김앤장 법률사무소 전문위원을 거쳐 한국포렌식학회 운영위원, 한국디지털포렌식학회 학술이사, 방송통신위원회 민·관합동조사단 전문가, KISA 사이버보안전문단, ISMS-P 인증 심사원, 금융감독원 블록체인 발전포럼 자문위원, 경찰청 사이버테러범죄 전문가그룹 위원 등의 활동을 하고 있다. 저서(공저)로는 『디지털 포렌식』(고시계사, 2015) 등이 있으며, 현재 ㈜스트리미의 정보보호 최고책임자(CISO)다. EnCE, CISA, CISM, CRISC, CISSP, SIS 1급 등의 자격증을 보유하고 있다.

이규옥(legis9590@gmail.com)

성균관대학교 법학과를 졸업하고 이화여자대학교에서 법학석사, 성균관대학교 법학전문대학원에서 법학박사 학위를 받았다. 역서로는 『디지털 포렌식과 사고 대응』(에이콘, 2018), 『암호화폐 수사』(에이콘, 2019), 『암호화폐와 블록체인 기술 규제』(에이콘, 2020), 저서(공저)로는 『블록체인과 법』(박영사, 2019) 등이 있다.

| 옮긴이의 말 |

오늘날 사이버 공격 기법은 인터넷 환경 및 IT 기술의 발달과 더불어 매우 정교하고 빠른 속도로 진화해 우리를 교묘하게 괴롭히고 있다. 마치 세렝게티 초원의 배고픈 사자처럼 타깃을 꾸준히 감시하고 은밀하게 침투하며 공격시점을 엿보는 APT 형태의 사이버 공격은 결국 전산망을 마비시키거나 정보를 탈취해 해당 조직을 위기 상황에 몰아넣는다. 이와 같은 사이버 공격에 있어서 사고 대응의 성공 여부를 판가름하는 척도는 크게 두 가지다. 먼저 얼마나 빨리 이상징후를 탐지할 수 있는가? 그리고 탐지된 위협에 얼마나 신속하게 조치하는가? 이러한 일련의 사고 대응의 성공 확률을 높여 줄 열쇠는 바로 사고 대응팀의 경험과 지식에 기반한 통찰력과 열정에 있다고 해도 과언이 아니다.

이번 개정판을 준비하던 시기는 랜섬웨어의 시대라 할 정도로 세계 곳곳에서 표적형 랜섬웨어가 폭발적으로 기승을 부려 대규모 피해가 발생했다는 뉴스가 자주 보도됐다. 과거 스팸메일로 악성 코드를 무차별 살포하던 때와 달리 최근에는 정교한 방법과 고도의 코드를 사용해 장기적으로 표적을 공격하는 양상을 보이고 있다. 잘 알려진 글로벌 보안업체가 제공하는 보안솔루션에서 제로데이 취약점이 발견됐고, 취약점이 발견되기 전에 이미 악용돼 피해가 발생했다는 것은 시사하는 바가 크다. 개정판에 추가된 사이버 사고 관리, 메모리 및 로그 분석, 위협 사냥 등 다양하고 실용적인 예는 시의적절하게 디지털 포렌식 활동 및 사고 대응을 수행하는 데 필요한 정보를 제공한다. 더불어 각 장을 마칠 때마다 핵심적인 사항의 이해를 돕는 문제와 더 읽어 볼 거리가 제공돼 이 책을 교육용으로 활용하기도 좋다.

이 책의 저자는 『손자병법』의 손무가 강조했던 '지피지기知彼知己' 사상의 전략적 개념을 언급하며, 이것이 사이버 침해사고에서도 상통될 수 있음을 필력하고 있다. 『손자병법』 제6편에 보면 다음과 같은 말이 있다.

"선전자, 치인이불치어인善戰者, 致人而不致於人"

적보다 먼저 전쟁터에 도착해 적을 기다리는 군대는 편안하고, 적보다 늦게 전쟁터에 도착해 갑자기 전투에 투입되는 군대는 좋은 거점을 놓쳐 피동적으로 적에게 끌려간다는 말이다. 이것은 사이버 공격에 대응하는 우리의 자세가 어떠해야 하는지를 되새기게 한다. 보이지 않는 적의 공격에 대한 철저한 준비의 자세는 아무리 강조해도 지나치지 않다. 이 책의 저자 역시 '준비에 실패하는 것은 실패를 준비하는 것'이라는 벤자민 프랭클린의 말을 인용하며 사이버 공격에 대비한 철저한 준비를 다시 한번 강조한다. 손무는 '전쟁에서 승리는 인위적으로 만드는 것'이라고 했다. 따라서 독자들이 칼이나 총이 아닌 최신 해킹 기술과 도구를 무기로 사용하는 사이버 공격의 대응 전략을 터득하게 되길 바란다.

사이버 공격의 위험을 완전히 제거하는 것은 불가능하다. 다만 체계적이고 효율적인 방법으로 침해사고에 대응하는 능력을 적절하게 갖춘다면 잠재적인 사이버 공격의 피해를 줄이고 관련된 피해를 신속히 복구함으로써 조직의 위험을 최소화할 수 있을 것이다. 그리고 근본적인 사고 원인의 분석을 통해 사고 대응 계획을 개선하는 과정을 거친다면 향후 유사한 사고가 발생할 위험을 줄일 수 있을 것이다. 또한 이 책에서 제시된 문서화의 과정을 올바르게 수행한다면 만일 사고가 법정에서 다뤄지더라도 증거가 누락되는 일은 쉽게 일어나지 않을 것이다.

더불어 사고 대응 분석자는 이와 관련한 법적 절차와 판례의 동향을 숙지해야 한다. 최근 대법원은 형사절차상 전자적 정보의 수집과 분석에 관한 새로운 판례를 많이 내어 놓고 있으며 전자적 정보의 수집과 분석 과정, 증거 능력의 인정에 관해 엄격한 입장을 취하고 있다. 민사소송에서는 자유심증주의를 채택하고 있어 원칙적으로 증거 수집 방법이나 증거 능력의 제한은 없으나 객관적 증명의 개연성과 법관의 주관적인 확신이 있을 것을 요구하고 있다. 따라서 관련 법규와 최근 판례의 동향을 분석해 디지털 포렌식 역량을 쌓아간다면 조직의 정보보호 전략의 수립 및 사고 대응 시 과학적 조사 기술의 타당성 증명에 자신감을 얻게 될 것이다.

사이버 전쟁에서 '전략'과 '전술'은 사고 대응의 중요한 요소다. 이 책은 이러한 전략과 전술에 대한 저자의 경험과 내공이 묻어난다. 이에 독자들은 각 장의 세심한 구성과 실제의 예시들을 따라가며 비교적 쉽게 사고 대응의 흐름을 이해할 수 있을 것이다. 이 책이 사이버 보안 전문가에게는 사고 대응 역량을 향상시키고, 디지털 포렌식 입문자에게는 이 분야의 체계적인 소양을 기르기 위한 더 없이 훌륭한 셰르파^{Sherpa}가 되리라 생각한다. 마지막으로 재촉하지 않고 늘 격려해주신 에이콘출판사 관계자분들께 깊은 감사를 드린다.

| 차례 |

1부   사고 대응과 디지털 포렌식 기초

1장   사고 대응의 이해   29

2부   증거 수집

4장   네트워크 증거 수집   117

3부   증거 분석

7장   네트워크 증거 분석   213

| 들어가며 |

사고 대응과 디지털 포렌식을 둘러싼 기술적이며 운용적인 측면에 관한 다양한 주제를 개관적으로 설명한다. 먼저 조직이 사고에 대비할 수 있도록 예방적 조치들을 검토하는 것으로부터 시작한다. 디지털 포렌식의 개념과 기법들을 통합적으로 다루며, 이들이 사고 대응과 어떻게 관련되는지를 살펴본다. 개념에서 실제 기법으로 나아가 디스크, 메모리, 네트워크를 포함한 다양한 소스에서 어떻게 증거를 수집하는지 보게 될 것이다. 그리고 침해나 공격의 지표에 대한 증거의 출처를 검사하는 과정을 따라간다. 이후에는 결과의 보고가 하는 역할의 논의와 함께 사고의 이해를 요구하는 여러 기관을 대상으로 보고서 작성 방법을 살펴본다. 이 기법들을 상세히 설명하고자 악성 코드 분석, 위협 인텔리전스 및 위협 사냥의 역할도 다룬다. 이 책이 끝날 무렵 포렌식 기법과 사고 대응 방법의 기초가 견고해지고, 여러분의 조직이 잠재적 보안 사고를 효과적으로 대비하는 기법들을 도입하는 데 필요한 경험을 쌓게 될 것이다.

▌ 이 책의 대상 독자

정보 보호 전문가, 디지털 포렌식 실무자, 소프트웨어 응용 프로그램 및 기본 명령행 사용에 대한 지식과 경험이 있는 독자를 대상으로 한다. 또한 조직 내에서 사고 대응, 디지털 포렌식, 위협 사냥 임무를 처음 접하는 정보 보호 전문가에게 도움이 될 것이다.

▌ 이 책의 구성

1장, 사고 대응의 이해 사고 대응의 절차와 기업 내부적으로 사고 대응에 대한 프레임워크를 수립하는 방법을 다룬다. 이 프레임워크를 통해 사고의 근본 원인을 구체적이며 체계적으로 조사할 수 있고, 사고를 억제하고 충격을 줄일 수 있으며, 피해를 복구해 기업을 평시의 상태로 되돌릴 수 있다.

2장, 사이버 사고 관리 사고 대응을 위한 전략적 구성 개념을 제공하는 사고 관리 프레임워크를 논하며, 사고 관리 방법의 가이드를 제시한다. 사고 에스컬레이션, 사고 워룸^{war room}의 구성, 위기 커뮤니케이션, 조직을 평시로 되돌리기 위한 기법 등과 같은 전략적 수준의 이슈를 다룬다.

3장, 디지털 포렌식 기본 원리 디지털 포렌식의 기초를 배운다. 디지털 포렌식의 주요 역사와 과학 수사의 기본 요소, 디지털 포렌식 기법과 사고 대응 프레임워크의 통합 방법을 다룬다.

4장, 네트워크 증거 수집 네트워크 기반 증거의 획득에 중점을 둔다. 방화벽, 라우터, 스위치, 프록시 서버, 그 밖의 네트워크 레이어 장비와 같은 네트워크 장비의 로그 파일들을 다룬다. 또한 패킷 캡처와 같은 증거 유형도 탐색해 본다.

5장, 호스트 기반 증거 획득 손상된 호스트가 많은 경우 직접적으로 또는 네트워크의 다른 영역에 대한 피벗 포인트로써 공격의 대상이 된다는 점을 설명한다. 이러한 시스템들의 증거는 사고의 근본 원인을 파악하는 핵심이다. 휘발성 메모리, 로그 파일, 기타 관련 증거를 캡처하는 데 사용되는 도구와 기법을 중점적으로 다룬다.

6장, 포렌식 이미징 손상된 시스템의 물리적 디스크 드라이브가 중요한 증거 소스가 된다는 점을 설명한다. 이 증거가 손상되지 않게 하려면 증거를 적절하게 확보해야 한다. 이 장에서는 의심스러운 하드 디스크 드라이브^{HDD}를 올바르게 이미징하는 방법에 집중한다.

7장, 네트워크 증거 분석 tcpdump, Wireshark, Moloch와 같은 오픈소스 도구를 사용하는 방법을 알아본다. 명령 및 제어 채널이나 데이터 추출을 식별하기 위한 네트워크 증거 분석 가이드를 제시한다. 이러한 증거는 네트워크 프록시나 방화벽 로그, 패킷 캡처와 같은 다른 네트워크 증거와 깊이 연관된다.

8장, 시스템 메모리 분석 산업 표준 도구들을 활용해 시스템 메모리 안에 포함된 악성 활동들을 식별하는 다양한 방법을 살펴본다. 악성 프로세스, 네트워크 연결, 감염된 시스템에서 실행되는 악성 코드와 관련된 지표들의 식별 방법을 소개한다.

9장, 시스템 스토리지 분석 앞서 이미징한 HDD로부터 증거를 추출하는 데 사용할 수 있는 도구와 기법을 소개한다. 시스템 스토리지를 검사하는 데 사용할 수 있는 방법들을 다루지만, 9장에서는 특정 측면만 중점적으로 다룬다.

10장, 로그 파일 분석 정당한 동작과 적대적인 동작 중에 생성되는 다양한 윈도우 OS 로그를 탐색한다. 오픈소스 도구를 사용해 로그 파일을 분석함으로써 보안, 시스템 또는 응용 프로그램 이벤트 로그를 검사하고, 잠재적인 침해 지표를 식별하는 방법을 알아본다.

11장, 사고 보고서 작성 조사 자체만큼 중요한, 사고 대응자의 조치와 분석을 캡처한 서면 문서의 작성을 논한다. 잠재적으로 사법기관을 포함해 주요 내부 및 외부의 이해관계자를 대상으로 한 보고서 작성에 초점을 둔다. 법정에서의 철저한 검토에 부합하는 보고서를 준비하는 것이 최종 목표다.

12장, 악성 코드 분석 악성 코드를 검사할 때 배포되는 도구 및 기법을 개관한다. 여기에서는 주요 지표를 식별하는 정적 분석 기법과 악성 코드의 동작을 탐색하는 동적 분석을 다룬다.

13장, 위협 인텔리전스 활용 위협 인텔리전스가 적대적인 전술, 기법, 절차의 광범위한 내용에 대한 세부 정보를 제공함에 따라 사고 대응에서 점점 더 중요해지고 있다는 점을 설명한다. 더불어 위협 인텔리전스를 이해하고 이를 사고 대응 절차에 적용하는 방법을 다룬다.

14장, 위협 사냥 디지털 포렌식 도구 및 기법을 위협 인텔리전스와 통합해 네트워크가 침해됐는지 확인하는 방법을 소개한다. 또한 위협 사냥 가설 및 사냥을 위한 지표의 작성을 통해서 위협 사냥의 방법과 함께 위협 인텔리전스가 어떻게 사냥을 촉진할 수 있는지 알아본다.

부록 보안 및 사고 조사에 관련된 가장 중요한 이벤트가 포함돼 있으며 이는 참고용으로 제공됐다. IT 및 보안 전문가들이 활용할 수 있는 상당한 수의 Windows Event Log의 유형을 제시했다.

▍ 이 책을 최대한 활용하려면

윈도우 OS에 익숙해야 하며 응용 프로그램을 다운로드하고 실행하며 윈도우 명령행을 사용할 수 있어야 한다. 리눅스 명령행을 잘 다루는 것도 도움이 된다. 기본 네트워크 프로토콜과 다양한 유형의 네트워크 트래픽의 이해도 필요하다. 필수는 아니지만 가상화 소프트웨어 플랫폼과 특정 도구를 실행할 윈도우 OS에 대한 접근이 도움이 될 수 있다. 사고 대응 및 디지털 포렌식 분야는 성장하고 있다. 새로운 도구와 기법을 지속적으로 연구하고 시도함으로써 이 책을 최대한 활용할 수 있을 것이다.

컬러 이미지 다운로드

이 책에서 사용된 스크린샷과 도표의 컬러 이미지는 PDF 파일로 제공된다. http://www.packtpub.com/sites/default/files/downloads/9781838649005_ColorImages.pdf에서 다운로드할 수 있다.

편집 규약

이 책 전반에 걸쳐 사용된 많은 텍스트 규칙이 있다.

텍스트 내의 코드: 텍스트, 데이터베이스 테이블 이름, 폴더 이름, 파일 이름, 파일 확장자, 경로 이름, 더미 URL, 사용자 입력 및 트위터^Twitter 핸들의 코드 단어를 나타낸다. 예를 들어 다음과 같다.

"명령 프롬프트에서 RawCap.exe 파일이 들어 있는 폴더로 이동한다."

코드 블록은 다음과 같이 설정된다.

```
meta:
description = "Stuxnet Sample - file ~WTR4141.tmp"
author = "Florian Roth"
reference = "Internal Research"
date = "2016-07-09"
```

모든 명령행의 입력 또는 출력은 다음과 같이 작성한다.

```
dfir@ubuntu:~$ tcpdump -h
```

볼드체: 화면에 보이는 새로운 용어, 중요한 단어 또는 단어를 나타낸다. 예를 들어 메뉴나 대화 상자의 단어는 다음과 같이 텍스트에 나타난다.

"File을 클릭한 다음 Capture Memory를 클릭한다."

 주의 사항이나 중요한 내용을 나타낸다.

유용한 정보나 요령을 나타낸다.

저작권 침해: 만약 인터넷에서 어떤 형태로든 이 책의 불법 복제물을 발견할 때 우리에게 위치 주소나 웹사이트 이름을 제공해 주면 감사할 것이다. 해당 자료의 링크와 함께 copyright@packt.com으로 문의 바란다.

정오표: 콘텐츠의 정확성을 보장하고자 모든 주의를 기울였지만, 실수는 일어나게 돼 있다. 이 책에서 실수를 발견했을 때 우리에게 알려 준다면 감사할 것이다. www.packtpub.com/support/errata를 방문해 책을 선택하고, Errata Submission Form 링크를 클릭한 다음 세부 정보를 입력하기 바란다. 한국어판의 정오표는 에이콘출판사 도서정보 페이지 http://www.acornpub.co.kr/book/digital-forensics-2e에서 볼 수 있다.

문의: 이 책에서 궁금한 점이 있으면 메시지 제목에 책 제목을 언급하고 customercare@packtpub.com으로 이메일을 보내 주기 바란다. 한국어판에 관한 질문은 에이콘출판사 편집 팀(editor@acornpub.co.kr)으로 문의해 주길 바란다.

에이콘출판의 기틀을 마련하신 故 정완재 선생님 (1935-2004)

사고 대응과
디지털 포렌식 기초

1부는 사고 대응과 디지털 포렌식의 기초를 다진다. 사고 대응 절차, 포렌식 원칙, 사고 관리와 같은 기본적 요소들은 이 책의 후반부에서 직접적으로 연관될 것이다.

1부는 다음의 장으로 구성된다.

- 1장, 사고 대응의 이해
- 2장, 사이버 사고 관리
- 3장, 디지털 포렌식 기본 원리

사고 대응의 이해

오늘날 정보 기술에 대한 위협들을 살펴보노라면 과히 압도적인 것 같다. 아마추어 해커가 사용하는 간단한 기성 코드부터 국가를 적으로 삼는 도구에 이르기까지, 이러한 위협들에 대비를 갖추는 것은 아무리 강조해도 지나치지 않다. 가령 어떤 내부 직원이 랜섬웨어ransomware의 단일 인스턴트를 다운로드했다고 하자. 이러한 행위는 그가 속한 조직에 막대한 충격을 줄 수 있다. 네트워크 악용 시도나 타깃화된 데이터 유출과 같은 좀 더 복잡한 공격은 보안 사고의 혼란을 증폭시킨다. 기술 담당 직원들은 어떤 시스템이 공격을 받았으며, 어떻게 조종되고 있는지를 파악하느라 몹시 분주해질 것이다. 뿐만 아니라 이들은 손상된 시스템의 데이터 유실 문제를 해결해야 한다. 설상가상으로 고위 경영진은 모든 핵심 사안에 대한 실시간 보고를 재촉하고, 어떻게 이러한 일이 벌어졌으며, 이 문제가 얼마나 심각한지의 답을 요구할 것이다.

조직이 체계적이고 효율적인 방법으로 보안 사고에 대응하는 능력을 갖춘다면 잠재적인 사이버 공격의 피해를 줄일 수 있을 뿐만 아니라 관련된 피해를 복구할 수 있다. 체계적인 대응을 도모하고자 크고 작은 규모의 조직들은 기존의 조직 정책 및 절차와 과정에 사고 대응 역량을 포함시키는 방안을 모색해 왔다.

조직 내에서 이러한 역량을 구현하려면 몇 가지 핵심 요소를 짚어 봐야 한다. 첫째, 조직은 사고 대응 절차의 실무 지식이 있어야 한다. 이 절차는 일반적으로 사건의 흐름과 각 단계에서 취해지는 활동을 개괄한다. 둘째, 조직은 사고 대응 역량의 중추를 이루는 인력을 확보할 수 있어야 한다. 팀이 구성되면 공식 계획 및 관련 절차가 만들어져야 한다. 이러한 계획과 절차는 한 조직이 사고 중에 따를 수 있는 질서정연한 체계로 자리잡게 된다. 마지막으로 이렇게 마련된 프레임워크하에서 사고 대응 계획은 새로운 위협이 발생함에 따라 지속적으로 평가 및 테스트되고 개선돼야 한다. 이러한 프레임워크를 활용한다면 조직이 직면하는 참담한 현실, 즉 보안 침해 사고에 대비할 수 있다.

1장에서 다룰 주제는 다음과 같다.

- 사고 대응 절차
- 사고 대응 프레임워크
- 사고 대응 계획
- 사고 대응 플레이북playbook
- 사고 대응 프레임워크 테스트

▌ 사고 대응 절차

조직의 사이버 보안 사고에는 일정한 생명주기가 존재한다. 만일 어떤 조직이 사고 대응을 위한 역량이 충분하다면 절차의 각 단계별로 그러한 사고를 반드시 처리할 수 있도록 만반의 조치를 취하게 될 것이다. 보통의 경우 각 사고는 그 조직이 악의적 활동임을 시사하는 사고를 인지하면서 시작된다. 이러한 탐지는 보안 제어 경보의 형식이나 또는 그 조직의 잠재적 보안 문제를 조언해 주는 외부자를 통해 이뤄질 수 있다. 경보가 발령되면 조직은 정보 시스템을 정상적인 동작 상태로 되돌리기 위한 봉쇄containment 조치를 취함으로써 사건 분석을 진행한다. 아래 다이어그램은 '**준비**preparation'를 시작점으로 해서 이와 같은 흐름을 보여 주는 주기표다. 좀 더 살펴보면 모든 사고는 '**사후 활동**post-incident-activity'을 거친 조직이 미래에 발생할 수 있는 사고에 보다 잘 정비되도록 하며, 다음번 사고의 대비책으로 활용된다.

사고 대응 절차는 사건 처리를 위해 조직이 취할 수 있는 여섯 가지 단계별 조치로 나눠 볼 수 있다.

1. **준비**preparation: 준비가 잘 돼 있지 않으면 이후의 사고 대응이 무질서해질 뿐만 아니라 사고를 더욱 악화시킬 수 있다. 준비 단계의 핵심 요소 중 하나는 사고 대응 계획을 수립하는 것이다. 필수 인력에 대한 계획이 마련되면 사고 대응 업무에 파견된 직원이 적절한 훈련을 받도록 해야 한다. 이러한 훈련에는 사고 조사에 필수적인 절차와 진행 과정 및 추가 도구가 포함된다. 사고 대응 계획의 수립과 더

불어 포렌식 하드웨어 및 소프트웨어와 같은 도구를 마련해서 이를 절차 전반에 통합시켜야 한다. 마지막으로 정기적인 훈련을 통해 조직이 교육을 받도록 하고, 이러한 절차에 익숙해지도록 해야 한다.

2. **탐지**detection: 잠재적인 사고를 탐지한다는 것은 복합적인 시도다. 조직의 규모에 따라서는 하루 1억 개가 넘는 개별 이벤트가 있을 수 있다. 이러한 이벤트는 정상적인 업무 과정 중에 취해진 합법적 조치에 대한 기록일 수도 있고 잠재적으로 악의적 활동을 나타내는 지표일 수도 있다. 샌더미 같은 보안 제어 장치의 알람과 이벤트 데이터가 쇄도하는 상황에서 여러분은 막대한 네트워크의 소음으로부터 진짜 중요한 신호를 구분해 내야 한다. 심지어 오늘날 최첨단의 '보안 정보 및 이벤트 관리SIEM, Security Incident and Event Management' 도구도 어떤 사건이 잠재적 사고로 분류되는지를 식별하게 해주는 규칙 세트rule set를 정기적으로 업데이트하고 유지 관리하지 않으면 효율이 떨어진다. 탐지 단계는 조직이 악의적 활동일 가능성이 있는 이벤트를 처음으로 인식하게 되는 사고 대응 절차의 일부다. 그렇다면 악의적 활동일 가능성이 있는 이벤트 또는 탐지가 이뤄져 악의적 행위임을 시사하는 이벤트가 사고로 분류된다. 예를 들어 보안 분석자는 특정 관리자 계정이 그 관리자의 휴가로 부재 중인 동안에도 사용 중이라는 경고를 받을 수 있다. 탐지는 외부 소스로부터도 발생할 수 있다. ISP 또는 법 집행 기관은 어떤 조직의 네트워크에서 발생한 악의적 활동을 탐지해 해당 상황을 알려 줄 수 있다. 그 밖에 사용자가 잠재적 보안 사고를 맨 먼저 보고할 수도 있다. 이것은 어쩌면 한 직원이 알 수 없는 출처로부터 엑셀 스프레드시트를 받아 열어 봤다는 사실을 헬프 데스크 기술팀에 알리는 것처럼 의외로 단순한 것일 수 있다. 직원들은 현재 로컬 시스템 파일이 암호화됐다고 불평 중이다. 이러한 경우 조직은 이 같은 이벤트를 각각, 사고의 수준으로 확대시키고(1장의 뒷부분에서 다룰 예정임) 조사와 해결을 위한 대응 절차를 시작해야 한다.

3. **분석**analysis: 사고가 감지되면 조직 내부의 직원이나 신뢰할 수 있는 제3의 기관이 분석을 시작한다. 이 단계에서 직원은 메모리, 로그 파일, 네트워크 연결, 소프트

웨어 프로세스 실행과 같은 시스템 증거를 수집하기 시작한다. 사고 유형에 따라 이러한 수집은 적게는 몇 시간에서 많게는 며칠이 걸릴 수 있다. 증거가 수집되는 즉시 분석이 이뤄져야 한다. 분석을 수행할 수 있는 도구는 다양하며, 대부분은 이 책에서 다뤄진다. 분석자는 이러한 도구들을 활용함으로써 사고 상황, 침해 내용, 다른 시스템의 연관 여부, 기밀 데이터 제거 여부를 확인할 것이다. 이러한 분석의 궁극적인 목표는 초기의 위협에서부터 탐지 단계에 이르기까지의 사고의 근본 원인을 판별하고 위협 요인이 되는 행위를 재구성하는 것이다.

4. **봉쇄**^{containment} : 사고는 무엇이며, 어떠한 시스템과 관련됐는지를 파악하는 즉시, 조직은 봉쇄 단계로 이동할 수 있다. 이 단계에서 조직은 위협 요인이 지속적으로 기타 네트워크 리소스를 손상시키고, 명령 및 제어 인프라와 통신하며 기밀 데이터를 유포할 가능성을 차단하기 위한 조치를 취한다. 봉쇄 전략은 방화벽의 포트 및 IP 주소를 잠그는 것에서부터 감염된 컴퓨터 후면에 연결된 네트워크 케이블을 제거하는 것까지 다양하다. 각 사고 유형에 따라 자체 봉쇄 전략이 있지만 데이터를 도난당하기 직전이나 그 도중이라도 보안 사고를 탐지할 수 있다면 소스 유실 방지를 위한 여러 다른 옵션을 사용할 수 있다.

5. **제거 및 복구**^{eradication and recovery} : 제거 단계에서는 공격받은 네트워크로부터 위협 요인을 제거하게 된다. 악성 코드에 감염된 경우라면 고급 악성 코드 방지 솔루션을 실행할 수도 있다. 또 다른 경우에는 손상된 시스템을 완전히 지워 버리고 운영체제를 재설치해야 한다. 여기에는 손상된 사용자 계정을 제거하거나 변경하는 것이 포함된다. 만일 취약점의 악용이 있었다고 판단된다면 공급업체 패치를 적용하거나 소프트웨어 업데이트를 한다. 복구 활동은 조직의 비즈니스 연속성 또는 재해 복구 계획과도 긴밀하게 연계된다. 이와 같은 사고 대응 단계에서는 새로운 운영체제 또는 응용 프로그램이 재설치되며, 백업된 로컬 시스템 데이터도 복원된다. 또한 조직은 실사 단계에서 기존의 사용자 및 관리자 계정을 감사하고 위협 요인이 활성화된 계정은 없는지 확인한다. 취약성 검사가 포괄적으로 수행되면 조직은 마침내 악용 가능한 취약점이 제거됐음을 확신하게 된다.

6. **사후 활동**post-incident activity: 사고 처리 과정이 종료되면 주요 이해관계자와 함께 사건에 대한 철저한 검토가 이뤄진다. 여기에는 사고 중에 취해진 모든 조치에 대한 검토가 포함된다. 어떤 것이 효과적이었으며 좀 더 중요했던 것은 무엇이었는지, 효과가 없었던 것은 무엇이었는지는 검토 과정에서 중요한 논의 주제다. 이로써 사고 대응 결과에 긍정적 또는 부정적 영향을 미치는 특정한 작업이나 행위를 강조할 수 있기 때문이다. 서면 보고서가 완성되는 시점은 이 단계다. 사건 발생 시 취했던 조치를 문서화하는 것은 발생한 사고를 파악하고, 이 사건을 법정에서 다룰지를 파악하는 데 중요하다. 보다 효과적으로 문서화하려면 밝혀 낸 근본 원인에 초점을 두고 일련의 사건을 명확하게 상술해야 한다. 보고서 작성자는 정보 기술에 문외한인 이해관계자가 이 보고서를 읽을 수 있다는 사실을 염두에 둬야 한다. 따라서 보고서에는 전문 용어나 개념에 대한 정의가 필요하다.

마지막으로 사고 이후의 보고 과정 동안 발생된 정보로써 사고 대응 절차를 최신으로 업데이트해야 한다. 이러한 교훈을 취합해 두면 향후에 발생할지도 모르는 사고에 보다 효율적으로 대응할 수 있게 된다.

디지털 포렌식의 역할

사고 대응 영역에 익숙하지 않은 사람들이 흔히 갖는 오해가 있다. 즉 사고 대응은 한낱 디지털 포렌식에 불과하다는 것이다. 결국 이러한 태도는 이 두 가지 용어를 혼용되게 만든다. 디지털 포렌식이 사고 대응에 중요한 요소임에는 틀림없지만(이것이 이 책의 여러 장에 걸쳐 디지털 포렌식을 다루는 이유다) 사고를 해결해 나가는 것은 하드 드라이브를 판독하는 것 이상이다. 따라서 포렌식은 종합적인 사고 대응 절차를 위한 지원병 역할을 수행한다고 생각하는 것이 가장 바람직하다. 디지털 포렌식은 사건의 기술적 측면을 이해하고, 근본 원인을 잠재적으로 파악하며, 확인되지 않은 접근이나 기타 악의적인 활동을 발견하는 메커니즘 역할을 한다. 예를 들어 **서비스 거부**DoS, Denial-of-Service 공격과 같은 사고는 포렌식 작업이 거의 필요하지 않다. 반면 내부 서버 및 네트워크를 벗어나 발생하는 **명령 및 제어**^{C2,} Command and Control 트래픽의 손상과 관련된 네트워크 침입은 로그와 트래픽 분석 및 메모리 분석 등 광범위한 조사가 필요하다. 이 분석에서 근본 원인을 도출할 수 있다. 두 경우 모두 조직은 사고와 연관될 수는 있지만, 후자의 경우에 포렌식이 훨씬 더 중요한 역할을 한다.

사고 대응은 디지털 포렌식의 방법론, 도구, 기법을 사용하면서도 추가적인 요소들을 함께 다루기 때문에 디지털 포렌식이 제공하는 바를 넘어서는 정보 보안의 기능이라 할 수 있다. 사고 대응이 추가적으로 다루는 요소에는 발생 가능한 악성 코드나 기타 부당 이용, 취약점 식별 및 교정, 다양한 기술 인력 및 비기술 인력에 대한 관리가 포함된다. 어떤 사고들은 호스트 기반 증거나 메모리 분석이 필요할 수 있고, 또 어떤 사고들은 방화벽 로그 검토면 충분하지만, 각각에 있어서 대응자들은 사고 대응 절차를 따르게 될 것이다.

▌ 사고 대응 프레임워크

데이터 침해, 랜섬웨어 공격 또는 기타 보안 사고에 대한 결코 임시방편적인 대응이 돼서는 안 된다. 막연한 절차나 처리 순서 때문에 조직은 사고의 범위를 파악하지 못하고, 피해를 막기 위한 골든타임을 놓칠 수 있다. 심지어 사고가 벌어지고 나서 계획을 짜는 것은 사실상 중요한 증거를 파괴할 수 있고, 안 좋은 경우 더 많은 문제를 일으킨다.

사고 대응 절차를 제대로 이해하는 것은 조직 내부에서 이러한 대응 역량을 구축하는 첫 단계에 불과하다. 조직에 필요한 것은 해당 절차를 운용하고자 조직의 가용 자원을 활용하는 프레임워크다. 사고 대응 프레임워크는 조직 내에서 기능적 사고 대응 능력의 요소들을 형성한다. 이 프레임워크는 인사, 정책, 절차와 같은 요소로 구성된다. 이러한 요소를 통해 조직은 사고에 대응하는 능력을 갖추게 된다.

사고 대응 헌장

이러한 역량을 구축하기 위한 첫 번째 단계는 잠재적인 보안 사고의 가능성을 다루지 않으면 조직의 리스크가 너무 커진다는 고위 경영진의 결정이다. 결정의 순간이 다가오면 조직의 고위급 구성원들은 프로젝트 스폰서로서의 역할을 하고 사고 대응을 위한 헌장을 수립하게 된다. 보통 이 헌장은 **컴퓨터 보안 사고 대응팀**CSIRT, Computer Security Incident Response Team 의 창설을 이끈다.

 사고 대응팀을 부르는 이름이 여럿 있지만, 컴퓨터 침해 사고 대응팀(CERT, Computer Emergency Response Team)이라는 용어는 미국 국토안보부 또는 컴퓨터 침해 사고 대응팀 조정 센터(CERT/CC, Computer Emergency Response Team Coordination Center)에서부터 카네기 멜론 소프트웨어 공학 연구소에 이르기까지 US-CERT와 관련 있는 경우가 많다. 우리는 여기서 좀 더 일반적인 용어로서 CSIRT를 사용하기로 한다.

사고 대응 헌장은 다음 내용을 서면으로 다뤄야 한다.

- **고위 경영진의 지원 확보**: CSIRT가 독자적으로 생존 가능하려면 조직 내 고위 경영진의 지원이 필요하다. 민간 기관에 소속된 CSIRT는 마케팅이나 영업에서 수익을 발생시키는 것과는 다르므로 부서에 필요한 지원 또는 자금을 확보하기란 쉽지 않다. 그렇지만 주지할 것은 CSIRT가 최악의 경우에 보험 증서 역할을 한다는 것이다. 이런 식으로 CSIRT는 사고의 여파를 잠재우고, 보안 침해 또는 기타 악의적 활동과 관련된 비용을 줄임으로써 스스로의 존재를 정당화시킬 수 있다.
- **구성체 정의하기**: 구성체constituency는 CSIRT가 책임지는 조직의 구성 요소와 도메인을 명확하게 정의한다. 이유야 어찌 됐든 어떤 조직은 CSIRT의 책임이 부과되지 않은 부서나 자회사를 갖는 경우가 있다. 구성체는 local.example.com과 같은 도메인, ACME Inc. 등의 명칭으로 정의할 수 있다.

- **조직 강령 세우기**: 뜻밖의 임무 변경이나 CSIRT 책임 범위의 점진적 확대는 CSIRT의 목적이 무엇인지에 대한 분명한 정의 없이도 나타날 수 있다. 이를 극복하기 위해서는 서면 정보 보안 계획서 안에 명확하게 정의된 강령을 포함시켜야 한다. 예를 들면 다음과 같다. 'ACME 주식회사 CSIRT의 사명은 주식회사 정보시스템 및 인력에 대한 기밀성, 무결성, 가용성에 영향을 미치는 보안 사고에 대해 시의 적절한 분석 및 조치를 취하는 것이다.'

- **서비스 제공 결정하기**: 조직 강령과 더불어 서비스 목록을 명확히 규정하는 것 역시 CSIRT의 임무가 예상치 못하게 변경되는 위험에 대처하도록 한다. 서비스는 보통 사전 예방적 서비스와 사후적 서비스로 나뉜다.

  - **사전 예방적 서비스**: 여기에는 CSIRT에 소속되지 않은 직원들의 교육, 신흥 보안 위협에 대한 개요 제공, 엔드포인트 탐지 및 응답 도구와 같은 보안 도구들의 테스트 및 배포, IDS/IPS 경고 규칙을 작성함으로써 보안 운영을 지원하는 것 등이 포함된다.

  - **사후적 서비스**: 이것은 주로 이미 일어난 사건에 대응하기 위한 것이다. 대부분의 경우 사후적 서비스는 사고 대응 절차 전반을 다루게 된다. 여기에는 증거 수집 및 검토, 봉쇄의 지원, 제거 및 복구 노력, 최종적으로 사고를 문서화하는 것이 포함된다.

명문화된 헌장이 가져올 또 다른 중요한 이점은 CSIRT가 전체 조직에 적응하도록 한다는 것이다. 이것은 팀의 목적에 관한 루머와 빈정거림을 없애기 위한 것이다. 조직원들은 디지털 조사팀 내지 사고 대응팀이라는 말을 듣게 될 수 있으며, 직원의 부정 행위를 캐내고자 조직이 준비 중인 비밀 경찰이라고 여겨질 수도 있다. 이러한 것에 대응하고자 CSIRT의 강령이 포함된 짧은 성명서가 모든 직원에게 공개될 수 있을 것이다. 또한 CSIRT는 고위 경영진에게 사고 처리 내용을 정기적으로 업데이트함으로써 팀의 목적을 증명할 수 있다.

컴퓨터 보안 사고 대응팀

사고 대응 헌장의 작성이 마무리되면 CSIRT의 직원 채용 단계가 시작된다. 풍부한 자원을 갖춘 대규모 조직이라면 사고 대응을 위한 상근 직원을 둘 수 있을 것이다. 하지만 많은 경우에 있어서 조직은 사고 대응 이외에 다른 직무를 수행하는 직원들을 활용해야 한다. CSIRT의 구성원은 세 가지 유형으로 나눠 볼 수 있다. 핵심팀, 기술 지원팀, 조직 지원팀이 그것이다. CSIRT에 속한 개개인은 구체적인 직무를 수행하게 된다. 조직이 이러한 능력을 구축하는 것은 단순히 인력을 할당하고 정책 문서를 만드는 수준을 넘어서는 것이다. 주요 프로젝트의 이니셔티브와 마찬가지로 기능적인 CSIRT를 만드는 데는 상당한 노력이 요구된다.

각 유형의 CSIRT는 각기 구체적인 역할과 책임이 있다. 다양한 수준의 인력들은 가벼운 사고에서부터 최악의 사고에 이르기까지 광범위한 사건들을 통해 지침과 지원을 제공하도록 설계된다.

CSIRT 핵심팀

CSIRT의 핵심팀은 상근 직원 또는 필요 시 활동을 수행할 수 있는 직원으로 구성된다. 많은 경우 핵심팀은 정보 보안팀에 배치된 직원들로 구성된다. 그러나 사고 대응 활동 분야의 전문가를 활용할 수도 있다. 핵심팀의 역할은 다음과 같다.

- **사고 대응 코디네이터**: CSIRT의 핵심 구성 요소다. 확고한 리더십 없이는 사고 대응이 마비되거나 상황을 통제하려는 사람이 많아져 조직이 무질서해질 수 있다. 대부분의 경우 사고 대응 코디네이터는 **보안최고책임자**CSO, Chief Security Officer, **정보보호최고책임자**CISO, Chief Information Security Officer 또는 **정보보안담당자**ISO, Information Security Officer이며, 이들은 그 조직의 정보 보안에 대한 전반적인 책임을 진다. 또는 사고 대응 코디네이터 역할을 하는 1인을 지명할 수도 있다.

  사고 대응 코디네이터는 사고가 발생하기 이전부터 사고 발생 중간과 이후에 이르기까지 CSIRT의 관리 책임을 진다. 준비의 측면에 있어서 사고 대응 코디네이터는 CSIRT와 관련된 계획이나 정책을 주기적으로 검토하고, 필요 시 업데이트 해야 한다. 또한 이들은 CSIRT팀을 잘 훈련하고, 이를 감독할 책임이 있다. 사고 가 발생했을 경우 사고 대응 코디네이터는 사고에 적절하게 대응하고 개선할 책 임이 있고, 전체적인 사고 대응 절차를 통해 팀을 지휘하게 된다. 이러한 임무 중 에서 가장 중요한 것 중 하나는 CSIRT와 고위 경영진의 조화다. 데이터 유출 상 황이 고조되는 경우 **최고경영자**CEO, Chief Executive Officer와 같은 고위 경영진은 사고에 관한 중요 정보를 보고받길 원할 것이다. 따라서 사고 대응 코디네이터는 명확하 고 간결한 언어로 사고에 관한 활동 내역을 고위 경영진들에게 충분히 알려야 한 다. 단 조직 내 고위 경영진들은 사고의 기술적 측면에 대한 이해 능력이 부족한 경우가 있을 수 있으므로 그들이 이해할 수 있는 언어로 표현하는 것이 중요하다. 결국 사고가 마무리되는 시점에서 사고 대응 코디네이터는 발생한 사고를 문서 화하고, CSIRT의 활동 보고서를 내부 및 외부의 이해관계자에게 보고할 책임을 진다. 모든 CSIRT 활동에 대한 전체 보고가 수행되면 학습된 교훈이 CSIRT 계 획에 통합된다.

- **CSIRT 시니어 분석자**: CSIRT 시니어 분석자는 사고 대응 그리고 디지털 포렌식이 나 네트워크 데이터 검사와 같은 기술에 대한 폭넓은 훈련과 경험을 쌓은 직원이 다. 그들은 컨설턴트나 기업의 CSIRT 일원으로서 수년간 사고 대응 활동을 수행 한 경험이 있다.

사고 대응 절차의 준비 단계에서 그들은 CSIRT의 특정 역할을 수행하는 데 필요 한 기술과 훈련을 확보하는 데 몰두한다. 또한 사고 대응 계획이 검토되고 수정 되도록 돕는다. 마지막으로 시니어 분석자는 종종 팀의 주니어 멤버 교육에 참 여한다.

사고 발생이 확인되면 다른 CSIRT 멤버들과 협력해 증거를 수집하고 분석하며 봉쇄 활동을 지휘하고, 다른 직원과 함께 개선을 돕는다.

이들은 사고 말미에 이 사고를 기록해야 한다. 이것은 내부와 외부의 이해관계자 에 대한 보고서 준비를 포함하는 것이다. 또한 사고 대응 계획에 따라 증거를 보관하거나 폐기할 수 있다.

- **CSIRT 분석자**: CSIRT 분석자는 사고 대응 활동에 대한 노출이나 경험이 아직은 많지 않은 직원으로서 CSIRT에 대한 책임을 지닌다. 보통은 1년이나 2년 정도의 사고 대응 경험을 갖고 있다. 결과적으로 이들은 시니어 분석자의 지시하에 여러 활동을 수행할 수 있다.

  준비 단계 측면에서 볼 때 이 분석자들은 훈련과 연습 과정을 통해 자신의 능력을 증진시킬 것이다. 또한 이들은 사고 대응 계획에 대한 검토와 업데이트에 참여할 수도 있다. 사고 중이라면 이들은 잠재적으로 손상된 호스트, 네트워크 장치 또는 다양한 로그 소스로부터 증거를 수집해야 한다. 이들은 또한 증거 분석 작업에 참여하고 복구 작업을 하는 다른 팀원들을 보조할 것이다.

- **보안 운영 센터 분석자**: 대기업은 모니터링 기능을 수행하는 24시간 **보안 운영 센터**SOC, Security Operations Center를 자체적으로 운영하거나 이를 외주 업체에 맡길 수 있다. SOC에 소속된 분석자는 사고 탐지 그리고 경고에 관한 핵심 담당자로서 역할을 한다. 따라서 SOC 분석자를 팀의 일원으로 삼아 이들에게 사고 식별과 대응 기법을 훈련시키면 잠재적인 보안 사고에 있어서 매우 즉각적인 대응을 할 수 있게 된다.

- **IT 보안 엔지니어/분석자**: 조직의 규모에 따라서는 바이러스 백신 등의 보안 소프트웨어나 방화벽, SIEM 시스템 등의 하드웨어를 배포, 관리, 모니터링하는 담당 직원을 둘 수 있다. 사고가 파악되면 이러한 장치에 직접 접근하는 것이 매우 중요하다. 이러한 직무를 담당하는 직원은 종종 사고 대응 절차 전반에서 직접적인 역할을 수행한다.

  IT 보안 엔지니어와 분석자는 대체로 사고 대응 절차를 준비하는 구성 요소로서 상당 부분을 차지한다. 이들은 보안 응용 프로그램과 장치가 사고를 미리 경고하도록 하고, 해당 장치들이 이러한 사건을 재구성함으로써 적절하게 기록할 수 있도록 하는 주요한 인적 자원이 된다.

  이들은 사고 발생 중에는 그 밖의 또 다른 악의적인 행동 지표를 찾고자 보안 시스템을 모니터링해야 한다. 또한 다른 CSIRT 직원이 보안 장비에서 증거를 수집하도록 도울 것이다. 마지막으로 사고가 발생한 후에 이들은 보안 장비를 설정함으로써 의심되는 동작을 모니터링하고, 악의적인 행동으로 영향을 받은 시스템을 개선해야 한다.

기술 지원 인력

기술 지원 인력technical support personnel은 조직 내에서 일상 업무의 일환으로서 CSIRT 활동을 수행하지는 않지만, 사고의 영향을 받을 수 있는 시스템 및 프로세스에 대한 전문 지식을 갖추고 있으며, 이들에 대한 접근 권한이 있다. 예를 들어 CSIRT는 핵심팀이 메모리 캡처, 가상 시스템의 구입 또는 오프로딩된 로그 파일과 같은 서버로부터 증거를 수집하는 것을 보조하고자 서버 관리자를 참여시킬 필요가 있다. 작업이 완료되면 서버 관리자의 역할도 종료되고, 더 이상 이 사고에 관여하지 않게 된다. 다음은 사고 발생 중에 CSIRT에 도움이 될 수 있는 인력들이다.

- **네트워크 설계자/관리자**: 종종 사고에는 네트워크 기반 시설이 관련된다. 여기에는 라우터, 스위치, 기타 네트워크 하드웨어 및 소프트웨어에 대한 공격이 포함된다. 네트워크 설계자 또는 관리자는 비정상적인 네트워크 트래픽을 식별함에 있어서 뿐만 아니라 장치의 정상 및 비정상적인 동작을 파악하는 데 필수적인 인력이다. 네트워크 기반 시설이 관련된 사고에서 이러한 지원 담당자는 접근 로그 또는 패킷 캡처와 같은 네트워크 증거를 얻는 데 도움을 줄 수 있다.
- **서버 관리자**: 위협 행위자는 종종 중요하거나 민감한 데이터가 저장돼 있는 네트워크 내의 시스템을 타깃으로 삼는다. 도메인 컨트롤러, 파일 서버 또는 데이터베이스 서버가 이러한 타깃에 포함될 수 있다. 서버 관리자는 이와 같은 시스템에서 로그 파일을 얻는 데 도움을 줄 수 있다. 서버 관리자가 활성 디렉터리 구조를 관리할 책임이 있는 경우 새 사용자 계정을 식별하거나 기존 사용자 계정이나 관리자 계정의 변경을 지원할 수 있다.

- **응용 프로그램 지원**: 웹 응용 프로그램은 위협자의 주요 타깃이다. 코딩의 결함은 SQL 인젝션이나 보안 설정 오류와 같은 공격을 허용하므로 보안상의 문제를 발생시킬 수 있다. 따라서 CSIRT 안에 응용 프로그램의 지원 담당자를 두는 것은 이와 관련된 공격에 대한 직접적인 정보를 얻을 수 있도록 한다. 그들은 코드 변경을 식별할 수 있을 뿐만 아니라 응용 프로그램에 발생할지 모를 잠재적 공격을 조사함으로써 취약점을 확인할 수 있다.
- **데스크톱 지원**: 데스크톱 지원 담당자는 데스크톱 시스템에서 데이터 손실 방지 및 바이러스 백신과 같은 통제를 유지 관리하는 데 관여한다. 사고 발생 시 이들은 CSIRT에 로그 파일 및 기타 증거를 제공하는 데 도움을 줄 수 있다. 또한 사고의 개선 단계에서 감염된 시스템을 복구할 책임이 있다.
- **헬프 데스크**: 조직에 따라서 헬프 데스크 직원은 사고를 식별함에 있어서 '탄광의 카나리아'라고 할 수 있다. 이들은 사용자가 악성 코드 감염이나 기타 악의적 활동의 초기 징후를 겪을 때 제일 먼저 연락을 받는다. 따라서 헬프 데스크 직원은 CSIRT 대응 훈련, 사고 식별 및 단계적 확대 절차에서 자신의 역할에 대한 훈련 과정에 포함돼야 한다. 또한 이들은 광범위한 사건이 발생할 경우 영향력이 있는 직원을 확인하는 데 도움을 줄 수도 있다.

조직 지원 인력

기술 영역 외에도 여전히 CSIRT에 포함돼야 하는 조직 구성원이 있다. 이들은 CSIRT 핵심팀 인력과 기술지원 인력이 처리하는 것 이외의 다양한 비기술적 문제를 지원할 수 있다. 여기에는 법률 환경의 조사, 고객 커뮤니케이션 지원 또는 현장에서 CSIRT 직원의 지원 등이 포함된다.

CSIRT 계획에는 다음과 같은 조직 지원 인력이 포함돼야 한다.

- **법률**: 데이터 유출 및 기타 사고는 다양한 법적 문제를 일으킨다. 대부분 국가에서는 고객 정보가 위험에 처했다는 사실을 고객에게 알리도록 하는 법률을 시행

하고 있다. HIPAA 및 PCI-DSS와 같은 컴플라이언스^{compliance}는 해당 조직이 다양한 외부 기관과 접촉을 하고 의심되는 위반 사실을 알릴 것을 요구한다. 사고 대응 초기부터 법률 대리를 포함시키면 이와 같은 통지와 여타의 법률 요건을 적절하게 처리할 수 있다. 만일 직원이나 계약자 등 내부로부터 위반이 발생한 경우 해당 조직은 민사 소송을 통해 손실을 회복하기를 원할 수 있다. 이러한 과정의 초기에 법률 대리는 어떤 법적 절차를 따라야 하는지에 대한 정보를 제공함으로써 현명한 의사 결정이 가능하도록 한다.

- **인사**: 조직에서 발생하는 많은 사고는 직원이나 계약자에 의해 저질러진다. CSIRT는 사기에서부터 대규모 데이터 도난에 이르기까지 모든 행위를 조사해야 한다. 조사 대상이 직원 또는 계약자인 경우 인사팀은 CSIRT의 조치가 해당 노동법 및 회사 정책을 준수하도록 지원할 수 있다. 만일 직원이나 계약자가 해고될 경우 CSIRT는 인사팀 담당자와 협력해 사건 관련 문서를 작성함으로써 부당 해고 소송의 가능성을 줄일 수 있다.

- **마케팅/커뮤니케이션**: 만일 외부 클라이언트나 고객들이 서비스 거부^{DoS} 공격이나 데이터 유출과 같은 사고로 인해 부정적인 영향을 받았다면 마케팅 또는 커뮤니케이션 부서는 적절한 메시지를 작성해 두려움을 없애도록 돕고, 외부에 가능한 한 최상의 정보를 제공하도록 할 수 있다. 과거의 데이터 유출 사건을 되돌아봤을 때 당시 조직은 자초지종을 비밀로 두고 이를 고객들에게 알리지 않았기 때문에 이에 대한 반발이 있었다. 초기에 시행 가능한 견고한 커뮤니케이션 계획을 설정한다면 고객이나 클라이언트의 부정적인 반응을 진정시키는 데 큰 도움이 될 것이다.

- **시설**: CSIRT는 몇 시간 또는 장기간에 걸쳐 어떤 장소로 출입해야 할 수 있다. 시설팀은 CSIRT가 필요한 접근 권한을 적시에 얻는 데 도움을 줄 수 있다. 시설팀은 또한 전용 작업 공간과 인프라가 요구되는 장기 사건에서 CSIRT가 추가 회의 공간을 활용할 수 있도록 접근 권한을 줄 수 있다.

- **기업 보안**: 조직은 네트워크 리소스나 그 밖의 기술 도난을 처리하고자 CSIRT를 호출할 수 있다. 노트북과 디지털 미디어를 도난당하는 것은 매우 일반적이다. 기업 보안팀은 입구와 출구의 감시 카메라 영상을 볼 수 있다. 또한 이들은 액세스 배지 및 방문자 로그를 관리함으로써 CSIRT가 직원들의 시설 내 이동을 추적하도록 돕는다. 이는 도난 또는 기타 상황에서 일어난 상황들을 재구성할 수 있도록 한다.

외부 리소스

대부분의 산업 분야는 고용주와 상관없이 실무자들이 정보를 함께 공유할 수 있는 전문가 집단이 있다. CSIRT 직원은 때때로 법 집행기관 및 정부기관과 접촉해야 하는 경우가 있는데 특히 동종 조직에 대한 대규모 공격이 자행됨으로써 당해 조직 역시 공격의 대상이 된 경우가 그러하다. 외부 기관 등과 관계를 형성하는 것은 사고 발생 시 CSIRT가 정보를 공유하고 리소스를 활용하는 데 도움을 줄 수 있다. 이러한 리소스에는 다음이 포함된다.

- **첨단 범죄수사 연합회**HTCIA, High Technology Crime Investigation Association : HTCIA는 하이테크 범죄에 중점을 둔 국제 전문가 그룹이다. 리소스에는 디지털 포렌식 기법은 물론 신기술 및 방법으로 CSIRT 요원을 지원할 수 있는 광범위한 수준의 기업 정보 등이 포함된다. 보다 자세한 내용은 공식 웹 사이트인 https://htcia.org를 방문해 보자.
- **인프라가드**InfraGard : 미국에서 CSIRT 및 정보 보안 실무자의 경우에는 연방수사국 FBI이 네트워킹 및 정보 공유를 목적으로 하는 민간–공공 파트너십을 구축했다. 이 파트너십을 통해 CSIRT 멤버들은 트렌드에 대한 정보를 공유하거나 과거 조사에 관해 이야기를 나눌 수 있다. https://www.infragard.org에서 자세한 정보를 확인할 수 있다.
- **법 집행기관**: 법 집행기관은 사이버상의 범죄가 폭발적으로 증가하는 것을 봐 왔다. 이에 따라 수많은 법 집행기관은 사이버 범죄에 대한 수사력을 향상시켜 왔다. CSIRT 리더십은 사이버 범죄 수사력이 있는 기관과 관계를 형성해야 한

다. 법 집행기관은 특정 위협이나 범죄에 대한 이해를 제공하고, 관련된 정보를 CSIRT에 제공할 수 있다.

- **공급업체**: 사고 발생 시 외부의 공급업체가 활용될 수 있다. 많은 경우 외부 공급 업체가 제공할 수 있는 것은 이들이 조직과 맺고 있는 구체적인 비즈니스 라인 에 따라 다르다. 예를 들어 어떤 조직의 IPS/IDS 솔루션을 제공하는 업체는 악 의적인 활동을 탐지하고 봉쇄하는 데 도움이 될 만한 맞춤형 경고 및 차단 규칙 을 작성하는 데 도움을 줄 수 있다. 위협에 대한 정보력을 갖춘 공급업체는 악의 적 활동 지표에 대한 지침도 제공할 수 있다. 결국 어떤 조직은 악성 코드 리버 스 엔지니어링과 같은 특정 사고에 전문적으로 대응할 수 있는 공급업체를 참여 시켜야 할 것이다.

조직의 규모에 따라서는 CSIRT가 다수의 사람들을 참여시키는 법을 쉽게 찾아볼 수 있 다. 각자가 자신의 역할과 책임을 인식하고 있는 전반적 CSIRT를 준비하는 것은 매우 중 요하다. 각 구성원 역시 전체 사고 대응 절차에서 활용되는 전문 지식에 대한 구체적 지 침에 답할 수 있어야 한다. 이것은 사고 대응 계획을 작성하는 사고 대응 프레임워크에서 더욱 중요해진다.

▌ 사고 대응 계획

사고 대응 헌장이 작성되고 CSIRT가 구성되면 다음 단계는 사고 대응 계획을 수립하는 것이다. 사고 대응 계획서는 조직의 대응 능력에 대한 상위 수준 구조의 대강을 서술한 문 서다. 이 상위 수준 문서는 CSIRT의 근간이 될 것이다. 사고 대응 계획서는 주로 다음과 같이 구성된다.

- **사고 대응 헌장**: 사고 대응 계획서는 사고 대응 헌장을 바탕으로 한 강령과 구성체 를 포함해야 한다. 이것은 사고 대응 능력의 개시와 사고 대응 계획서 사이에 계

획의 연속성을 보장해 준다.

- **확장된 서비스 카탈로그**: 초기 사고 대응 헌장은 구체성 없는 일반적인 서비스 범주를 담고 있었다. 그렇지만 사고 대응 계획서에는 CSIRT가 제공할 구체적인 서비스 내용이 포함돼야 한다. 예를 들어 포렌식 서비스가 구체적 서비스 제공 목록에 포함된 경우라면 사고 대응 계획서에는 해당 포렌식 서비스가 하드 드라이브, 메모리 포렌식, 잠재적인 악성 코드 리버스 엔지니어링의 증거 복구를 포함한다는 점이 언급될 수 있다. 이를 통해 CSIRT의 일반적인 요청들이 보다 상세히 설명될 수 있는데, 예를 들어 우연히 삭제된 문서를 위해 하드 드라이브를 검색하는 것, 신고된 사고와 관련해 하드 드라이브를 이미징하는 것이라고 설명할 수 있다.

- **CSIRT 인력**: 앞에서 설명한 것처럼 CSIRT에는 매우 많은 구성원이 있다. 사고 대응 계획서는 이들의 역할과 책임을 명확하게 정의할 것이다. 조직은 각 개인의 이름과 직책으로부터 보다 확장돼 이들의 역할과 책임을 명확하게 정의해야 한다. 사고의 발생 시 역할 분쟁은 지양돼야 하며, 따라서 사전에 CSIRT 인력의 임무와 책임을 분명히 세우는 것이야말로 분쟁 가능성을 줄이는 데 효과적이다.

- **연락처 목록**: 최신 연락처 목록은 사고 대응 계획의 일부로 취급돼야 한다. 조직에 따라서는 해당 CSIRT가 하루 24시간 내내 사건에 대응해야 할 수도 있다. 이러한 경우 사고 대응 계획 속에는 1차 및 2차 담당자 정보가 포함돼 있어야 한다. 또한 조직은 사고 발생 시 첫 번째 접촉자 역할을 할 수 있는 CSIRT 멤버의 순환 비상 연락망을 활용할 수 있다.

- **내부 의사소통 계획**: 사고 발생 시 직원들은 도대체 무슨 일이 일어나고 있는지, 문제 해결을 위해 필요한 자원은 무엇인지, 사고 해결에 누가 관련돼 있는지를 파악하느라 매우 혼란스러울 수 있다. 이러한 혼란을 불식시키려면 사고 대응 계획의 일환으로 내부 커뮤니케이션 지침이 필요하다. 이것은 고위 경영진과 CSIRT 간의 양방향 정보 흐름을 다루는 것이다. 그뿐만 아니라 CSIRT 핵심팀과 지원 담당자 간의 커뮤니케이션 역시 다뤄져야 한다. 이로써 개별적인 소통은 일정 부분 제한되고, 잠재적으로 상충되는 지시는 줄어든다.

- **훈련**: 사고 대응 계획에는 CSIRT 조직원에 대한 훈련 빈도도 표시돼야 한다. 최소한 전체 CSIRT는 1년에 한 번 정도 모의 훈련을 해야 한다. 사고의 사후 분석 과정에서 훈련의 격차를 나타내는 경우 이 또한 사고 종결 후 적절한 시간 내에 해결돼야 한다.

- **유지 관리**: 모든 조직들은 끊임없는 변화에 부딪힌다. 인프라, 위협, 인력의 변경이 이에 해당될 수 있다. 사고 대응 계획은 이 계획의 검토 빈도와 업데이트 빈도를 다뤄야 한다. 예를 들어 조직이 다른 어떤 조직을 인수하는 경우 CSIRT는 업무를 조정하거나 특정 개인의 역할들을 통합해야 할 수 있다. 사고 대응 계획은 최소한 매년 업데이트돼야 한다. 또한 개별 팀 구성원은 SANS와 같은 조직을 통하거나 특정 디지털 포렌식 도구에 대한 개별 훈련과 인증을 받음으로써 자신의 기술을 보완해야 한다. 조직은 수행된 모든 연습 과정에서 얻은 교훈을 사고 대응 계획의 업데이트에 통합시킬 수 있다.

사고 분류

사고의 심각성과 조직에 대한 위협도는 사고마다 다를 수 있다. 예를 들어 조직 지원에 사용되는 컴퓨터 몇 대가 바이러스에 감염됐다면 이는 중요 서버의 활성 손상과는 다른 수준의 대응이 이뤄지도록 해야 한다. 각기 사고들을 동일하게 취급한다면 경미한 사고에서조차 같은 방식으로 대응해야 할 것이므로 CSIRT는 바로 녹초가 되고 말 것이다. 따라서 사고 대응 계획상 사고 분류 스키마를 정의하는 것이 중요하다. 사고를 분류하고 그에 맞는 대응 방안을 고려함으로써 조직은 CSIRT를 보다 잘 활용하고 이들 모두가 경미한 사안에 투입되지 않도록 해야 한다. 다음은 사고 분류 스키마의 예시다.

- **높은 수준의 사고**: 높은 수준의 사고란 회사 전략이나 고객 정보의 중대한 손해, 변질 또는 심각한 손실을 야기할 것으로 예상되는 사건이다. 높은 수준의 사고에는 시스템이나 네트워크 리소스의 손실이 광범위하게 일어날 수 있다. 이러한 사고

는 조직과 기업의 공적 이미지에 잠재적 손상을 입힐 수 있다. 높은 수준의 사고에는 다음과 같은 예시들이 포함되지만, 이에 국한되지는 않는다.

- 네트워크 침입
- 정보 시스템의 물리적 손상
- 중요한 정보의 손상
- 암호화되지 않은 기밀 정보가 포함된 컴퓨터 시스템 또는 이동식 미디어의 손실
- 광범위하게 증가하는 악성 코드 감염(호스트의 25% 이상)
- IT 기반 시설을 대상으로 하는 공격
- 조직의 도메인과 브랜드를 이용한 피싱phishing 공격

- **보통 수준의 사고**: 보통 수준의 사고란 대체 가능한 정보 데이터에 대해 손해, 변질, 손실을 일으킬 수 있는 사고를 말한다(민감한 고객 정보의 오용은 없다). 보통 수준의 사고는 시스템 또는 네트워크 리소스에 상당한 중단을 수반할 수 있다. 또한 기업의 사업 부서 업무에도 영향을 미칠 수 있다.

  - 예상되거나 계속되는 DoS 공격
  - 암호화되지 않은 기밀 정보가 포함된 컴퓨터 시스템 또는 이동식 미디어의 손실
  - 승인된 액세스 권한 오남용
  - 자동 침입
  - 악성 코드 감염
  - 비정상적인 시스템 수행 또는 동작
  - 악성 소프트웨어 설치
  - 의심스러운 변경이나 컴퓨터 활동
  - 플레이북playbook은 여러 방법으로 짜여질 수 있다. 예를 들어 특정 유형을 대비한 사고 대응 계획서상에는 서면 문서가 추가될 수도 있다. 다른 경우에는 iStudio 또는 Visio와 같은 소프트웨어를 사용해 다이어그램 흐름도를 사용

할 수도 있다. 플레이북을 문서화하는 방법에 따라 10~20페이지 정도가 발생 가능한 사고의 범위를 다루는 데 할애될 수 있다.

- **낮은 수준의 사고**: 낮은 수준의 사고란 회복이 가능한 정보에 대해 불편을 끼치거나 의도하지 않은 손해나 손실을 유발하는 것이다. 이러한 수준의 사고는 기업에게 거의 영향을 미치지 않는다.
  - 컴플라이언스 또는 로그 검토를 통해 발견된 정책이나 절차에 대한 위반
  - 암호화 기밀 정보가 포함된 랩톱 또는 기타 모바일 장비의 분실 또는 도난
  - 승인되지 않은 소프트웨어 설치
  - 단일 PC의 악성 코드 감염
- **사고 추적**: 사고를 추적하는 것은 CSIRT의 중요 책무다. 사고가 발생된 동안에는 CSIRT 및 기타 직원들이 수행했던 모든 조치가 반드시 기록돼야 한다. 이와 같은 기록들은 고유한 사고 식별자로 기록돼야 한다.

> ⓘ 자원이 한정돼 있고 연간 사고 발생 수에 일정 한도가 있는 조직의 경우 대체로 IT 티켓팅 시스템으로 사고를 충분히 추적할 수 있다. 그렇지만 IT 티켓팅 시스템을 통한 추적 방법은 보통 사고 대응에 초점을 두고 있지 않고, 사고 대응 활동을 지원하도록 설계된 추가적 기능도 없다는 데 문제가 있다. 사고 빈도가 보다 높은 큰 규모의 조직이라면 사고 대응을 목적으로 한 추적 시스템을 구현함으로써 최상의 서비스를 제공할 수도 있다. 이와 같은 추적 시스템은 증거 수집과 사고 대응 플레이북의 통합을 가능하게 한다.

▌ 사고 대응 플레이북

사고 대응 계획을 위한 한 가지 핵심 사항은 플레이북을 사용하는 것이다. 사고 대응 플레이북은 사고 대응 절차의 모든 단계에서 수행해야 할 일련의 지침과 조치들로 이뤄진다. 플레이북은 사고 대응 과정에서 조직에게 분명한 경로를 제공하고자 만들어지지만, 조사

중인 사고가 플레이북이 제공하는 지침에 완전히 들어맞지 않는 경우에도 어느 정도의 유연성은 있다. 플레이북이 중요하다고 여겨질 만한 좋은 지표는 조직의 위험 평가다. 심각 또는 높은 등급의 위협에 대한 위험 평가를 진행하면 사고 대응 플레이북에서 다룰 필요가 있는 시나리오를 보여 줄 수 있다. 대부분의 조직은 제로데이zero-day 악용과 랜섬웨어를 이용한 네트워크 침입 또는 예방과 탐지 통제가 중요시되는 피싱과 같은 여러 위협을 식별한다. 위험 평가를 수행한 결과 이와 같은 위협 요소들이 심각한 위험으로 파악됐다면 플레이북을 해당 위협 요소에서부터 시작하는 것이 가장 좋다.

예를 들어 일반적인 위협으로서 소셜 엔지니어링에 관한 플레이북을 분석해 보자. 이와 같은 플레이북은 앞서 서술한 사고 대응 절차로 나눠 볼 수 있다.

- **준비**preparation : 이 절에서는 착수를 위한 준비가 강조된다. 피싱의 경우라면 피싱 이메일 파악을 위한 직원의 인식 또는 첨부 파일에서 악성 코드를 검색하는 이메일 어플라이언스의 사용이 준비 과정에 포함될 수 있다.

- **탐지**detection : 피싱 공격의 경우 피싱을 인식한 직원이나 이메일 보안 통제를 통해 피싱 경보를 받는다. 조직은 악성 코드 방지 통제 또는 **호스트 침입 방지 시스템**HIPS, Host Intrusion Prevention System을 통한 경보 수신 계획이 세워져야 한다.

- **분석**analysis : 사고가 감지됐다면 가능한 한 모든 증거를 분석하는 것이 사고 분류와 적절한 대응 면에서 중요하다. 여기에서 분석이란 손상된 호스트의 메모리 검사, 의심스러운 항목에 대한 이벤트 로그를 검사, 호스트에 출입하는 네트워크 트래픽 검사가 포함될 수 있다.

- **봉쇄**containment : 호스트 손상이 확인되면 네트워크로부터 분리돼야 한다.

- **제거**eradication : 악성 코드가 확인됐다면 이를 제거해야 한다. 그렇지 않은 경우 플레이북에는 알려진 양호한 이미지로 재이미징하는 것과 같은 대책이 있어야 한다.

- **복구**recovery : 복구 단계에는 호스트를 검사해 잠재적인 취약성을 검색하고, 비정상적인 트래픽이 있는지에 대한 시스템을 모니터링하는 작업이 포함된다.

- **사후 활동**post-incident activity : 플레이북은 사고 이후에 취해야 하는 행위에 관한 지침을 제공해야 한다. 대부분의 조치들이 플레이북의 일람표와 동일하겠지만, 전체 조치들이 완전히 완성되도록 보장하는 내용을 포함시키는 것이 중요하다.

다음의 다이어그램은 피싱 공격에 대응한 플레이북 샘플이다. 플레이북에서는 사고 대응 주기별 단계적 조치는 물론이고 대응 방안의 일환으로 취해야 하는 구체적인 조치까지도 다뤄진다는 점에 유의하라. 또한 조직들은 특정 플레이북에 보다 상세한 정보를 위한 로그 분석을 추가함으로써 특정 조치들을 세분화할 수 있다.

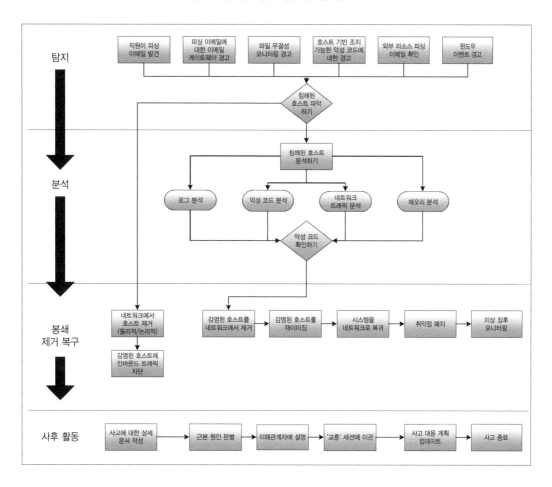

플레이북은 CSIRT와 기타 직원이 사고 시 따라야 할 일련의 지침을 제공하도록 고안된다. 이에 따라 행동 방침을 계획할 때 낭비되는 시간이 줄어든다. 플레이북은 가이드로서의 역할을 하므로 정기적으로 업데이트돼야 하는데, 특히 사고에서 중요한 부분이나 단계가 파악되는 경우에 그러하다. 플레이북은 돌판에 새겨진 것도 아니고, 체크리스트도 아님에 주의해야 한다. CSIRT 직원의 행위는 플레이북에 구속되지 않으며, 필요한 경우 추가 조치를 취함에 있어 자유로워야 한다.

단계적 확대 절차

사고 대응 계획에서 중요한 요소는 단계적 확대escalation 절차다. 단계적 확대 절차는 일련의 사건을 정보 시스템의 단순한 이상 징후에서 사고로 옮기는 데 있어서 누가 책임을 져야 하는지를 개략적으로 설명한다. 만일 CSIRT가 참과 거짓을 구분하는 데 너무 자주 투입된다면 이들은 탈진 상태에 이를지도 모른다. 단계적 확대 절차는 CSIRT가 효과적으로 이용되도록 보장해야 하고, 직원들도 전문 인력이 필요한 경우에만 CSIRT에 연락하도록 해야 한다.

이와 같은 절차는 시스템에서 이상 징후를 관찰할 가능성이 가장 높은 당사자와 함께 시작된다. 예를 들어 헬프 데스크는 악성 코드 감염을 인지하는 여러 통의 전화를 받을 수 있다. 만일 악성 코드가 탐지됐지만 악성 코드 방지 통제를 통한 제거가 불가한 경우라면 단계적 확대 절차는 헬프 데스크가 CSIRT 멤버에게 전화로 문의할 것을 명시할 수 있다. 이 경우 해당 CSIRT 멤버는 이에 대한 제어권을 갖게 된다. 만일 CSIRT가 그 단일 시스템에 악성 코드가 포함돼 있고 감염 경로를 파악할 수 있다면 그들은 악성 코드 제거를 시도하고, 시스템 재이미징 및 재배포를 시도할 것이다. 이 시점에서 사고는 완전히 마무리된다. CSIRT 멤버는 해당 사고를 문서화하고, 다른 자원을 사용하지 않고도 사고를 종료할 수 있다.

단계적 확대 절차가 전면적인 CSIRT 대응으로 확장하는 또 다른 예는 활성 디렉터리 자격 증명에 대한 감사에서 매우 손쉽게 출발할 수 있다. 이 경우에는 액세스 관리 책임이 있는 서버 관리자가 반기별로 관리자 자격 증명을 감사한다. 감사 기간 동안 서버 관리자는 알려진 접근 권한과 묶여 있지 않은 3개의 새로운 관리자 이용자 계정을 파악한다. 이후 그들은 이 사용자 계정이 각각 몇 시간 이내에 그리고 주말에 생성됐음을 확인한다.

서버 관리자는 조사를 위해 CSIRT에 접촉한다. CSIRT 분석자는 상황을 보고 침해가 일어났을 수도 있다고 판단한다. CSIRT 구성원은 서버 관리자에게 해당 관리자 계정을 사용하는 모든 로그인에 대한 이벤트 로그를 확인하도록 지시한다. 서버 관리자는 2개의 로그인을 확인하는데, 하나는 데이터베이스 서버상의 로그인이고, 또 다른 하나는 DMZ의 웹 서버상의 로그인이다. CSIRT 분석자는 네트워크 관리자에게 SQL 데이터베이스와 웹 서버 간의 네트워크 트래픽을 검사하도록 지시한다. 또한 상황에 따라 CSIRT 분석자는 CSIRT 코디네이터로 이 사실을 확대해 상황을 알린다. 그런 다음 CSIRT 코디네이터는 CSIRT 핵심팀 및 기술지원 멤버가 참여하는 절차를 시작한다.

네트워크 트래픽을 조사한 후에야 비로소 외부의 위협 요소가 시스템 모두를 침해하고 내부 네트워크에서 고객 데이터베이스를 유출했는지 판단할 수 있다. 이 시점에서 CSIRT 코디네이터는 이것을 높은 수준 사고로 간주하고, 지원 인력을 브리핑 회의에 참여시키는 절차를 시작한다. 이 사건은 고객 데이터의 침해와 관련 있기 때문에 CSIRT 지원 인력에는 마케팅팀, 커뮤니케이션팀, 법무팀의 관여가 필요하다. 더 많은 자원이 필요하면 CSIRT 코디네이터가 결정을 내린다.

단계적 확대 절차는 개인별로 적절한 권한을 갖도록 만들어지고, 필요 시 자원을 요청하는 훈련을 하도록 만들어진다. 단계적 확대 절차의 중요한 기능 중 하나는 비정상적 행위에 대한 선언 권한을 가진 사람들이 누구인지를 명확하게 정의하는 것이다. 또한 단계적 확대 절차는 사고의 심각성을 바탕으로 핵심 CSIRT 구성원 이외의 다른 인력의 개입도 다뤄야 한다.

사고 대응 프레임워크 테스트

지금까지 많은 영역에서 사고의 준비 측면을 다뤘다. 즉 사고 대응과 관련된 절차의 초기 이해에서부터 사고 대응 계획 및 관련 플레이북 작성으로 논의를 진행했다.

이와 같은 기능이 갖춰지면 모의 훈련을 통해 실전과의 격차나 결함을 제거해야 한다. 이러한 연습에는 팀 전체가 관련해야 하는 것은 물론 해당 플레이북에 연계된 높은 수준의 사고 시나리오가 포함돼야 한다. 또한 모의 훈련의 결과와 실제와의 격차, 교정 또는 수정에 대한 자세한 내용을 담은 보고서도 작성해 고위 경영진에게 전달해야 한다. CSIRT가 준비됐다는 것을 경영진이 알게 되는 즉시 CSIRT는 활동을 시작한다.

CSIRT는 조직화된 시나리오하에서 계획을 수행하는 것에 익숙해짐에 따라 한결 복잡한 테스트에 대한 조치를 시도해 보길 원할 수 있다. 활용해 볼 수 있는 옵션은 적색/청색 또는 자색팀 연습이다. 여기서 CSIRT는 인가된 침투 테스트에 대응하는 임무를 수행할 수 있다. 이곳에서 팀은 실시간으로 공격자에 대항할 수 있고 계획들과 플레이북을 테스트해 볼 수 있다. 이는 인프라 보안에 대한 이해와 함께 조직의 대응력을 모두 제공해 주기 때문에 침투 테스트의 가치를 크게 증가시킨다.

팀 구성에 상관없이 CSIRT 배치를 위한 또 다른 주요 요소는 정기적인 훈련을 포함시키는 것이다. CSIRT 핵심 구성원의 경우에는 새롭게 출몰하는 위협, 포렌식 기법 및 도구에 대한 상세한 교육이 진행돼야 한다. 이는 제3의 교육 제공 업체 또는 사내 교육을 통해 가능하다. CSIRT의 기술 지원 멤버는 이용 가능한 기술과 도구에 대한 정기적인 교육을 받아야 한다. 이러한 교육은 증거 수집이나 복구에 있어서 이와 같은 멤버들의 도움이 요청될 수 있기 때문에 특히 중요하다. 마지막으로 다른 지원 멤버도 사고 대응 계획의 연례 테스트에 포함돼야 한다. 첫 테스트에서 조직은 높은 수준의 사고를 선택하고 이를 모의 훈련을 통해 수행해야 한다. 조직을 위한 또 다른 선택은 사고 대응 계획에 대한 테스트를 침투 테스트와 결합시키는 것이다. 조직이 침투 테스트의 존재를 감지할 수 있다면 사고의 첫 번째 단계를 통과해 나머지 부분을 위한 모의 훈련을 설계할 수 있다.

사고 대응 계획을 지속적으로 유지하는 마지막 요소는 완전한 연례 검토다. 이 연례 검토는 계획의 구성 요소에 영향을 미칠 수 있는 직원, 대상 실체 또는 목표의 변화를 다루고자 실시된다. 계획을 검토하는 것 외에도 플레이북의 전체 검토가 수행된다. 위협이 변화함에 따라 기존 플레이북을 변경하거나 새로운 플레이북을 추가해야 할 수도 있다. CSIRT 직원은 새로운 위협이 발생하는 경우에도 새로운 플레이북을 만들 수 있다. 이러한 방식으로 CSIRT는 조직에 영향을 미칠 수 있는 사건을 다루기 위한 보다 나은 위치에 서게 된다. 모든 주요 변경이나 추가 사항 역시 그 추가된 계획과 플레이북을 검증하기 위한 모의 연습을 발생시킨다.

요약

벤자민 프랭클린Benjamin Franklin은 '준비에 실패하는 것은 실패를 준비하는 것'이라고 한 바 있다. 조직 그리고 사이버 공격의 위협에 관한 여러 면에서 이와 같은 정서는 매우 적절하다. 사이버 공격에 대한 준비야말로 사이버 보안의 다른 측면만큼이나 심각하게 다뤄져야 한다. 사고 대응력을 바탕으로 구축된 사고 대응 절차를 확실하게 이해하면 조직에 대비책을 제공할 수 있으므로 사고 발생 시 적절하게 대응할 수 있게 된다. 명심할 것은 포렌식 기술, 위협 인텔리전스, 리버스 엔지니어링reverse engineering은 조직이 백업하고 실행함에 있어 끝까지 도움이 될 것이라는 점이다.

CSIRT는 팀을 선택하고, 계획을 세우고, 플레이북을 만들고, 단계적 확대 절차를 통해 사고를 효과적으로 처리할 수 있다. CSIRT 및 관련 계획은 앞으로 논의될 디지털 포렌식 기술에 대한 체계를 제공한다. 이러한 논의는 사고 조사의 중요한 첫 번째 단계인 적절한 증거 처리 및 문서화를 다루는 2장에서 시작된다.

▌ 문제

1. 사고 대응 계획이나 플레이북이 변경된 이후에는 모의 훈련을 수행해야 한다.

   A. 예

   B. 아니오

2. 다음 중 CSIRT 핵심팀의 구성원에 해당하지 않는 것은?

   A. 사고 대응 코디네이터

   B. CSIRT 분석자

   C. 변호사

3. 사고 발생 시 도움을 받고자 사고 대응 프레임워크의 일환으로써 기술 자원을 이용하는 것은 중요하지 않다.

   A. 예

   B. 아니오

4. 위험 평가는 플레이북 작성에 있어서 고위험 사고를 식별하기 위한 유효한 데이터 출처다.

   A. 예

   B. 아니오

▌ 더 읽어 볼 거리

- *Computer Security Incident Handling Guide*, NIST SP 800-61 Rev 2 : https://csrc.nist.gov/publications/detail/sp/800-61/rev-2/final
- *ENISA Incident Handling in Live Role Play Handbook*: https://www.enisa.europa.eu/topics/trainings-for-cybersecurity-specialists/online-

training-material/documents/incident-handling-in-live-role-playing-handbook/view

- *Incident Handler's Handbook* by Patrick Kral, SANS Reading Room: https://www.sans.org/reading-room/whitepapers/incident/incident-handlers-handbook-33901

사이버 사고 관리

1장에서 상세히 살펴본 사고 대응 프레임워크는 **컴퓨터 보안 사고 대응팀**[CSIRT]의 구체적 체계와 함께 CSIRT 및 기타 사업 부서 간의 협력 방안을 제시했다. 뿐만 아니라 조직이 사이버 사고를 다룰 때 반드시 착수해야 할 계획과 준비 사항에 대해서도 다뤘다. 하지만 안타깝게도 계획과 준비만으로는 사이버 사고에 내재돼 있는 변수와 불확실성을 전부 해결할 수는 없다.

권투 선수 마이크 타이슨[Mike Tyson]은 이렇게 말했다.

"누구나 그럴듯한 계획을 갖고 있다. 얼굴을 한 방 맞기 전까지는."

2장에서는 1장, '사고 대응의 이해'에서 자세히 설명했던 계획들과 프레임워크를 실행하는 데 초점을 맞추고, 사이버 사고가 적절히 관리되도록 할 것이다. 조직이 사이버 사고 관리에 대한 확실한 기초와 이해를 세워 간다면 계획을 보다 효율적으로 실행하고 주요 이해 당사자들과 시의적절하게 소통할 수 있을 뿐만 아니라 가장 중요한 사안인 사이버 사고의 잠재적 피해나 다운타임downtime을 줄일 수 있을 것이다.

2장에서는 다음의 논의 주제들을 통해 사이버 사고의 관리 방안을 살펴본다.

- 사고 대응팀 참여시키기
- 위기 커뮤니케이션에 통합하기
- 사고 조사하기
- 봉쇄 전략 통합하기
- 정상으로 돌아가기: 제거 및 복구

▌ 사고 대응팀 참여시키기

CSIRT는 도시나 시골의 소방서와 거의 비슷한 방식으로 기능한다. 소방서는 특별히 화재 진압과 근절을 위해 특수 장비를 사용해 비상 상황에 대처하는 전문 인력을 양성해 왔다. 어떤 시민이 소방서와 연락이 닿으려면 긴급 구조대에 연락을 해서 위급 상황의 성격, 위치, 생명이 위험한지 여부 등의 주요 정보를 제공해야 한다. 이것을 시작점으로 정보가 소방서에 전달되면 소방서는 그러한 위급 상황에 자원을 파견하게 된다.

CSIRT를 참여시키는 과정은 소방서의 경우와 매우 유사하다. 내부 직원이나 외부 인력들은 사이버 보안 사고에 관한 징후를 적절한 직원에게 전달해 줘야 한다. 이로써 해당 위치에 자원이 파견되면 일선 현장 인력들이 사고를 진압하고 잠재적 다운타임이나 데이터 손실을 없애거나 제한할 수 있다. 이러한 과정을 최대한 효율적으로 수행하고자 다음과 같은 참여 절차의 핵심 요소들이 필요하다.

- CSIRT 모델은 CSIRT 및 관련 에스컬레이션escalation 절차를 조직 구조 내에 배치하는 프레임워크를 제공한다.
- 워룸war room은 CSIRT가 사고를 관리하는 것으로부터 위치를 설명한다.
- 커뮤니케이션은 CSIRT가 적절하게 소통할 수 있는 능력을 다룬다.
- 직원 교대는 사고가 장기화되는 동안 직원 휴식의 필요성을 검토한다.

소방서와 마찬가지로 CSIRT를 참여시키려면 일정한 에스컬레이션 경로가 필요하다. 다음 절에서 설명하는 세 가지 CSIRT 모델은 적절한 에스컬레이션을 검토함에 있어서 고려할 수 있는 방안들이다.

CSIRT 모델

조직이 CSIRT로 사고를 에스컬레이션하는 방법은 조직의 구조에 따라 크게 달라진다. 조직은 조직의 구조와 자원에 가장 적합하게 개별 CSIRT를 구성하게 된다. 다음에 제시된 세 가지 유형의 기본 구조는 적절한 사고 조사를 수행하고자 사고의 세부 사항을 가능한 한 많이 포착할 뿐만 아니라 신속한 에스컬레이션을 용이하게 하고자 조직의 가장 적합한 부분에 CSIRT를 배치하는 지침이 될 수 있다.

SOC 에스컬레이션

이 구조화 모델에서 **보안 운영 센터**SOC, Security Operations Center는 사고 발생 초기에 탐지나 조사를 담당한다. 일반적으로 SOC는 네트워크 인프라를 모니터하는 보안 도구를 관리한다. SOC는 이벤트 관리, 침입 방지 및 탐지, 안티바이러스 시스템에 직접 접근할 수 있다. 이에 따라 SOC는 이벤트 검토, 경보 수신 및 검토, 기타 보안 관련 데이터 처리가 가능하다.

SOC 에스컬레이션은 사내 인력으로 구성되든 아니면 타사의 **관리 보안 서비스 제공자**MSSP, Managed Security Service Provider를 통하든 간에 전속 SOC를 보유한 조직들 사이에서 일반적인 모델이다. 이 모델은 초기 공지에서부터 에스컬레이션에 이르기까지 다음의 단계들을 명확히 정의한다.

1. SOC 또는 1단계 분석자가 경보를 수신한다.
2. SOC 또는 1단계 분석자는 이 경보가 사고 기준을 충족하는지 여부를 판단한다.
3. 잠재적 사건임이 확인되면 분석자는 초기 조사를 수행한다.
4. 인가된 경우 분석자는 SOC 관리자에게 사고를 에스컬레이션한다.
5. SOC 관리자 검토를 거쳐 CSIRT 책임자에 해당 사고를 에스컬레이션함으로써 사고를 해결한다.

다음 그림은 **SOC 관리자**에서 **CSIRT 관리자**로 사고의 에스컬레이션 흐름을 보여 준다.

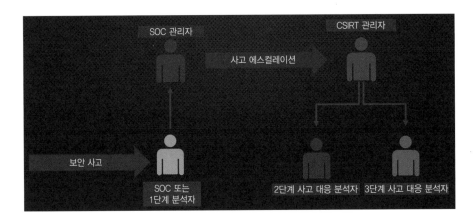

이 모델은 다음에 제시된 것과 같이 CSIRT 및 SOC 담당자가 풀어야 할 몇 가지 이슈를 갖고 있다.

첫째, CSIRT를 이러한 방식으로 참여시키면 CSIRT가 완전히 참여하기 전에 사고를 처리하는 복수의 개인이 생기는 상황이 발생한다.

둘째, 사고 에스컬레이션이 제대로 문서화되지 않으면 CSIRT 관리자가 SOC 관리자에게 설명이나 추가 정보를 요청해야 하므로 사고를 적절히 해결하는 데 소요되는 시간이 증가한다.

셋째, SOC 담당자는 관찰된 이벤트를 사고로 여길 수 있는지, 그리고 그 이벤트가 오탐지일 수 있는지 판단하기 위한 훈련이 필요하다. CSIRT는 극도의 피로에 시달리고 허위 사고를 쫓는 SOC에 지칠 수 있다.

마지막으로, SOC와 CSIRT 간의 소통은 명확하고 간결해야 한다. 실시간으로 정보를 공유할 수 있는 업무 능력에 대해 둘 사이에 차이가 생기면 추가적인 혼란이 야기될 수 있다.

한편 이 모델의 변형 모델에서는 헬프 데스크나 네트워크 운영 센터가 초기의 보안 사고를 접수하는 경우가 있는데, 이것은 전속 SOC를 갖추고 있지 않은 조직 내에서 공통적으로 나타난다. 이러한 모델은 CSIRT의 적시 참여의 측면에서 복잡성을 더욱 가중시키는데, 이는 많은 경우 헬프 데스크나 네트워크 운영 센터가 이와 같은 종류의 사고를 다루도록 훈련받지 않았기 때문이다.

 이와 같은 경우의 모범 사례는 초기 분류와 적절한 에스컬레이션을 수행하고자 이 팀의 직원들이 사이버 보안 분석 교육을 받는 것이다.

SOC와 CSIRT의 연합

SOC 에스컬레이션 모델의 일부 단점을 제한하고자 전체 CSIRT팀 내에 SOC를 포함시키는 조직들도 있다. 이러한 구조로 SOC를 배치하는 것은 SOC가 CSIRT와 직접적으로 관련이 있는 초기 경보 및 분류 기능을 담당하므로 보다 효율적인 접근 방식일 수 있다.

이 모델에서는 SOC 분석자가 첫 번째 단계의 역할을 한다. 앞서 설명한 것처럼 이들은 보안 이벤트 또는 보안 통제 경보를 처음 볼 수 있다. SOC 분석자가 경보를 처리하고 분류했다면 그 즉시 2단계 분석자에게 즉시 사고를 에스컬레이션시킬 수 있으며, CSIRT 관리자에게 사고를 에스컬레이션할 관리자를 관여시킬 필요가 없다. 이 절차는 다음의 그림에서 잘 나타난다.

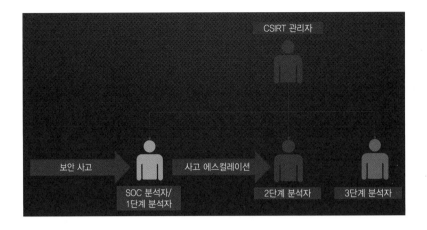

이 모델은 SOC 에스컬레이션 모델에 비해 몇 가지 뚜렷한 장점이 있다. 첫째, CSIRT는 SOC가 무엇을 보고 무엇을 하고 있는지에 대한 더 높은 가시성을 가진다. 또한 CSIRT 안에 SOC를 포함시키면 CSIRT 관리자와 해당 팀이 사고와 관련된 보다 효율적인 정책과 절차를 수립할 수 있다. 둘째, 이 모델이 갖는 분명한 이점은 사고 에스컬레이션이 훨씬 더 빠르고 정확하게 완료된다는 점이다. 다음 단계tire의 CSIRT 담당자에게 SOC 분석자가 직접 에스컬레이션을 하면 전체 과정이 보다 신속해지고, 결과적으로 상세한 분석이 이뤄진다.

이러한 접근 방식은 아웃소싱이 아닌 사내 전속 SOC 센터를 보유한 조직에서 보다 효율적이다. 전속 SOC 없이 네트워크 운영 센터나 헬프 데스크를 활용하는 조직의 경우 이 접근법은 현실적이지 않은데, 이는 위의 기능들이 종종 CSIRT 외부에서, 심지어는 네트워크 보안팀 밖에서 관리되기 때문이다. 또 한 가지 문제가 되는 것은 SOC와 CSIRT 팀의 규모에 따라서 이들의 일상적인 업무량을 다루기 위한 CSIRT 관리자가 추가로 필요할 수 있다는 점이다.

CSIRT 융합 센터

위협 인텔리전스가 점차 일상의 보안 업무의 일부가 돼 가는 상황 속에서 이러한 추세에 고심하는 하나의 조직 구조가 바로 CSIRT 융합 센터다. 여기에서 CSIRT 분석자, SOC

분석자, 위협 인텔리전스 분석자는 단일 팀 구조 속에 하나로 뭉쳐진다. 이것은 SOC와 CSIRT의 연합 구조의 요소들을 전속 위협 인텔리전스 분석자들과 융합하는 것이다. 그런 경우 위협 정보 분석자는 사고와 관련된 외부 및 내부 자원을 이용해 사고 조사를 강화해야 할 것이다. 또한 위협 정보 분석자는 해당 사고와 관계된 다른 영역의 상세 분석에 투입될 수 있다. 다음 그림은 **융합 센터 책임자**Fusion Center Director로부터 복수의 사고 관리 담당자들까지의 업무 흐름도를 보여 준다.

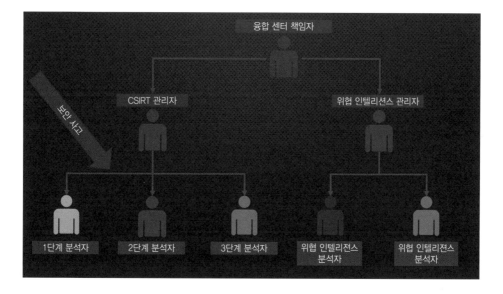

조직이 그들의 보안 업무 내에서 위협 인텔리전스 자원을 지속적으로 개발함에 따라 이 모델은 CSIRT가 새로운 절차를 만들지 않고도 자신의 기능을 활용할 수 있도록 한다. 위협 인텔리전스는 13장, '위협 인텔리전스 활용'에서 심층적으로 다루며 이 기능이 어떻게 사고 조사를 강화할 수 있는지를 논의할 것이다.

CSIRT 융합 센터는 위협 인텔리전스가 대체로 자원 집약적이며, 상대적으로 새로운 방법론이라는 이유로 그리 널리 쓰이고 있진 않다. 이러한 유형의 구조를 효과적으로 조직할 기술이나 인력 자원을 갖춘 조직은 드물다. 다양한 유료 및 오픈소스 피드(그리고 이를 지원하는 기술)를 사용하거나 상근직 위협 인텔리전스 분석자들을 참여시키는 데는 종종 비용의 제약이 있다. 결과적으로 상근직 위협 인텔리전스 분석자를 CSIRT 기능의 일부로 활용할 수 있는 조직은 그리 많지 않다.

워룸

CSIRT를 참여시킬 때 고려해야 할 또 다른 사항은 CSIRT가 활동할 수 있는 어떤 단일 장소가 필요하다는 점이다. CSIRT가 운영되는 물리적 장소를 뜻하는 말로 SOC 또는 위기 상황실 등의 용어가 다양하게 사용되지만, 간단히 워룸^{war room}이라고 부른다. 필요한 경우에만 워룸을 설치할 수 있고, 경우에 따라서는 전용 워룸을 확보할 수도 있다. 전자의 경우에는 사고 발생 기간 동안 기존 회의실이 워룸으로 사용된다. 이는 전용 워룸을 만들기에는 사고 발생 빈도가 그리 높지 않은 조직에서 종종 선호되는 옵션이다. 사고 발생이 잦거나 좀 더 복잡한 사고들을 겪는 조직들은 전용 워룸을 둘 필요가 있다.

보다 질서 정연한 사고 대응을 위해서 워룸은 다음과 같은 기능을 갖춰야 한다.

- **작업 공간**: CSIRT 핵심 팀의 각 구성원이 분석을 수행할 전용 작업 공간이 확보돼야 한다. 작업 공간은 네트워크 연결이 필요하며, 전원 및 모니터가 있어야 한다.
- **팀 디스플레이**: CSIRT 팀원들이 겪는 좌절 가운데 한 가지는 사고 분석 결과를 공유할 수 없을 때다. 오버헤드 프로젝터나 대형 스크린은 팀 전체가 데이터를 공유하는 데 편의를 제공한다.
- **노트 공유**: 팀 디스플레이를 통한 데이터 공유에서 나아가서, 지리적으로 분산된 팀들 간의 정보 공유도 필요할 수 있다. OneNote, SharePoint 또는 해당 사건을 위해 만들어진 위키^{wiki}와 같은 협업 도구들 또한 정보 공유를 용이하게 한다.
- **화이트보드**: 워룸에는 다량의 정보가 들어오고 나간다. 손상된 시스템에 대한 과제와 수행하고 있는 목록에 관한 정보를 화이트보드 위에 남겨 두면 누구든 일의 명확성을 가질 수 있다.

- **접근 제한**: 워룸의 접근은 출입에 정당한 필요를 갖는 CSIRT 직원에 한정돼야 한다. 이 영역의 접근을 제한하면 정보가 엉뚱한 사람에게 넘어가는 것을 막을 수 있다.

의사소통

조직들이 종종 간과하는 것들 중 하나는 사고가 발생했을 때 대규모 조직이 의사소통하는 방법이다. 이메일, 인스턴트 메시징, 음성 통화의 경우, 조직 내부에서 이미 적절한 의사소통 도구를 갖고 있는 것처럼 보일 수 있다. 이러한 의사소통 플랫폼은 사용자 자격 증명, 이메일 시스템 또는 기타 클라우드 기반 협업 플랫폼에 영향을 미치는 사고가 발생할 경우 별도로 준비돼야 할 수 있다. 예를 들어 흔히 관찰되는 공격은 Office 365 클라우드 기반 이메일의 침해다. 공격자가 이메일 시스템에 대한 접근 권한을 확보한 경우라면 Skype와 같은 관련 인스턴트 메시지 응용 프로그램도 손상시켰을 수 있다. 이러한 점에 비춰 볼 때 사고 발생 시 이와 같은 응용 프로그램에 의존하는 것은 사실상 공격자가 CSIRT의 활동을 간파하게 만들 수 있다.

만일 이러한 응용 프로그램들의 손상이 의심된다면 2차 및 심지어 3차 의사소통 옵션을 갖는 것이 매우 중요하다. 상업적으로 구입한 휴대전화는 종종 안전한 대안이 될 수 있다. 나아가 CSIRT 구성원은 제한된 시간 동안, 무료 또는 저비용 협업 도구를 활용할 수도 있다. 이러한 옵션들은 일반적인 의사소통 플랫폼을 사용하기에 안전하다고 판단될 때까지 활용될 수 있다.

직원 교대

장기간에 걸친 사고 조사는 CSIRT 직원들에게 육체적, 정신적 피해를 주기 시작할 수 있다. 사고가 해결될 때까지 팀이 계속 관여하도록 두는 것이 당시에는 신중한 것처럼 보일 수 있지만, 이는 팀의 기능 능력에는 해로운 영향을 미칠 수 있다. 연구에 따르면 거의 휴식을 취하지 않고 장시간 작업을 하게 되면 인지 능력에 부정적 효과를 보여 줬다. 따라서 **사고 지휘관**IC, Incident Commander은 일정 시간이 경과되면 반드시 대응 인력을 교대로 배치하는 것이 필수적이다.

예를 들어 사고 조사가 시작된 후 약 24시간이 지나면 8시간의 휴식 시간을 갖도록 직원 교대를 시작해야 한다. 여기에는 IC도 포함된다. 장기간 사고를 수습하는 동안 연속성을 보장하고 각 IC가 적절한 양의 휴식을 취할 수 있도록 대체 IC를 지정해야 한다.

또 다른 전략은 사고 처리 중의 휴식기 동안 지원 인력을 참여시키는 것이다. 이러한 휴식기는 일반적으로 사고가 억제되고 잠재적 **명령 및 제어**C2, Command and Control 트래픽이 해결됐을 때 주어진다. 지원 인력을 활용해 네트워크의 변경 사항이 있는지 모니터링하며, CSIRT가 휴식할 수 있는 시간을 제공할 수 있다.

▌ 위기 커뮤니케이션 통합

심각한 보안 사고를 비밀에 부칠 수 있다는 생각은 구시대적 사고다. Target과 TJX에 영향을 줬던 보안 사고처럼 세간의 이목을 끄는 보안 사고들이 널리 알려졌다. 이러한 기밀성 결여에 더해 글로벌 조직들에 영향을 미치는 새롭게 등장한 침해 통지법이 추가됐다. 유럽연합 **일반 데이터 보호 규정**GDPR, General Data Protection Regulation, 제33조는 72시간의 침해 통지 요구 사항을 규정한다. 또한 **미국 건강보험 양도 및 책임에 관한 법**HIPAA, Health Insurance Portability and Accountability Act, 규칙 CFR 제45편 §164.400-414에 규정된 것처럼 규제적 혹은 컴플라이언스 프레임워크들은 데이터 침해가 발생했을 때 이뤄져야 할 공시에 관한 명문의 규정을 두고 있다. 법 규제 속에 혼재돼 있는 커뮤니케이션 강제 조항들은 조직 내부의 사업부서와 외부의 이해관계자들에게 반드시 필요한 커뮤니케이션이다. 사고 기간 동안의 커뮤니케이션 계획을 수립하고 전개하는 것이 자칫 자원의 낭비로 여겨질 수 있지만, 이는 오늘날 법 규제 환경에서 불가피한 사항이 됐다. 위기 커뮤니케이션을 검토할 때는 다음과 같은 세 가지 중점 영역을 살펴봐야 한다.

- 내부 커뮤니케이션
- 외부 커뮤니케이션
- 일반 공지

위의 영역들은 각각 특정한 대상에 적용되므로 각기 다른 내용과 메시지가 요구된다.

내부 커뮤니케이션

내부 커뮤니케이션이란 기업이나 조직 내부의 인력 및 보고 체계에 한정된 커뮤니케이션을 말한다. 몇몇 사업 부서는 커뮤니케이션에 반드시 동참해야 한다. 법무팀은 많은 경우 보고 사항과 추가적인 규정 준수 사항을 결정해야 하므로 사고의 최근 정황을 잘 정리해 둬야 한다. 마케팅팀은 외부 당사자들과의 커뮤니케이션을 조직하는 데 활용될 수 있다. 이들이 가능한 한 사고의 초기부터 커뮤니케이션 과정에 포함된다면 사고와 그 영향에 대한 이해를 충분히 얻을 수 있을 것이므로 내부 커뮤니케이션이 가장 잘 촉진될 수 있다. 만약 해당 사고가 내부 직원들에게 영향을 미친다면 인사팀도 내부 커뮤니케이션에 동참해야 한다.

사내 핵심 그룹들 중 고위 경영진, 보다 구체적으로 CEO는 해당 사고가 전개됨에 따라 보고를 받기 원할 것이다. 종종 CSIRT는 중대한 사고가 터지기 전까지는 고위 경영진의 주목을 받지 못한다. 바로 이러한 점에서 CEO는 CSIRT의 업무와 그들이 그 사고를 어떻게 다루고 있는지에 매우 관심을 갖게 될 것이다.

이 모든 당사자가 정보를 지속적으로 주고받는 상황에서 질서 있는 커뮤니케이션을 보장하고 허위 정보를 제한하는 것이야말로 매우 중요하다. 혼란을 없애려면 IC 또는 CSIRT 팀장이 단일 연락 지점의 역할을 해야 한다. 예를 들어 법무팀이 CSIRT 분석자에게 연락하지 않고 조사에 관한 정보를 수집하는 것은 그 당시로서는 추측 정도에 머무는 것이다. 따라서 그러한 형태의 정보에 의존한다면 심각한 법적 결과를 초래할 수 있다. 모든 이에게 지속적인 사고 관련 정보를 제공하고자 CSIRT 팀장이나 IC는 매일 주기적인 업데이트를 수행해야 한다. 이러한 커뮤니케이션의 주기는 사고 유형과 심각도에 따라 다르겠지만, 오전 6시부터 오후 10시까지의 일과 시간 사이에 4시간마다의 컨퍼런스 콜을 통해서 모든 사람은 최신 상태의 정보를 유지할 수 있을 것이다.

정기적인 컨퍼런스 콜 외에도 CSIRT 팀장이나 IC는 일일 현황 보고서를 작성해서 고위 경영진에 전달해야 한다. 일일 현황 보고서는 디지털 포렌식 보고서처럼 포괄적이고 상세할 필요는 없지만, 취해진 주요 조치들과 입수한 사고 관련 모든 데이터와 함께 기능적으로 CSIRT의 업무 능력을 제한할 수 있는 모든 잠재적 요인을 포착해야 한다. 최소한 이 보고서와 연계된 일일 현황 회의가 고위 경영진 및 사고 처리 과정의 필수 관련자들이 참석한 가운데 진행돼야 한다.

외부 커뮤니케이션

사고는 해당 사고를 겪고 있는 조직의 밖에 존재하는 외부 조직에 후속 영향을 미칠 수 있다. 공급자, 고객, 거래 처리 설비 또는 서비스 제공 업체가 이러한 외부 조직에 포함된다. 이러한 외부 조직 중 **가상 사설망**VPN, Virtual Private Network 등과 같은 직접 링크가 사고에 영향을 받은 조직과 연결돼 있다면 외부 파트너들에 더 빨리 알려야 한다. 이는 공격자가 이와 같은 연결을 이용해 다른 조직을 손상시킬 수 있는 가능성을 줄이기 위함이다.

 MSP(Managed Service Provider)에 대한 사고 관리 및 외부 커뮤니케이션을 다룰 때 유의해야 할 점은 MSP를 우선 대상으로 삼는 공격자의 경향이다. 공격자들은 기존 VPN을 통해 다른 조직으로 진입하고자 MSP를 활용처로 삼으려 한다. 이것의 한 가지 좋은 예는 표적 침입(target breach)으로서, 가령 공격자가 초기 진입점으로 난방, 환기, HVAC(Heating, Ventilation, Air Conditioning) 공급자를 손상시키는 것을 말한다. 공격자들은 단일 공격으로 둘 이상의 조직을 손상시킬 목적으로 랜섬웨어를 통한 MSP를 공격하는 이 입증된 방법을 사용하고 있다.

최소한 조직은 외부 당사자에게 사고를 처리 중인 사실을 알려야 하며, 예방 조치로 사고가 해결될 때까지 연결을 차단해야 한다. 이후 추가 정보가 함께 제공될 수 있다. 내부 커뮤니케이션과 마찬가지로 외부 커뮤니케이션에서도 정기적인 알림을 설정한다면 사고의 결과로 일어날 수 있는 관계 손상을 완화하는 데 큰 도움이 될 수 있다. 경우에 따라서는 신뢰할 수 있는 외부 당사자가 정기적인 일일 상태 업데이트에 참여할 수도 있다.

공시

앞서 논의한 바와 같이 고객이나 일반 대중에게 사고를 통지하는 것을 논의할 때 고려해야 할 몇 가지 법적 및 규정 준수 요구 사항이 있다. 조직들은 아직 조사 중인 사고에 관해서는 세부 운영 내역은 공개하지 않고, HIPAA와 같은 규정 준수 요건을 준수한다는 측면에서 그 경계를 잘 설정해야 할 수 있다. 이러한 압박을 가중시키는 것은 주식 가치나 사업 손실을 미칠 수 있는 잠재적인 영향이다. 이러한 모든 압박이 수반되는 상황 속에서 조직이 법적 또는 규정 준수 요구 사항을 준수하는 메시지를 작성하는 것이 중요하지만, 조직의 평판과 수익 및 주식 가치에 대한 손실을 최소화하는 것도 중요하다.

CSIRT는 당면한 사고와 직접적인 관련은 있지만, 공시 문구를 작성할 책임은 지지 않아야 한다. 오히려 CSIRT는 사고 조사에 대한 통찰력을 제공하고 모든 질의에 답변을 제공할 수 있어야 한다. 메시지 작성에 관여해야 할 가장 적합한 두 사업부는 법무 부서와 마케팅 부서다. 마케팅 부서는 고객의 반발에 대한 두려움을 제한하고자 메시지를 작성하는 임무를 맡게 될 것이다. 법무 부서는 법적 또는 규정 준수 요건을 충족하는 메시지를 작성하는 임무를 맡게 된다. CSIRT는 가능한 한 조언을 해줘야 하지만, 이 두 사업부는 언론이나 공개 질문에 대한 연락 창구 역할을 해야 한다.

▌ 사고 조사

이 책은 사고를 조사 시 활용할 수 있는 다양한 방법을 다루는 데 상당한 부분을 할애하고 있다. CSIRT의 최우선 목표는 시스템 분석으로 도출된 방안들을 활용해 다음과 같은 측면에서 사고의 핵심을 다루는 것이다.

- **범위 식별**: 간혹 초기의 탐지 단계에서 실제 사고 범위가 명확히 드러나지 않는 경우가 있을 수 있다. 예를 들어 C2 서버가 다운됐다고 명시한 법 집행 기관은 어떤 조직에 연락을 취할 수 있다. 해당 시스템을 분석하는 동안 그 조직 외부의 IP 주소가 식별됐다. 먼저 이 데이터 포인트로부터 전체 네트워크로 사고의 범위가 정해진다. 이제 CSIRT는 방화벽이나 웹 프록시의 데이터를 분석해 C2 서버와 통신 중인 내부 시스템을 식별한다. 이 데이터를 근거로 CSIRT는 영향을 받은 것으로 나타난 이러한 내부 시스템으로 초기 사고의 범위를 좁혀갈 수 있다.

    사고의 범위를 식별하려 할 때 최초 감염원이나 제일 먼저 손상된 시스템을 찾으려는 경향이 있다. 어떤 사고에서는 이러한 원인을 비교적 쉽게 발견할 수 있을지 모른다. 여는 순간 악성 코드가 실행되는 PDF 문서를 첨부한 피싱 이메일은 사용자나 보안 통제를 통해 쉽게 확인할 수 있다. 그러나 감염원을 명백히 식별할 수 없는 공격들도 있다. 최초 감염원을 찾는 것은 근본 원인 분석을 위한 상당히 많은 양의 데이터를 제공하지만, 어떤 단일 시스템을 찾는 것보다 더 중요한 것은 사고의 범위를 우선적으로 식별하는 것이다.

- **영향 식별**: 또 다른 핵심 고려 사항은 사고에 끼친 영향을 판단하는 것이다. 정보 보호의 기본 개념을 접했던 사람들은 CIA 3요소에 꽤 친숙할 것이다. CIA 3요소란 정보 시스템의 보안 요소인 기밀성^{confidentiality}, 무결성^{integrity}, 가용성^{availability}을 나타낸다. 보안 위반이나 침해는 이러한 요소들에 영향을 준다. 예를 들어 15개의 프로덕션 서버에 영향을 미치는 랜섬웨어 사고는 해당 시스템이 가진 데이터 가용성에 영향을 미친다. 사고의 직접적인 결과가 가용성에 미치는 영향과 더불어 대응에 필요한 조치나 복구에 걸리는 시간이 가용성에 미치는 영향은 해당

사고에 대한 영향을 판단하는 중요한 요소가 된다. 지적 재산의 도용과 같은 사고는 데이터의 기밀성에 영향을 미친다. 끝으로 소스코드나 그 밖의 데이터에 대한 무단 조작에 관한 사고는 데이터 무결성에 영향을 미친다. 다음 그림은 CIA 3 요소를 보여 준다.

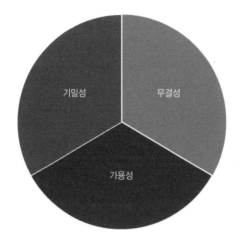

사고에 미칠 잠재적 영향을 이해하는 것은 사고에 대응할 자원의 할당을 결정하는 데 중요하다. 웹상의 중요하지 않은 서비스에 대한 **분산 서비스 거부**^{DDoS,} Distributed Denial-of-Service 공격에 대해서는 소매 지급 결제 인프라 내에서 신용카드를 탈취하는 악성 코드에 대한 것과 같은 대응이 필요하지 않을 것이다. 또한 사고가 미치는 영향은 법률과 기타 규정 준수에 직접적인 관계가 있다. 사고가 규정 준수에 미칠 수 있는 잠재적인 영향을 이해하는 것은 적절한 대응을 수행함에 있어서 매우 중요하다.

- **근본 원인 식별**: IT 전문가와 관리자가 사고 발생 중이나, 특히 사고가 발생된 이후에 물어 보게 될 주요 질문은 "이러한 일이 어떻게 발생했는가?"다. 조직은 조직의 인프라를 보호하고자 상당한 수준의 예산과 자원을 소비한다. 따라서 조직에 영향을 미치는 사고가 발생했다면 이 일이 어떻게 일어난 것인지를 파악해야 한다. 사고 조사의 목표는 일련의 이벤트, 취약성 또는 그 밖의 어떤 조건들이 사

고를 유발했는지 판단하고 그 영향을 식별하는 것이다. 흔히 사고의 근본 원인은 단순한 취약점에 있지 않고 공격자가 보안 시스템에 침투해서 공격을 수행할 수 있도록 하는 일련의 이벤트와 조건들에 있다. 조사 과정에서 이러한 이벤트와 조건들을 식별함으로써 이들을 수정하거나 다른 방법으로 통제할 수 있다.

- **사고 귀책**: 사고 조사에서 논의되는 또 한 가지 영역은 사고 귀책^{attribution}이다. CSIRT 또는 조사기구는 사고 귀책과 함께 공격의 배후 조직을 파악하려고 한다. 사고는 국가, 범죄 집단 또는 사이버상의 적들로부터 기인할 수 있다. 위협 인텔리전스 관점에서 귀책은 어느 정도 중요하지만(귀책은 사고 대응과 관련되므로 13장, '위협 인텔리전스의 활용'에서 다룬다) 사고를 조사하거나 억제하는 데 자원을 사용하는 것이 더 낫다. 공격을 주도한 집단을 알아내려는 시도는 오랜 시간이 소요되며 긍정적인 이득은 거의 없다. 만일 조직의 리더십이 귀책 여부를 결정함에 있어 확고하다면 철저하게 사고를 문서화하고 사고에 대한 귀책을 전문적으로 다루는 제3자에게 자료를 넘기는 것이 최선의 접근법이라 할 수 있다. 그러한 제3의 조직은 많은 경우 여러 건의 사고 조사에서 나온 데이터를 결합해 배후 집단에 대한 문서를 꾸민다. 제공받은 데이터가 사고 조사 데이터와 일치한다면 그들은 사고 귀책에 관한 내용을 제공할 수 있을 것이다.

▌ 봉쇄 전략 통합

봉쇄 전략이란 사고 중 네트워크의 특정 시스템이나 영역에 대한 손상을 제한하고자 취하는 조치를 말한다. 조직은 사고가 발생했을 때를 대비해 준비하는 것이 매우 중요하다. 바이러스와 웜의 요소를 결합한 랜섬웨어의 출현은 조직을 통해 빠르게 확산될 가능성이 있으므로 이들이 여러 시스템에 영향을 미치기 전에 그 발생 가능성을 신속하게 억제할 필요성이 강조된다. 봉쇄의 당면 문제는 많은 기업 IT 시스템이 '플랫^{falt}' 토폴로지를 사용해 서로 통신할 수 있다는 점이다. 이러한 유형의 환경에서 랜섬웨어 및 기타 웜은 윈도우 OS SMB 설치 시 EternalBlue 취약점을 이용했던 WannaCry 랜섬웨어 캠페인에서 널리 사용된 **원격 데스크톱 서비스**RDS, Remote Desktop Services나 **서버 메시지 블록**SMB, Server Message Block과 같은 합법적인 프로토콜을 통해 빠르게 확산될 수 있다. 자세한 내용은 https://cve.mitre.org/cgi-bin/cvename.cgi?name=CVE-2017-0144에서 확인할 수 있다.

봉쇄를 다루려면 네트워크 토폴로지를 명확하게 이해해야 한다. 이러한 유형의 네트워크 인식은 네트워크 검색 도구, 최신 네트워크 다이어그램, 시스템 인벤토리, 취약성 스캔을 통해 달성할 수 있다. 이러한 데이터는 네트워크 전반을 관찰할 수 있도록 CSIRT와 공유돼야 한다. 이로써 CSIRT는 전반적인 봉쇄 전략을 수립할 수 있도록 네트워크 운영 인력과 전반적인 봉쇄 전략을 조정하고 사고로 인한 잠재적 손실을 제한할 수 있다. 네트워크 운영 인력을 기술 지원 인력의 일부로 두는 것은 이러한 절차를 간소화하고 가능한 한 신속하게 봉쇄가 이뤄지도록 하는 데 큰 도움이 된다.

사고에 직접적인 영향을 미치는 인프라 관리의 또 다른 측면은 변경 관리다. 일반적으로 성숙도가 높은 IT 인프라는 문서화가 잘 돼 있고, 관리 가능한 변경 관리 절차를 갖추고 있다. 그러나 사고가 발생했을 때 CSIRT 및 지원 담당자는 변경을 실행하기 위한 변경 관리의 인가와, 변경 구현을 위한 적절한 변경 창구를 마냥 기다릴 수만은 없다. 봉쇄 전략을 구현할 때 IT 및 조직의 리더십은 이번 사고를 계기로 변경이 있을 것임을 충분히 이해해야 한다. 그렇다고 해서 CSIRT 및 IT 담당자가 적절한 주의를 기울이고 변경 사항을 제대로 문서화해야 할 책임을 면제해 주진 않는다.

랜섬웨어 공격과 같은 악성 코드의 발생을 억제한다는 측면에서 채택해 볼 만한 몇 가지 전략이 있다. 이상적으로는 조직이 네트워크 세그먼트를 서로 분리할 수 있는 능력이 있어야 하지만, 이것이 불가능할 경우 CSIRT와 IT 담당자는 다음 중 하나 이상의 조치를 취할 수 있다.

- **물리적 봉쇄**: 이 경우 네트워크에 대한 물리적 연결이 시스템에서 제거된다. 이는 네트워크 케이블을 뽑거나 무선 액세스를 비활성화하거나 운영체제를 통한 연결

을 비활성화하는 것처럼 간단한 것일 수 있다. 사실 이것이 간단하게 들리지만, 이 물리적 봉쇄 전략은 몇 가지 요인들 때문에 소규모 조직에서조차도 난관에 부딪힐 수 있다. 첫째, 영향을 받는 시스템을 물리적으로 찾을 수 있는가? 영향을 받는 시스템이 데이터 센터 내의 동일한 랙rack에 위치해 있다면 작업이 보다 간단해질 수 있지만, 제법 큰 기업 환경에서 20~30대의 데스크톱을 물리적으로 찾으려면 상당한 노력이 필요하다. 20개의 시스템을 네트워크로부터 제거하는 데 걸리는 시간 동안 악성 코드는 다른 시스템으로 쉽게 확산될 수 있다. 물리적 봉쇄의 어려움을 가중시키는 것은 지리적으로 여러 장소에 있는 시스템을 다뤄야 할 때다. 한 시간 가량 거리에 있는 데이터 센터나 다른 사업장이 있다면 그 현장에 있는 누군가가 물리적 봉쇄를 수행해야 한다. 이처럼 사고의 규모가 CSIRT의 능력을 벗어나는 경우 악성 프로그램의 발생이나 다른 사고를 물리적으로 억제하는 것은 그 수행이 매우 어려울 수 있다. 따라서 물리적 봉쇄는 범위가 제한돼야 하고, CSIRT 직원이 네트워크에서 시스템을 즉시 제거할 수 있는 사고에 한해 확보돼야 한다.

- **네트워크 봉쇄**: 네트워크 봉쇄 전략은 네트워크 엔지니어나 네트워크 설계자의 전문성에 크게 의존한다. 이러한 이유로 그들은 CSIRT 내에 기술 지원 인력의 일부로 포함되는 경우가 많으며 모든 봉쇄 전략에 대한 계획에 참여해야 한다. 이러한 봉쇄 전략 가운데 네트워크 관리자는 서브넷의 감염된 시스템에서 네트워크의 다른 부분으로 트래픽을 제한하고자 스위치 구성을 수정하는 임무를 맡게 된다. 이 봉쇄 전략에는 개별 스위치의 구성 또는 관리 콘솔의 사용을 통한 변경이 필요할 수 있다. 이러한 접근 방식에서 다뤄져야 할 한 가지 측면은 조직이 변경 제어를 어떻게 처리하는가다. 대부분의 조직에서는 보통의 변경 제어 절차의 일환으로써 스위치 구성 변경을 검토하는 것이 일반적이다. 사고가 신고된 경우 스위치 구성 변경의 신속한 배치를 촉진하기 위해서는 그 절차에 대한 예외 사항을 명문화해야 한다. 더불어 네트워크 관리자는 변경 사항이 사고 복구 단계에서 복원되거나 수정될 수 있도록 적절하게 문서화되도록 해야 한다.

- **경계 봉쇄**: 경계^{perimeter} 방화벽은 봉쇄에 매우 적합한 자산이다. 경우에 따라 경계 방화벽은 러시아 중첩 인형 접근 방식^{Russian nesting-doll approach}의 네트워크 봉쇄와 함께 활용될 수 있다. 여기서 CSIRT는 경계의 네트워크 트래픽을 포함해 영향을 받는 시스템을 포함하는 특정 서브넷으로 이동시킨다. 예를 들어 악성 코드는 PowerShell과 같은 도구를 통해 추가 코드나 기타 패키지를 다운로드한다. CSIRT가 악성 코드가 추가 패키지를 다운로드하는 데 활용하는 외부 IP 주소를 식별했다면 방화벽에서 차단할 수 있어 추가적인 피해를 방지할 수 있다. 여기서부터 CSIRT는 경계에서 영향을 받는 시스템으로 역방향으로 작업을 할 수 있다. 그런 다음 조직은 더 이상 필요하지 않다고 여겨질 때까지 규칙^{rule}을 그대로 남겨둘 수 있다. 네트워크 봉쇄와 마찬가지로 방화벽 룰셋^{ruleset}의 변경으로 인해 발생될 수 있는 변경 제어 문제를 해결하는 것이 중요하다.

- **가상 봉쇄**: 클라우드 컴퓨팅 및 가상화 기술의 등장으로 많은 조직들은 서버와 같은 시스템을 물리적 시스템에서 가상화 시스템으로 부분적으로 이전했다. 가상화는 일상적인 운영 중에 조직에 상당한 유연성을 제공하는 것은 물론, 사고를 억제해야 할 필요성이 있는 때에도 몇 가지 이점을 제공한다. 우선 VMware의 ESXi 플랫폼과 같은 하이퍼바이저 소프트웨어를 이용하면 여러 시스템의 네트워크 연결을 한꺼번에 제거할 수 있다. 또한 봉쇄의 측면에서도 물리적 스위치와 거의 동일한 방식으로 가상 스위치를 이용할 수 있다. 마지막으로 사고 발생 시 가상화 소프트웨어로 시스템을 일시 중지할 수 있다. 이와 같이 사고가 발생했을 때 가상 시스템을 정지시키거나 일시적으로 중지시키는 것은 나중에 조사할 수 있는 상당수의 증거를 보존할 수 있어 선호되는 방법이다.

■ 정상으로 복귀 – 근절 및 복구

일단 적절하고도 종합적인 사고 조사가 완료됐다면 이제는 근절eradication과 복구recovery의 단계로 넘어가야 할 때다. 정상적인 운영으로 돌아가고 싶은 강한 욕구가 있기 때문에 이 단계에 이르기까지 상당히 서두를 수 있다. 여기에는 물론 비즈니스 동인이 작용했을 수 있지만, 근절과 복구를 성급하게 진행한다면 간과돼 온 식별되지 않은 침해 시스템을 다시 도입할 수도 있다. 또 어떤 경우는 침해된 시스템의 패치를 놓친 나머지 이전에 침해된 시스템과 동일한 취약점에 노출될 수 있으며, 최악의 경우에는 여전히 감염된 시스템을 네트워크에 그대로 배치할 수도 있다. 이러한 이유로 여기에서는 근절 및 복구에 관한 전략들이 모두 다뤄진다.

근절 전략

악성 코드를 마주하는 작금의 불행한 현실은, 모든 악성 코드가 완전히 제거됐는지 100% 확신할 수 있는 확실한 방법이 없다는 것이다. 과거에는 조직에서 바이러스 백신 프로그램으로 시스템을 간단히 스캔해 유해한 악성 코드를 찾을 수 있었다. 이제는 프로세스 인젝션injection이나 DLL 하이재킹과 같은 악성 코드 기술이 사용돼 원래 코드가 제거되더라도 시스템이 여전히 감염된 상태일 가능성이 있다. 또한 추가로 다운로드된 코드가 설치되고도 감지가 되지 않을 가능성도 있다. 결과적으로 대부분의 근절 전략들은 감염된 시스템을 가져다가 정상 이미지로 다시 이미징하거나 정상 백업으로 되돌리는 것에 의존하고 있다.

악성 코드와 랜섬웨어의 경우 자주 사용되는 전략은 3개의 분리된 **가상 LAN**VLAN, Virtual LAN 세그먼트를 사용하고 감염된 시스템들을 다시 이미징하는 것이다. 우선 감염된 모든 시스템을 각각의 분리된 VLAN에 배치한다. 여기서 CSIRT 또는 시스템 관리자는 감염된 시스템 중 하나를 보조 스테이징 VLAN으로 이동시킨다. 이후 해당 시스템은 정상 이미지로 재이미징하거나 정상 백업이 사용된다. 이렇게 시스템이 재이미징되거나 백업이 설치되면 프로덕션 VLAN으로 이동한 후 추가 모니터링을 통해 남아 있는 감염이나 침해가 없는지 확인한다. 다음 그림은 간단한 이러한 복구 전략을 지원하는 간단한 네트워크 구조를 보여 준다.

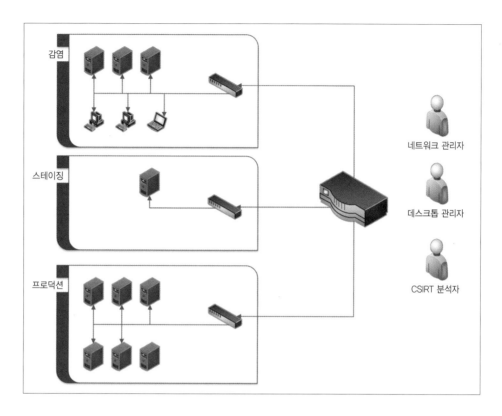

이 방법은 시간이 많이 소요될 수 있지만, 영향을 받은 시스템이 모두 해결됐는지를 확인하는 좋은 방법이다.

가상 시스템의 경우 앞서 논의한 봉쇄 전략이 적용된다면 감염된 가상 시스템은 네트워크의 연결이 없다. 여기서 가장 간단한 근절 전략은 마지막으로 알려진 정상 스냅샷으로 시스템을 되돌리는 것이다. 시스템이 다시 시작되면 모니터링 기능이 향상된 VLAN에 연결해야 한다. 스냅샷으로 복구하는 경우 CSIRT는 신뢰도가 높은 타임라인timeline을 택하는 것이 중요하다. CSIRT가 공격 시점에 대한 확신이 서지 않으면 스냅샷 역시 손상될 가능성이 있다. 이것은 스냅샷을 정기적으로 수행하는 조직에서는 특히나 그렇다.

복구 전략

복구 측면에서 볼 때 CSIRT가 운영을 정상화하려면 해결해야 할 몇 가지 과제가 존재한다. 그 첫 번째는 모든 시스템, 즉 근절 단계를 거친 시스템뿐만 아니라 모든 시스템에 최신 패치가 제대로 적용됐는지 확인하는 것이다. 이는 공격자가 제로데이 공격이나 비교적 새로운 취약점을 악용하려 하는 경우에 매우 중요하다. 제조업체로부터 패치를 제공받지 못했다면 CSIRT는 잔여 위험을 완화하고자 추가적인 보안 통제를 권고해야 한다.

복구 단계의 두 번째 부분은 CSIRT가 IT 및 정보 보안 담당자와 협력해 추가 탐지 및 예방 경보를 생성하는 것이다. 근본 원인을 판단할 때 또는 봉쇄 단계에서 증거를 조사하는 동안 CSIRT는 탐지 및 예방 통제를 위한 데이터를 제공했을 수 있다. CSIRT는 다른 직원들과 협력해 추가적인 탐지 및 예방 규칙을 보강해야 한다. 이러한 추가 규칙은 해당 사고에 특정된 것이거나 식별된 특정 취약점과 관련된 것일 수 있다.

세 번째로는 인프라에 대한 변경 사항을 검토해야 한다. 이러한 변경 사항이 여전히 필요한지 아니면 제거해도 되는지 여부를 결정하기 위해서는 먼저 CSIRT 및 IT 담당자의 검토가 필요하다. 변경 사항이 장기화될 필요가 있다면 조직의 변경 통제에 따라 평가를 실시하고, 통제 절차에 따른 승인을 거쳐야 한다.

네 번째로는 사고가 종결되기 전에 모든 시스템에 대한 전체 취약점 검사를 수행하는 것이 좋다. 이는 손상된 시스템이 제대로 해결됐는지 확인하는 데 매우 중요하다. 또한 이 단계에서는 보안 사고에 영향을 받지 않았을 수도 있는 다른 시스템들에 대해서도 보안 취약점에 대해 패치가 적용되도록 한다.

마지막으로 사고 대응 말미에 사후 검토를 실시하는 것이 중요하다. 사후 검토란 사고의 처음부터 끝까지 전체를 검토하는 것이다. CSIRT 담당자가 취했던 모든 조치가 검토 대상이다. 또한 활용했던 계획이나 플레이북도 사고 조치에 비추어 검토한다. 특정 도구의 결함이나 교육과 절차의 부족과 같은 모든 결함들은 수정될 수 있도록 식별돼야 한다. 이러한 사후 검토 결과는 전체 사고 문서의 일부로 문서화돼야 한다.

❚ 요약

사고 계획을 세우는 것은 매우 중요하다. 동시에 사고를 적절히 관리하는 것 역시 매우 중요하다. 여기에는 각 CSIRT가 사고의 생명주기 동안 고려해야 하는 몇 가지 요소들이 포함된다. 적절한 실행 계획은 CSIRT가 기능하는 데 필요한 요소를 제공한다. 사고 정보를 경영진, 제3자, 고객에게 전달하기 위한 전략을 수립함으로써 이해관계자들에게 지속적으로 정보를 제공할 수 있고 추측을 줄이며 규정 준수 요건은 충족될 수 있을 것이다. CSIRT는 사고를 조사함으로써 공격을 식별하고 사고의 범위를 확인하며, 적절한 봉쇄 전략을 취함으로써 손상을 줄일 수 있다. 마지막으로 이러한 요소들은 모두 네트워크에 접근하는 공격자의 접근 능력을 제거하고 조직이 정상으로 복귀할 수 있도록 지원한다. 이 글의 첫머리에 언급했듯이 누구나 얼굴을 한 대 맞기 전까지는 계획을 갖고 있다. 조직을 향한 CSIRT의 진정한 가치는 계획 및 플레이북 그 자체에 있는 것이 아니라 사고가 발생했을 때 얼마나 잘 수행되는지에 있다. 3장에서는 CSIRT 인력이 준수하는 디지털 포렌식 프레임워크를 제공해 사고 관리의 일부분인 사고 조사를 자세히 살펴본다.

❚ 질문

1. 다음 중 수행하기 가장 어려운 봉쇄 전략은?

   A. 물리적physical 봉쇄

   B. 네트워크network 봉쇄

   C. 경계perimeter 봉쇄

   D. 가상virtual 봉쇄

2. 사이버 보안 침해는 다음 중 어느 것에 영향을 미치는가?

   A. 기밀성

   B. 무결성

C. 가용성

D. 위의 전부

3. 귀책^{attribution}은 매우 중요하며 사고 조사의 성공적인 완수를 위해 필요하다.

A. 예

B. 아니오

▌ 더 읽어 볼 거리

- NIST SP 800-61 Rev 2, *Computer Security Incident Handling Guide*, at https://csrc.nist.gov/publications/detail/sp/800-61/rev-2/final

- ENISA *Incident Handling in Live Role Playing Handbook*, at https://www.enisa.europa.eu/topics/trainings-for-cybersecurity-specialists/online-training-material/documents/incident-handling-in-live-role-playing-handbook/view

- *Incident Handler's Handbook* by Patrick Kral, SANS Reading Room, at https://www.sans.org/reading-room/whitepapers/incident/incident-handlers-handbook-33901

- MITRE *Ten Strategies of a World-Class Cybersecurity Operations Center*, at https://www.mitre.org/sites/default/files/publications/pr-13-1028-mitre-10-strategies-cyber-ops-center.pdf

디지털 포렌식 기본 원리

포렌식은 법률 문제에 과학적 원리를 적용하는 것이라고 할 수 있다. 사고에서 CSIRT 구성 원은 디지털 포렌식 도구, 기술, 지식을 모두 활용해 사고 중에 수집된 디지털 증거를 분석하도록 요청받는다. 따라서 디지털 포렌식 조사자가 디지털 증거를 올바르게 처리하고 법정에서 증거의 채택 여부를 확실히 해두려면 디지털 포렌식 절차의 핵심과 더불어 관련된 법적 쟁점을 이해해야 한다.

3장에서는 CSIRT와 디지털 포렌식 조사자가 숙지해야 할 법률을 검토해 보고, 법원에서는 어떻게 증거가 채택되는지 알아본다. 이를 위해 우선 디지털 포렌식에 대한 절차를 탐구해 보고, 이에 필요한 기반 시설을 살펴봄으로써 CSIRT 내에 디지털 포렌식 역량을 함양시키도록 한다.

3장에서 다룰 주제는 다음의 두 가지다.

- 법적 측면
- 디지털 포렌식 기본 원리

▌ 법적 측면

1장, '사고 대응의 이해'에서 살펴봤듯이 사고 대응에는 아주 다양한 분야의 핵심 인력이 필요하다. 여기서 사고 대응이 완전히 기술적인 문제일 뿐이라는 잘못된 인식이 부각된다. 그렇지만 사고 대응에 매우 중점을 두는 영역 중의 하나는 법적 분야다. 유출 공지에 관한 것에서부터 개인정보 보호에 이르기까지 조직의 사고 대응 능력에 직접적인 영향을 미치는 다양한 법률과 규정이 있다. 이러한 법규들은 정부에 범죄자를 기소할 수 있는 프레임워크를 제공할 뿐만 아니라 증거 처리 및 법정 제시 방법과 같은 주제에 관해서도 엄격한 규칙을 제공한다.

법률 및 규정

1980년대 중반 컴퓨터 범죄가 일반화되기 시작하면서 각국은 끊임없이 증가하는 사이버 범죄에 대응하기 위한 법률을 제정하기 시작했다. 일례로 미국 연방 형법은 컴퓨터를 이용한 범죄 행위를 직접 다루고 있다.

- **USC 18편 제1029조 – 접속 장치와 관련된 사기 및 부정 행위**: 이 규정은 컴퓨터 사용 사기를 다룬다. 컴퓨터를 이용한 사이버 범죄의 경우나 개인정보 유출의 경우 또는 컴퓨터 관련 사기 범죄의 경우 대체로 이 조항이 적용된다.
- **USC 18편 제1030조 – 컴퓨터 사기와 남용에 관한 법**CFAA, Computer Fraud and Abuse Act: 이 법 조항 중 사고 대응과 가장 관련이 있는 조항은 컴퓨터 시스템에 대한 무단 접

근이다. 이 법은 또한 **서비스 거부**^{DoS} 공격에 관한 위법성을 다룬다.

- **전자통신비밀보호법**ECPA, Electronic Communications Privacy Act: 연방 통신비밀보호법은 1986년에 개정됐으며, 통신 및 인터넷과 같은 전자적 수단을 이용한 무단 도청을 불법으로 규정한다. ECPA는 이후 **감청통신지원법**CALEA, Communications Assistance for Law Enforcement Act으로 개정됐다. CALEA는 법 집행 기관의 합법적 감시를 위해 인터넷 서비스 제공자ISPs의 네트워크가 제공될 수 있음을 규정하고 있다.

  따라서 미국에 실체를 둔 조직들은 ECPA 규정을 잘 아는 것이 매우 중요하다. 이 법은 사용자가 개인정보에 대한 합리적 기대를 갖고 있다면 어떤 조직이 네트워크를 감시하거나 트래픽을 캡처하는 행위를 범죄로 취급하고 있으며, 심지어 이와 같은 감시나 캡처를 조직의 통제하에 두는 경우에도 범죄로 보고 있다. 이 법은 실제로 사용자가 개인정보에 대한 합리적 기대를 가질 경우 조직이 자체 네트워크에서 이뤄지는 트래픽 스니핑sniffing에 대한 책임을 지도록 한다. 이것은 CSIRT 구성원이 네트워크 리소스나 기타 시스템에 접근하는 경우에 있어서 잠재적 법률 문제가 된다. 이러한 문제는 모든 시스템 이용자가 그들의 통신이 모니터링될 수 있다는 것을 이해하고, 조직이 제공하는 컴퓨터와 네트워크 리소스를 사용하는 통신에서 개인정보의 보호를 합리적으로 기대할 수 없다는 사실을 인지함으로써 쉽게 해결될 수 있다.

- **1996년 산업스파이방지법**EEA, Economic Espionage Act of 1996: 이 법은 USC 제18편 제1831조 내지 제1839조를 근거로 한 법 조문을 포함하고 있으며, 산업 스파이 행위와 영업 비밀 유출을 범죄로 규정한다. 이 법은 이전의 스파이 관련 법안에서 한 걸음 더 나아간 것으로, 국가 보안이나 정부의 정보가 아닌 상업 기업을 직접 다룬다.

증거 규칙

연방 증거 규칙은 형사 소송이나 민사 소송의 진행 과정에서 증거의 채택 또는 제외의 근거로 작용한다. CSIRT 구성원은 증거의 오염을 방지하고 법원에서 증거가 배제될 가능성을 막아야 하므로 이와 같은 증거 규칙을 숙지하는 것이 중요하다.

- **규칙 402 – 관련 증거의 테스트**test for relevant evidence: 이 규칙은 두 부분으로 나뉜다. 첫째, 소송에서 채택된 증거는 증거가 없을 때보다 어떤 사실을 더 가능하게 하거나 덜 가능하게 하려는 의도를 가져야 한다. 둘째, 증거(또는 입증된 사실)는 그 소송 절차에 귀결된다는 것이다. 이로써 증거는 반드시 그 재판과 관련돼야 하고, 증거는 소송에서 어떤 측면을 입증하거나 부인해야 한다는 점이 분명해진다.

- **규칙 502 – 변호사의 고객 비밀 유지 특권 및 산출물**attorney-client privilege and work product: 현대 법률에서 신성시되는 원칙이 있다면 그것은 바로 고객과 변호사의 관계에 관한 것이다. 변호사가 갖는 고객 비밀 유지에 관한 특권 조항 중 하나는 변호사와 고객 양자 간 대화가 법정에서 불허된다는 것이다. 이것은 구두와 서면 모두에 적용되는 원칙이다. 디지털 포렌식에서는 어떤 조치가 행해졌는지 그리고 어떤 정보가 획득됐는지에 관한 보고서가 작성된다. 그리고 종종 사고 대응 담당자는 변호사를 위해 직접 일을 해야 할 때가 있다. 결과적으로 사고와 관련해 준비된 보고서들은 변호사의 업무 규칙에 영향을 받게 된다. 따라서 변호사의 후원으로 일하게 되는 사고 대응 담당자는 변호사 업무 규칙의 영향을 받는다는 점과 변호사 업무 규칙이 자신의 업무에 언제 적용되는지를 알아야 한다.

- **규칙 702 – 전문가 증언**testimony by expert witnesses: 디지털 포렌식 분야의 경험과 지식을 습득한 분석자라면 전문가로서 법정 증언을 할 수 있다. 이 증거 규칙은 전문가 증언에 관한 세부 사항을 개략적으로 설명하고 있다.

- **규칙 902 – 자체 인증에 관한 증거**evidence that is self-authenticating: 이 규칙은 최근 디지털 포렌식과 관련해 개정됐으며 2017년 12월 1일부터 시행됐다. 하위 항목을 추가한 이 규칙은 해싱hashing을 통한 디지털 증거의 무결성 검증을 허용하고 있다 (해시의 역할에 대해서는 이후의 장에서 논의할 것이다). 또한 이 규칙은 자격 요건을 갖춘 자에 의해 증거가 제출될 것과 제출 증거가 모범적 관행에 따라 수집될 것을 요한다.

- 규칙 1002 – **최고의 증거 규칙**^{best evidence rule} : 민사 또는 형사 절차에서 원본인 서면, 기록 또는 사진은 합리적인 예외가 없는 이상 증거로 제공돼야 한다. 물리적 영역에서 이러한 제공은 물리적 증거를 생산하기 매우 쉽다. 공격에 사용된 칼을 손쉽게 증거로 제출할 수 있는 것처럼 말이다. 그러나 어떤 라우터로부터 나온 하드 드라이브나 로그 파일상의 증거가 기본적으로 자기 극성을 띨 때는 문제가 조금 복잡해진다. 이 경우 법원은 포렌식적으로 적절한 하드 드라이브의 이미지는 실제 하드 드라이브의 합리적인 대체물이 될 수 있다고 판결한 바 있다.
- 규칙 1003 – **사본의 허용**^{admissibility of duplicates} : 디지털 미디어에 대한 포렌식 조사에서 가장 중요한 것 중 하나는 디지털 미디어의 이미지나 포렌식 사본을 만들어 두는 것이다. 같은 규칙에 따르면 이렇게 만들어진 이미지는 법정 채택이 가능하다. 이 경우 분석자는 이와 같은 증거를 만들고자 올바른 조치가 취해졌는지 증언을 해야 할 가능성이 높다는 것에 주의하자.

다음은 디지털 포렌식의 기본 원리를 살펴본다.

▌ 디지털 포렌식 기본 원리

1장에서 언급했듯이 디지털 포렌식은 사고 대응의 중요한 구성 요소다. 종종 디지털 포렌식 기법의 적용은 사고 대응자로 하여금 서버 손상이나 데이터 유출과 같은 악의적 행동으로 발생된 일련의 사건을 분명하게 이해하도록 한다. 또한 조직 내부에서 사기 행위나 악의적 움직임이 포착된 경우 디지털 포렌식은 유죄의 당사자를 가리는 결정적 증거를 제공할 수 있다. 따라서 디지털 포렌식을 수행할 조사 도구와 기술을 살펴보기 전에 디지털 포렌식의 기본 원리를 다루는 것은 대단히 중요한 작업이 될 것이다. 이 기본 원리는 구체적 조사 행위에 대한 맥락적 이해를 제공하고 유용한 증거를 얻는 방법을 제시한다.

연혁

1980년대 중반 법 집행 기관은 컴퓨터를 이용한 범죄 현상에 주의를 기울이기 시작했다. 그 이전의 법 체계는 컴퓨터 범죄를 저지른 자들을 파악해 기소하는 데 적합하지 않았다. 컴퓨터 사용 범죄가 더욱 현저해지기 시작하면서 미국 **연방수사국**FBI, Federal Bureau of Investigation과 같은 기관에서는 포렌식에 디지털적 요소를 통합시키기로 결정했다. 이로 인해 FBI **컴퓨터 분석 대응팀**CART, Computer Analysis and Response Team이 신설됐다. 그 외 런던 경찰국 Metropolitan Police Service과 같은 기관에서는 사이버 범죄 수사력을 강화하기 시작했다.

 1992년 1월자 미국 법무부 『과학수사연구소 다이제스트』지의 짧은 글은 FBI의 CART에 대한 역사를 말해 주는 훌륭한 문서다. https://www.ncjrs.gov/pdffiles1/Digitization/ 137561NCJRS.pdf

2개의 중대한 사건이 사람들에게 사이버 수사와 포렌식의 필요성을 일깨웠다. 첫 번째 사건은 해커, 마르쿠스 헤스Markus Hess의 로렌스 버클리 국립연구소 침투 사건이었다. 만일 해커 추적을 위한 클리포드 스톨Clifford Stoll의 끈질긴 노력이 없었더라면 이 해커의 침입은 미제 처리됐을지도 모른다. 그의 노력들은 성공했다. 스톨이 관계 당국과 함께 해커를 추적한 끝에 결국 마르쿠스 헤스는 산업 스파이로 기소될 수 있었다. 스톨의 저서 『뻐꾸기 알 The Cuckoo's Egg』에는 이 일에 관한 일화 전체가 소개돼 있다.

두 번째로 세간의 이목을 끈 사건은 인터넷 초창기인 1988년, 맹렬히 퍼진 모리스 웜Morris Worm 사건이었다. 로버트 타펜 모리스Robert Tappan Morris에 의해 만들어져 배포된 웜 바이러스는 수많은 시스템에서 서비스 거부를 유발해 결국 10만 달러 이상의 피해를 가져왔다. 클리포드 스톨 외 다수에 의해 행해진 사후 조사 결과 최소 6,000개의 시스템이 웜 바이러스에 감염된 것으로 밝혀졌다. 웜 바이러스의 급속한 확산과 그로 인한 피해는 카네기 멜론 CERT/**코디네이션 센터**CERT/CC, CERT Coordination Center를 탄생시켰다.

1990년대에는 점차 많은 법 집행 기관들이 수사 기능에 디지털 포렌식을 통합하기 시작하면서 포렌식 절차에 대한 표준화 필요성이 더욱 분명해졌다. 1993년에는 컴퓨터 증거의 역할을 구체적으로 다루기 위한 국제 회의가 개최됐다. 1995년 직후에는 **컴퓨터 증거에 관한 국제 기구**IOCE, International Organization on Computer Evidence가 설립됐다. 이 기관은 디지털 포렌식 조사 절차에 관한 지침 및 표준을 개발하고자 만들어졌다. 1998년 연방 과학수사 연구소장은 IOCE와 공조해 **디지털 증거에 관한 과학 실무 그룹**SWGDE, Scientific Working Group on Digital Evidence을 만들었다. 이 그룹은 디지털 포렌식의 관행들을 표준화하기 위한 IOCE의 시도를 나타낸다.

조직들이 업무 관행을 표준화하자 법 집행 기관은 포렌식 기능 전반에 디지털 포렌식을 지속적으로 적용했다. 2000년 FBI는 최초의 **지역 컴퓨터 과학 수사 연구소**RCFL, Regional Computer Forensic Laboratory를 설립했다. 이 연구소는 사이버 범죄 수사에 있어서 다양한 법 집행 기관을 돕기 위한 목적으로 설립됐다. 지난 20년 동안 RCFL는 미국 전역의 17개 개별 RCFL로 성장했다. 또한 연방, 주 및 지방 경찰은 디지털 포렌식 본부와 독립형 디지털 포렌식 기능을 구성했다. 컴퓨터 관련 범죄가 지속적으로 증가함에 따라 이들 기관은 중요 업무를 계속적으로 수행하게 될 것이다.

디지털 포렌식 절차

사고 대응 절차와 마찬가지로 디지털 포렌식 절차 역시 사고의 최초 파악 시점에서부터 고위 경영진 보고 시점 또는 민형사 재판의 배심원 증거 제출 시점에 이르기까지 사고와 관련된 디지털 증거의 흐름을 분명하게 보여 준다. 이러한 절차를 설명하는 몇 가지의 스키마schema가 있으며, 대부분의 경우 비슷한 경로를 따른다. 여기에서는 **디지털 포렌식 연구 워크숍**DFRWS, Digital Forensics Research Workshop의 디지털 조사 프레임워크를 사용할 것이다. 이 프레임워크는 아래 그림에서 볼 수 있다.

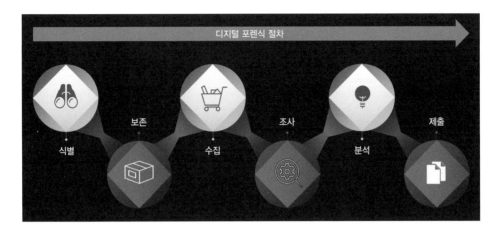

이 프레임워크는 여섯 가지 기본 요소로 이뤄져 있다.

- 식별identification
- 보존preservation
- 수집collection
- 조사examination
- 분석analysis
- 제출presentation

사고 대응 관점에서 보통의 경우 담당자들은 네트워크 구성 요소나 중요 시스템을 압수하지 않고 납득할 만한 사유가 없는 이상, 이것들을 오프라인으로 전환하지 않는다. 이는 디지털 포렌식과 사고 대응에 있어서 균형 잡힌 조치라고 할 수 있다. 전적으로 디지털 포렌식 접근은 관련된 모든 증거를 취하고 보안을 유지하면서 진행된다. 이 절차는 사고 유형에 따라 수개월이 걸릴 수도 있다. 이러한 접근 방식은 철저하고 세부적이지만, 조직을 얼마간 주요 구성 요소가 빠진 상태에 놓이게 할 수 있다. CSIRT는 한 달간의 긴 분석 작업을 통해 어떤 이벤트가 침해로 이어졌는지를 조직 리더십에게 보고할 수 있지만, 이로써 한 달 수입에 손실이 생긴다면 이 같은 행위는 의미가 없다. CSIRT에 배정된 포렌식 분석자들은 정상적인 운영을 재개하거나 분석을 지속할 필요성에 대해 철저한 균형을 맞출 준비가 돼 있어야 한다.

식별

과학 수사에서 자주 논의되는 한 가지 원칙은 **로카드 교환 원칙**Locard's exchange principle이다. 이 원칙은 2개의 물체가 접촉할 때는 서로에게 흔적을 남긴다고 가정한다. 예를 들어 카펫이 깔려 있는 집에 들어가면 신발의 먼지가 카펫 위에 남고, 카펫이 신발 바닥에 섬유 조각을 남긴다.

교환된 이런 흔적들은 물리적 포렌식 세계에서 **미세 증거**trace evidence라고 하는 것에 대한 기초를 형성했다. 디지털 세계에서도 종종 두 시스템이 서로 접속할 때 매우 유사한 흔적 증거를 남긴다. 예를 들어 개인이 웹 사이트를 탐색하는 경우 웹 서버 또는 웹 응용 프로그램 방화벽이 개인의 IP 주소를 수집해 로그에 기록할 수 있다. 또한 웹 사이트는 랩톱 PC에 쿠키를 보관할 수도 있다. 실제 세계에서와 마찬가지로 이러한 방식으로 교환된 증거는 일시적이며, 이를 관측하는 능력은 현재 우리가 갖고 있는 도구와 지식에 국한될 수밖에 없다.

이 원칙은 사고 발생 시 잠재적인 증거 원본을 식별하도록 한다. 예를 들어 CSIRT가 시스템에서 악성 코드의 감염 원인을 확인하고자 한다면 CSIRT는 감염된 시스템에 대한 분석을 시작할 것이다. 일부 악성 코드는 C2 서버에 대한 액세스가 필요하기 때문에 분석자는 감염된 시스템으로부터 외부 IP 주소에 이르기까지 모든 아웃바운드 트래픽에 대한 방화벽 연결 또는 프록시 로그를 검색할 수 있다. 이러한 연결 IP 주소를 검토하면 C2 서버와 시스템에 감염된 특정 악성 코드 변종에 대한 잠재적 세부 사항이 드러날 수 있다.

그러나 디지털 증거를 매우 쉽게 조작할 수 있다는 것은 위협 요소가 될 수 있다는 점에 주의해야 한다. 다른 증거 없이 단일한 디지털 증거에 대한 의존에는 항상 신중을 기해야 하며, 이를 신뢰하기 전에 먼저 검증이 이뤄져야 한다.

보존

증거가 식별되면 모든 유형의 변경 또는 삭제로부터 증거를 보호하는 것이 중요하다. 로그 파일과 같은 증거의 경우 로그 파일을 삭제하거나 수정하지 못하도록 통제를 활성화해야 할 수 있다. 데스크톱과 같은 호스트 시스템의 경우 물리적 또는 논리적 통제, 네트워크 접근 통제 또는 주변 통제를 통해 나머지 네트워크로부터 시스템을 분리시켜야 할 수도 있다. 또한 모든 사용자가 의심되는 시스템에 접근할 수 없도록 하는 것이 중요하다. 이는 사용자가 고의 또는 과실로 증거를 오염시키지 못하도록 한다. 보존 방법의 또 다른 측면은 가상 플랫폼에 대한 의존도 증가다. 이러한 시스템의 보존은 스냅샷 시스템을 통해, 그리고 가상머신을 비휘발성 스토리지에 저장함으로써 이뤄질 수 있다.

수집

수집은 디지털 포렌식 조사자가 디지털 증거를 수집하기 위한 절차를 시작하는 지점이다. 디지털 증거를 조사할 때는 조사자가 검토하고 싶어 하는 일부 증거의 휘발성 특성을 이해하는 것이 중요하다. 휘발성 증거란 시스템의 전원이 꺼지면 소실될 수 있는 증거다. 네트워크 장비의 경우에는 장치에 저장된 활성 연결 또는 로그 데이터가 포함될 수 있다. 랩톱과 데스크톱의 경우에는 실행 중인 메모리 또는 ARP^{Address Resolution Protocol} 캐시가 휘발성 데이터에 포함된다. **국제 인터넷 표준 기구**^{IETF, Internet Engineering Task Force}는 디지털 증거의 휘발성을 다루는 '증거 수집 및 보관 지침^{Guidelines for Evidence Collection and Archiving}'(RFC 3227)이라는 제목의 문서를 다음과 같이 작성했다.

- 레지스터와 캐시
- 라우팅 테이블, ARP 캐시, 프로세스 테이블, 커널 통계, 메모리^{RAM}
- 임시 파일 시스템
- 디스크
- 원격 로깅 및 모니터링 데이터
- 물리적 구성, 네트워크 구조

- 기록 매체

디지털 포렌식 조사자는 증거 수집 절차를 시작할 때 이러한 휘발성을 고려해야 한다. 휘발성 증거가 수집되면 외장형 하드 드라이브와 같이 비휘발성 매체로 이동되는 방식을 채택해야 한다.

적절한 증거의 취급

증거를 올바르게 취급하고 확보하는 것은 매우 중요하다. 증거 수집 방식에 대한 오류는 그 증거의 오염으로 이어질 수 있으며, 이후 포렌식적으로 적절하지 않을 수 있다. 또한 사고가 잠재적으로 법적인 문제를 갖는 경우라면 주요 증거가 민형사 소송에서 제외될 수 있다. 증거 취급에 대해서는 다음과 같은 몇 가지 주요 원칙이 존재한다.

- **원본 증거의 변경**: 디지털 포렌식 조사자가 취한 조치는 원본 증거를 변경해서는 안 된다. 예를 들어 포렌식 분석자는 필요하지 않은 경우라면 실행 중인 시스템에 접근해서는 안 된다. 탐색될 작업 중 몇몇은 일부 증거를 변경할 가능성이 있음에 유의해야 한다. 적절한 서류를 포함시키고 정당한 이유를 설정하면 디지털 포렌식 조사자는 증거가 오염된 것으로 여겨질 가능성을 줄일 수 있을 것이다.
- **문서**: 법 집행 기관에서 종종 듣게 되는 주된 주제 중 하나는 '적어 두지 않으면 일어나지 않는다'라는 말이다. 디지털 포렌식을 논할 때는 특히 그렇다. 취해진 모든 조치는 어떤 방식으로든 문서화돼야 한다. 여기에는 주석이나 다이어그램이 포함된다. 문서화의 또 다른 방법은 사진을 통해서다. 문서화가 올바르게 됐다면 증거의 무결성이 의문시될 경우에도 조사자가 일련의 이벤트를 재구성하도록 해준다.

현장에서의 적절한 증거 취급에 관해서는 다양한 법 집행 기관으로부터 이용할 수 있는 많은 자료가 있다. 여러분은 이러한 절차에 익숙해져야 한다. 다음은 법 집행 기관에서 활용되는 지침들이다.

- http://www.crime-scene-investigator.net/SeizingElectronicEvidence.pdf
- https://www.ncjrs.gov/pdffiles1/nij/219941.pdf
- https://www.iacpcybercenter.org/wp-content/uploads/2015/04/digitalevidence-booklet-051215.pdf

관리 연속성

관리 연속성chain of custody은 증거의 생명주기life cycle를 통해 증거의 문서화를 설명한다. 증거의 생명주기는 개인이 최초로 증거를 보관할 때부터 시작되고 사고가 최종적으로 처리된 시점에서 그 증거를 반환 또는 파기할 수 있을 때까지 진행된다. 관리 연속성을 올바르게 유지하는 것은 매우 중요하다. 증거가 법정에 제출돼야 할 경우 관리 연속성이 깨어지면 그 소송 절차에서 증거 채택을 배제시킬 수도 있다. 그러므로 증거의 전체 생명주기가 기록되도록 하는 것은 매우 중요하다.

CSIRT가 증거의 관리 연속성을 기록하고 유지할 수 있는 두 가지 주요한 방식이 있다.

첫 번째는 **전자적인 것**이다. 과학 수사 연구소 또는 법 집행 기관과 같은 조직에 증거 관리 연속성 절차를 자동화하는 하드웨어와 소프트웨어를 제공하는 제조업체들이 많다. 이 체계에서는 각각의 증거마다 고유한 바코드 스티커가 활용된다. 그리고 스캐너가 이 바코드를 읽음으로써 전자 흔적이 만들어진다.

관리 연속성을 만들고 유지하는 두 번째 수단은 **종이와 펜**이다. 이 방법은 관리 연속성을 시작하고 유지하고자 필요한 정보를 담은 서면 양식을 사용한다. 종이와 펜을 사용하는 방법은 다소 번거로울 수 있고, 양식이 파괴나 조작으로부터 보호되도록 더 많은 주의가 필요하지만, 자동화 솔루션 구현을 위해 필요한 리소스를 갖추기 어려운 소규모 CSIRT의 경우에는 훨씬 더 비용 효율적인 솔루션이다.

관리 연속성 서식은 몇 개의 절로 구성되는데 이 절들은 반드시 작성돼야 할 세부 항목들로 구성된다. 다음 스크린샷은 관리 연속성 견본 문서다(미국표준기술연구소(NIST, National Institute of Standards and Technology)에서 관리 연속성 문서 양식을 이용할 수 있다. https://www.nist.gov/document/sample-chain-custody-formdocx).

IR PROACTIVE

Computer Security Incident Response Chain of Custody Form

Incident Information

CSIRT Intake ID:		Analyst		Submission #:	

Electronic Media Details

Item Number:	Description:				
Manufacturer:		Model#		Serial Number:	

Image or File Details

Date / Time Acquired:	Created By:	Method:	Storage Drive:
File/Image Name:		Hash:	

Chain of Custody

Tracking No:	Date/Time:	FROM:	TO:	Reason:
	Date:	Name/Org:	Name/Org:	
	Time:	Signature:	Signature:	
	Date:	Name/Org:	Name/Org:	
	Time:	Signature:	Signature:	
	Date:	Name/Org:	Name/Org:	
	Time:	Signature:	Signature:	
	Date:	Name/Org:	Name/Org:	
	Time:	Signature:	Signature:	
	Date:	Name/Org:	Name/Org:	
	Time:	Signature:	Signature:	
	Date:	Name/Org:	Name/Org:	
	Time:	Signature:	Signature:	
	Date:	Name/Org:	Name/Org:	
	Time:	Signature:	Signature:	

Page ___ of ___

IR-DFIR-02 v 1.0   May 30, 2019

첫 번째 절은 항목에 대한 자세한 설명이다. 여러 가지 다양한 요소를 포함하는 것이 과도하게 보일 수도 있지만, 디지털 포렌식은 세부 사항에 관한 것이다. 정보를 기록해 두면 그 정보의 정확성에 대한 의심의 여지가 남지 않는다. 여기에는 다음과 같은 요소가 포함돼야 한다.

- **항목 번호**item number: 항목별로 고유 번호를 기입해야 한다. 증거가 여러 개인 경우에는 별도의 관리 연속성 문서가 작성돼야 한다.
- **설명**description: 해당 항목에 대한 일반적인 설명을 기입한다. 500GB SATA HDD와 같이 간단히 설명할 수 있다.
- **제조업체**manufacturer: 이 항목은 잠재적으로 다른 제조업체가 보유한 다수의 증거 자료를 보조한다.
- **모델**model: 부품들의 모델 번호가 매우 다양하기 때문에 모델 번호를 기록해 두면 해당 항목에 훨씬 구체적 내용이 제공될 수 있다.
- **일련 번호**serial number: 정확하게 동일한 구성을 갖춘 여러 시스템이 사고와 관련될 경우에는 일련 번호가 매우 중요하다. 6개의 HDD가 모두 확보됐고, 이들이 모두 동일한 제조사와 모델 번호를 갖고 있는 경우에 관리 연속성을 재구성한다고 상상해 보라.

관리 연속성 문서의 첫 부분을 완성하면 다음과 같다.

Electronic Media Details		
Item Number: 1	Description: Western Digital WD01EURS Hard Drive	
Manufacturer: Western Digital	Model# WD01EURS	Serial Number: WMAV1234567

다른 절은 조사 중에 캡처된 로그 파일이나 이미지가 증거로 확보된 상황에서 사용될 수 있다. 여기에는 다음과 같은 항목이 포함된다.

- **획득 날짜 및 시간**data/time acquired : 특정 파일을 획득한 날짜와 시간을 정확히 기록하는 것이 중요하다.
- **설명**description : 확보된 매체에 대해 간단히 설명해 두면 도움이 된다.
- **방법**method : 소프트웨어 응용 프로그램이나 포렌식 도구를 사용해 증거를 획득한 경우에 반드시 유의해야 할 부분이다. 로그 파일을 확보한 상황이라면 외장 하드 드라이브에 간단히 복사하면 된다.
- **스토리지 드라이브**storage drive : 다음에 나오는 절에서는 파일 보관에 사용할 수 있는 외장 매체의 중요성을 논의한다. 사용된 드라이브를 정확하게 관리 연속성 서식에 기록해야 한다.
- **파일/이미지 이름**file/image name : 파일이나 이미지의 고유한 파일명을 해당 항목에 써넣는다.
- **해시**hash : 각 개별 파일에 대한 고유 해시 값을 계산해야 한다.

관리 연속성 서식에서 완성된 **이미지와 파일 항목**image or file details 절은 다음과 같다.

Image or File Details			
Date / Time Acquired: 5/30/19 1224 UTC	Created By: Gerard Johansen	Method: Wireshark	Storage Drive: USB Drive 1
File/Image Name: EdgeFirewallCapture.PCAP / Packet Capture		Hash: 1ceaa2393357d2ed88f81bec1e647af0	

다음 절에서는 증거의 생명주기에 따른 세부 단계들을 자세히 보여 준다. 각 단계별로 다음의 항목들이 기재돼야 한다.

- **추적 번호**tracking No : 이 번호는 그 증거가 취했던 생명주기의 단계를 나타낸다.
- **날짜/시간**date/time : 이것은 모든 관리 연속성에서 중요한 정보이며, 증거의 각 생명주기 단계에서 동일하게 적용된다. 이를 통해 관리 연속성을 살펴보는 누구나 관리 연속성 생명주기의 각 단계를 분 단위로 재구성할 수 있다.

- **FROM 및 TO**: 이 필드는 사람 또는 보관 장소가 기입될 수 있다. 예를 들어 만일 분석자가 하드 드라이브를 압수해 안전한 스토리지 보관함으로 이동하면 해당 위치를 기록한다. 책임을 부여하고자 관리 연속성 내에서 이름이 명시된 사람들에게 관리 연속성 양식에 서명하도록 하는 것이(해당되는 경우) 중요하다.
- **사유**reason: 사유 없이 증거물 이동을 절대로 해서는 안 된다. 관리 연속성의 이 부분에는 그 사유를 설명한다.

다음 스크린샷은 이전 스크린샷에서 기록됐던 하드 드라이브 이동의 예를 보여 준다. 각각의 개별적인 증거에 대한 각각의 이동은 여기에 기록된다. 첫 번째 이동은 시스템에서 드라이브를 실제로 압수하는 것이다. 이 경우 데이터 센터에서 드라이브를 가져왔기 때문에 개별 관리자가 없다. 중요한 것은 작성자가 ACME Forensics의 다비드 미첼David Michell에게 분석을 의뢰할 때까지 드라이브의 관리자라는 것이다. 자세한 내용은 다음과 같다.

Chain of Custody

Tracking No:	Date/Time:	FROM:	TO:	Reason:
1	Date: 5/30/19	Name/Org: Carol Davies Global Services Corp.	Name/Org: Gerard Johansen IRProactive	Evidence Acquisition
	Time: 1224 UTC	Signature: *Carol Davies*	Signature: *Gerard T Johansen*	
2	Date: 5/30/19	Name/Org: G Johansen IRProactive	Name/Org: David Michell ACME Forensics	Analysis
	Time: 1305 UTC	Signature: *Gerard T Johansen*	Signature: *David Michell*	

관리 연속성은 증거의 생명주기 내내 계속 유지된다. 심지어 증거가 파기되거나 반환될 때에도 기록은 관리 연속성 서식에 기재된다. 이러한 문서들은 사고로 발생된 다른 자료들과 함께 유지돼야 하며 생성되는 모든 후속 보고서의 일부가 돼야 한다.

조사

조사 단계에서는 사고의 일부로 압수된 증거로부터 데이터를 검색하고 추출하고자 사용되는 특정 도구 및 포렌식 기법을 자세히 설명한다. 예를 들어 악성 코드가 대규모 공격의 일부로서 데스크톱 시스템을 감염시킨 것으로 의심되는 경우 이 단계에서는 획득한 메모리 이미지로부터 특정 정보를 추출하는 작업이 수행된다. 다른 경우에는 디지털 포렌식 조사자가 네트워크 캡처로부터 SSH^Secure Shell 트래픽을 추출해야 할 수도 있다. 디지털 증거 조사는 또한 적절한 보존의 과정을 계속하는데, 조사자가 조사를 하는 동안 증거에 대해 세심한 주의를 기울여야 하기 때문이다. 만일 디지털 포렌식 조사자가 이 단계에서 증거를 보존하는 데 주의를 기울이지 않으면 오염으로 인해 증거를 신뢰할 수 없거나 사용할 수 없게 될 가능성이 있다.

분석

조사 단계에서 잠재적 관련성이 있는 데이터를 추출하면 디지털 포렌식 조사자는 획득한 다른 데이터에 비춰 이 데이터를 분석한다. 예를 들어 디지털 포렌식 분석자가 손상된 호스트가 외부 IP 주소에 연결돼 있음을 발견했다면 이 정보를 네트워크에서 가져온 패킷 캡처 분석과 상호 연관시킨다. IP 주소를 시작점으로 사용해 분석자는 이 특정 트래픽을 격리할 수 있다. 여기에서 분석자는 손상된 호스트가 C2 서버로 비콘^beacon을 보내고 있는지 확인할 수 있다. 또한 추가 소스를 사용해 분석자는 해당 IP 주소에 관련된 특정 공격 벡터를 확인할 수 있다.

제출

디지털 포렌식과 관련된 사실의 보고는 명확하고 간결해야 하며, 편파적이지 않아야 한다. 거의 대부분의 경우에서 포렌식 조사자는 모든 조치가 다뤄지고 요청된 중요 데이터가 캡처된 구체적인 서면 보고서를 작성해야 한다. 이 보고서는 빈틈없이 정확해야 하며, 사견이나 편향됨이 없어야 한다. 이러한 보고서는 종종 더 큰 사고 조사의 일부가 되며, 사고의 근본 원인을 파악하는 데 도움이 된다.

제출의 또 다른 측면은 포렌식 조사자가 민·형사 소송 절차에서 수행하게 될 역할에 있다. 조사 중인 사고에서 용의자 또는 기타 책임 당사자가 지목된 경우 법원은 조사자에게 증언을 요구할 수 있다. 이러한 증언에서는 포렌식 조사자는 포렌식 조사의 사실을 위의 보고서와 같이 냉정한 태도로 제출해야 한다. 조사자는 편견 없이 사실과 결론을 제출해야 하며, 증언하는 의견이 제한될 수도 있다. 조사자가 증언하는 방법은 종종 조사자 자신의 훈련과 경험에 달려 있다. 일부는 조사 사실을 제출하는 것으로 한정될 수 있다. 때에 따라서는 조사자가 기법을 습득하고 전문가 증인으로 간주돼 의견을 제시할 수 있는 경우도 있다.

디지털 포렌식 연구실

디지털 포렌식은 시스템에서 잠재적 증거를 추출하고자 적절한 도구, 기술, 지식을 사용하는 엄격한 절차다. 포렌식 조사자는 일반적인 비즈니스 운영과는 분리된 장소를 가져야 한다. 분리를 위한 최선의 방법은 디지털 증거 조사에 직접 관여하는 CSIRT 구성원에게 나머지 조직과는 완전히 분리된 위치를 제공하는 것이다. 디지털 포렌식 연구실은 조사가 진행되는 동안 증거의 무결성을 보장할 뿐만 아니라 조사자에게 필요한 기밀성을 보장할 수 있도록 몇 가지 주요 기능을 갖추고 있어야 한다.

물리적 보안

포렌식 연구실에 대한 접근은 엄격하게 통제돼야 한다. 관리 연속성을 유지하려면 정당한 출입의 필요가 있는 사람들만 실험실에 접근할 수 있어야 한다. 이 같은 제한은 증거가 훼손되거나 파괴될 위험을 없애는 데 필요하다. 따라서 연구실은 항상 잠겨 있어야 한다. 중앙의 관리 시스템을 갖춘 출입카드 혹은 열쇠 고리를 통해서 접근을 허용하는 것이 이상적이다.

연구실에는 조사가 진행되지 않는 동안 증거를 적절하게 보관할 수 있도록 증거물 보관함을 둬야 한다. 보관함은 온보드 잠금 장치나 결합 잠금 장치를 사용해 고정해야 한다. 이러한 사물함 열쇠는 연구실 내에 둬야 하며 조사자에게 제공돼야 한다. 조직에 충분한 자원이 있다면 각각의 특정한 사건마다 단일한 보관함을 둬서 그 단일 보관함에 모든 증거를 담을 수 있도록 해야 한다. 이렇게 하면 디지털 증거가 혼합될 가능성이 줄어든다.

온도와 습도는 데이터 센터와 동일한 방식으로 제어돼야 하며 알맞은 수준으로 설정돼야 한다.

도구

수행될 조사에 따라 나사를 제거하거나 전선을 절단해야 할 수 있다. 작은 수공구hand tool 세트를 갖추면 조사자가 편리하다. 또한 연구실에는 증거 확보를 위한 상자가 있어야 한다. 조사자가 스마트폰이나 태블릿을 처리해야 할 경우를 대비해 패러데이 가방faraday bag 을 준비해야 한다. 이 가방은 조사자가 스마트폰이나 태블릿을 셀룰러 네트워크에서 격리시키도록 해주지만 전원은 여전히 유지할 수 있다.

하드웨어

연구실에는 필요 시 다양한 기능을 수행할 수 있는 충분한 컴퓨터와 하드웨어가 있어야 한다. 조사자는 하드 드라이브를 이미징하고 기가바이트의 데이터를 처리하는 업무를 담당하게 될 것이다. 결과적으로 충분한 RAM이 있는 포렌식 컴퓨터가 필요하다. 용량에 대한 개인적인 선호가 있지만, 최소 32GB RAM을 권장한다. 조사자는 메모리와 처리 능력 외에도 종종 많은 양의 데이터를 검토하게 된다. 포렌식 워크스테이션에는 포렌식 소프트웨어를 포함할 수 있는 기본 운영체제 드라이브와 증거를 담을 수 있는 보조 드라이브를 갖고 있어야 한다. 보조 드라이브에는 2TB 이상의 저장 공간이 있어야 한다.

조사자에게는 포렌식 워크스테이션과 더불어 인터넷이 연결된 컴퓨터도 제공돼야 한다. 포렌식 워크스테이션은 보안을 유지하고자 인터넷 연결이 끊겨야 하며, 조사 중에 증거 손상 가능성을 방지해야 한다. 보조 워크스테이션은 연구를 수행하거나 서면 보고서를 작성하는 데 활용될 것이다.

또 다른 핵심 정보는 물리적 쓰기 방지 장치다. 이 장치는 증거로 확보된 하드 드라이브와 포렌식 이미징 워크스테이션을 연결한다. 이 물리적 쓰기 방지 장치가 USB나 선더볼트

Thunderbolt 연결과 가장 다른 점은 디지털 포렌식 조사자가 증거 드라이브에 데이터 쓰기가 되지 않았음을 확신할 수 있다는 것이다.

다음 이미지는 Tableau eSATA Forensic Bridge라는 물리적 쓰기 방지 장치다.

이미징 작업을 많이 수행하는 디지털 포렌식 연구실의 경우 전용 포렌식 이미징 스테이션을 갖추는 방법도 생각해 볼 수 있다. 이를 통해 포렌식 워크스테이션에 연결되지 않고, 증거 드라이브를 보다 빠르게 이미징할 수 있다. 전용 포렌식 이미징 스테이션의 단점은 비용이다. 만일 이것을 갖추지 않아서 CSIRT 구성원의 실적이 저하되는 상황이 아니라면 그 구매 비용을 정당화하기 어려울 수 있다.

또한 CSIRT는 다수의 대용량 외장형 USB 드라이브에 투자해야 한다. 이것은 기존의 SATA 또는 IDE 드라이브보다 이미징 절차에 있어서 작업 및 사용이 훨씬 수월하다. 이 드라이브는 추후 분석을 위해 증거 드라이브 이미지를 저장하는 데 사용된다. CSIRT는 이러한 대용량 드라이브 중 6개 이상을 사용할 수 있어야 한다. 2~3TB의 저장 공간을 가진 드라이브는 한 번에 여러 개의 이미지를 저장할 수 있다. 소형 USB 드라이브는 사후 처리를 위해 로그 파일과 메모리 이미지를 캡처하는 데 유용하다. 또한 최신 3.0 버전의 USB 드라이브를 사용하면 빠른 처리가 가능해진다.

마지막으로 CSIRT를 지원하는 디지털 포렌식 조사자는 결국 현장 조사를 실시해야 하므로 필요한 하드웨어를 모두 운반할 수 있는 내구성이 있는 케이스를 소지해야 한다. 이러한 도구들 중 많은 것은 파손되기 쉽고, 지역 공항의 수화물 처리 장치가 전달하는 충격을 견디지 못할 수 있다. CSIRT는 전자 장비 또는 사진 장비에 사용되는 것처럼 최소 2개의 하드 케이스에 투자해야 한다. 하나는 외부 하드 드라이브와 같은 하드웨어를 운반할 수 있으며, 다른 하나는 포렌식 랩톱을 운반함으로써 거친 취급으로 인한 잠재적 손상을 최소화할 수 있다.

소프트웨어

오늘날 상용 및 프리웨어 시장에는 다양한 소프트웨어 도구가 있다. 디지털 포렌식 연구실은 유사 기능을 수행하는 여러 도구에 접근할 수 있어야 한다. 연구실에는 최소한 증거 드라이브를 이미징하고 이미지를 조사하며 메모리 캡처를 분석하고 결과물을 보고할 수 있는 소프트웨어를 갖춰야 한다.

디지털 포렌식 분석자가 활용할 수 있는 여러 종류의 포렌식 소프트웨어가 있다. 그중 첫 번째는 포렌식 응용 프로그램이다. 이 응용 프로그램은 다양한 디지털 포렌식 작업을 수행할 수 있도록 고안됐다. 그들은 종종 상업적으로 이용할 수 있으며, 법 집행 기관, 정부 기관, 민간 업계에서도 널리 사용된다. 다음 네 가지 포렌식 응용 프로그램은 가장 일반적이며 널리 배포돼 있다.

- Autopsy: 브라이언 캐리어Brian Carrier가 개발한 이 오픈소스 소프트웨어는 주요 디지털 포렌식 작업에 대한 자동화 기능을 풍부하게 갖춘 응용 프로그램을 제공한다. 오픈소스 프로젝트인 Autopsy는 또한 여러 추가 기능을 제공하는 오픈소스 모듈을 갖고 있다. Autopsy는 이후의 장에서 보다 심층적으로 다뤄진다.

- **EnCase**: OpenText가 개발한 EnCase는 모든 스펙트럼을 다루는 디지털 포렌식 응용 프로그램으로서 주로 하드 드라이브와 기타 저장 매체를 사용하는 디지털 증거 조사에 관한 작업 전반을 수행한다. EnCase는 디지털 증거를 분석하는 것 외에도 조사자가 요약 형식으로 쉽게 사건 데이터를 출력할 수 있도록 하는 보고 기능을 갖고 있다. EnCase는 정부 및 법 집행 기관에 널리 배포된다. 한 가지 단점이라면 응용 프로그램 비용이다. 예산이 한정돼 있는 일부 CSIRT와 포렌식 조사자는 이러한 비용을 정당화하는 데 어려움을 겪을 수 있다.
- **FTK**Forensic ToolKit: FTK는 또 다른 범용 포렌식 응용 프로그램으로서 정부나 법 집행 기관에서 널리 사용된다. EnCase와 많은 부분에서 유사한 특징을 지니므로 디지털 포렌식 분석자들이 탐색을 원하는 대안이 될 수 있다.
- **X-Ways Forensics**: 또 다른 옵션은 X-Ways Forensics 응용 프로그램이다. FTK 및 EnCase와 유사 기능을 지닌 이것은 네트워크 접속이나 원격 캡처 등의 기능이 필요하지 않는 CSIRT에 비용적으로 매우 저렴한 선택이 될 수 있다.

리눅스 포렌식 도구

디지털 포렌식을 목적으로 만들어진 다양한 범주의 리눅스 배포판도 많다. 이러한 배포판은 무료로 제공되는 경우가 많으며, 디지털 포렌식 조사자를 지원할 수 있는 도구를 제공한다. 이 도구는 크게 두 가지 유형으로 나뉜다. 첫째, 부팅 CD/DVD 또는 USB에 들어 있는 배포판이다. 이것은 드라이브를 이미지화할 필요 없이 분류하거나 파일에 접근하는 데 유용하다. 이러한 배포판은 CD/DVD에 저장할 수 있으며, 요즘은 흔히 USB 장치에도 저장할 수 있다. 그 후 조사자는 조사 중인 시스템을 리눅스 배포판으로 부팅한다. 여러 배포판이 이용 가능하다.

다음은 디지털 포렌식 조사자들에게 인기가 있는 배포판 두 가지다.

- DEFT^{Digital Evidence and Forensic Toolkit} **Zero**: 이것은 GNU 리눅스 플랫폼을 기반으로 한다. DEFT는 USB 또는 CD/DVD에서 부팅할 수 있다. 부팅이 완료되면 DEFT 플랫폼에는 디지털 포렌식 조사자가 활용할 수 있는 여러 가지 도구가 나타나는데, 이 도구들은 부팅된 시스템상의 하드 드라이브처럼 대용량 저장 장치를 얻는 것과 같은 기능을 수행한다. DEFT는 스왑 파티션^{swap partition}으로 부팅하지 않기 때문에 시스템상에서 데이터를 변경하는 위험을 최소화하고, 자동 마운트 스크립트를 사용하지 않으므로 시스템 저장 장치의 무결성을 보장한다. 다음 스크린샷은 DEFT를 보여 준다.

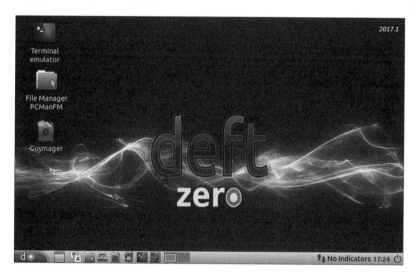

- **Paladin**: Paladin은 Ubuntu OS에 기반한 또 다른 라이브 리눅스 배포판이다. Paladin은 악성 코드 분석, 해싱, 이미징과 같은 디지털 포렌식 업무를 지원하는 여러 도구를 갖고 있다. 포렌식 도구 세트에는 다양한 운영체제에서도 활용할 수 있는 다수의 패키지가 포함돼 있다. 다음 스크린샷은 Paladin을 보여 준다.

또 다른 유형의 리눅스 배포판은 RAM 캡처 및 네트워크 증거와 같이 증거 조사를 수행하기 위한 플랫폼으로써 고안된 것들이다. 몇 가지 배포판이 이용 가능하다.

- SIFT^{SANS Investigate Forensic Toolkit}: 이것은 Ubuntu 16.04 기반 OS를 기반으로 하는 포렌식 도구 세트다. 이미징, 메모리 분석, 타임라인 생성, 기타 디지털 포렌식 작업을 수행하기 위한 도구가 포함돼 있다. SIFT는 독립 실행형 가상머신으로 SANS 인스티튜트^{Institute}가 https://digital-forensics.sans.org/community/downloads에서 무료로 제공한다. 또는 SIFT를 기존 Ubuntu 14.04 버전에 설치할 수도 있다. Ubuntu가 완전히 설치되면 다음의 명령을 실행한다.

```
wget --quiet -O - https://raw.github.com/sans-dfir/sift- bootstrap/master/
bootstrap.sh | sudo bash -s -- -i -s -y
```

이제 Ubuntu 배포판을 기반으로 하며 명령행^{command line} 또는 GUI를 통해 실행되는 추가 도구를 갖는 데스크톱이 아래의 스크린샷에서 보는 것처럼 생성된다.

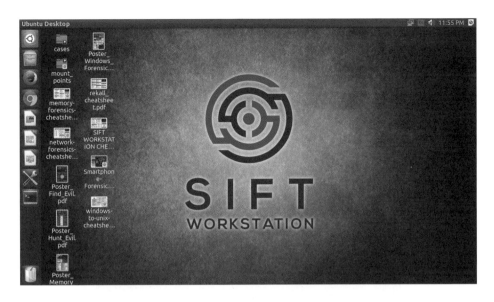

- **CAINE**Computer Aided Investigative Environment : CAINE은 또 다른 포렌식 배포판으로, 이 책에서 많이 사용될 것이다. CAINE은 GNU/Linux 플랫폼으로서 디지털 포렌식 조사자를 지원하는 여러 도구가 포함돼 있다. 아래의 스크린 샷에서 CAINE을 볼 수 있다.

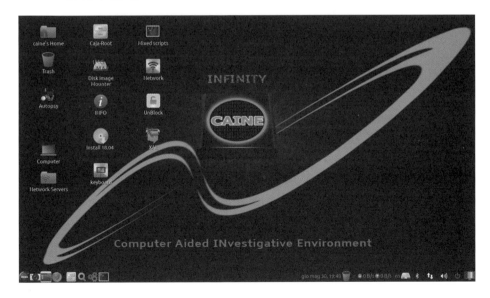

- **LiFTeR**^{Linux Forensics Tools Repository}: LiFTeR은 Fedora 및 Red Hat 리눅스 운영체제를 위한 디지털 포렌식 도구 모음이다. 이 도구 저장소는 카네기 멜론 대학의 소프트웨어 공학 연구소에서 관리하고 있으며, 침입 분석 및 디지털 포렌식을 위한 다양한 도구를 갖추고 있다. 이 패키지는 https://forensics.cert.org/에서 구할 수 있다.

- **REMnux**: REMnux는 많은 악성 코드 리버스 엔지니어링 도구를 우분투 리눅스 기반 도구 세트에 통합한 전문 도구다. REMnux에는 윈도우 및 리눅스 악성 코드 분석, 의심스러운 문서 검토, 고립된 컨테이너에서 잠재적인 악성 네트워크 트래픽 차단 기능과 같은 여러 가지 도구를 사용할 수 있다. 아래 스크린 샷은 REMnux를 보여 준다.

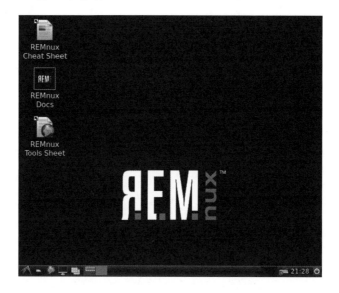

REMnux는 독립형 가상머신으로 https://remnux.org에서 다운로드할 수 있다. 또한 REMnux는 다음과 같은 명령을 사용해 SIFT 워크스테이션 또는 CAINE에 추가될 수 있다.

```
wget --quiet -O - https://remnux.org/get-remnux.sh | sudo bash
```

CSIRT가 지닌 디지털 포렌식 역량에 여러 도구를 통합할 때는 몇 가지 요소를 염두에 두는 것이 좋다. 첫째, 외부인에 의해 개발된 도구는 유효성을 테스트해 보는 것이 절대적으로 필요하다. 이는 인터넷에서 일반적으로 사용 가능한 테스트 데이터를 사용함으로써 수행 가능하다. 둘째, 리눅스 배포판과 같은 오픈소스 도구는 간혹 적절히 유지되지 않는 경우가 있다. 디지털 포렌식 분석자는 도구와 기본 운영체제의 새로운 버전이 사용 가능해지면 SIFT, CAINE, REMnux 같은 도구가 업데이트되도록 해야 한다. 마지막으로 이 책에서 살펴볼 도구 중 일부는 네트워크 모니터링 도구로부터 파생되지만, 사고 대응의 도구로도 사용할 수 있다. 이러한 도구들을 사용할 때는 도구의 사용과 그 정당성을 문서화해 두는 것이 중요하다. 만일 이러한 도구를 사용해 수집하고 분석한 증거의 효력과 신뢰성에 대한 의문을 제기하는 경우 적절한 문서화를 통해 해당 도구의 사용이 포렌식 관점에서 부적절하다고 볼 여지를 줄여 줄 수 있다.

미국표준기술연구소NIST는 **컴퓨터 포렌식 도구 테스트**CFTT, Computer Forensics Tool Testing 프로그램을 통해 포렌식 도구들의 올바른 테스트 지침을 제공해 왔다. 이 프로그램은 http://www.cftt.nist.gov/에서 찾을 수 있다. NIST는 테스트에 대한 구체적인 지침 이외에도 포렌식 하드웨어 및 소프트웨어 제품들에 대한 다양한 보고서들을 제공한다. 사용한 도구에 대한 NIST의 정보를 활용하면 소송에서 도구 사용에 대한 문제가 있는 경우에 타당성을 제시할 수 있다.

점프 키트

CSIRT 팀 구성원들에게 난제가 될 수 있는 사고 대응의 한 측면은 팀의 위치 외부에서 사고에 대응해야 할 가능성이다. 사무실 외부에서 대응하는 것은 대기업에서 꽤 흔하게 일어나며, 심지어 다른 조직을 위해 컨설팅하는 CSIRT에게도 일반적인 일이다. 결국 CSIRT는 종종 디지털 포렌식 연구실의 지원이 닿지 않는 위치에서 전적인 대응을 수행해야 할 수도 있다. 이와 같은 문제를 염두에 두고 CSIRT는 몇 가지 점프 키트jump kit를 준비해야 한다. 점프 키트는 사전에 그 구성이 완비돼 있어야 하며 사고 발생 시 CSIRT가 수행해야 할 업무에 필요한 하드웨어와 소프트웨어를 포함한다. 이 키트는 CSIRT가 증거를 저장하고 분석하고자 사고 장소 내의 안전 구역을 식별해 전체 절차에 걸쳐 사고 조사가 유지되도록 지원할 수 있어야 한다.

점프 키트는 휴대가 가능해야 하고, 견고한 하드 케이스에 맞도록 구성할 수 있어야 하며, 언제든지 배치되도록 준비 태세를 갖춰야 한다. CSIRT는 각 사건 이후 점프 키트에 마지막 사건에서 사용된 모든 요소가 보충되고, 분석자가 사고 발생 시 점프 키트의 가용성에 대해 신뢰할 수 있도록 하드웨어 및 소프트웨어가 적절히 구성됐는지 확인해야 한다. 점프 키트의 예는 다음 사진에서 볼 수 있다.

점프 키트에는 최소한 다음과 같은 것들이 포함돼야 한다.

- **포렌식 랩톱**: 이 랩톱에는 합리적 시간 내에 하드 드라이브를 이미지하기에 충분한 RAM(32GB)이 있어야 한다. 그리고 앞서 설명한 포렌식 소프트웨어 플랫폼도

포함돼야 한다. 가능하다면 이 랩톱에는 적어도 CAINE 또는 SIFT와 같은 리눅스 포렌식 운영체제 중 하나가 포함돼야 한다.

- **네트워킹 케이블**: CSIRT 팀이 라우터나 스위치와 같은 네트워크 하드웨어에 네트워크 또는 패치를 액세스해야 하는 경우에는 다양한 길이의 CAT5 케이블을 여러 개 사용하면 유용하다.

- **물리적 쓰기 방지 장치**: CSIRT 담당자는 하드 드라이브 이미징해야 할 수 있으므로 각각의 키트에는 사용할 물리적 쓰기 방지 장치가 구비돼야 한다.

- **외장형 USB 하드 드라이브**: 점프 키트에는 여러 개의 1TB 또는 2TB USB 하드 드라이브가 포함돼 있어야 한다. 이는 손상 가능성이 있는 시스템에서 하드 드라이브를 이미징하는 데 사용된다.

- **외장형 USB 디바이스**: 로그 원본에서 수집한 증거 또는 RAM 캡처를 잠재적으로 손상된 시스템에 저장하는 것은 바람직하지 않다. 점프 키트에는 로그 파일, RAM 캡처 또는 명령 줄 출력에서 얻은 정보를 오프로딩offloading할 수 있는 대용량(64GB) USB가 몇 개쯤은 들어 있어야 한다.

- **부팅 가능한 USB 또는 CD/DVD**: 모든 경우에 활용되는 것은 아니지만, 부팅이 가능한 몇몇 리눅스 배포판을 갖고 있으면 포렌식 랩톱이 현재 다른 작업을 수행하고 있는 경우에 유용할 수 있다.

- **증거 가방 또는 박스**: 사고 조사가 진행되는 동안 증거를 획득해 외부로 옮겨야 할 때가 있다. 현장에서 적당한 박스를 물색하려 하지 말고 현장에서 증거를 획득할 수 있는 역량을 갖추도록 하자.

- **정전기 방지 가방**: 하드 드라이브가 증거로 확보된 경우에는 정전기 방지 가방에 담아서 운반해야 한다.

- **관리 연속성 문서**: 앞서 논의한 바와 같이 각 증거에 대한 관리 연속성 문서는 매우 중요하다. 빈 서식을 여러 개 갖고 있으면 새로운 복사물을 출력하려고 시스템과 프린터를 찾아다니는 수고를 덜 수 있다.

- **도구 키트**: 스크루드라이버, 플라이어, 손전등이 포함된 소형 도구 키트는 하드 드라이브를 제거하거나 연결 끊기 또는 분석자가 데이터 센터의 어둡고 구석진 곳에 접근해야 하는 경우에 유용하다.

- **메모장 및 필기 도구**: 올바른 문서화는 매우 중요하다. 펜으로 쓴 수기 메모는 구식처럼 느껴질 수 있지만, 사고는 계속 발생한다는 점에서 수기 메모는 사고들을 재구성하는 데 가장 알맞다. 여러 개의 속기 수첩과 펜을 키트에 포함시켜 두면 심각한 이벤트가 발생한 때에도 CSIRT 담당자가 이러한 아이템을 찾아다닐 필요가 없다. 최소 한 달에 한 번 물품 목록을 작성해서 점프 키트를 완전히 구비하고 배포를 준비한다. 점프 키트에 보안이 유지돼야 하고, 오직 CSIRT 담당자만이 접근 가능해야 한다. 누구든지 볼 수 있도록 남겨진 이 키트는 스크루드라이버, 네트워크 케이블 또는 손전등을 찾고자 다른 직원들이 키트를 종종 습격하는 경우가 있다. 지리적으로 분산돼 있는 조직을 지원하는 CSIRT를 위해 주요 사무실 본사, 데이터 센터 또는 기타 외부 위치 등 주요 장소에 여러 개의 키트를 미리 갖추는 것이 좋다. 이렇게 하면 키트를 공항에서 손수레에 실어야 하는 번거로움을 줄일 수 있다. 점프 키트에 비축해야 할 일부 항목의 예는 다음 그림에서 볼 수 있다.

┃ 요약

사고 대응은 법률에서 과학에 이르기까지 광범위한 지식 체계에 걸쳐 있다. 디지털 포렌식 조사를 담당하는 CSIRT 구성원들은 디지털 포렌식의 법적·기술적 측면을 잘 알고 있어야 한다. 뿐만 아니라 조사 과정에서 발견한 데이터를 획득, 조사, 제시하는 데 필요한 다양한 도구와 장비를 능숙하게 다룰 줄 알아야 한다. 사고를 조사하고자 CSIRT를 배치하게 된 일련의 사건들에 대한 통찰력을 제공하려면 올바른 포렌식 기술의 적용이 대단히 중요하다. 3장의 전반부에서는 사이버 범죄와 관련된 증거 규칙과 법률 등 디지털 포렌식의 다양한 법적 측면을 자세히 살펴봤다. 다음으로는 디지털 포렌식 과학을 논의하고 기법들을 조사에 어떻게 적용시켜야 하는지에 대한 이해를 제공했다. 이 지식을 향상시키고자 이러한 기법들을 디지털 조사의 프레임워크에 어떻게 적용하는지도 살펴봤다. 이것은 디지털 포렌식 조사자가 사용할 수 있는 다양한 도구에 대한 개요로 이어졌다.

4장에서는 네트워크 포렌식에 대한 논의와 함께 전선^{wire} 속으로 뛰어드는 것에 초점을 맞출 것이다.

┃ 질문

1. 다음 중 연방 증거 규칙이 아닌 것은?

   A. 관련 증거에 대한 테스트

   B. 로카드^{Locard}의 원칙

   C. 전문가 증인의 증언

   D. 최선의 증거 규칙

2. 디지털 증거의 무결성을 보장하려면 올바른 관리 연속성이 유지돼야 한다.

   A. 예

   B. 아니오

3. 다음 중 디지털 포렌식 점프 키트의 일부로 포함돼야 할 항목은?

    A. 물리적 쓰기 방지 장치

    B. 노트와 필기구

    C. 네트워크 케이블

    D. 위의 전부

4. 다음 중 포렌식의 절차에 포함되지 않는 것은?

    A. 식별

    B. 법정 증언

    C. 수집

    D. 분석

▮ 더 읽어 볼 거리

- Digital Forensics Research Workshop: https://www.dfrws.org

- ISACA *Overview of Digital Forensics*: http://www.isaca.org

- Historical background on the FBI CART: https://www.ncjrs.gov/App/Publications/abstract.aspx?ID=137561

증거 수집

2부에서는 디지털 증거 수집의 기술적 측면을 중점적으로 다룬다. 여기에는 적절한 증거를 획득하는 데 활용할 수 있는 도구와 기법에 대한 상세한 검토가 포함된다.

2부는 다음과 같은 장으로 구성된다.

- 4장, 네트워크 증거 수집
- 5장, 호스트 기반 증거 획득
- 6장, 포렌식 이미징

네트워크 증거 수집

디지털 포렌식의 초점은 전통적으로 의심스러운 호스트 하드 드라이브에서 증거를 찾는 것에 있었다. 사기나 아동 착취와 같은 범죄 수사에 관여하는 법 집행관은 단일 하드 드라이브에서 기소에 필요한 증거를 찾을 수 있다. 하지만 사고 대응 영역에서는 문제가 되는 시스템을 넘어 주의를 확장하는 것이 중요하다. 예를 들어 손상된 호스트에서 외부 C2Command and Control 서버로의 트래픽 흐름을 따라가면서 만나는 하드웨어와 소프트웨어에서 풍부한 정보를 입수할 수 있다.

4장에서는 네트워크 기기 간에, 그리고 내부 네트워크 내 트래픽 경로를 따라 흔히 발견되는 증거에 대한 준비, 증거의 식별 및 수집에 중점을 둔다. 증거 수집은 외부의 위협 소스가 내부 시스템에 명령 중이거나 네트워크 외부로 데이터를 유출하는 중일 때 매우 중요하다. 네트워크 기반 증거는 이벤트 확증의 두 번째 소스를 제공하므로 호스트 증거 조사

시에도 유용하며, 이는 사고의 근본 원인을 알아내는 데 매우 유용하다.

4장에서는 다음과 같은 주제들을 다룬다.

- 네트워크 증거 개관
- 방화벽과 프록시 로그
- NetFlow
- tcpdump 패킷 캡처
- Wireshark 패킷 캡처
- 증거 수집

▌ 네트워크 증거 개관

CSIRT 직원 및 사고 대응자에게 유익한 정보를 제공할 수 있는 네트워크 로그 소스는 많다. 다양한 제조업체의 네트워크 기기가 이러한 로그 소스를 제공한다. 준비 작업으로서 CSIRT 직원은 이러한 기기에 접근해 필수 증거를 얻는 방법을 익히고, 기존의 통신 구조를 정비함으로써 IT 인력으로부터 적절한 사고 대응 기법을 지원받아야 한다.

스위치, 라우터, 방화벽과 같은 네트워크 기기들은 누가 기기에 접속하고 변경을 가했는지에 대한 데이터를 관리하는 자체 내부 로그가 있다. 사고 대응자는 사고가 발생한 경우 이러한 기기의 로그에 접근할 수 있도록 조직 네트워크상에 있는 네트워크 기기에 익숙해져야 한다.

- **스위치**: 이것은 다양한 네트워크 세그먼트의 트래픽을 처리하는 코어 스위치와 개별 세그먼트의 트래픽을 처리하는 에지^{edge} 스위치의 조합을 통해 네트워크 전체로 분산돼 있다. 그 결과 호스트에서 발생해 내부 네트워크에서 외부로 이동하는 트래픽은 여러 스위치를 통과한다. 스위치에는 사고 대응자가 처리해야 하는

두 가지 주요 증거가 있다. 첫 번째는 **내용 주소화 메모리**^{CAM, Content Addressable Memory} 테이블이다. 이 CAM 테이블은 스위치에 연결된 각 기기의 **네트워크 인터페이스 카드**^{NIC, Network Interface Card}에 스위치의 물리적 포트를 매핑한다. 특정 네트워크 잭 network jack에 대한 연결을 추적하는 사고 대응자는 이 정보를 활용할 수 있다. 이는 공격자에 의해 내부 네트워크와 연결돼 있는 무선 액세스 포인트나 시스템과 같은 불량 기기를 식별하는 데 도움이 될 수 있다. 스위치가 사건 조사에 도움이 될 수 있는 두 번째 방법은 네트워크 트래픽 캡처를 용이하게 하는 것이다.

- **라우터**: 라우터router는 조직이 **도시권 통신망**^{MAN, Metropolitan Area Network} 또는 **광역 통신 망**^{WAN, Wide Area Network}에 여러 LAN을 연결할 수 있도록 한다. 그 결과 대량 트래픽 처리가 가능하다. 라우터에 포함되는 증거 정보의 핵심은 라우팅 테이블이다. 이 테이블은 네트워크에 매핑된 특정 물리적 포트에 대한 정보를 보유하고 있다. 또한 라우터는 네트워크 간 특정 트래픽을 거부하도록 구성할 수 있으며, 허용되는 트래픽 및 데이터 흐름에서 로그를 유지하도록 구성할 수도 있다. 한편 라우터가 제공할 수 있는 또 다른 중요한 증거 자료는 NetFlow 데이터다. NetFlow는 네트워크 트래픽의 IP 주소, 포트, 프로토콜에 대한 데이터를 제공한다. 이 데이터는 네트워크의 여러 세그먼트에서 전송되는 트래픽 흐름을 결정하는 데 활용될 수 있다(NetFlow는 4장의 뒷부분에서 자세히 다룰 것이다).

- **방화벽**: 단지 다양한 라우터 종류의 하나로 간주됐던 방화벽firewall은 이후 상당한 변화를 거쳐 왔다. 차세대 방화벽에는 침입 탐지 및 방지, 웹 필터링, 데이터 유출 방지, 허용된 트래픽 및 거부된 트래픽에 관한 세부 로그 등 매우 다양한 기능이 포함돼 있다. 종종 방화벽은 보안 담당 직원에게 잠재적 사고를 경고하는 탐지 메커니즘의 역할을 한다. 여기에는 IDS/IPS 시스템 기기의 경고, 알려진 악의적인 URL이나 IP 주소의 블랙리스트, IT 담당 직원이 감지하지 못하는 사이에 이뤄진 방화벽 구성 변경을 경고하는 알림과 같은 기능 등의 경고가 포함된다. 사고 대응자는 조직의 방화벽이 작동하는 방식과 사고 발생 전에 입수할 수 있는 데이터에 대한 가시성을 충분히 확보해야 한다.

- **네트워크 침입 탐지 및 방지 시스템**: 이 시스템은 보안 직원 및 사고 대응자에게 네트워크 인프라에 대한 잠재적인 악의적 활동과 관련된 정보를 제공하기 위한 목적으로 설계됐다. 이 시스템은 네트워크 모니터링 및 규칙 세트를 조합해 악의적인 활동이 있는지 파악한다. **침입 탐지 시스템**IDS, Intrusion Detection Systems은 종종 특정한 악의적 활동에 대해 경고하도록 구성되는 반면, **침입 방지 시스템**IPS, Intrusion Prevention Systems은 잠재적인 악의적 활동을 감지하고 이를 차단할 수 있다. 어느 경우이든 두 가지 유형의 플랫폼 로그는 사고 대응자가 악의적 활동에 대한 구체적인 증거를 찾을 수 있는 최적의 장소다.

- **웹 프록시 서버**: 조직은 종종 웹 프록시 서버를 활용해 사용자가 웹 사이트와 다른 인터넷 기반 리소스와 상호 작용하는 방식을 통제한다. 결과적으로 이러한 기기들은 내부 호스트에서 발생하고, 내부 호스트로 향하는 웹 트래픽 모두에 대해 전사적 시각enterprise-wide picture을 제시할 수 있다. 또한 웹 프록시는 알려진 악성 코드 C2 서버로의 연결이나 악성 코드를 제공하는 웹 사이트로의 연결에 대해 보안 담당자에게 경고하는 등의 추가 기능들을 갖추고 있다. 손상된 호스트와 관련된 웹 프록시 로그를 검토하면 악의적인 트래픽 소스 또는 호스트에 대해 통제력을 행사하는 C2 서버를 식별할 수 있다.

- **도메인 컨트롤러 또는 인증 서버**: 전체 네트워크 도메인에 도움을 주는 인증 서버는 사고 대응자가 성공하거나 실패한 로그인, 자격 증명 조작 또는 다른 자격 증명 사용에 대한 세부 정보를 얻고자 활용할 수 있는 주요한 위치다.

- **DHCP 서버**: 조직 내 워크스테이션이나 랩톱에 배정된 IP 주소 목록을 유지하려면 과도한 비용이 든다. **동적 호스트 구성 프로토콜**DHCP, Dynamic Host Configuration Protocol을 사용하면 LAN상의 시스템에 IP 주소를 동적으로 배정할 수 있다. DHCP 서버에는 종종 호스트 NIC의 MAC 주소에 매핑된 IP 주소 배정에 관한 로그가 포함된다. 이는 사고 대응자가 특정 날짜와 시간에, 네트워크에 연결된 특정 워크스테이션이나 랩톱을 추적해야 하는 경우 중요해진다.

- **응용 프로그램 서버**: 이메일에서부터 웹 응용 프로그램에 이르는 광범위한 응용 프로그램이 네트워크 서버에 자리 잡고 있다. 이들 각각의 응용 프로그램은 유형별로 특정한 로그를 제공할 수 있다. 또한 사고 조사 중에 주의해야 할 것은 원격 연결에 관련된 모든 로그다. 공격자들은 종종 기밀 데이터에 접근하거나 다른 후속 활동을 하고자 손상된 시스템에서 서버로 이동한다.

준비

네트워크 증거를 획득하는 능력은 사고 발생 전 조직의 준비 상태에 따라 크게 좌우된다. 적절한 인프라 보안 프로그램상의 중요한 구성 요소들이 빠진다면 사고 대응자가 적시에 주요 증거를 사용할 수 없게 된다. 그 결과 CSIRT 멤버가 중요 정보를 수집할 때 증거가 손실될 수 있다. 준비의 측면에서 조직은 적절한 네트워크 문서화, 최신 네트워크 기기의 구성, 중앙 로그 관리 솔루션의 구현을 통해 CSIRT를 지원할 수 있다.

기술적 측면에서 네트워크 증거 수집에 대한 준비를 갖추는 것 이외에도 CSIRT 직원은 네트워크 증거 수집에 관한 법 규제적 사안을 알고 있어야 한다. 또한 CSIRT 직원은 네트워크 모니터링을 언급하는 분명한 정책이 존재하지 않는 한 네트워크 트래픽 캡처가 사생활 침해로 간주될 수 있음을 인식해야 한다. 따라서 CSIRT의 법률 담당자는 조직의 모든 직원에게 그들이 사용하는 정보 시스템이 모니터링될 수 있다는 사실을 반드시 확인시켜야 한다. 이것은 증거 수집이 실시되기 전, 정책에 분명히 명기돼 있어야 한다.

네트워크 다이어그램

가능성이 있는 증거 자료를 식별하려면 사고 대응 담당자가 내부 네트워크 인프라의 구조를 구체적으로 이해하고 있어야 한다. 조직이 활용할 수 있는 한 가지 방법은 네트워크 다이어그램을 만들어서 이것을 최신의 상태로 유지 관리하는 것이다. 이 다이어그램은 사고 대응 담당자가 스위치, 라우터 또는 무선 액세스 포인트와 같은 개별 네트워크 구성 요소를 확인할 수 있을 만큼 충분히 상세하게 기술돼 있어야 한다. 또한 이 다이어그램에 내부 IP 주소를 포함시켜서 사고 대응 담당자가 그 시스템에 원격으로 즉시 접근할 수 있도록 해야 한다. 예를 들어 다음과 같은 간단한 네트워크 다이어그램을 살펴보자.

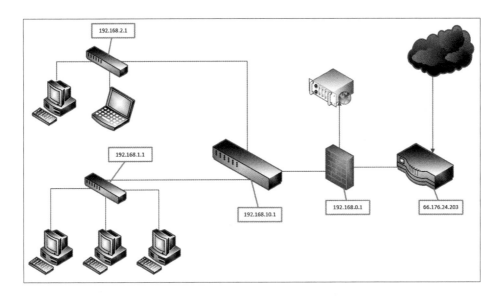

이 다이어그램을 사용하면 잠재적인 증거 소스를 신속하게 식별할 수 있다. 예를 들어 192.168.2.1 스위치에 연결된 랩톱이 알려진 악성 코드 C2 서버와 통신하는 것으로 확인 됐다고 가정해 보자. 네트워크 다이어그램을 살펴본 CSIRT 분석자는 C2 트래픽이 내부 네트워크에서 외부로 향하려면 여러 네트워크 하드웨어의 구성 요소를 통과해야 한다는 것을 확인할 수 있다. 예를 들어 192.168.10.1 스위치를 통과하는 트래픽은 192.168.0.1의 방화벽을 통과한 다음 마지막으로 라우터를 통해 인터넷으로 연결된다.

구성

CSIRT가 즉시 적용할 수 있는 표준 구성을 갖고 있다면 공격자가 스위치나 라우터와 같은 네트워크 기기에 수정을 가했는지 여부를 쉽게 판단할 수 있다. 조직은 재해 복구 목적으로 보유한 네트워크 기기에 대한 구성을 이미 갖고 있어야 하지만, 무엇보다 사고 발생 시에 CSIRT 구성원이 사용할 수 있어야 한다.

▌ 방화벽과 프록시 로그

사고를 조사하는 동안 이용할 수 있는 주요한 증거 자료 두 가지는 인터넷의 네트워크 진입·출구 지점이다. 오늘날 악성 코드와 공격 행위들은 종종 인터넷 기반 리소스에 도달할 수 있는 능력이 필요하다. 이는 악성 코드를 추가적으로 다운로드하거나 코드를 악용하기 위해서다. 데이터 유출과 관련된 다른 공격도 인터넷 접속이 필요하다. 마지막으로 공격자들은 종종 손상된 시스템 위에 C2를 구축하게 된다. 이 모든 경우에 다양한 프로토콜의 트래픽은 피해를 입은 네트워크의 경계를 통과하게 된다. 피해를 입은 네트워크에 따라서 트래픽은 방화벽이나 인터넷 프록시, 또는 이 둘 모두를 통과하는 경우가 생기는 것이다. 결과적으로 방화벽과 인터넷 프록시, 이 두 기술은 사고 대응 담당자에게 매우 중요한 증거 자료를 제공한다.

방화벽

방화벽은 단순한 라우팅과 차단 기술에서 네트워크로 들어오고 나가는 트래픽에 대한 중요한 통찰력을 제공하는 플랫폼으로 진화해 왔다. 차세대 방화벽의 대부분은 거부/허용 규칙을 IDS 또는 IPS와 결합하는 동시에 응용 프로그램에 대한 네트워크 액세스를 제어한다. 이는 사고 발생 중에 활용할 수 있는 중요한 증거 소스를 생성한다.

방화벽에서 증거의 획득은 주로 제조업체와 사용하고 있는 특정 모델에 따라 다르다. 준비 과정에서 사고 대응자는 방화벽이 제공하는 일련의 기능들과 특정 데이터를 철저히 파악하고 이해해야 한다. 기능은 판매회사와 모델에 따라 상이하지만 거의 보편적인 몇 가지 주요 증거 포인트가 있다.

- **연결 로그**: 연결 로그는 내부와 외부 시스템 간의 연결의 소스와 대상 IP 주소, 프로토콜을 제공한다. 이것은 내부 시스템이 공격자가 제어하는 시스템에 접속했는지 또는 현재 공격자에 의해 제어되고 있는지 여부를 판단할 근거가 되므로 중요하다. 로그는 허가된 연결 외에도 거부된 연결에 대한 정보를 제공할 수 있다. 공격자가 자주 사용하는 기법 중 하나는 도구를 사용해 일반적으로 사용 중인 잘 알려진 포트에 연결을 시도하는 것이다. 이러한 포트가 외부 연결에 닫혀 있으면 거부 항목이 로그에 남겨진다. 여러 포트에서 연속적인 거부가 있다면 정찰 활동이 있었다는 신호다.
- **원격 액세스 로그**: 방화벽은 종종 원격 액세스에 대한 VPN^{Virtual Private Network} 집중장치의 역할을 한다. 원격 이용자가 악성 코드에 감염됐다면 VPN을 통해 내부 네트워크에 감염을 일으킬 수 있다. 원격 액세스 로그에는 연결된 시스템과 연결된 시간이 표시된다. 이를 통해 사고 대응자들은 활동들의 상관관계를 분석하고 원격 이용자가 감염의 원인이었는지 여부를 판단할 수 있다.

웹 프록시 서버

공격자들은 종종 Microsoft Visual Basic 또는 PowerShell 같은 스크립트를 이용해 2차 공격 패키지나 악성 코드를 다운로드한다. 이러한 스크립트에는 공격이나 악성 코드를 암시하는 URL이 포함돼 있다. 공격자는 도메인 이름 등록을 통해 IP 주소를 쉽게 변경할 수 있고 스크립트를 변경하지 않고도 인프라를 변경할 수 있기 때문에 IP 주소가 아닌 URL을 사용한다.

HTTP 및 HTTPS 요청에 웹 프록시 서버를 이용하는 조직이라면 외부 사이트에 접속한 적이 있는 내부 네트워크의 모든 시스템에 대한 기록을 보유하게 된다. 이 기록으로 조직은 다운로드된 악성 코드나 악성 프로그램의 위치를 식별할 수 있을 것이다. 악성 코드와 유사한 전술을 사용하는 C2 트래픽에서도 추가적인 정보를 얻을 수 있다.

공격을 탐지하는 데는 수개월이 걸리는 경우가 많으므로 사고 대응자는 몇 주, 심지어 몇 달 동안 발생한 활동의 이력을 볼 수 있어야 한다. 프록시 요청의 크기가 상대적으로 작다는 점을 감안할 때 방문한 날짜와 시간, 요청한 시스템과 URL만으로도 다른 방법으로는 알아낼 수 없는 중요한 증거를 얻을 수 있다.

▌ NetFlow

1996년 시스코 시스템즈^{Cisco Systems}에 의해 처음 설계된 NetFlow는 스위치와 라우터 같은 네트워크 기기에서 네트워크 관리자가 네트워크 내의 트래픽을 모니터링할 수 있도록 해주는 기능이다. NetFlow는 엄격히 따지자면 보안 도구는 아니지만, 사고 발생 시 사고 대응자에게 많은 데이터를 제공한다. NetFlow는 네트워크 기기의 UDP 프로토콜을 통해 NetFlow Collector라고 불리는 중앙 수집 지점으로 전송된다.

보안의 관점에서 NetFlow는 서로 통신하고 있는 시스템들의 내부 트래픽에 대한 심층적인 정보를 제공한다. 이는 경계 방화벽을 통해 외부 시스템과 통신하는 내부 시스템을 설명할 때 사용하는 남북 트래픽과는 달리 동서 트래픽이라고 한다. 예를 들어 다음 네트워크 다이어그램은 간단한 네트워크를 보여 준다. 실제 시나리오에서 공격자는 10.10.2.0/24 서브넷의 시스템을 손상시킨다고 가정하자. 여기에서 공격자는 10.10.1.0/24 서브넷의 파일 서버로 이동하려고 시도할 수 있다. 그런 다음 공격자는 기밀 데이터를 획득해, 유출을 위해 데이터를 손상된 시스템으로 옮길 수 있다. 스위치는 IP 주소, 프로토콜, 데이터 사이즈 등을 포함한 NetFlow 데이터를 NetFlow Collector로 전달한다. 이 데이터는 사고 대응 분석자가 일반적으로는 얻을 수 없는 세부 내용을 제공하기 때문에 매우 중요하다.

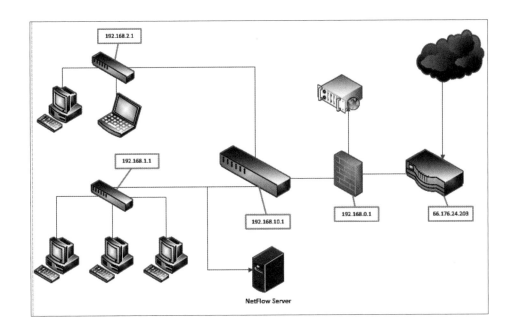

NetFlow 구성은 네트워크 구성 요소의 유형과 제조업체에 따라 달라진다. 또한 예산과 조직의 자원에 따라 활용할 수 있는 다양한 수집·분석 도구가 있다. NetFlow 분석을 네트워크 운영 전반에 포함시킴으로써 얻을 수 있는 이점 중 하나는 사고 대응팀에 데이터를 제공할 뿐만 아니라 지연 시간이나 기타 통신 문제를 해결하는 측면에서 일상적인 네트워크 운영에도 매우 유용하다는 것이다. 이러한 일석이조 효과로 NetFlow를 전체 네트워크 운영의 일부로 포함하면 정당화하기가 더 쉽다.

▌ 패킷 캡처

네트워크 트래픽 캡처는 사고를 완전하게 파악하는 데 중요한 역할을 한다. 잠재적인 C2 IP 주소 트래픽을 식별할 수 있다면 호스트를 감염시켰을 수도 있는 악성 코드 유형에 관한 추가 정보를 얻을 수 있다. 다른 유형의 사고에서 CSIRT 구성원은 외부 위협 행위자가 활용하는 잠재적인 유출 공격 방법을 식별할 수 있다.

한 가지 방법은 네트워크 탭을 설치하는 것이다. 네트워크 탭은 손상된 호스트와 스위치를 인라인inline하는 시스템이다. 예를 들어 네트워크 다이어그램에서 침해를 당한 호스트가 192.168.1.0/24 서브넷에 있는 경우에는 호스트와 스위치 사이에 탭을 설치해야 한다. 이는 주로 호스트와 스위치 사이에 시스템을 배치하는 것과 관련이 있다.

또 다른 방법은 **스위치 포트 분석기**SPAN, Switched Port Analyzer 포트를 구성하는 것이다. 이 구성에서 침해를 당한 호스트와 가장 가까운 스위치에는 포트 미러링이 활성화된다. 그러면 스위치가 켜져 있는 전체 세그먼트의 트래픽이 미러링된 포트에 있는 시스템으로 전송된다.

마지막으로 일부 네트워크 기기들은 추가 분석을 위한 트래픽 캡처에 활용할 수 있는 tcpdump와 같은 기본 제공 응용 프로그램을 갖추고 있다. 이것은 네트워크나 스위치에 물리적으로 접근할 필요가 없고, 원격으로 설정할 수 있기 때문에 가장 빠른 방법이 될 수 있다. 이 방법의 단점은 스위치의 스토리지가 대용량 캡처 파일을 지원하지 않을 수 있고, 부담이 가중돼 일부 패킷이 캡처되지 않을 가능성이 높아질 수 있다는 것이다.

tcpdump

tcpdump는 패킷 캡처를 목적으로 특수 설계된 명령행 기반 도구다. tcpdump는 종종 리눅스 배포판에 포함돼 있으며, 많은 네트워크 기기에서도 사용된다. 이러한 여러 기기에서 tcpdump는 root 사용자로 실행되거나 네트워크 트래픽을 모니터링하는 root 권한으로 실행돼야 한다. http://www.tcpdump.org/에서 문서를 제공한다. tcpdump로 패킷을 캡처하려면 다음과 같은 절차를 따른다.

1. 기본 도움말 메뉴에 접근하려면 명령 프롬프트에 다음과 같이 입력한다.

```
dfir@ubuntu:~$ tcpdump -h
```

위 명령의 출력은 다음과 같다.

```
File Edit View Search Terminal Help
dfir@ubuntu:~$ tcpdump -h
tcpdump version 4.9.2
libpcap version 1.8.1
OpenSSL 1.1.1  11 Sep 2018
Usage: tcpdump [-aAbdDefhHIJKlLnNOpqStuUvxX#] [ -B size ] [ -c count ]
                [ -C file_size ] [ -E algo:secret ] [ -F file ] [ -G seconds ]
                [ -i interface ] [ -j tstamptype ] [ -M secret ] [ --number ]
                [ -Q in|out|inout ]
                [ -r file ] [ -s snaplen ] [ --time-stamp-precision precision ]
                [ --immediate-mode ] [ -T type ] [ --version ] [ -V file ]
                [ -w file ] [ -W filecount ] [ -y datalinktype ] [ -z postrotate
-command ]
                _[ -Z user ] [ expression ]
```

tcpdump의 기본 설정은 사용 가능한 모든 인터페이스에서 트래픽을 캡처하는 것
이다. 다음과 같은 명령을 실행하면 tcpdump가 트래픽을 캡처할 수 있는 모든 인
터페이스 목록이 생성된다.

dfir@ubuntu:~$ tcpdump -D

다음 스크린샷은 트래픽 캡처에 ens33(이더넷) 및 lo(루프백) 인터페이스가 사용될
수 있음을 보여 준다.

```
File Edit View Search Terminal Help
dfir@ubuntu:~$ tcpdump -D
1.ens33 [Up, Running]
2.any (Pseudo-device that captures on all interfaces) [Up, Running]
3.lo [Up, Running, Loopback]
4.bluetooth0 (Bluetooth adapter number 0)
5.nflog (Linux netfilter log (NFLOG) interface)
6.nfqueue (Linux netfilter queue (NFQUEUE) interface)
7.usbmon1 (USB bus number 1)
8.usbmon2 (USB bus number 2)
```

2. ens33에 위치한 이더넷 인터페이스에서 일반적인 세부 정보의 수준으로 기본 캡
처를 구성하려면 다음과 같은 명령을 입력한다.

dfir@ubuntu:~$ sudo tcpdump -i ens33 -v

-i 스위치는 tcpdump에게 어떤 인터페이스에서 패킷 캡처를 수행할 것인지 명령한다. 이 경우에는 아래의 이더넷 인터페이스 ens33이다. -v 스위치는 패킷 캡처시 보여 주는 세부 정보의 수준을 설정한다. 이 사례에서, 출력되는 세부 정보의 수준은 다소 낮게 설정된다. 추가 데이터의 경우 패킷을 보다 자세히 보고자 스위치를 -vvv로 설정할 수 있다. 다음 스크린샷은 명령에 의해 어떤 정보가 표시되는지를 보여 준다.

```
File  Edit  View  Search  Terminal  Help
(1), length 84)
    ubuntu > dns.google: ICMP echo request, id 40024, seq 47, length 64
08:31:08.437340 IP (tos 0x0, ttl 128, id 43477, offset 0, flags [none], proto IC
MP (1), length 84)
    dns.google > ubuntu: ICMP echo reply, id 40024, seq 47, length 64
08:31:09.420894 IP (tos 0x0, ttl 64, id 54227, offset 0, flags [DF], proto ICMP
(1), length 84)
    ubuntu > dns.google: ICMP echo request, id 40024, seq 48, length 64
08:31:09.440265 IP (tos 0x0, ttl 128, id 43478, offset 0, flags [none], proto IC
MP (1), length 84)
    dns.google > ubuntu: ICMP echo reply, id 40024, seq 48, length 64
08:31:10.423250 IP (tos 0x0, ttl 64, id 54439, offset 0, flags [DF], proto ICMP
(1), length 84)
    ubuntu > dns.google: ICMP echo request, id 40024, seq 49, length 64
08:31:10.443728 IP (tos 0x0, ttl 128, id 43479, offset 0, flags [none], proto IC
MP (1), length 84)
    dns.google > ubuntu: ICMP echo reply, id 40024, seq 49, length 64
08:31:11.424959 IP (tos 0x0, ttl 64, id 54559, offset 0, flags [DF], proto ICMP
(1), length 84)
```

이 방법은 트래픽이 해당 인터페이스를 통과하는지 알아보는 데에는 쓸모가 있는 반면, 개별 패킷 정보는 화면에 표시되는 속도 때문에 분석자에게 쓸모가 없다. 패킷 캡처를 사용하는 경우 나중에 Wireshark와 같은 패킷 분석 도구로 조사를 수행할 수 있도록 파일을 출력하는 것이 좋다. Wireshark는 4장의 후반부와 7장에서 보다 자세히 검토한다.

3. 패킷 캡처를 파일로 출력하도록 tcpdump를 구성하려면 다음과 같은 명령을 사용한다.

```
dfir@ubuntu:~$ sudo tcpdump -i ens33 -vvv -w ping_capture
```

TIP PING(Packet Internet Groper의 줄임말)은 이 절에서 전송되는 ICMP 패킷을 사용하는 유틸리티다. PING은 여러 시스템들에 네트워크 연결이 있는지 여부를 판단하는 데 사용된다. 이 사례에서는 8.8.8.8에서 구글 DNS에 대한 연결성 검사가 수행되고 있다.

이 명령은 tcpdump가 네트워크 트래픽을 캡처하고 캡처한 파일을 작성하도록 지시한다. 이전의 캡처와 달리 화면에 표시되는 트래픽이 없다.

4. 캡처를 중지하려면 Ctrl+C를 누른다. 그러면 다음과 같은 정보가 생성된다.

```
dfir@ubuntu:~$ sudo tcpdump -i ens33 -vvv -w ping_capture
tcpdump: listening on ens33, link-type EN10MB (Ethernet), capture size 262144 by
tes
^C4331 packets captured
4333 packets received by filter
0 packets dropped by kernel
```

위의 스크린샷은 총 4,333개의 패킷이 수신돼 캡처 파일에 기록됐음을 나타낸다.

5. 루트 디렉터리로 이동하면 Wireshark를 통해 파일을 열 수 있다.

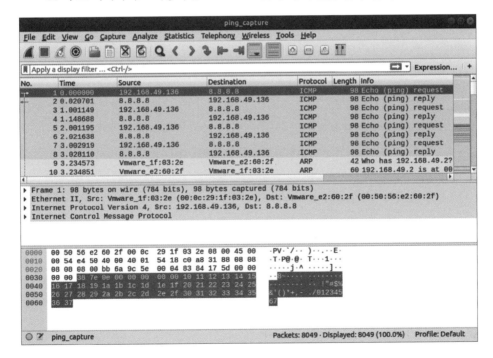

또한 특정 소스나 대상 IP 주소 및 포트에 캡처를 집중하도록 tcpdump를 구성할 수 있다. 예를 들어 사고 대응 분석자가 192.168.10.54 IP 주소에서 특정 호스트를 떠나는 패킷을 수집해야 하는 경우 다음 tcpdump 명령이 원하는 결과를 생성한다.

```
dfir@ubuntu:~$ sudo tcpdump -i ens33 src host 192.168.10.54
```

IP 주소에서 알려진 C2 서버와 같은 대상으로 이동하는 패킷은 다음과 같은 명령을 사용해 배경 네트워크 트래픽에서 분리할 수 있다.

```
dfir@ubuntu:~$ sudo tcpdump -i ens33 dst host 162.4.5.23
```

tcpdump는 수많은 옵션을 지닌 강력한 도구다. 사고 대응 분석자는 다양한 기능을 검토해 이를 툴킷에 통합할 것이 권장된다.

WinPcap 및 RawCap

사고가 발생하면 윈도우Windows 시스템에서 패킷 캡처를 가져와야 하는 경우가 생긴다. 웹 서버 또는 응용 프로그램 서버의 침해와 같은 사고에서 윈도우 시스템에는 패킷 캡처를 수행하기 위한 기본 응용 프로그램이 없다. 윈도우 시스템에서 사용 가능한 패킷 캡처 도구들이 몇 가지 있다. 활용할 수 있는 첫 번째 도구는 WinPcap이다. 이 도구는 대개 윈도우 시스템에서 패킷 캡처의 표준으로 인식되며, winpcap.org에서 무료로 다운로드할 수 있다. 포렌식 관점에서 이 도구의 단점은 시스템에 설치해야 한다는 점이다. 시스템에 대한 모든 변경은 철저히 문서화돼야 하므로 이와 같은 점은 포렌식 분석을 복잡하게 만들 수 있다. 이런 이유로 웹 서버, 파일 서버, 응용 프로그램 서버와 같은 고위험 시스템에 WinPcap을 설치해 두는 것은 준비 단계에서 행할 수 있는 모범적 사례다.

사고 대응 분석자가 사용할 수 있는 두 번째 옵션은 RawCap 도구를 활용하는 것이다.

RawCap에는 로컬 시스템에 설치할 필요가 없는 WinPcap과 동일한 기본 기능이 있다. RawCap은 시스템에 연결된 USB 기기에서 쉽게 실행할 수 있다. RawCap으로 패킷 캡처를 하려면 다음의 과정을 따른다.

1. 관리자로 윈도우 명령 프롬프트를 시작한다.
2. 명령 프롬프트에서 RawCap.exe 파일이 포함된 폴더로 이동한다. 옵션 목록을 보려면 다음과 같이 입력한다.

```
D:\>RawCap.exe -help
```

다음과 같은 출력이 생성된다.

```
D:\>RawCap.exe --help
NETRESEC RawCap version 0.1.5.0
http://www.netresec.com

Usage: RawCap.exe [OPTIONS] <interface_nr> <target_pcap_file>

OPTIONS:
 -f              Flush data to file after each packet (no buffer)
 -c <count>      Stop sniffing after receiving <count> packets
 -s <sec>        Stop sniffing after <sec> seconds

INTERFACES:
 0.     IP       : 169.254.166.101
        NIC Name : Ethernet
        NIC Type : Ethernet

 1.     IP       : 169.254.172.194
        NIC Name : Npcap Loopback Adapter
        NIC Type : Ethernet

 2.     IP       : 169.254.180.113
        NIC Name : Local Area Connection* 2
        NIC Type : Wireless80211

 3.     IP       : 192.168.80.1
        NIC Name : VMware Network Adapter VMnet1
        NIC Type : Ethernet

 4.     IP       : 192.168.49.1
        NIC Name : VMware Network Adapter VMnet8
        NIC Type : Ethernet

 5.     IP       : 192.168.0.30
        NIC Name : Wi-Fi
        NIC Type : Wireless80211
```

위의 출력 결과는 인터페이스 목록을 생성한다. 심지어 USB 장치에서도 사고 대응 분석자가 각각의 인터페이스에 대해 패킷 캡처를 수행할 수 있다는 것은 RawCap의 장점 중 하나다. 이 예시에서 캡처는 무선 인터페이스 5번에서 수행된다.

3. 패킷 캡처를 시작하려면 RawCap은 트래픽을 캡처할 네트워크 인터페이스와 패킷 캡처를 출력할 출력 파일이 필요하다. 무선 인터페이스에서 트래픽을 캡처하고 RawCap.pcap이라 불리는 파일로 출력하려면 다음과 같은 명령을 입력해야 한다.

```
D:\>RawCap.exe 5 RawCap.pcap
```

이 명령은 다음과 같은 출력을 생성한다.

```
Sniffing IP : 192.168.0.30
File        : RawCap.pcap
Packets     : 4508
```

4. Ctrl+C를 누르면 캡처가 중지된다. RawCap.pcap 캡처 파일은 RawCap.exe 파일과 동일한 디렉터리에 저장된다. 추가 분석을 위해 Wireshark와 같은 도구로 이 파일을 열 수 있다.

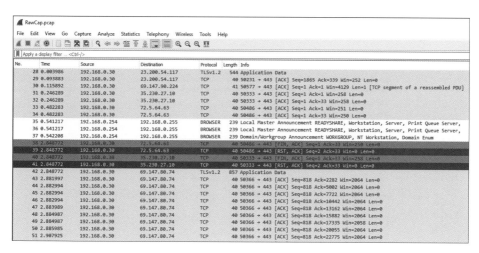

이제 Wireshark 도구를 배워 볼 차례다.

▌ Wireshark

Wireshark는 유닉스UNIX 또는 윈도우 패킷 캡처 및 분석 도구다. Wireshark는 `tcpdump` 또는 RawCap과는 달리, GUI 기반 도구이자 패킷 캡처 기능뿐만 아니라 여러 분석 기능도 갖추고 있다. 결과적으로 프로그램이 설치돼야 하기 때문에 Wireshark는 사고 발생 시 신속하게 배포하기가 어려울 수 있다. 또한 이 도구는 윈도우 및 맥OSmacOS 운영체제에서만 지원된다. 리눅스Linux 시스템에 설치하려면 약간의 노력이 더 필요하다. 명령행 옵션에 비해 Wireshark가 갖는 분명한 이점 중 하나는 트래픽을 캡처하는 동안 사고 대응 분석자가 트래픽에 대한 상세한 조사를 수행할 수 있다는 것이다. Wireshark는 시스템 자체에서 실행되거나 USB에서 실행될 수 있다. 설치가 완료되면 관리자 권한으로 실행돼야 한다. Wireshark로 패킷 캡처를 하려면 다음의 단계를 따른다.

1. 첫 단계는 Wireshark가 트래픽을 캡처할 인터페이스를 선택하는 것이다.

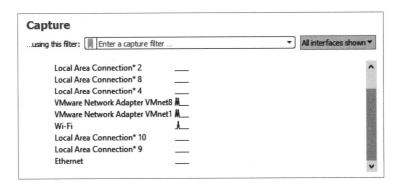

위의 스크린샷에서 트래픽 처리를 하고 있는 것으로 표시되는 3개의 인터페이스가 보인다. 주목해서 봐야 할 한 가지는 Wi-Fi 인터페이스다.

2. 인터페이스를 두 번 클릭하면 패킷 캡처가 시작된다. 앞서 언급했던 것처럼 tcpdump 또는 RawCap과 달리 실제 캡처가 즉시 분석을 위해 화면으로 출력된다.

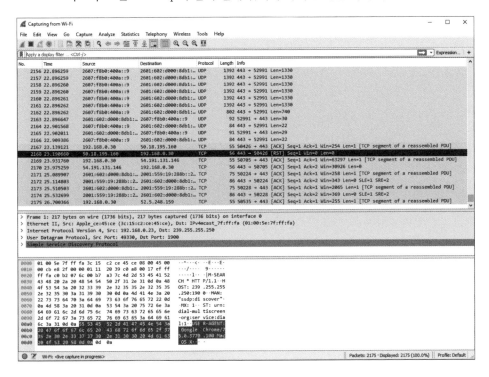

3. 캡처를 중지하려면 창의 왼쪽 상단 구석에 있는 빨간색 상자를 클릭한다. 추가 분석을 위해 파일을 저장할 수 있다.

Wireshark에 포함돼 있으며 증거 확보 중에 유용한 또 다른 도구는 Mergecap이다. Mergecap은 사고 대응 분석자가 Wireshark, tcpdump 또는 RawCap으로부터의 여러 패킷 캡처 파일을 결합할 수 있는 명령행 도구다. 이것은 사고 대응 분석자가 여러 소스에서 패킷 캡처를 가져오지만, 특정 호스트로의 트래픽을 확인하고자 하는 상황에서 매우 유용하다. mergecap 메뉴에 접근하려면 명령 프롬프트에 다음과 같이 입력한다.

```
dfir@ubuntu:~$mergecap -help
```

이 명령은 다음과 같은 도움말 정보를 생성한다.

```
File Edit View Search Terminal Help
dfir@ubuntu:~$ mergecap -help
Mergecap (Wireshark) 2.6.8 (Git v2.6.8 packaged as 2.6.8-1~ubuntu18.04.0)
Merge two or more capture files into one.
See https://www.wireshark.org for more information.

Usage: mergecap [options] -w <outfile>|- <infile> [<infile> ...]

Output:
  -a                    concatenate rather than merge files.
                        default is to merge based on frame timestamps.
  -s <snaplen>          truncate packets to <snaplen> bytes of data.
  -w <outfile>|-        set the output filename to <outfile> or '-' for stdout.
  -F <capture type>     set the output file type; default is pcapng.
                        an empty "-F" option will list the file types.
  -I <IDB merge mode>   set the merge mode for Interface Description Blocks; defau
lt is 'all'.
                        an empty "-I" option will list the merge modes.

Miscellaneous:
  -h                    display this help and exit.
  -v                    verbose output.
```

여러 패킷 캡처 파일을 병합하려면 다음과 같은 명령을 입력한다.

```
dfir@ubuntu:~$mergecap -w switches.pcap switch1.pcap switch2.pcap
switch3.pcap
```

3개 패킷 캡처 출력을 1개 파일에 결합함으로써 사고 대응 분석자는 여러 네트워크 경로 전반에 걸친 보다 광범위한 활동을 조사할 수 있다. 예를 들어 알려지지 않은 호스트에서 외부 C2 서버로 나오는 트래픽을 검색하는 경우 네트워크의 전체 범위에 대한 캡처를 결합하면 각각의 패킷 캡처를 개별적으로 골라내는 대신 특정 IP 주소를 검색할 수 있게 된다.

▌증거 수집

로그 파일 및 패킷 캡처와 같은 네트워크 데이터를 잘 조사하려면 이것을 로그 소스로부터 오프라인으로 이동해서 검토해야 하는 경우가 생긴다. 증거 자료와 마찬가지로 로그 파일이나 패킷 캡처가 전송 중에 훼손되거나 변경되지 않도록 주의해 취급해야 한다. 한 가지 간단한 해결책은 증거를 USB 드라이브 또는 유사한 이동식 매체로 즉시 이전하는 것이다. 이 때문에 조사가 이뤄지기 전에 증거에 대한 해시^{hash}를 생성할 수 있다.

패킷 캡처나 로그 파일과 같은 네트워크 증거 확보는 철저히 문서화돼야 한다. 사고 대응 담당자는 전체 네트워크의 여러 출처에서 로그 파일 및 패킷 캡처를 확보할 수 있다. 결과적으로 담당자는 소스뿐만 아니라 증거가 수집된 날짜 및 시간에 대해 별도의 모든 증거를 역추적할 수 있도록 해야 한다. 이것은 각 증거에 대해 작성된 네트워크 증거 로그 시트 및 항목에 기록된다. 예를 들어 다음 시트를 보자.

File Name	Description	Location	Date	Time	Collected By	MD5 Hash
Ping_capture	Packet Capture of Ping activity	192.168.2.1	6/26/19	1642	GTJ	7e559dc8eeeb66115566d93f96e7dfb8

로그 항목은 다음과 같은 필수 정보를 캡처한다.

- **파일명**: 각 로그 파일이나 패킷 캡처에는 고유 이름이 있어야 한다. CSIRT 지침에는 다양한 유형의 증거 파일을 명명하는 규칙이 있어야 한다.
- **설명**: 파일에 대한 간단한 설명이다. 독특한 파일이 아니고 세부 설명이 필요하지 않는 한 너무 자세할 필요는 없다.
- **위치**: 위치는 중요하다. 이 사례의 경우 패킷 캡처는 192.168.2.1에 위치한 스위치에서 입수됐다.
- **날짜 및 시간**: 파일이 미디어로 이전된 날짜와 시간을 기록한다.

> ⓘ 사고 발생 전에 어떤 유형의 시간대를 사용할 것인지를 미리 확인해 두면 좋다. 하지만 증거의 관점에서 볼 때 사고 조사 전체에 일관성이 있는 한 시간대는 그리 중요하지 않다.

- **수집자**: 로그 파일에 대한 이니셜로도 충분하다.
- **MD5 해시**: 해싱에 대한 포괄적인 개요는 이 책 후반부에서 다룰 것이다. 지금으로선 해시는 파일에 대한 디지털 지문을 제공하는 데 활용되는 단방향 알고리즘이라고 알아 두면 충분하다. 이 해시는 파일이 분석 단계 중에 변경되지 않았음을 입증하고자 수집 단계에서, 그리고 분석 후에 기록된다. 여러 가지 해시 계산 방법이 있다. 이 경우 MD5 해시는 우분투 설치에서 설치된 해싱 프로그램 md5sum을 사용해 계산할 수 있다. md5sum에는 명령 행을 통해 접근 가능한 여러 가지 다양한 옵션이 있다. 도움말 메뉴를 위해 다음과 같이 입력한다.

```
dfir@ubuntu:~$md5sum ?help
```

다음과 같은 도움말 메뉴가 생성된다.

```
File Edit View Search Terminal Help
dfir@ubuntu:~$ md5sum --help
Usage: md5sum [OPTION]... [FILE]...
Print or check MD5 (128-bit) checksums.

With no FILE, or when FILE is -, read standard input.

  -b, --binary        read in binary mode
  -c, --check         read MD5 sums from the FILEs and check them
      --tag           create a BSD-style checksum
  -t, --text          read in text mode (default)

The following five options are useful only when verifying checksums:
      --ignore-missing  don't fail or report status for missing files
      --quiet         don't print OK for each successfully verified file
      --status        don't output anything, status code shows success
      --strict        exit non-zero for improperly formatted checksum lines
  -w, --warn          warn about improperly formatted checksum lines

      --help     display this help and exit
      --version  output version information and exit

The sums are computed as described in RFC 1321.  When checking, the input
should be a former output of this program.  The default mode is to print a
line with checksum, a space, a character indicating input mode ('*' for binary,
' ' for text or where binary is insignificant), and name for each FILE.

GNU coreutils online help: <http://www.gnu.org/software/coreutils/>
Full documentation at: <http://www.gnu.org/software/coreutils/md5sum>
or available locally via: info '(coreutils) md5sum invocation'
```

다음과 같은 간단한 명령을 입력하면 해당 스위치의 패킷 캡처에 대한 MD5 해시를 계산할 수 있다.

```
dfir@ubuntu:~$md5sum ping_capture
```

이는 다음과 같은 출력을 생성한다.

로그 파일 및 패킷 캡처는 가능한 한 빨리 저장 장치로 전송해야 한다. 수집이 완료되면 증거 파일이 포함된 외부 매체에 대한 관리 연속성 문서도 작성해야 한다. 이제 파일 분석이 시작될 것이다.

▌ 요약

사고 대응자와 관련된 증거는 손상된 호스트의 하드 드라이브에만 있는 것이 아니다. 네트워크 환경 전반에 갖춰진 네트워크 장비에서 수많은 정보를 얻을 수 있다. 적절한 준비를 한다면 CSIRT는 SIEM과 같은 솔루션이 제공한 증거를 활용할 수 있다. 또한 CSIRT 담당자는 다양한 방법 및 도구를 통해 향후 분석을 목적으로 네트워크 트래픽을 캡처할 수 있다. 그러나 CSIRT 담당자 및 전체 조직은 이러한 모든 기술의 이면에 존재하는 법과 정책의 영향을 조사해야 한다. 네트워크 증거 수집의 법과 기술적 문제에 대한 준비를 통해 CSIRT 구성원은 네트워크 증거를 활용할 수 있으며, 사고의 근본 원인을 파악하고 조직의 운영을 다시금 정상화시키려는 목표에 보다 가까워질 수 있다.

4장에서는 사고 대응 분석자가 사용할 수 있는 여러 가지 증거 자료를 이야기했다. 네트워크 기기의 로그는 SIEM이나 다른 방법을 통해 보고되는지 여부에 관계없이 네트워크에서 발생한 상황을 파악하는 데 도움을 줄 수 있다. 패킷 캡처는 네트워크 트래픽의 정확한 특성에 대한 세부 정보를 제공한다. 마지막으로 분석자들은 포렌식적으로 타당한 방식으로 이러한 증거 자료를 확보할 수 있도록 준비해야 한다.

5장에서는 분석자가 네트워크를 벗어나 호스트 기반 시스템에서 휘발성 데이터를 확보하는 것에 대해 살펴볼 것이다.

▍ 질문

1. 네트워크 증거 자료가 될 수 있는 것은 무엇인가?

    A. 스위치

    B. 라우터

    C. 방화벽

    D. 위의 모든 것

2. 네트워크 다이어그램은 네트워크 증거를 획득할 가능성이 있는 영역을 파악하는 데 중요하다.

    A. 참

    B. 거짓

3. 다음 중 네트워크 포렌식 증거 캡처 도구가 아닌 것은?

    A. RawCap

    B. Wireshark

    C. WinPcap

    D. LogBeat

4. 증거를 획득할 때 파일의 해시 값을 기록하는 것은 중요치 않다.

    A. 참

    B. 거짓

▌ 더 읽어 볼 거리

- Wireshark training: https://www.chappell-university.com/
- Introduction to Cisco IOS NetFlow-A Technical Overview: https://www.cisco.com/c/en/us/products/collateral/ios-nx-os-software/ios-netflow/prod_white_paper0900aecd80406232.html

호스트 기반 증거 획득

호스트 시스템은 매우 자주 악의적인 공격의 표적이 된다. 호스트 시스템은 누군가에게 네트워크에서 또는 추가적인 공격을 위한 피벗 포인트pivot point 또는 위협 행위자의 최종 목표를 만드는 데 거점 확보가 가능한 초기의 표적이다. 결국 사고 대응 분석자는 이 호스트 시스템에 대한 조사 준비를 갖춰야 한다. 마이크로소프트 윈도우Microsoft Windows와 같은 최신 운영체제는 응용 프로그램 실행, 파일 변경 또는 사용자 계정의 추가 과정에서 다양한 증거 아티팩트artifact를 생성한다. 이러한 모든 변경 사항은 사고 대응 분석자가 평가할 수 있는 활동의 흔적을 남긴다. 최저가 소비자 시스템에서도 스토리지와 메모리가 계속 확장됨에 따라 사고 대응 분석에 사용할 수 있는 데이터의 양도 증가하고 있다. 흔히 사용되는 시스템들은 테라바이트급의 대용량 메모리와 스토리지를 갖춰 제작된다. 이것은 사고 대응자가 사고의 근본 원인을 파악하는 데 도움이 될 수 있는 풍부한 데이터가 있다는 의미다. 따라서 사고 대응 분석자는 추가 분석을 위해 시스템에서 다양한 유형의 증거를 획득할 수 있도록 준비돼 있어야 한다.

5장에서 다음과 같은 주제들이 다뤄진다.

- 준비
- 휘발성 순위
- 증거 획득
- 휘발성 메모리 획득
- 비휘발성 증거 획득

▌ 준비

사전 준비의 측면에서 호스트 기반 증거의 확보를 위해서 사고 대응 분석자들은 필요 도구를 미리 갖춰야 한다. 5장에서 설명하는 기술은 고도로 전문화된 기술이 아니라 오히려 거의 비용을 들이지 않고서도 얻을 수 있는 도구에 의존한다. 증거 확보를 위해 선택된 도구는 평판이 좋은 출처에 의해 제공되고, 다른 CSIRT 담당자에 의해서도 그 효과성이 입증된 바 있고, 사용 전에 유효성을 검증하는 것이 필수적이다. 소프트웨어 이외에 추가로 필요한 하드웨어는 외장형 하드 드라이브와 일반 데스크톱 컴퓨터다.

기업 환경을 지원할 때 사고 대응 담당자는 기업에 배포된 시스템의 일반적 유형을 완벽하게 이해하는 것이 중요하다. 예를 들어 오직 마이크로소프트 운영체제만을 활용하는 기업에서 이용될 도구라면 광범위한 버전의 마이크로소프트 운영체제를 지원할 수 있어야 한다. 어떤 경우에는 마이크로소프트와 리눅스 시스템을 80/20의 비율로 갖춘 기업을 지원하게 될 수도 있다. 따라서 사고 대응 담당자는 증거 수집을 지원하는 도구와 기술을 준비해야 한다.

5장에서 다루게 될 여러 도구와 기법은 관리자 권한이 필요하다. 사고 대응자에게는 작업 수행을 위한 필수 자격 증명이 제공돼야 한다. 분석자는 반드시 기존의 계정만을 사용해야 하며, 만일 보안 위협 가능성이 있는 시스템에 계정을 추가하면 증거가 법적 소송에서 채택되지 못할 수도 있다는 점에 주의해야 한다. 사고 대응 분석자를 위한 한 가지 기법은 사고 발생 기간 중에만 활성화되는 개별 자격 증명을 제공하는 것이다. 이를 통해 조직은 합법적인 자격 증명 사용과 악의적인 사용을 구분할 수 있다. 또한 이것은 사고 대응팀이 그들의 조치를 재현할 수도 있다. 고도의 기술을 갖춘 공격 상대방은 종종 실제로 위협을 가하는 동안 자신들이 발각되지 않는지 확인하고자 공격 대상인 네트워크를 모니터링한다는 점에 유의할 필요가 있다. 따라서 이러한 자격 증명은 침해 가능성을 조사하는 사고 대응 분석자 또는 위반 가능성을 조사하는 다른 인력과 관련이 있음을 나타내서는 안 된다.

▍ 휘발성 순위

호스트 시스템의 모든 증거가 같진 않다. 휘발성^{volatility}은 로그오프나 정전과 같은 변화가 있은 후 호스트 시스템의 데이터가 어떻게 유지 관리되는지 설명하는 데 사용된다. 시스템의 전원이 꺼질 때 손실되는 데이터를 휘발성 데이터라고 부른다. 휘발성 데이터는 CPU, 라우팅 테이블 또는 ARP 캐시의 데이터일 수 있다. 가장 중요한 휘발성 증거 중 하나는 시스템에서 현재 실행되는 메모리다. 악성 코드 감염 등의 사고를 조사할 때는 라이브 시스템의 메모리가 매우 중요하다. 악성 코드는 시스템의 메모리 내에 다량의 주요 증거를 남기는데, 이 메모리가 손실되는 경우에 사고 대응 분석자가 조사할 수 있는 방법은 거의 없다. 레지스트리 데이터, 명령 히스토리, 네트워크 연결과 같은 것들이 이 메모리에 포함될 수 있다.

비휘발성 데이터는 하드 드라이브에 저장되는 데이터로서 일반적으로 컴퓨터가 꺼진 이후에도 계속 유지된다. 비휘발성 데이터에는 **마스터 파일 테이블**^{MFT, Master File Table} 항목, 레지스트리 정보, 하드 드라이브의 실제 파일이 포함된다. 악성 코드가 메모리에 증거를 남기는 동안 비휘발성 메모리에는 여전히 증거 가치가 있는 항목들이 존재한다. 다음 그림은 증거의 획득 순서를 정할 때 고려해야 할 디지털 증거 휘발성의 다양한 수준을 보여 준다.

이제부터는 증거 수집의 방법을 알아보자.

▎ 증거 획득

증거가 될 수 있는 소스에 접근하는 방법에는 여러 가지가 있으며, 증거 확보의 유형을 결정하는 방법도 여럿 존재한다. 이 방법들을 정하려면 다음과 같이 활용 가능한 증거 획득 방법과 그 유형을 명확하게 이해하는 것이 중요하다.

- **로컬**: 조사 중인 시스템에 접근하는 것은 대부분의 기업에게 종종 사치스러운 일이 될 수 있다. 비록 그렇다 해도 사고 대응 분석자나 직원들은 해당 시스템에 물리적으로 직접 접근하는 경우가 많다.

- **원격**: 원격 확보에서는 도구와 네트워크 연결을 활용해 증거를 획득한다. 사고 대응 분석자가 지리적 문제에 당면하는 경우 원격 확보는 확실한 선택지가 될 수 있다. 또한 사고 대응 분석자가 즉시 현장으로 나갈 수 없는 경우에도 유용하다.
- **라이브 획득**: 라이브 증거 획득은 현재 전원이 켜져 실행 중인 시스템에서 증거를 획득할 때 일어난다. 5장에서 시연되는 몇몇 기법은 라이브 시스템(예: 실행 중인 메모리)에서 사용돼야 한다. 라이브 시스템에서 디지털 증거를 획득하는 것은 의심되는 시스템을 오프라인으로 전환할 수 없는 고가용성 환경에서 필요한 기법이다. 이러한 기법을 사용하면 사고 대응 분석자가 증거를 획득하고 분석해서 시스템이 실제 손상됐는지 여부를 판단할 수 있다.
- **오프라인 획득**: 오프라인 획득은 법 집행 기관이 하드 드라이브의 디지털 증거를 보존하는 데 흔히 사용하는 방법이다. 이 기법은 시스템의 전원을 끄고 하드 드라이브를 제거해야 한다. 드라이브에 접근하면 특수한 도구를 활용해 하드 드라이브 증거를 획득한다. 오프라인 확보에만 집중할 때는 몇 가지 문제가 발생한다. 첫 번째는 휘발성 메모리의 손실이다. 두 번째는 의심되는 시스템의 하드 드라이브를 확보한 후 이를 이미지로 만들어 조사 목적으로 이미지를 처리하려면 많은 시간이 든다는 것이다. 사고 대응자가 24시간 이상 동안 어떤 일이 벌어졌는지 전혀 알지 못하는 상황이 발생할 수 있다.

사고 대응 분석자는 사고의 유형과 시간이나 지리적 제약에 따라 위와 같은 유형의 증거 확보 작업을 수행할 준비를 해야 한다. 최상의 시나리오는 CSIRT가 의심되는 모든 시스템에서 라이브 및 오프라인 획득을 모두 수행할 수 있도록 역량을 갖추는 것이다. 이는 분석할 수 있는 가장 많은 양의 증거를 제공한다. 준비 단계에서 분석자는 위와 같은 방법을 통해 증거를 획득하는 데 필요한 도구와 경험이 반드시 필요하다.

로컬 확보를 수행하기 위해서는 적어도 시스템의 실행 메모리 캡처를 위한 공간이나 또는 필요하다면 다른 파일과 함께 조사될 수 있는 시스템의 실행 메모리 캡처를 위한 충분한 공간이 확보된 외장형 하드 드라이브 또는 USB 드라이브가 필요하다. 수집되는 증거의 무결성을 확보하려면 USB 드라이브를 두 파티션으로 구성하는 것이 좋다. 첫 번째 파티션에는 증거 확보를 수행하는 필수 도구를 담아야 하는 반면, 두 번째 파티션은 증거를 위한 저장소로 쓰일 수 있게 해야 한다. 그러면 보다 영구적인 저장소로 증거를 이동시키고 난 후에도 모든 도구를 재설치하지 않고 증거 파티션을 삭제할 수 있게 된다.

증거 수집 절차

디지털 포렌식과 그 외 포렌식의 지식 체계에는 흔적 증거^{trace evidence}에서 볼 수 있는 것과 같이 다수의 유사점이 존재한다. 이 중 주요한 유사점은 증거를 획득하는 조직이, 타당하고 재현 가능하며 잘 문서화된 절차를 갖춰야 한다는 점에 있다. 다음은 디지털 증거를 적절히 수집하기 위한 가이드라인이다.

- 시스템과 일반 장면을 촬영한다. 시간 절약을 위한 중요 장비 중 하나는 소형 디지털 카메라다. 제자리에 놓인 시스템을 촬영하는 것이 지나쳐 보일 수 있지만 사고 대응자가 취한 조치를 법정 내부에서 공개하는 경우를 위해 사진을 확보해 둔다면 사건의 적절한 재구성에 도움이 될 수 있다. 한 가지 주의할 점은 별도의 디지털 카메라를 활용해야 한다는 것이다. 휴대폰을 사용하면 형사 소송의 증거 개시 절차에서 해당 기기가 노출될 수 있다. 가장 좋은 방법은 편리한 시간과 장소에서 필요한 모든 사진을 촬영하고 이것을 영구적인 스토리지로 이전하는 것이다.
- 시스템 전원이 켜져 있는지 확인한다. 시스템 전원이 켜져 있으면 그대로 둔다. 시스템 전원이 꺼져 있다면 전원을 켜지 않는다. 시스템 전원을 켜거나 끌 때 여러 가지 변경이 일어난다. 시스템 전원이 켜져 있는 경우 휘발성 메모리를 캡처할 수 있다. Full Disk Encryption의 경우에도 시스템을 켠 상태로 두면 사고 대응자가 논리 디스크 볼륨을 여전히 확보할 수 있다. 시스템 전원이 꺼져 있는 경우에는 이 상태를 유지하면 비휘발성 메모리의 모든 증거를 보존할 수 있다. 사

고 대응 담당자가 해당 시스템이 다른 시스템에 위험을 초래할 수 있다고 판단한다면 간단히 네트워크 연결을 끊고, 이를 격리시킨다.

- 실행 메모리를 확보한다. 이것은 실행 프로세스, 사용 중인 DLL, 네트워크 연결과 관련된 풍부한 데이터를 생성할 수 있는 중요한 증거다. 이런 이유로 5장에서 메모리 확보 절차를 광범위하게 다루고 있다.

- 레지스트리 및 로그 파일을 확보한다. 이러한 파일은 그 특성상 비휘발성이지만, 거의 즉각적인 접근이 가능하다는 점에서 효율적이다. 특히 악성 코드나 다른 침해 수단을 조사할 때는 더욱 그렇다.

- 시스템 뒤쪽의 전원 플러그를 뽑는다. 시스템이 랩톱인 경우 배터리도 제거한다. 이렇게 하면 시스템의 상태가 보존된다.

- 시스템의 뒤쪽이나 아래쪽을 촬영해 모델 및 일련 번호를 캡처한다. 이를 통해 사고 대응 분석자는 관리 연속성에 필요한 정보를 캡처할 수 있다.

- 시스템의 덮개를 제거하고, 하드 드라이브를 촬영해 모델 및 일련 번호를 캡처한다. 다시 강조하지만 이것은 관리 연속성 재구성에 도움이 된다.

- 시스템에서 하드 드라이브를 제거하고 정전기 방지백에 넣는다.

- 드라이브는 봉인 가능한 봉투나 상자에 넣어 안전하게 보관한다. 정전기 방지백은 하드 드라이브를 보호하며, 개봉 시도가 분명히 표시되도록 포장해야 한다. 특수 목적의 증거물 수거 봉투나 테이프로 밀봉할 수 있는 간단한 우편봉투를 사용할 수도 있다. 증거를 획득하는 분석자가 봉인에 서명한다. 또한 포장 외부 어딘가에 사건 번호, 증거 번호, 날짜, 시간과 함께 증거를 획득한 분석자가 누군지를 표시해야 한다.

- 모든 조치를 문서화한다. 날짜와 시간 그리고 어떤 사고 대응 분석자가 조치를 수행했는지 확인한다. 사고 보고는 종종 모든 대응의 마지막 단계다. 분석자가 해당 조치를 기록하기까지는 몇 시간, 심지어 며칠이 소요될 수 있다. 따라서 초기의 증거 확보 과정에서 입수한 사진과 메모는 사건의 순서를 재구성하는 데 매우 유용하다.

다음으로 휘발성 메모리 확보를 알아보자.

▌ 휘발성 메모리 획득

전통적인 디지털 포렌식 또는 **데드 박스 포렌식**dead box forensics이라고도 불리는 포렌식은 가동이 중지된 시스템에서 주요한 증거의 소스로 입수한 하드 디스크 드라이브에 집중한다. 이러한 접근법은 사기나 아동 착취와 같은 범죄 행위를 처리할 때 적합하며, 이를 통해 포렌식적으로 적절한 방식으로 이미지 파일, 워드 문서, 스프레드시트를 찾을 수 있다. 하지만 이 접근법은 증거의 확보 시 시스템의 전원을 꺼야 하기 때문에 휘발성 메모리 내에서 발견될 잠재적 증거가 파괴된다는 문제점이 있다.

전통적인 범죄와는 달리 보안 사고에서는 방대한 양의 증거가 손상의 가능성이 있는 시스템 메모리 안에 들어 있다. 이러한 사실은 특히 Metasploit과 같은 일반적인 플랫폼을 통해 악성 코드에 감염된 시스템을 조사하는 과정에서 드러난다. 흔적 증거는 종종 손상된 시스템의 메모리에서 발견된다. 결과적으로 시스템 전원을 끄고 하드 드라이브를 제거하기 전에 실행 메모리를 확보하는 것이 중요하다.

사고 대응 분석자는 실행 메모리를 확보하고자 몇 가지 무료 도구와 상용 도구를 활용할 수 있다. 어떤 도구를 사용할지는 종종 분석 단계에서 사용되는 기법과 도구의 유형에 따라 달라진다. 일반적으로 메모리 이미지 분석을 위한 두 가지 프레임워크는 Rekall 및 Volatility다. 이 프레임워크는 모두 메모리 이미지의 세부 분석이 가능하다.

실행 중인 메모리는 두 가지 방법으로 얻을 수 있다. 우선 의심스러운 시스템에 직접 연결된 USB 장치 또는 쓰기 가능한 기타 매체를 통해 로컬로 확보할 수 있다. 또 다른 방법은 원격 연결을 사용하는 것이다. 이는 네트워크 연결을 통해 증거 확보를 수행하는 특수 소프트웨어를 사용해 쉽게 수행할 수 있다.

로컬 획득

사고 대응 분석자가 잠재적으로 손상 가능성이 있는 시스템에 물리적으로 접근할 때 메모리와 그 밖의 증거를 로컬에서 획득할 수 있는 방법이 있다. 즉 손상 가능성이 있는 시스템에 연결된 USB 장치나 또는 이와 유사한 이동식 매체에서 실행되는 도구를 사용하는 것이다. 도구가 실행되면 증거가 수집된다. 로컬 확보는 종종 시스템 하드 드라이브 획득과 함께 시스템의 그 밖의 증거 획득과 연계돼 수행된다. 로컬 획득에 사용될 수 있는 도구가 여럿 있다. 이 책에서는 세 가지 도구, 즉 Access Data의 FTK Imager 및 Google의 WinPmem와 Belkasoft의 RAM Capturer를 다룰 것이다.

이러한 방식으로 메모리를 획득할 때는 다수의 파일을 저장할 만큼 용량이 충분한 외장형 드라이브를 활용하는 것이 좋다. 또한 사고 대응 분석자는 두 파티션을 가진 USB 기기를 활용해야 한다. 첫 번째 파티션에는 메모리 획득에 필요한 도구들이 담기는 반면, 두 번째 파티션에는 증거 파일이 담길 것이다. 이러한 방식의 활용은 증거와 도구가 뒤섞이지 않도록 해준다.

FTK Imager

Access Data의 FTK Imager는 시스템의 실행 메모리 획득을 포함한 다양한 이미징 작업을 수행하는 윈도우 소프트웨어 플랫폼이다. 이 소프트웨어는 https://accessdata.com/product-download에서 다운로드할 수 있다.

1. 다운로드가 완료되면 USB 드라이브의 **Tools** 파티션에 실행 파일을 설치한다.
2. **FTK Imager** 폴더를 열고 관리자로 실행 파일을 실행한다(FTK Imager는 드라이버를 사용해야 하므로 관리자 권한이 필요하다). 다음과 같은 창이 표시된다.

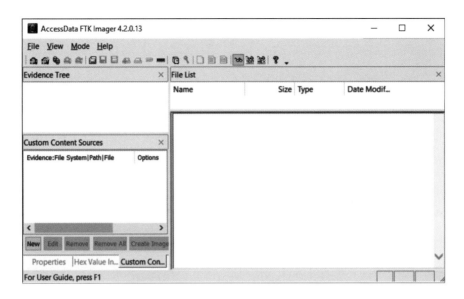

3. File을 클릭한 후 Capture Memory를 클릭한다. 다음과 같은 창이 열릴 것이다.

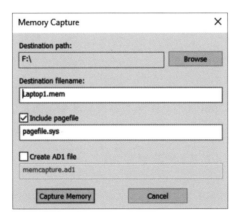

4. 시스템에 연결된 USB 드라이브의 Evidence 파티션으로 이동해 캡처 파일 이름
을 입력한다. 이 이름은 Laptop1 또는 Evidence Item 1과 같은 고유 식별자여야
한다. 또한 Include Pagefile 체크박스를 선택한다. 페이지 파일 안에는 증거 가
치가 있는 정보가 들어 있지 않을 수도 있지만, 페이지 파일은 조사가 진행되면
서 점차 중요해질 것이다(페이지 파일은 이후 9장, '시스템 스토리지 분석'에서 논의한다).

5. 마지막으로 Access Data의 독점 파일 형식인 AD1 파일을 생성하는 옵션이 있다. 이 파일은 FTK 분석 프로그램을 사용해 해당 이미지를 분석하기 위한 것이다. 이 책에서는 표준 출력이면 분석이 충분히 수행될 수 있으리라 본다.

6. 구성이 설정되면 Capture Memory를 클릭한다.

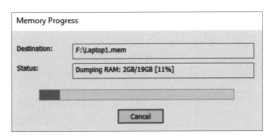

실행이 완료되면 FTK Imager가 메모리 캡처의 성공 여부를 표시한다.

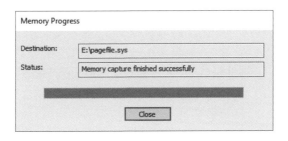

증거 파티션을 검사하면 다음 스크린샷에 보이는 것처럼 2개의 파일이 나타난다.

> ℹ️ .mem 파일은 약 2GB라는 점에 유의해야 한다. 위의 설명에서 사용된 이 시스템의 RAM은 16GB다. 전체 RAM 공간에서 차지하는 .mem 파일의 크기는 정확하지 않은데 이러한 상황은 흔히 발생한다.

WinPmem

앞서 논의한 바와 같이 어떤 메모리 확보 도구는 다른 메모리 분석 도구보다 효과적일 수 있다. 메모리 분석 도구인 Rekall의 경우 같은 업체에서 나온 다른 메모리 획득 도구들이 여러 개 있다. 가령 Pmem은 리눅스, 맥OS, 윈도우 시스템으로부터 원시 메모리를 캡처하는 데 사용되는 도구다. 이 같은 도구들은 Rekall 웹 사이트(http://www.rekall-forensic. com/releases)에서 이용할 수 있다.

다음에 나올 시연에 있어서 분석 대상 시스템은 앞서 FTK Imager 시연에서 활용된 것과 동일한 시스템이다. 따라서 윈도우 시스템의 메모리 캡처를 위해 특별히 설계된 WinPmem 도구가 활용된다.

버전 2.0.1로 시작해 WinPmem 도구의 기본 출력은 Advanced Forensic Framework 4[AFF4] 파일 형식이다. 이 형식은 여러 가지 별도의 데이터 소스 및 작업 흐름을 위해 생성됐다. 이 오픈소스는 디지털 포렌식 증거와 기타 관련 데이터를 위해 활용된다. 이제 시작해 보자.

1. 분석 대상 시스템의 물리적 메모리를 확보하고자 관리자 권한으로 Windows 명령 프롬프트를 연다. D:\winpmem-2.1.exe -h라고 입력하면 다음과 같은 도움말 메뉴가 표시된다.

```
D:\>winpmem-2.1.exe -h

USAGE:

    winpmem-2.1.exe  [-l] [-u] [--write-mode] [--mode <MmMapIoSpace,
                     PhysicalMemory, PTERemapping>] [--driver <Path to
                     driver.>] [--format <map, elf, raw>] [-m] [-p
                     </path/to/pagefile>] ...  [-V] [-d] [-v] [-t] [-i
                     </path/to/file/or/device>] ...  [-e <string>] [-o
                     </path/to/file>] [-c <zlib, snappy, none>] [--]
                     [--version] [-h] </path/to/aff4/volume> ...
```

 AFF4 파일 형식에 관한 추가 정보는 다음 사이트에서 구할 수 있다. http://www.aff4.org/

2. 다음과 같이 입력해 시스템 메모리를 확보하기 위한 WinPmem을 구성한다.

```
D:\winpmem-2.1.exe --format raw -o e:\Laptop1
```

이 명령은 WinPmem가 원시 메모리를 확보해서 사용 중인 USB 드라이브 증거 파티션에 생성될 폴더로 출력하도록 지시한다. 위 명령은 다음을 출력을 생성한다.

```
D:\>winpmem-2.1.exe --format raw -o e:\Laptop1
Driver Unloaded.
CR3: 0x00001AA000
 7 memory ranges:
Start 0x00001000 - Length 0x0009C000
Start 0x00100000 - Length 0x00002000
Start 0x00103000 - Length 0xBE2FE000
Start 0xBE889000 - Length 0x1BD7E000
Start 0xDA770000 - Length 0x00775000
Start 0xDBAFF000 - Length 0x00001000
Start 0x100000000 - Length 0x31E800000
```

그러면 WinPmem이 전체 메모리 구조에서 실행된다. 처리가 진행되는 동안 다음과 같은 출력이 생성될 것이다.

```
Creating output AFF4 Directory structure.
Dumping Range 0 (Starts at 1000, length 9c000)
Dumping Range 1 (Starts at 100000, length 2000)
Dumping Range 2 (Starts at 103000, length be2fe000)
Dumping Range 3 (Starts at be889000, length 1bd7e000)
Dumping Range 4 (Starts at da770000, length 775000)
Dumping Range 5 (Starts at dbaff000, length 1000)
Dumping Range 6 (Starts at 100000000, length 31e800000)
 Reading 0x8000   0MiB / 16272MiB 0MiB/s
 Reading 0x4398000   67MiB / 16272MiB 255MiB/s
 Reading 0x89b0000   137MiB / 16272MiB 275MiB/s
 Reading 0xd288000   210MiB / 16272MiB 276MiB/s
 Reading 0x11858000   280MiB / 16272MiB 274MiB/s
 Reading 0x15f48000   351MiB / 16272MiB 283MiB/s
 Reading 0x1a998000   425MiB / 16272MiB 295MiB/s
 Reading 0x1f3f0000   499MiB / 16272MiB 296MiB/s
 Reading 0x23cb8000   572MiB / 16272MiB 289MiB/s
 Reading 0x283c8000   643MiB / 16272MiB 283MiB/s
 Reading 0x2cb68000   715MiB / 16272MiB 285MiB/s
 Reading 0x310d0000   784MiB / 16272MiB 276MiB/s
 Reading 0x346f8000   838MiB / 16272MiB 206MiB/s
 Reading 0x38c70000   908MiB / 16272MiB 276MiB/s
 Reading 0x3cbe8000   971MiB / 16272MiB 252MiB/s
 Reading 0x41240000   1042MiB / 16272MiB 280MiB/s
 Reading 0x45580000   1109MiB / 16272MiB 267MiB/s
```

마지막으로 출력 파일을 검토하면 물리적 메모리 전부가 AFF4 파일함의 일부로서 다른 파일들과 더불어 단일한 파일 내에 포함돼 있음을 알 수 있다.

WinPmem은 사용하기 쉬운 도구이기도 하지만 이것이 갖는 또 다른 이점은 리눅스 및 맥 OS 운영체제 시스템은 물론 마이크로소프트 운영체제를 위한 버전도 있다는 것이다. 따라서 사고 대응 분석자는 자신의 조직 내에서 마주할 수 있는 모든 운영체제를 통틀어 단 1개의 도구에 대해서만 숙련되는 것을 가능하게 한다.

WinPmem 사용 시 한 가지 단점은 분석자나 사고 대응자가 Volatility 메모리 캡처를 조사하려 할 때 AFF4 포맷을 원시 메모리 이미지로 변환해야 한다는 것이다. AFF4 파일을 RAW 형식으로 변환하려면 WinPmem에서 다음 명령을 실행해야 한다.

```
D:\winpmem-2.1.exe D:\Laptop1.aff4 -e PhysicalMemory -o Laptop1.raw
```

분석자가 Volatility를 메모리 분석의 주요 플랫폼으로 사용하려 한다면 FTK Imager를 사용하는 것이 좋다. 그 밖에 RAM Capturer와 같은 도구를 사용할 수도 있다.

RAM Capturer

RAM Capturer는 소프트웨어 회사인 Belkasoft가 제공하는 무료 도구다. RAM Capturer는 사용하기 쉽고 FTK Imager나 WinPmem처럼 USB에서 실행될 수 있다. 다음을 보자.

1. 응용 프로그램을 실행하면 다음과 같은 창이 나타난다.

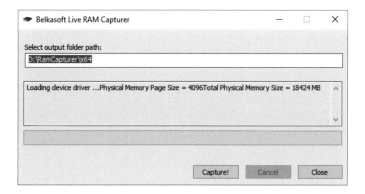

확보에 필요한 유일한 입력 사항은 메모리 이미지가 배치돼야 하는 폴더의 경로를 설정하는 것이다.

2. 출력이 설정되면 Capture! 버튼을 클릭하고 다음을 실행한다.

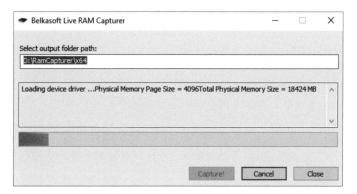

3. RAM Capturer가 완료되면 다음과 같은 메시지가 나타난다.

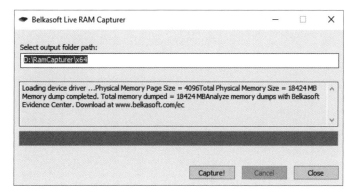

메모리 확보 도구를 살펴볼 때 대한 가장 좋은 접근 방법은 가능한 한 많은 데이터를 효율적으로 캡처하는 것이다. FTK Imager 같은 도구는 신뢰도가 높고 메모리뿐만 아니라 다른 핵심 증거도 확보할 수 있다. 다만 이 도구가 사용 불가능한 경우에는 RAM Capturer와 같은 경량 도구가 들어 있는 USB 키를 사용해야 할 때도 있다. 가장 좋은 방법은 증거를 조사하는 데 사용될 포렌식 도구의 유형을 결정한 다음 메모리를 확보할 적절한 도구를 선택하는 것이다.

메모리를 확보할 때 확인할 수 있겠지만, 이러한 도구들을 유용하게 만드는 또 다른 핵심적 요소는 의심스러운 시스템에 물리적으로 집근할 수 없는 경우에도 활용될 수 있다는 데 있다.

원격 획득

메모리 확보에서 선호되는 방법은 의심스러운 시스템에 직접 접근하는 것이다. 이는 도구나 기술이 작용하지 않는 경우에 사고 대응 분석자가 적용할 수 있는 방법이다. 더욱이 이 방법은 안정적인 네트워크 연결에 의존하지 않기 때문에 필요한 파일을 더욱 신속하게 확보할 수 있다. 이러한 방법이 선호되긴 하지만, 사고 대응 분석자가 증거가 있는 곳까지 비행기를 타고 가야 할 정도로 조직의 규모가 크다면 지리적 제약이 생길 수 있다.

원격 획득의 경우 사고 대응 분석자는 로컬 획득 시 활용되는 것과 동일한 도구를 사용할 수 있다. 한 가지 차이점이라면 사고 대응 분석자가 의심되는 시스템에 접근하고 캡처를 수행할 때 원격 기술을 활용해야 한다는 점이다. 활용 방법을 문서화해야 하는 것과 마찬가지로 사고 대응 분석자는 원격 기술의 사용도 문서화해야 한다. 이로써 차후 합법적인 연결과 의심스러운 연결을 올바르게 식별할 수 있다.

WinPmem

WinPmem은 Remote Desktop 또는 PsExec와 같은 기본 응용 프로그램을 통해 원격 시스템에 배포될 수 있다. 원격 시스템에 설치가 완료되면 NetCat을 활용해 WinPmem의 출력을 다른 시스템으로 송신할 수 있다. 예를 들어 사고 대응 분석자가 192.168.0.56에 위치한 시스템을 사용하고 있다고 가정하자. 분석자가 PsExec 또는 RDS를 통해 손상된 호스트에 접근할 수 있다면 다음과 같은 명령을 사용해 컴퓨터에 대한 NetCat 연결을 다시 설정할 수 있다.

```
C:/winpmem-2.1.exe - | nc 192.168.0.56 4455
```

위의 명령은 시스템이 캡처를 수행하고 NetCat을 통해 4455 포트에서 사고 대응 분석자 워크스테이션으로 출력을 전송하도록 지시한다. 이 기법의 문제점은 명령 프롬프트에 접근해야 하고, NetCat 및 WinPmem을 모두 설치해야 한다는 점이다. 이미 침해가 의심되는 시스템을 분석자가 다루는 경우에 이 방법은 바람직하지 않다.

가상머신

사고 대응 분석자가 증거 수집을 위해 준비해야 하는 또 다른 시스템은 가상머신virtual machine이다. 물리적 시스템에 비해 가상머신이 갖는 한 가지 이점은 시스템의 스냅샷을 촬영한다거나 간단한 일시 정지 기능을 통해 현재 상태를 유지할 수 있는 것이다. 이로써 사고 대응 분석자는 추후 분석을 위한 전체 파일을 증거 드라이브로 간단히 복사할 수 있다. 증거의 무결성을 보장하고자 가상머신의 각 요소마다 사전 및 사후 복사에 대한 해시를 생성해 둘 것이 권장된다.

VMware 같은 대중적인 가상화 소프트웨어가 갖는 한 가지 주요한 특징은 가상머신이 실행 중인 메모리에 2개의 파일을 사용한다는 점이다. 이 중 첫 번째 파일은 **가상 메모리**VMEM, Virtual Memory 파일이다. VMEM 파일은 가상머신의 RAM 또는 물리적 메모리다. 두 번째 파일은 **VMSS**^{VMware Suspended State} 파일이다. VMSS 파일에는 가상 시스템의 일시 중단 상태의 일부로 저장된 파일이 들어 있다. 이것을 살펴보자.

1. VMware 가상머신에서 실행 중인 메모리를 확보하려면 시스템을 일시 중지한다.
2. VMSS와 VMEM 파일을 USB와 같은 이동식 미디어 소스로 전송한다. VMware 소프트웨어에는 설치 과정의 일부로서 `Vmss2Core.exe` 응용 프로그램이 포함되는 경우가 많다. 이 응용 프로그램은 VMSS와 VMEM 파일을 단일 `.dmp` 파일로 결합해서 포렌식 도구로 분석할 수 있도록 해준다. 이 2개의 파일 모두 완전한 메모리 캡처를 생성하는 데 필요하다.
3. `.dmp` 파일을 생성하려면 다음의 명령을 실행한다.

```
C:\Program Files (x86)\VMware\VMware Workstation>vmss2core.exe suspect.vmss
suspect.vmem
```

이제 분석 수행에 필요한 `.dmp` 파일을 갖게 될 것이다.

▌ 비휘발성 증거 획득

메모리에서 실행되는 방대한 양의 데이터가 있더라도 잠재적으로 침해 가능한 시스템에서 하드 드라이브를 확보하는 것은 여전히 중요하다. 심지어 악성 코드나 기타 유형의 악용 사례의 경우에도 이러한 장치에는 상당한 양의 증거가 남아 있다. 하드 드라이브 증거는 조직 내부의 악의적인 활동이나 데이터 손실과 같은 잠재적 사고를 조사할 때 훨씬 더 중요해진다. 이 증거를 이용하고 법정에서 활용할 수 있도록 하려면 사고 대응팀이 앞서 말한 절차에 정통해야 한다.

사고 대응팀은 실행 중인 시스템의 가동을 중단하기 전에 침해가 의심되는 시스템에서 두 가지 주요 데이터를 확보하고자 하는 경우가 있다. 레지스트리 키와 이벤트 로그 파일은 본질적으로 휘발성은 아니지만, 조사 과정에서 분석자들에게 도움을 줄 수 있다. 이미징된 하드 드라이브에서 이러한 파일을 확보하는 것은 대부분 전체 하드 디스크 드라이브를 이미지화해 처리하는 데 드는 시간에 따라 결정된다. 따라서 이러한 주요 증거를 획득하는 데 활용할 수 있는 몇 가지 기법들이 있다.

분석자가 시스템에 대한 접근권이 있는 경우 다음과 같은 명령을 실행함으로써 로그 파일에 접근할 수 있다.

```
C:\wevtutil epl<Log Type> E:\<FileName>.evtx
```

이 명령은 보안, 응용 프로그램, 시스템 로그에 대해 반복될 수 있다.

또한 FTK Imager는 조사에 도움이 될 수 있는 레지스트리 키 설정 및 다른 정보 캡처에 사용된다. 다음을 살펴보자.

1. FTK Imager를 열고 **File** 탭으로 이동한다.
2. **Obtain Protected Files**를 클릭한다. 다음의 대화상자가 표시된다.

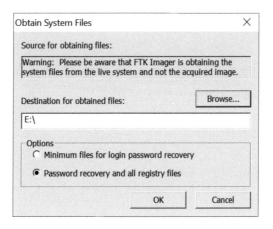

3. **Browse...**를 클릭하고 증거 파일 위치로 이동한다.

4. 다음으로 Password recovery and all registry files라고 적힌 라디오 버튼을 클릭하고 OK를 클릭한다. 도구의 작업이 완료되면 레지스트리 및 암호 데이터가 증거 폴더로 전송된다. 이 명령은 FTK Imager가 시스템 암호를 복구하는 데 필요한 레지스트리 파일을 가져오도록 지시한다. 여기에는 사용자, 시스템, SAM, NTUSER.DAT 파일이 포함된다. 이제 이미징 절차를 진행하기 전에 분석을 수행할 수 있다. 이로써 사고에 대한 보다 신속한 대응이 가능하다.

CyLR.exe

위와 같은 유형의 증거 확보에 있어서 사고 대응자를 지원하는 오픈소스 도구는 CyLR.exe 응용 프로그램이다. 이 응용 프로그램은 독립 실행형 실행 파일로서 https://github.com/orlikoski/CyLR/releases에서 이용할 수 있으며, USB 또는 시스템에서 실행될 수 있다. 그것은 소규모 응용 프로그램이지만 초기 조사의 일부로 활용될 수 있는 많은 증거들을 확보할 수 있다. 10장, '로그 파일 분석'에서 설명하겠지만 CyLR.exe은 저장이나 처리를 위해 원격 시스템으로 데이터를 전송할 수 있다는 점이 또 다른 주요 특징이다.

비휘발성 로그 파일 및 기타 보호 파일을 가져오려면 명령 프롬프트를 통해 CyLR.exe 실행 파일로 이동해 관리자 권한으로 이를 실행해야 한다. 증거 파일이 담긴 출력 디렉터리는 CyLR.exe 응용 프로그램과 동일한 디렉터리에 배치된다. 출력이 USB에 직접 전달되므로 USB 장치에서 이 기능을 실행할 경우 편리하다.

CyLR.exe 응용 프로그램이 실행되기 시작하면 사고 대응자는 확보되고 있는 개별 파일들을 볼 수 있다.

```
Administrator: Command Prompt - CyLR.exe                                    —    □    ×
Collecting File: C:\WINDOWS\Prefetch\WMPLAYER.EXE-EBBA463B.pf
Collecting File: C:\WINDOWS\Prefetch\WORDPAD.EXE-942EAA71.pf
Collecting File: C:\WINDOWS\Prefetch\XBOXAPP.EXE-373780F6.pf
Collecting File: C:\WINDOWS\Prefetch\_IU14D2N.TMP-640EAB5B.pf
Collecting File: C:\WINDOWS\inf\setupapi.dev.log
Collecting File: C:\WINDOWS\Appcompat\Programs\Install\INSTALL_0000_14309956-dbf5-4886-a1c5-4e22e5a27e08.txt
Collecting File: C:\WINDOWS\Appcompat\Programs\Install\INSTALL_0000_89d32eff-bf27-4d63-8897-dfd5b856dc60.txt
Collecting File: C:\WINDOWS\Appcompat\Programs\Install\INSTALL_0000_98d40187-e101-4134-8b4e-767566041b06.txt
Collecting File: C:\WINDOWS\Appcompat\Programs\Install\INSTALL_0000_f4f6d28b-a022-482b-8645-21d176aca6e2.txt
Collecting File: C:\WINDOWS\Appcompat\Programs\Install\INSTALL_0001_0bec0855-fde9-48ea-b3b0-ddb9c28289b6.txt
Collecting File: C:\WINDOWS\Appcompat\Programs\Install\INSTALL_0001_1c468d28-bedc-44eb-b33e-2610200a608d.txt
Collecting File: C:\WINDOWS\Appcompat\Programs\Install\INSTALL_0001_8616699c-99cf-4d6d-bf94-243cb124464c.txt
Collecting File: C:\WINDOWS\Appcompat\Programs\Install\INSTALL_0001_9620dde5-de29-4834-a2b7-f8521aa7985d.txt
Collecting File: C:\WINDOWS\Appcompat\Programs\Install\INSTALL_0001_cbd5b4d9-3d6e-4b64-b8f1-0281e52549e8.txt
Collecting File: C:\WINDOWS\Appcompat\Programs\Install\INSTALL_0002_8064be4c-44bd-4fed-8019-b6eff7dd2623.txt
Collecting File: C:\WINDOWS\Appcompat\Programs\Install\INSTALL_0002_baa0a848-b31e-4522-a98d-6179b90914e6.txt
Collecting File: C:\WINDOWS\Appcompat\Programs\Install\INSTALL_0002_bba907e2-ad57-477c-8245-9f4875c19a9d.txt
Collecting File: C:\WINDOWS\Appcompat\Programs\Install\INSTALL_0003_0e07b442-6263-4c19-bed7-4c21f0cffb1a.txt
Collecting File: C:\WINDOWS\Appcompat\Programs\Install\INSTALL_0003_30f01dec-05e0-4c57-a958-cc8618c3e0a4.txt
Collecting File: C:\WINDOWS\Appcompat\Programs\Install\INSTALL_0003_98d40187-e101-4134-8b4e-767566041b06.txt
Collecting File: C:\WINDOWS\Appcompat\Programs\Install\INSTALL_0003_ad083425-2fc3-4128-80fc-d0c383e9cdcc.txt
Collecting File: C:\WINDOWS\Appcompat\Programs\Install\INSTALL_0003_cbd5b4d9-3d6e-4b64-b8f1-0281e52549e8.txt
Collecting File: C:\WINDOWS\Appcompat\Programs\Install\INSTALL_0003_d1aacfc5-d354-4885-8086-e16f463dfb8a.txt
Collecting File: C:\WINDOWS\Appcompat\Programs\Install\INSTALL_0006_98d40187-e101-4134-8b4e-767566041b06.txt
Collecting File: C:\WINDOWS\Appcompat\Programs\Install\INSTALL_ffff_0e07b442-6263-4c19-bed7-4c21f0cffb1a.txt
Collecting File: C:\WINDOWS\Appcompat\Programs\Install\INSTALL_ffff_14309956-dbf5-4886-a1c5-4e22e5a27e08.txt
Collecting File: C:\WINDOWS\Appcompat\Programs\Install\INSTALL_ffff_1c468d28-bedc-44eb-b33e-2610200a608d.txt
Collecting File: C:\WINDOWS\Appcompat\Programs\Install\INSTALL_ffff_30f01dec-05e0-4c57-a958-cc8618c3e0a4.txt
Collecting File: C:\WINDOWS\Appcompat\Programs\Install\INSTALL_ffff_8064be4c-44bd-4fed-8019-b6eff7dd2623.txt
Collecting File: C:\WINDOWS\Appcompat\Programs\Install\INSTALL_ffff_8616699c-99cf-4d6d-bf94-243cb124464c.txt
Collecting File: C:\WINDOWS\Appcompat\Programs\Install\INSTALL_ffff_9620dde5-de29-4834-a2b7-f8521aa7985d.txt
Collecting File: C:\WINDOWS\Appcompat\Programs\Install\INSTALL_ffff_98d40187-e101-4134-8b4e-767566041b06.txt
Collecting File: C:\WINDOWS\Appcompat\Programs\Install\INSTALL_ffff_baa0a848-b31e-4522-a98d-6179b90914e6.txt
Collecting File: C:\WINDOWS\Appcompat\Programs\Install\INSTALL_ffff_bba907e2-ad57-477c-8245-9f4875c19a9d.txt
Collecting File: C:\WINDOWS\Appcompat\Programs\Install\INSTALL_ffff_cbd5b4d9-3d6e-4b64-b8f1-0281e52549e8.txt
Collecting File: C:\WINDOWS\Appcompat\Programs\Install\INSTALL_ffff_d1aacfc5-d354-4885-8086-e16f463dfb8a.txt
Collecting File: C:\WINDOWS\Appcompat\Programs\Amcache.hve
Collecting File: C:\WINDOWS\System32\drivers\etc\hosts
Collecting File: C:\WINDOWS\System32\sru\SRU.chk
Collecting File: C:\WINDOWS\System32\sru\SRU.log
Collecting File: C:\WINDOWS\System32\sru\SRU02B03.log
Collecting File: C:\WINDOWS\System32\sru\SRU02B04.log
Collecting File: C:\WINDOWS\System32\sru\SRU02B06.log
Collecting File: C:\WINDOWS\System32\sru\SRU02B07.log
Collecting File: C:\WINDOWS\System32\sru\SRU02B08.log
Collecting File: C:\WINDOWS\System32\sru\SRUDB.dat
```

프로세서 및 사용되는 RAM에 따라서 CyLR.exe가 몇 분 동안 실행될지 예상할 수 있다. 이후 다음과 같은 메시지가 나타날 것이다.

```
Extraction complete. 0:09:14.4347905 elapsed

C:\Users\IRProactive-WKST\Desktop>_
```

마지막으로 CyLR.exe가 실행된 디렉터리를 확인해 보면 시스템 이름을 파일명으로 1개의 압축 파일이 나타난다. 파일의 압축을 풀면 수집된 광범위한 증거가 나타난다.

로그 파일, 레지스트리 파일, 마스터 파일 테이블이 출력에 포함되며, 이것들은 6장에서 중요하게 다뤄질 것이다. 시스템이 종료되기 전, 간단한 도구에서 위와 같은 데이터를 확보하는 능력이야말로 CyLR.exe 사용의 주요 이점이라 할 수 있다.

암호화 확인

FDE^{Full Disk Encryption}의 사용은 사고 대응자들이 자신 없어 하는 영역이다. 윈도우 시스템 관리자라면 현재 윈도우 운영체제에 포함돼 있는 BitLocker와 같은 FDE 도구를 잘 알고 있을 것이다. BitLocker 외에도 사용자가 개별 파일의 볼륨 전부를 완전히 암호화할 수 있도록 하는 VeraCrypt와 같은 도구도 있다. 데이터 확보 절차의 일환으로서 대응자는 모든 암호화를 확인해야 한다.

Magnet Forensics의 Endpoint Disk Detector 같은 도구는 암호화된 볼륨이 있는지 여부를 파악한다. 이 도구는 https://www.magnetforensics.com/resources/encrypted−disk−detector/에서 무료로 제공되며, 이 도구를 통해 어떤 암호화가 사용 중인지 확인할 수 있다. 관리자 권한으로 실행 파일을 실행하면 해당 응용 프로그램을 시작할 수 있다. 이제 다음과 같은 데이터가 나타난다.

```
EDD C:\Users\madno\Downloads\EDD.exe                        —    □    ×

Encrypted Disk Detector v2.2.2
Copyright (c) 2009-2019 Magnet Forensics Inc.
http://www.magnetforensics.com

* Checking physical drives on system... *

PhysicalDrive0, Partition 1 --- GPT Partition(s)

PhysicalDrive1, Partition 1 --- OEM ID: EXFAT

* Completed checking physical drives on system. *

* Now checking logical volumes on system... *

Drive C: is located on PhysicalDrive0, Partition #3.
Drive D: is located on PhysicalDrive1, Partition #1.

* Completed checking logical volumes on system. *

* Running Secondary Bitlocker Check... *

Volume C: [Local Disk] is encrypted using Bitlocker.

* Completed Secondary Bitlocker Check... *

* Checking for running processes... *

* Completed checking running processes. *

*** Encrypted volumes and/or processes were detected by EDD. ***

Press any key to continue...
(use 'EDD /batch' to bypass this prompt next time)
```

이로써 사고 대응자는 BitLocker를 통해서 Volume C:가 암호화됐음을 판단했다. 필요하다면 사고 대응자는 적절한 BitLocker 키를 사용할 수 있는지 확인해 봐야 한다. 암호 키를 얻을 수 없다면 시스템이 실행 중인 동안 논리 볼륨을 확보해야 한다.

▌ 요약

증거의 적절한 처리는 사고의 근본 원인을 파악하고 잠재적인 책임자를 식별하기 위한 목적을 가진 종합적인 절차에서 시작된다. 사고 조사 과정에서 획득한 증거가 활용될 수 있으려면 그 증거가 타당한 방식으로 확보돼야 한다. 사고 대응팀은 다양한 증거 확보의 유형, 도구, 사용 가능한 기법을 이해함에 있어서 기초를 견고히 쌓아야 하며, 발생 가능한 여러 상황에서 이러한 도구와 기법을 적용할 수 있어야 한다. 사고 대응팀은 확실한 기법을 적용하고 그들이 취한 조치를 적절히 문서화함으로써 사고의 근본 원인을 밝혀 줄 증거를 활용할 수 있게 될 뿐만 아니라 필요한 경우 법정에서 자신들의 조치를 뒷받침할 수 있는 증거를 제시할 수 있게 된다.

6장에서는 비휘발성 데이터나 디스크 드라이브에 포함된 데이터의 캡처를 살펴본다.

▌ 질문

1. 휘발성의 순위에 따르면 다음 중 어떤 증거를 가장 먼저 확보해야 하는가?

    A. RAM

    B. 페이지 파일 또는 스왑 파일

    C. 중앙 처리 장치, 레지스터

    D. 스토리지 드라이브

2. FTK Imager를 활용하는 경우 RAM으로 PageFile을 확보하는 것이 좋다.

    A. 참

    B. 거짓

3. 디지털 증거의 원격 획득은 무엇을 통해 달성될 수 있는가?

    A. 원격 데스크톱 서비스

    B. PsExec

    C. USB

    D. NetCat

4. 가상 시스템에서 메모리를 재생성할 때 사고 대응자는 VMSS와 VMEM 파일 모두를 확보해야 한다.

   A. 참

   B. 거짓

▌ 더 읽어 볼 거리

- CFR and Order of Volatility: https://blogs.getcertifiedgetahead.com/cfr-and-order-of-volatility/

- *The Advanced Data Acquisition Model(ADAM): A process model for digital forensic practice*: https://researchrepository.murdoch.edu.au/id/eprint/14422/

- *Best Practices In Digital Evidence Collection*: https://www.sans.org/blog/best-practices-in-digital-evidence-collection/

06

포렌식 이미징 이해

사고 대응 분석자들에게 주어진 중요 과제 중 하나는 디지털 증거를 이미징하는 것이다. 앞에서 살펴보았듯이 로그 파일, 기억 장치 그리고 비교적 빠르게 증거 획득이 가능한 영역에서 사고와 관련된 여러 증거들을 찾을 수 있었다. 조직 내부의 악의적 활동으로 인한(가령 사기, 산업 스파이 활동 또는 데이터 유출) 사고라면 증거를 더욱 면밀히 조사해야 한다. 의심스러운 시스템의 하드 드라이브에는 마스터 파일 테이블MFT 목록, 파일, 특정 사용자 데이터와 같은 증거가 담겨 있다. 만일 사고 대응 분석자들이 이러한 증거에 마주한다면 우선 의심되는 드라이브의 이미지를 확보해야 할 것이다. 디지털 포렌식의 측면에서 보았을 때 쓸모가 있으면서도 법정 증거로의 채택이 가능한 이미지를 확보하려면 알맞은 도구와 기술, 문서화 작업이 필요하다.

6장에서는 디지털 이미징의 기본 개념을 살펴보고 물리적 드라이브나 기타 논리적 볼륨의 포렌식적으로 올바른 이미지를 확보하는 데 필요한 준비 방법과 도구를 알아본다. 아래와 같은 주제를 다루게 된다.

- **디지털 이미징 이해**: 스토리지 드라이브의 이미징은 세부 사항이 중요한 절차다. 6장에서는 포렌식 이미징과 그 수행 방법, 여러 종류의 디지털 이미징 절차와 다양한 독점 파일 형식에 대한 기초를 탄탄히 다지도록 한다.
- **이미징 도구**: 앞서 살펴본 대부분의 도구들과 마찬가지로 드라이브를 이미징할 때 활용할 만한 도구들이 있다. 이러한 도구들을 이해하면 사고 대응자는 사건에 활용할 적절한 도구에 대한 지식을 얻을 수 있다.
- **스테이지 드라이브 준비**: 증거를 처리하는 방법을 익히는 것만큼 증거가 이미지화될 포렌식적으로 올바른 스테이지 드라이브를 준비하는 것이 중요하다. 사고 대응자들은 이 항목을 준비하는 방법을 배우게 될 것이다.
- **쓰기 방지 장치**: 쓰기 방지 장치는 핵심 구성 요소로서 이미징을 진행하는 중에 증거가 오염되지 않도록 한다. 6장에서는 사고 대응자가 물리적 쓰기 방지 장치 및 소프트웨어 쓰기 방지 장치를 접하게 된다.
- **이미징 기술**: 6장의 핵심 부분으로서 증거 드라이브의 이미징 기법을 중점적으로 다룬다.

6장은 매우 기술적이고 절차 중심의 자료들이 제시된다. 하지만 중요한 것은 이미징에 대한 이해다. 사고의 근본 원인을 분석하고 법정에서 이용 가능한 이미지를 생성하려면 이미징 절차가 매우 중요하다.

▌ 포렌식 이미징 이해

사고 대응 분석자는 포렌식 이미징을 확실하게 이해하는 것이 중요하다. 도구, 기법, 관련 절차를 이해하면 증거를 적절히 다룰 수 있을 뿐만 아니라 획득한 증거에 대한 확신도 얻을 수 있다. 게다가 전문 용어를 이해하면 정확한 보고서를 준비할 수 있고 필요할 때 결과물에 대한 증언도 가능하다.

이해가 필요한 첫 번째 개념은 포렌식 이미징과 복사의 차이다. 의심되는 하드 드라이브나 어떤 매체에서 복사된 파일은 분석자에게 해당 파일과 관련된 실제 데이터를 제공한다. 반면 이미징은 전체 드라이브를 캡처하는 것이다. 전체 드라이브를 캡처하면 여유 공간, 할당되지 않은 공간과 같은 영역이 포함되고, 삭제된 파일에 대한 접근이 가능하다. 또한 이미징은 파일의 타임스탬프timestamp 등 볼륨의 메타데이터metadata를 관리한다. 이것은 특정 파일에 대한 접근 시점이나 삭제 시점의 판단을 위해 타임라인 분석을 행하는 경우 매우 중요하다.

흔히 복제cloning와 이미징imaging이라는 용어는 서로 대체돼 사용되기도 한다. 이것은 IT 분야에서 흔히 일어나는 용어의 오용이다. 드라이브를 복제하면 드라이브의 일대일 복사본이 만들어진다. 일반적으로 드라이브의 복제는 핵심 드라이브를 완벽하게 백업하고자 사용된다. 복제된 드라이브에는 필요한 모든 파일이 들어 있지만, 포렌식 도구로는 다루기가 힘들다. 따라서 파일을 이미징하는 것이다. 드라이브 이미지에는 필요한 모든 파일과 구성이 포함돼 있어서 포렌식 도구를 사용하는 동안에도 상세한 검사가 가능하다.

두 번째로 이해가 필요한 개념은 이미징이 가능한 볼륨의 유형이다. 볼륨은 물리적 볼륨 또는 논리적 볼륨으로 구분될 수 있다. 물리적 볼륨은 하드 드라이브 전체를 담고 있다고 할 수 있다. 여기에는 파티션과 마스터 부트 레코드master boot record가 포함된다. 분석자는 물리적 볼륨을 이미징할 때 이러한 데이터를 전부 캡처한다. 반면 논리적 볼륨은 전체 하드 드라이브의 일부다. 예를 들어 마스터 부트 레코드와 2개의 파티션으로 분할된 하드 드라이브에서 논리적 볼륨은 D: 드라이브가 된다. 따라서 분석자는 논리적 볼륨을 이미징할 때 해당 D: 드라이브에 들어 있는 데이터만 캡처한다.

다음의 그림은 물리적 볼륨 또는 논리적 볼륨을 이미징하는 과정에서 캡처한 데이터다.

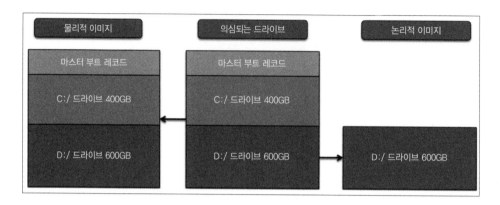

조사하는 사고의 유형에 따라서 수행되는 이미징의 유형도 크게 달라진다. 예를 들어 분석자가 D: 드라이브에서 실행되는 잠재적 악성 파일을 식별할 수 있으며 오직 해당 데이터만을 캡처하고자 한다면, 그 볼륨의 논리적 이미지만을 획득하는 것이 더 빠를 수 있다. 더욱이 FDE^Full Disk Encryption를 사용하는 경우라면 논리적 획득이 필요하다. 암호 키가 없다면 시스템 실행 중에 논리적으로 파일을 확보하는 것만이 방법이다. 논리적 이미징이 갖는 한 가지 치명적 단점은 할당되지 않은 데이터나 파일 시스템의 일부가 아닌 데이터를 캡처하지 않는다는 것이다. 삭제된 파일과 추적 증거는 논리적 이미지에 포함되지 않는다. 직원의 부정행위 등이 의심된다면 분석자는 가능한 한 많은 행위를 추적해야 할 것이므로 물리적 볼륨 전부에 대한 이미징을 수행하게 될 것이다. 여기서 시간은 중요치 않다.

4장, '네트워크 증거 수집'에서는 라이브 시스템 또는 전원이 켜져 있는 시스템으로부터 로그 파일 및 실행 중인 메모리와 같은 증거를 획득하는 것을 이야기했다. 이와 마찬가지로 사고 대응 분석자는 실행 중인 시스템에서 논리적 볼륨을 얻을 수 있다. 이 기술을 '라이브 이미징^live imaging'이라고 한다. 만일 잠재적으로 손상된 시스템이 오프라인으로 전환될 수 없고(이를 테면 고가용성 프로덕션 서버에서) 잠재적 증거가 논리적 볼륨 내에 있는 경우라면 라이브 이미징이 최상의 선택일 수 있다.

비활성 이미징은 시스템의 전원이 꺼지고 하드 드라이브가 제거된 상태에서 수행된다. 이런 유형의 이미징에서는 모든 볼륨과 마스터 부트 레코드를 포함한 전체 디스크를 캡처할 수 있다. 어떤 곳도 빠짐없이 점검하고 싶다면 원본 증거 전체 캡처가 필요할 수 있다.

마지막으로 포렌식 이미징에 대해서 알아야 할 것은 조사 중에 생성되고 활용이 가능한 이미지 파일의 유형이다. 이미지 파일은 종류가 다양하고 그중 일부는 매우 전문화돼 있지만, 이 책에서는 사고 발생 시 분석자들이 반드시 생성하고 처리할 가능성이 높다고 보여지는 가장 일반적인 두 가지 유형의 증거 파일에 초점을 둔다.

- **원시 이미지**raw image: 원시 이미지 파일에는 오직 이미지 볼륨의 데이터만 포함된다. FTK Imager와 같은 일부 이미징 도구 중에는 이미징 정보를 담은 별도의 파일이 있긴 하지만, 이 유형의 이미지에는 어떤 추가 데이터도 제공하지 않는다. 원시 이미지 출력은 .raw, .img 또는 .dd 확장자를 포함한다. 리눅스 dd 명령과 같은 일부 소프트웨어는 속도 및 포렌식 도구와의 호환성이 문제가 될 수 있는 경우 유연한 옵션을 제공한다.

- **EnCase 증거 파일**EnCase evidence file: EnCase 증거 파일 또는 E01 또는 EX01 파일은 1998년 EnCase 포렌식 도구의 일부로, OpenText가 개발한 고유의 파일 포맷이다. 이 포맷은 ASR Data의 전문가 증인 압축 포맷expert witness compression format에 들어 있는 **전문가 증인 포맷**EWF, Expert Witness Format을 기반으로 한다. E01 파일에는 이미지에 관한 메타데이터가 들어 있다. 헤더header와 푸터footer를 담고 있는 메타데이터는 드라이브 유형, 운영체제, 타임스탬프에 관한 정보를 저장하고 캡처한다. E01 파일이 갖는 또 다른 주요 특징은 **순환 중복 검사**CRC, Cyclic Redundancy Check를 포함한다는 것이다. CRC는 파일 무결성 검증으로서, 64KB의 데이터가 이미지 파일에 기록될 때마다 발생한다. 끝으로 E01 파일은 파일의 푸터 안에 MD5 해시를 담고 있다. 다음의 그림은 이미징 프로세스 중에 생성되는 E01 파일의 구성 요소를 보여 준다.

| File Header | 64 KB Data | CRC | 64 KB Data | CRC | 64 KB Data | CRC | 64 KB Data | CRC | MD5 |

E01 파일은 증거 무결성을 검증할 수 있는 기능을 압축과 같은 소프트웨어 기능을 결합하기 때문에 법 집행기관 및 소송 당사자가 선호하는 출력물이다. E01 파일은 다양한 포렌식 소프트웨어에서 작동한다.

여기서 제시된 정보는 이미징의 핵심 개념의 일부만을 대략적으로 보여 줬을 뿐이다. 따라서 이 책에서 모두 다룰 수 없는 포렌식 이미징에 관한 세부 사항이 수없이 존재한다. 포렌식 이미징에 대한 상세한 이해는 사고 대응 분석자로 하여금 정확한 보고서를 준비할 수 있도록 해주며, 그들의 조치가 분석의 토대가 되는 산출물을 어떻게 이끌어 냈는지 설명할 수 있게 한다.

이 책은 RAW 및 EnCase 증거 파일 형식에 초점을 두고 있지만, 대응자가 접할 수 있는 두 가지의 범용 파일 형식이 있다. 특히 다른 조직들과 협업하는 경우라면 더욱 그렇다.

- **AFF4**Advanced Forensic File Format : AFF4 이미지 파일 형식은 디지털 증거와 기타 데이터를 저장하고자 개발된 오픈소스 프로젝트다. Pmem 휘발성 메모리 수집 도구에서 주로 사용된다.
- **AD1**Access Data Evidence File : FTK 도구들이 있다면 AD1을 자신의 전용 증거 파일로 사용할 수 있다.

앞서 포렌식 이미징에 대한 개념 전반을 다루었으므로 이제부터 포렌식적으로 적절하게 이미지를 캡처하는 도구를 살펴본다.

이미징 도구

법원이나 법률 기관이 디지털 포렌식 이미징 도구들을 인증해 주는 것은 아니지만, 디스크 증거의 확보 시 모범 사례가 되는 방법들과 관련 도구들이 있다. 다음의 내용을 살펴보자.

- **FTK Imager**: FTK Imager는 Access Data가 무료로 제공하는 소프트웨어 응용 프로그램이다. 이 GUI 기반 응용 프로그램을 통해 논리적 볼륨 및 물리적 볼륨, 메모리 및 기타 보호된 파일을 포렌식적으로 적절하게 확보할 수 있으며, 이러한 이미지를 다양한 형식으로 출력할 수 있다. 게다가 FTK Imager Lite는 실행 중인 시스템에서 디지털 증거를 얻고자 이동식 미디어에서 실행할 수 있는 독립적 응용 프로그램이다(6장의 후반부에서 자세히 다룰 것이다).

- **EnCase Imager**: Guidance Software가 제공하는 EnCase Imager는 사고 대응자가 다양한 시스템에서 디지털 증거를 획득할 수 있도록 도와주는 또 다른 포렌식 응용 프로그램이다. FTK Imager와 마찬가지로 EnCase Imager는 실행 중인 시스템에서 증거를 획득하고자 외장 드라이브에서도 실행할 수 있다.

- **AFF4 Imager**: AFF4 Imager는 WinPmem 같은 도구의 기반이 되는 명령행 실행 파일이다. AFF4 Imager는 EnCase 또는 FTK Imager와 같이 논리적 디스크와 물리적 디스크의 이미지를 획득하는 데 사용할 수 있다. AFF4 Imager의 장점 중 하나는 생성 시간을 기준으로 파일을 카빙하고 볼륨을 분할하며, 압축으로 이미징 시간을 단축할 수 있다는 것이다.

- **dd**: 리눅스에서 오래전부터 존재했다. 파일과 볼륨을 복사하는 데 사용되는 리눅스 dd 명령은 경우에 따라 드라이브나 볼륨의 이미지를 만들 수 있다. 사고 대응자들은 증거를 수집하고자 리눅스 기반의 포렌식 플랫폼을 사용할 때 dd 명령을 사용할 가능성이 높다.

- **가상화 도구**: 가상화가 광범위하게 채택되면서 사고 대응자들은 적어도 증거의 일부분을 가상 시스템으로부터 확보해야 하는 경우가 많아졌다. 하지만 이는 분석을 위해 전체 시스템을 오프로드할 수 있는 장점이 있다. 가상화 소프트웨어에 따

라 시스템을 일시 정지하고 시스템을 포함하는 전체 디렉터리를 오프로드해 획득을 할 수 있다. 이는 여러 가상화 소프트웨어 플랫폼들의 스냅샷 기능을 활용해 할 수도 있다.

어떤 이미징 도구를 선택할 것인지는 조직의 특성과 여러분의 훈련 및 경험, 현재 사용 중인 기타 포렌식 도구에 따라 달라진다. 가령 조직에서 분석용 Forensic Tool Kit를 사용한다면 절차상 FTK Imager를 사용하는 것이 제일 좋다. 하지만 어떤 이미징 도구를 사용하건 간에 도구가 제대로 작동하는지, 사고 대응자가 적절한 사용 교육을 받았는지를 확인하는 것이 우선이다.

이미징 도구를 선택한 후 다음 단계는 다른 하드웨어의 준비 상태를 확인하는 것이다. 저장 매체의 대상이 올바르게 준비됐는지도 확인하는 것이 포함된다.

▌ 스테이지 드라이브 준비하기

포렌식 이미징을 수행할 하드웨어와 소프트웨어를 갖추는 것 외에도 이미지나 증거 파일의 보관 위치를 미리 준비해 두는 것도 매우 중요하다. 사고 대응팀이 증거 저장소로 이용할 최적의 장소는 외장형 USB 또는 FireWire 디스크 드라이브다. 포렌식 연구실의 지원을 받을 수 없는 외부의 다양한 장소에서 사고를 조사해야 하는 경우에 있어서 이 같은 저장소는 어느 정도 휴대가 가능하다.

증거 드라이브를 사용하기 전에 수행해야 할 두 가지 작업이 있다. 첫째는 저장소에 어떤 데이터도 남아 있지 않음을 확인하는 것이다. 사고 대응팀은 증거 드라이브의 사용 전, 이 드라이브를 와이핑wiping할 수 있는 정책과 절차를 갖고 있어야 한다. 여기에는 박스 안에 든 새 드라이브도 포함된다. 이는 대다수 제조업체가 사용 전 제거돼야 하는 백업 소프트웨어나 기타 데이터와 함께 드라이브를 출하하기 때문이다. 또한 와이핑은 이전에 사용된 적이 있는 드라이브도 다른 사고와 관련된 흔적 데이터가 없도록 한다. 이렇게 하면 적절히 와이핑된 드라이브에 수집된 증거가 관련 없는 데이터로 오염되지 않았다는 것을 보장한다.

이것은 와이핑 프로그램을 통해 손쉽게 수행할 수 있다. 이용해 볼 만한 무료 또는 유료의 와이핑 프로그램들이 많이 있다. 예를 들어 Heidi Computers의 Eraser는 파일과 볼륨 와이핑 모두에 사용할 수 있는 프리웨어 와이핑 유틸리티다(https://eraser.heidi.ie/에서 다운로드할 수 있다).

다음의 예시에서는 2TB 외장형 하드 드라이브를 지운 후 증거 드라이브로 사용될 수 있도록 준비해 볼 것이다. 다음 순서들을 매번 반복함으로써 드라이브가 사고 조사에 사용될 수 있는 상태가 되도록 만든다.

1. Eraser 응용 프로그램을 시작한다. GUI에서 **Erase Schedule**을 클릭한 후 **New Task**를 클릭한다.

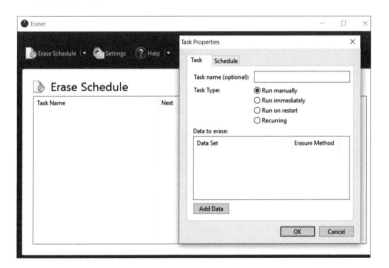

2. 이제 작업명^{task name}을 지정할 수 있다. 이 작업은 증거 드라이브의 소거^{erasure}를 문서화하고자 할 때 도움이 된다. **Add Data** 버튼을 클릭하면 다른 창이 열린다.

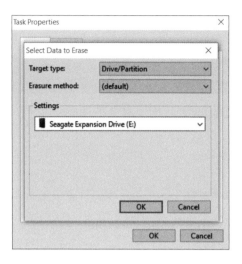

3. Target type으로 Drive/Partition을 선택한다. Settings 영역에는 파티션partitions과 드라이브 문자drive letters의 드롭다운drop-down 목록이 있다. 여러 드라이브에 지정된 드라이브 문자에 세심한 주의를 기울이고, 와이핑이 요청되는 외장형 드라이브를 선택했는지 확인한다. 여기에서는 새로운 Seagate 외장형 HDD가 사용됐다. 마지막으로 Erasure method를 선택한다. 여기에서는 US DoD 5220.22-M(8-306./E)(3 Pass) 와이핑 옵션이 선택됐다.

4. OK를 클릭하면 Erase Schedule에 와이핑 작업이 나열된다.

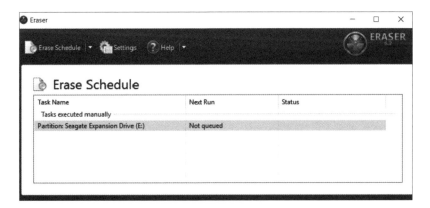

5. Partition：Seagate Expansion Drive(E:)를 마우스 오른쪽 버튼으로 클릭하고 Run Now를 클릭한다. 이제 와이핑 과정이 시작된다. 위에서 이야기했듯이 올바른 증거 드라이브가 와이핑되고 있는지 확인한다.

드라이브의 크기 그리고 소거erasure를 수행하는 시스템의 크기에 따라 이 절차는 몇 시간, 심지어 며칠 동안 지속될 수 있다. 일단 완료되면 사고 대응 분석자는 증거 드라이브가 제대로 지워졌는지를 확인하는 와이핑 정보를 캡처해야 한다. 이것은 서면 포렌식 분석 보고서에 포함될 중요한 정보로서, 증거 파일에 손상은 없는지 또는 증거 파일이 증거 드라이브상의 다른 파일과 공동으로 관리됐는지에 대한 사고 대응 분석자의 적절한 조치가 있었는지를 입증한다.

사고 대응 분석자는 여러 개의 드라이브를 사용할 수 있으며, 이러한 드라이브는 사고가 발생하기 전에 미리 지워져 있을 것이 권장된다. 그러면 현장에서 드라이브를 와이핑하지 않고도 미리 와이핑된 드라이브를 즉시 활용할 수 있으므로 사고 대응 분석자가 사고 관련 조치에 더 집중할 수 있게 된다.

증거 드라이브를 사용하기 전에 수행해야 할 두 번째 단계는 증거 드라이브를 암호화하는 것이다. VeraCrypt 또는 기타 디스크 암호화 플랫폼 등의 소프트웨어를 사용하면 증거 파일을 포함한 증거 드라이브의 파티션을 암호화할 수 있다. 신용카드 기록이나 의료 기록과 같은 기밀 정보를 다루는 사고 대응 분석자는 이 정보가 기관 외부로 반출되는지 여부에 상관없이 증거 드라이브를 암호화해야 한다.

증거 드라이브를 암호화하는 데에는 두 가지 방법이 활용된다. 첫째, 이미징 절차에서 이용되는 포렌식 워크스테이션의 암호화 소프트웨어를 활용하는 방법이다. 이 접근 방식은 시스템에서 제거된 드라이브를 이미징하거나 암호화 소프트웨어가 설치된 전용 시스템에서 이미징하는 것으로 제한된다. 둘째, 증거 드라이브에 암호화 소프트웨어를 포함시키는 것이다. 앞서 살펴본 장에서 증거 드라이브는 2개의 파티션으로 나뉘었다. 한 파티션은 증거 파일용으로 따로 설정되고, 두 번째 파티션은 메모리 파일 덤프 또는 이미징에 사용되는 도구에 사용된다. 이 시나리오에서는 암호화 소프트웨어를 도구 파티션에 로드할 수 있으며, 증거 이미징 절차 중에 드라이브를 암호화할 수 있다. 이는 조사 중인 시스템의 변경 횟수를 제한한다.

드라이브가 준비되면 이미징 절차 중에 용의자 시스템이 변경되지 않도록 다른 보호 계층이 필요하다. 변경 사항이 발생하지 않도록 하려면 사고 대응자가 익숙하고 쓰기 방지장치를 사용하는 방법을 잘 알고 있어야 한다.

▌ 쓰기 방지 장치의 사용

디지털 포렌식의 지향점은 디지털 증거를 처리하고 조사하는 동안 디지털 증거에 대한 어떠한 변경 사항도 발생하지 않도록 보장하는 것이다. 아무리 사소한 변경일지라도 사고 조사 전체를 문제 삼을 가능성이 있다. 조사 과정에서 증거가 훼손되지 않았다는 점을 책임자가 명확히 밝히지 못한다면 소송 과정에서 증거가 배제될 가능성이 농후하다. 결국 쓰기 방지 장치write blocker가 어떻게 디지털 증거의 무결성을 유지하는지 이해해야 한다.

쓰기 방지 장치에는 두 가지 유형이 있다. 하나는 소프트웨어 쓰기 방지 장치다. 이 소프트웨어는 운영체제와 해당 증거 사이에 놓여 있다. 이런 도구들은 대부분 조사 단계에서 사용되는 디지털 포렌식 도구의 일부다. 이 도구들은 증거 파일에 대한 읽기 전용 액세스 권한이 있는지, 조사 중에 증거에 대한 변경 사항은 없는지 확인한다. 예를 들어 6장에서 광범위하게 쓰이고 있는 FTK Imager 도구는 디스크에 기록을 남기지 않고 디지털 증거를 획득한다.

또 다른 유형은 물리적 쓰기 방지 장치 또는 하드웨어 쓰기 방지 장치다. 이름에서도 알 수 있듯이 이 하드웨어는 증거 드라이브와 증거 획득을 수행하는 시스템 사이에 놓인 실제 하드웨어다. 데이터는 증거 디스크에서 분석 시스템으로 전달될 수 있지만 반대로 전달되지는 않는다. 사고 대응자는 이 장치를 사용해 획득 단계에서 변경된 증거가 없음을 명확히 입증할 수 있다.

수행 중인 증거 수집의 유형에 따라 사용되는 쓰기 방지 장치의 종류도 달라지게 된다. 증거 변경이 없음을 확인하는 모든 합리적인 예방 조치가 취해졌다는 사실을 명백히 입증하는 도구와 기법을 선택하는 것이야말로 이상적일 것이다. 이에 따라서 증거가 소송 절차에서 배척될 위험은 크게 줄고, 책임자는 사고의 근본 원인을 판단하는 동안 해당 증거에 의존할 수 있다.

적절한 스테이지 드라이브 및 쓰기 방지 장치를 갖춘 사고 대응자는 이제 증거 드라이브를 이동하고 이미징할 수 있다.

▌ 이미징 기법

일단 이미지 파일을 위한 적절한 저장소가 구성되면 사고 대응 분석자가 필요한 증거를 얻기 위한 준비가 된 것이다. 사고 대응자는 전원이 켜져 있거나 아예 꺼져 버린 의심스러운 시스템을 맞닥뜨릴 것이다. 대응자들은 의심되는 시스템의 발견 당시 상태에 따라서 다음의 기법들 중 하나를 선택하게 될 것이다. 그러나 어떤 기술을 활용하든 상관없이 사고 대응자들은 모든 경우에 있어서 그들이 취한 조치들을 후속 포렌식 보고서용으로 적절히 문서화할 준비가 돼 있어야 한다.

데드 이미징

데드 이미징[dead imaging][1]은 전원이 꺼진 매체 그리고 손상 가능성이 있어 보이는 하드 드라이브에서 수행된다. 증거의 준비 측면에서 볼 때 데드 이미징은 가장 종합적인 방법으로서 물리적 볼륨을 완벽하게 보존하고 분석할 수 있다. 유료 및 프리웨어로 이용 가능한 이미징 도구들이 있다. 사고 대응 분석자는 소프트웨어 이외에도 종종 하드웨어 쓰기 방지 장치를 사용하게 된다. 이러한 장치들은 손상이 의심되는 미디어에서는 어떠한 변경도 일어나지 않도록 보장한다. 1장, '사고 대응의 이해'에서 논의한 바와 같이 법정에서는 원본 증거에 어떠한 변경도 일어나지 않았다는 사실을 입증하는 것이 매우 중요하다.

이렇게 하드 드라이브나 기타 디지털 매체를 이미징하는 경우에는 절차를 미리 정의하고 반복할 수 있다는 이점이 있다. 사전에 정의된 절차가 사고 대응 계획 및 해당 절차로서 공식화된다면 증거는 다음과 같이 포렌식적으로 적절한 방법으로 처리된다.

데드 이미징에서 매우 유용하게 쓰이는 도구 중 하나는 바로 FTK Imager다. Access Data가 제공하는 이 도구는 디스크 이미지를 확보하기 위한 플랫폼으로써 포렌식적으로 적절하다.

---

1 비활성 상태 시스템의 이미징을 의미한다. - 옮긴이

FTK Imager로 이미징하기

다음에 설명할 절차는 하드 드라이브와 FTK Imager를 활용해 포렌식으로 적절한 이미지를 생성한다. 이러한 단계들을 서두르거나 빠뜨리면 증거의 무결성을 보장할 수 없는 상황이 발생하므로 잠재적 증거를 신뢰할 수 없게 된다.

1. 첫 번째 단계는 증거를 물리적으로 조사하는 것이다. 초점을 둬야 할 두 가지 주요한 조사 포인트가 있다. 하나는 관리 연속성 양식이다. 사고 대응 분석자는 증거의 관리 연속성 양식을 언제든 취할 수 있으므로 해당 양식에 접근해 모든 단계에서 올바른 문서화가 있었는지 확인하고, 해당 항목에 정보를 기입해야 한다.

2. 그런 다음 증거물 포장 상태를 검사해 모든 봉인에 무결성이 유지됐는지 확인한다. 증거물의 처음 포장 상태 그대로 사진을 찍어 두면 빠르게 문서화할 수 있다.

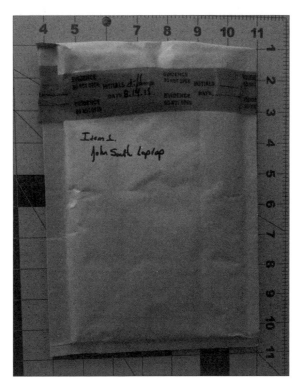

3. 증거물에 관한 모든 정보를 사진으로 남겨 둠으로써 이미징을 하기 이전, 증거의 무결성이 유지됐다는 사실을 입증했다. 봉인을 뜯은 후에도 내용물에 대한 사진을 한 장 더 찍는다.

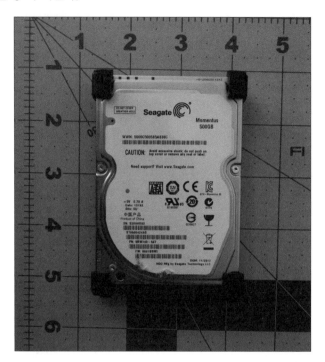

4. 증거 사진을 찍었다면 해당 증거가 관리 연속성 양식과 일치하는지 확인한다. 오류는 언제든 생길 수 있으므로 이와 같은 확인 조치는 가능한 한 조기에 관리 연속성 양식의 오류를 시정할 수 있도록 해준다. 관리 연속성 양식을 확인함으로써 혼동을 바로잡을 수 있다. 그다음 단계는 물리적 쓰기 방지 장치를 구성하는 것이다. Tableau TK35u USB 3.0 Forensic IDE/SATA Bridge 키트가 물리적 쓰기 방지 장치로 사용된다. 의심되는 드라이브는 포함된 SATA 드라이브 어댑터를 통해 연결되며, Firewire는 이미징 랩톱에 연결된다. 물리적 쓰기 방지 장치를 사용할 때는 장치가 올바르게 작동하는지 확인해야 한다.

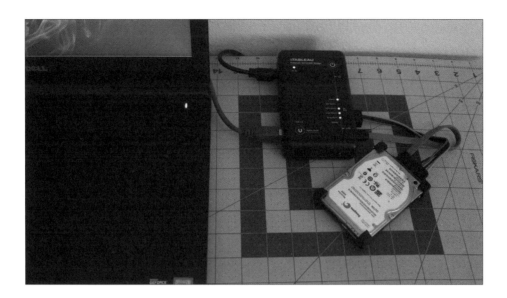

5. 물리적 쓰기 방지 장치를 준비했다면 이제 의심되는 드라이브를 이미징할 준비가 됐다. 이 예에서는 프리웨어 응용 프로그램인 FTK Imager가 사용된다. FTK Imager의 실행을 위해서는 관리자 권한이 필요하다. 실행 파일을 열면 다음과 같은 화면이 나타난다.

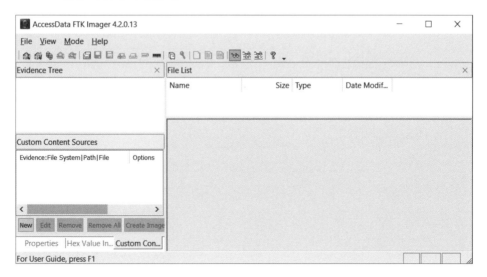

6. File을 클릭해서 열어 **Create Disk Image**를 클릭한다. 미디어 소스를 선택할 수 있는 창이 열릴 것이다. 이때 **Physical Drive**를 선택하면 추가 분석을 위한 마스터 부트 레코드를 포함한 전체 드라이브가 캡처된다. 이제 **Next**를 클릭한다.

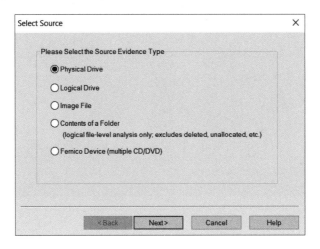

7. 다음 창에서는 어떤 드라이브를 이미징할지 선택할 수 있다. 운영체제에서 보이는 모든 장치가 나열될 것이므로 사고 대응 분석자는 올바른 장치가 이미징되고 있는지 세심한 주의를 기울여야 한다. 여기서 의심스러운 드라이브와 이미지 드라이브를 구별하려면 드라이브의 저장 공간을 잘 살펴야 한다. 다음에는 4개의 개별 드라이브가 나열돼 있다. 2개는 이미징 랩톱에 포함된 드라이브이며, 다른 드라이브는 이미지를 저장할 드라이브destination drive다. 여기에서 세 번째 드라이브(\\.\PHYSICALDRIVE2)는 이미징 대상 드라이브suspect drive다. 이 항목을 선택하고 **Finish**를 클릭한다.

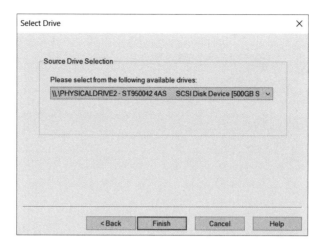

8. suspect drive가 선택되면 destination drive를 설정한다. ADD...를 클릭한다.

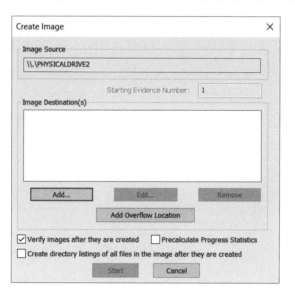

9. 이제 생성하고자 하는 이미지 파일의 유형을 선택한다. 선택할 수 있는 네 가지 옵션이 있다. 여기에서는 E01 파일을 선택한다. Next를 클릭한다.

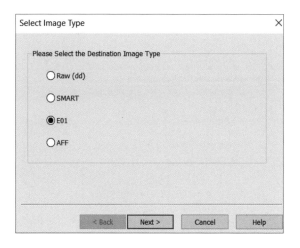

10. 다음 창에서는 이미지에 대한 정보를 구체적으로 입력한다. 보고서에 대한 것은 11장, '사고 보고서 작성'에서 다루게 된다. 이제부터 분석자는 가능한 한 매우 상세하게 필드를 완성함으로써 이 정보가 포렌식 보고서에 포함되도록 해야 한다. 필드에 입력이 완료되면 Next를 클릭한다.

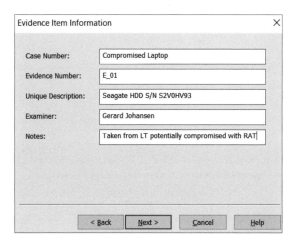

11. 다음 창에서는 이미지가 저장될 폴더와 파일 이름이 올바른지 확인한다. 또한 이미지 분할 크기image fragmentation size 및 압축compression을 설정할 수 있다. 전체 디스크 이미지가 단일 파일에 포함되는 경우에는 분할 크기를 0으로 설정할 수 있다.

지금으로서는 분할된 디스크 이미지를 마운트할 때 문제가 없으므로 기본값을 사용한다. 입력된 정보가 올바른 것으로 확인되면 Finish를 클릭한다.

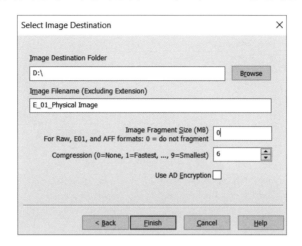

12. 이제 Create Image 창이 열릴 것이다. 이 창은 분석자가 이미지 파일 생성을 취소할 수 있는 마지막 단계다. 활용 사례에 따라서 분석자가 취할 수 있는 두 가지 옵션이 있다. 첫 번째 옵션은 FTK Imager가 이미지를 만든 후 이미지를 확인하도록 하는 것과 관련이 있다. 이 기능에서 FTK Imager는 변경 내용이 없는지 그리고 이미지 파일이 오류 없이 완료됐는지 확인하게 된다. 두 번째 옵션은 FTK Imager가 모든 이미지 파일 목록을 만들 수 있다는 것이다. 특정 파일들이 증거 가치를 갖는 경우라면 이 옵션이 분석자에게 유용하다. 분석자는 파일이 이 시스템상에 있는지 여부를 확인할 수 있을 것이다. 여러 드라이브를 검사해야 하는 경우라면 시간을 절약할 수도 있다. 모든 설정이 확인됐으면 Start를 클릭한다.

13. FTK Imager가 드라이브 이미징 절차를 시작한다. 이미징되는 드라이브의 크기와 이미징 시스템의 처리 속도, 이미징 시스템의 연결 타입(FireWire, USB 등)에 따라 몇 시간 또는 며칠이 소요될 수 있다. 진행하는 동안 다음과 같은 창이 나타난다.

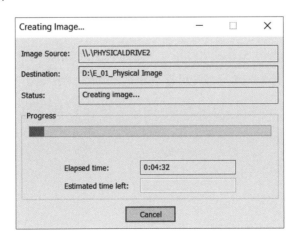

14. FTK Imager가 이미징 절차를 완료하면 창이 하나 열린다. 이 창에서 FTK Imager 는 사고 대응 분석자에게 자세한 정보를 제공한다. 분석자가 주목해야 할 것은 드라이브와 이미지 모두에 대해 계산한 해시 값이다. 여기에서는 MD5 해시와 SHA1 해시가 모두 일치하는데 이것은 이미징 프로세스가 드라이브를 제대로 캡 처했으며 분석 대상 드라이브에서 가져온 증거에는 변경이 없음을 나타낸다. 이 정보를 포렌식 보고서에 포함시키는 것이 좋다.

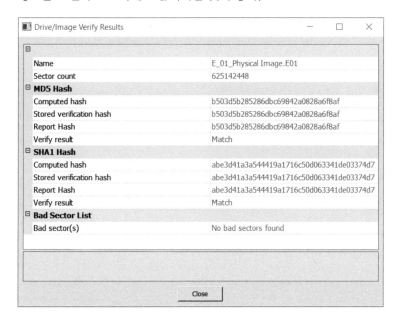

증거 드라이브로 이동한다. 이 드라이브 위치에서 전체 이미지를 찾을 수 있다. 이미지 단 편의 크기에 대해서 FTK를 구성한 방식에 따라서 여러 개의 증거 파일 혹은 단일한 증거 파일이 있을 수 있다. 증거 파일 외에도 FTK Imager는 하드 드라이브에 있는 모든 파일 의 전체 목록을 제공한다.

마지막으로 FTK Imager는 이미징 절차에 관한 자세한 정보가 담긴 텍스트 파일을 제공 한다. 이 정보를 수집해 후속 포렌식 보고서에 포함시켜야 한다. 이 시점에는 이미징 절차 가 완료됐으므로 증거 드라이브를 보안 저장소에 반환한다.

데드 이미징은 포렌식적으로 가장 적합하게 증거를 획득할 수 있는 방법이지만, 사고 대응자가 전원이 켜진 시스템을 이미징해야 하는 경우가 있다. 이를 위해서는 사고 대응자가 용의자 시스템의 라이브 이미징을 수행해야 한다.

라이브 이미징

실행 중인 시스템에서 FTK Imager를 사용한 논리적 이미지의 캡처도 거의 같은 방식으로 이뤄진다. 가장 큰 차이점이라면 라이브 이미징에서는 FTK Imager가 시스템에 연결된 USB 장치에서 실행된다는 것이다. 따라서 사고 대응 분석자는 시스템을 변경하지 않고도 드라이브를 이미징할 수 있다. 특정 파일과 레지스트리의 설정이 업데이트되는 동안 이러한 방식의 이미징은 설치 시 시스템을 손상시킬 수도 있는 FTK Imager와 같은 방식으로 이미지 파일을 변경하지는 않는다.

준비의 측면에서 분석자는 별도의 도구 및 증거 파티션이 이미 구성돼 있는 USB 드라이브를 마련해 둬야 한다. 앞서 설명한 것처럼 증거 파티션은 사용 전에 미리 와이핑돼야 한다. 또한 완전한 기능을 갖춘 FTK Imager라도 USB 드라이브에서 실행 시 DLL 파일이 올바른 위치에 있지 않으므로 종종 문제가 생기기도 한다. 이 때문에 AccessData는 FTK Imager Lite라 불리는 라이트 버전을 제공한다. 이 버전은 http://marketing.accessdata.com/ftkimagerlite3.1.1에서 다운로드할 수 있다.

드라이브를 이미징하려면 USB를 대상 컴퓨터에 연결하고 FTK Imager Lite를 시작하면 된다. 이전에 설명한 것과 동일한 절차를 따른다. 이미지는 동일한 방식으로 생성된다. 라이브 이미징은 전체 디스크를 이미징했던 이전의 예시와 달리, 드라이브 파티션에 직접 초점을 맞출 수 있다. 예를 들어 다음의 경우 사고 대응 분석자는 오로지 대상 시스템의 C: 드라이브 캡처에만 관심이 있다. **Source Drive Selection**이 만들어지면 분석자는 C:\ - [NTFS]를 선택한다.

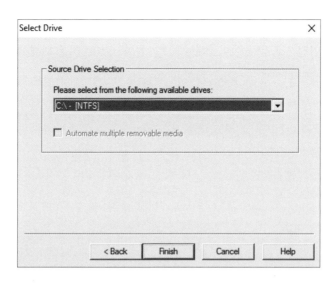

나머지 단계는 데드 이미징의 경우와 동일한데, 즉 라이브 이미지 분석자는 증거 파일을 위해 이전에 구성해 뒀던 대상 드라이브를 선택하게 된다. 이미징 절차가 완료되면 앞선 데드 이미징 절차에서 제공됐던 것과 동일한 정보가 주어진다.

원격 메모리 획득

메모리 획득을 위해 선호되는 방법은 의심스러운 시스템과 직접 접촉하는 것이다. 이는 도구나 기술이 작동하지 않는 경우에 사고 대응 분석자가 적응성을 확보할 수 있는 방법이다. 또한 이 방법은 안정적인 네트워크 연결에 의존하지 않기 때문에 필요한 파일을 더 빨리 확보할 수 있다. 이것이 선호되는 방법이긴 하지만, 사고 대응 분석자가 증거가 있는 곳까지 비행기를 타고 가야 할 정도로 규모가 큰 조직의 경우라면 지리적 제약이 있을 수 있다.

원격 획득의 경우 사고 대응 분석자는 로컬 확보 시 활용되는 것과 동일한 도구를 사용할 수 있다. 한 가지 차이점이라면 사고 대응 분석자가 원격 기술을 활용해 의심되는 시스템에 접근하고 캡처를 수행해야 한다는 점이다. 다음 절에서는 두 가지 옵션을 설명한다. 첫 번째는 오픈소스 도구인 WinPmem과 상용 옵션인 F-Response다. 활용되는 방법을 문서화해야 하는 것과 마찬가지로 사고 대응 분석자는 원격 기술의 사용을 문서화해야 한다. 이것은 차후에 합법적인 연결과 의심되는 연결을 적절히 식별할 수 있게 한다.

WinPmem

WinPmem은 원격 데스크톱 또는 PsExec와 같은 기본 응용 프로그램을 통해 원격 시스템에 배포될 수 있다. 원격 시스템에 설치가 완료되면 NetCat을 활용해 WinPmem의 출력을 다른 시스템으로 송신할 수 있다. 예를 들어 사고 대응 분석자가 192.168.0.56에 위치한 시스템을 사용하고 있다고 가정하자. 분석자가 PsExec 또는 RDS를 통해 침해된 호스트에 접근할 수 있는 경우 다음과 같은 명령을 활용해 시스템에 NetCat 연결을 설정할 수 있다.

```
C:/winpmem-2.1.exe - | nc 192.168.0.56 4455
```

위의 명령은 시스템이 캡처를 수행하고 4455 포트에서 사고 대응 분석자 워크스테이션으로 NetCat을 통해 출력을 전송하도록 지시한다. 이 기법의 문제점은 명령 프롬프트에 접근해야 하고, NetCat 및 WinPmem을 모두 설치해야 한다는 점이다. 사고 대응 분석자가 이미 침해가 의심되는 시스템을 다루는 경우에는 이 방법이 바람직하지 않을 수 있다.

F-Response

사고 대응 분석자가 이용할 수 있는 또 다른 방법은 F-Response라는 도구를 사용하는 것이다. F-Response는 사고 대응 분석자가 네트워크를 통해 원격으로 증거 획득을 수행하도록 하는 소프트웨어 플랫폼이다. F-Response를 활용하면 SSH 또는 RDS를 통해 원격 시스템에 직접 접근할 필요가 없다는 이점이 있다. F-Response의 또 다른 주요 특징으로는 사고 대응 분석자가 선호하는 도구를 활용해 획득 작업을 수행할 수 있도록 함과 동시에 연결을 설정하도록 설계된 점을 들 수 있다. https://www.f-response.com/buyfresponse/software에서 F-Response를 이용할 수 있다.

다음 예시에서 F-Response는 침해가 의심되는 시스템을 네트워크에 연결하는 데 활용되며, 이러한 네트워크에서는 사고 대응 분석자가 FTK Imager를 활용해 침해가 의심되는 시스템의 메모리를 확보할 수 있다. 이러한 상황에서 따라야 할 단계들을 살펴보자.

1. F-Response Enterprise를 설치한 후 Scan 메뉴로 이동해 Custom Scan을 클릭한다. 여기서 사고 대응 분석자는 의심되는 시스템 IP 주소를 입력할 수 있다. 이 예시에서는 F-Response를 활용해 IP 주소가 192.168.0.24인 로컬 네트워크의 시스템으로부터 메모리를 캡처할 것이다

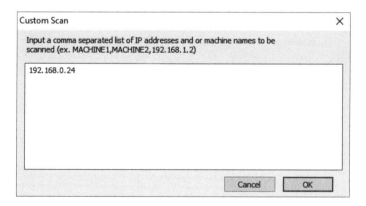

2. 대상 IP 주소를 입력한 후 **OK**를 클릭한다. 이 시점에 F−Response가 대상 시스템에 대한 연결을 시도한다. F−Response가 대상 시스템에 연결할 수 있는 경우 아이콘이 상단 창에 표시된다. 이 경우에 윈도우 로고가 시스템에 함께 표시된다. 하단 창에서 대상 시스템은 F−Response가 설치되지 않았음을 표시한다.

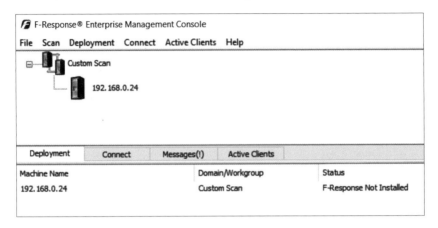

3. F−Response가 필수 증거를 획득하려면 마우스 오른쪽 버튼으로 시스템을 클릭한 후 **Install/Start F−Response**를 선택해 에이전트를 설치해야 한다.

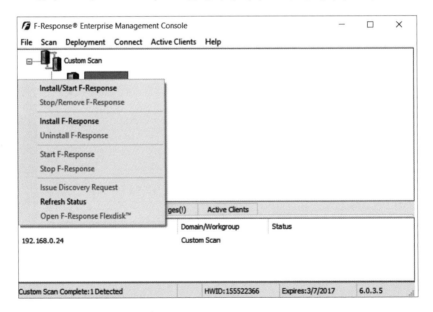

4. F-Response가 원격 시스템에 설치 완료되면 2개의 지표가 나타난다. 첫째, 녹색 F-Response 아이콘이 상단 창의 시스템 아이콘에 표시된다. 하단 창에는 시스템의 사용 가능한 대상 목록이 표시된다.

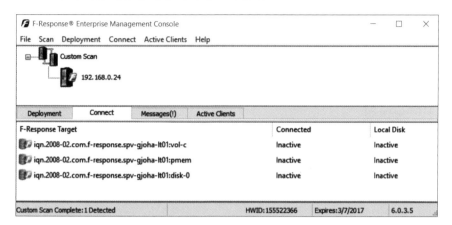

위의 스크린샷에서 F-Response는 대상 시스템에 disk-0으로 끝나는 물리적 드라이브와 vol-c로 끝나는 논리 드라이브가 모두 있음을 나타낸다. 이러한 드라이브 외에 pmem으로 끝나는 메모리 타깃target도 있다. 이 예시에서는 메모리를 대상으로 삼는다.

5. 메모리를 확보하려면 먼저 타깃을 마운트하도록 F-Response를 구성해야 한다. 마우스 오른쪽 버튼으로 타깃을 클릭한 후 **Login to F-Response Disk**를 선택한다.

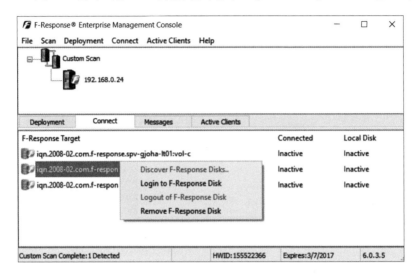

6. F-Response가 로그인되면 아래쪽 창에 활성화된 디스크가 표시된다.

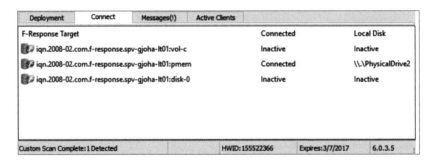

메모리 타깃이 활성화됐으며 이제 로컬 디스크 아래 \\.\PhysicalDrive2로 표시된 물리적 드라이브로 마운트될 수 있다. 이로써 메모리는 여러 가지 도구를 활용해 확보될 수 있다. 이 예시에서는 메모리를 RAW 파일로 획득하고자 FTK Imager가 활용될 것이다.

7. FTK Imager를 열고 **File**로 이동해 **Create Disk Image**를 선택한다(Capture Memory
   를 선택하면 FTK Imager 실행 시스템에서 메모리를 캡처할 수 있으므로 이를 시도하지 않
   도록 주의해야 한다). 이제 새로운 창이 열린다. **Physical Drive**를 원본 증거 유형으
   로 선택한다.

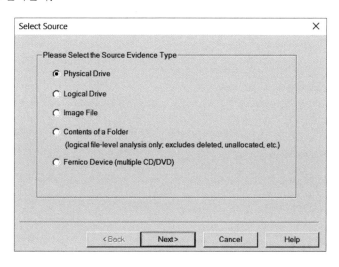

8. **Next**를 클릭한다. 이미징을 위해 드라이브를 선택할 수 있는 창이 열린다. 드롭
   다운 메뉴에서 F-Response가 표시하는 드라이브(이 경우에는 \.\PHYSICALDRIVE2)
   를 찾는다.

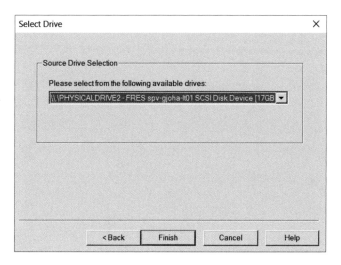

나머지 과정은 Dead Box 포렌식 때와 완전히 동일하다. 이전 스크린샷에서 보았던 것처럼 F-Response 도구는 FTK Imager가 원격 드라이브를 이미징 소스로 인식할 수 있는 메커니즘을 제공한다. FTK의 경우 드라이브가 로컬인지 원격인지 여부는 중요하지 않으며, 이미징을 인식하는지 여부만이 관심 대상이다. 다른 이미징 방법과 마찬가지로 이 절차가 완료되면 FTK Imager는 다음과 같은 데이터를 제공하며 이 모든 데이터는 포렌식 보고서에 포함돼야 한다.

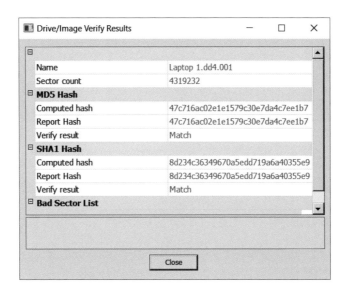

다음으로 가상머신에 대해 살펴보자.

가상머신

사고 대응자들은 종종 조사 과정에서 가상 서버 및 가상 워크스테이션과 맞닥뜨리게 된다. 일시 정지된 가상머신을 이동식 드라이브로 내보내면 가상화 시스템을 획득할 수 있다. 어떤 경우에는 사고 대응자가 가상 시스템의 스냅샷 기능을 사용할 수 있다. 이렇게 하면 스냅샷이 생성된 날짜와 시간별로 분석될 수 있는 별도의 파일이 생성된다. 두 가지 경우 모두 사고 대응자는 드라이브가 제대로 검사됐는지, 문서가 적절하게 만들어졌는지 확인해야 한다.

가상머신을 획득하려면 시스템을 일시 중지한 다음 전체 디렉터리를 외부 미디어로 이동하면 된다(경우에 따라 원격으로 수행할 수도 있다). VMware와 같은 윈도우 가상 플랫폼에는 가상 이미지를 구성하는 여러 파일이 있다.

- **.vmdk**: 이것은 가상 디스크 이미지 파일이다. 이것은 가상 운영 시스템과 파일이 들어 있는 논리적 볼륨이다. 이 파일을 얻는 것은 물리적 시스템의 C 드라이브를 이미징하는 것과 같다.
- **.vmem**: .vmem 파일은 가상 메모리 파일이다. 이것은 가상 RAM 또는 물리적 메모리의 저장 영역이다. 이 파일은 8장 '시스템 메모리 분석'에서 설명될 방법을 통해 분석될 추가 파일과 함께 내보내거나 결합될 수 있다.
- **.vmss**: VMware 일시 정지 상태 파일은 일시 정지된 가상머신의 실행 중인 구성을 저장한다. 여기에는 프로세스 및 네트워크 연결 데이터가 포함된다. 이 파일은 .vmem 파일과 결합해 시스템 메모리를 제공한다.
- **.vmsn**: 가상 스냅샷 상태 파일이다. 이 파일에는 스냅샷이 생성됐을 때의 시스템 상태가 들어 있다.

사고 대응자는 이러한 파일을 여러 가지 방법으로 사용할 수 있다. 첫째, .vmdk 파일은 다양한 디지털 포렌식 소프트웨어 플랫폼에서 이미지 파일과 동일한 방식으로 마운트할 수 있다. 이러한 내용은 9장, '시스템 스토리지 분석'에서 설명한다. 둘째, .vmsn 파일은 단순히 파일을 복사하거나 팩스를 사용해 시스템을 재구성하는 데 사용될 수 있다. 여기서 사고 대응자는 원본 .vmsn 파일에 영향을 주지 않고 시스템의 동작을 관찰하거나 증거를 추출할 수 있다.

마지막으로, .vmem 및 .vmss 파일을 통해 캡처된 실행 중인 메모리는 다른 메모리 캡처를 분석하는 것과 거의 동일한 방법으로 분석할 수 있다. 적절한 포렌식 데이터를 얻으려면

2개의 파일을 결합해야 한다. 이러한 작업은 VMware 제품군의 일부로 포함된 vms2core. exe 도구를 활용해 수행할 수 있다. 이러한 파일을 결합하려면 다음 명령 구문을 사용한다.

```
C:\VirtualTools\vmss2core.exe -W "InfectedServer.vmss" "InfectedServer.vmem"
```

위의 명령은 2개의 파일을 포함하는 디렉터리에 메모리 덤프를 생성한다.

가상화는 규모가 큰 기업에서는 흔히 볼 수 있는 일이지만, 그렇다고 해서 큰 문제가 돼서는 안 된다. 시스템을 일시 중지하고 필요한 모든 파일을 추출하는 기능이 어떤 면에서는 필요한 증거를 더 빨리 추출하도록 만든다.

지금까지는 윈도우 이미징 도구를 중심으로 살펴봤다. 그 밖에 사고 대응자는 리눅스 이미징 도구도 활용할 수 있다. 리눅스에도 쓰기 방지 장치 및 이미징 기능을 제공하는 다양한 오픈소스 도구가 있다.

리눅스 이미징

3장, '디지털 포렌식 기본 원리'에서는 사고 대응 분석자가 활용할 수 있는 다양한 포렌식 도구를 개괄적으로 설명했다. 이러한 도구 중에는 사고 중에 활용이 가능한 리눅스 배포판도 있다. 다음의 예에서는 포렌식 응용 프로그램이 포함된 리눅스 배포판을 이용해 잠재적으로 침해 가능성이 있는 컴퓨터에서 포렌식적으로 적절한 이미지를 캡처하는 방법을 볼 수 있다.

리눅스 배포판과 부팅이 가능한 USB 장치의 결합은 침해 가능성이 있는 시스템에 대해 포렌식 이미징을 수행하기 위한 옵션이다. 사고 대응 분석자는 여러 개의 시스템이 이미징될 필요가 있음에도 단지 하나의 쓰기 방지 장치만을 사용할 수밖에 없는 상황에 처할 수 있다. 시스템의 각 이미지를 순차적으로 이미징해야 하는 경우에는 많은 시간이 소비된다. 이 경우 분석자는 각 시스템마다 부팅 가능한 USB 드라이브를 생성하고, 각 시스템을 동시에 이미징함으로써 이러한 상황을 피할 수 있다. 각 증거 원본에 사용할 수 있는 증거 드라이브와 부팅이 가능한 USB 드라이브만 있으면 된다. 이와 같은 기술의 활용은 각 시스템을 동시에 이미징하도록 하기 때문에 분석자는 시간을 절약해 다른 활동에 더 많은 에너지를 투여할 수 있다.

이 시나리오에서는 **컴퓨터 지원 조사 환경 라이브**CAINE, Computer Aided INvestigative Environment Live 리눅스 배포판이 침해 가능성이 있는 시스템에서 하드 드라이브를 이미지화하는 데 사용된다. 우선 시스템의 전원이 꺼지고 CAINE 운영체제가 들어 있는 부팅 가능한 USB 장치가 설치된다. 다음으로 침해가 의심되는 시스템의 전원이 켜진다. 사고 대응 분석자는 시스템의 부팅 순서를 변경해 USB 장치로 부팅되도록 하는 방법을 알고 있어야 한다. 또한 USB 장치가 아닌 원본의 운영체제로 부팅을 시도하는 경우라면 즉시 시스템의 전원을 끌 준비가 돼 있어야 한다. 이제 시작해 보자.

1. 의심되는 시스템을 종료했다가 다시 켠다. 장치가 부팅되면 사용 가능한 다른 USB 인터페이스에 증거 드라이브를 삽입한다.

 만일 증거 드라이브에 부팅 가능한 운영체제가 없다면, 부팅 시퀀스가 해당 드라이브에서 유효한 운영체제를 찾으려고 시도할 수 있으므로 문제가 발생할 수 있다. 따라서 사용되는 리눅스 운영체제가 부팅될 때까지 기다려야 한다.

2. 증거 드라이브를 삽입한 후 터미널을 열고 다음과 같이 입력한다.

```
caine@caine:~$fdisk -l
```

fdisk -l 명령은 CAINE 운영체제에서 볼 수 있는 모든 파티션을 나열한다. 요약 출력은 다음과 같이 보인다.

```
Disk /dev/sdb: 465.8 GiB, 500107862016 bytes, 976773168 sectors
Units: sectors of 1 * 512 = 512 bytes
Sector size (logical/physical): 512 bytes / 4096 bytes
I/O size (minimum/optimal): 4096 bytes / 4096 bytes
Disklabel type: dos
Disk identifier: 0x345601e6

Device     Boot     Start      End   Sectors   Size Id Type
/dev/sdb1  *         2048  1026047   1024000   500M  7 HPFS/NTFS/exFAT
/dev/sdb2         1026048 975847423 974821376 464.9G  7 HPFS/NTFS/exFAT
/dev/sdb3       975847424 976769023   921600   450M 27 Hidden NTFS WinRE


Disk /dev/sdc: 3.8 GiB, 4060086272 bytes, 7929856 sectors
Units: sectors of 1 * 512 = 512 bytes
Sector size (logical/physical): 512 bytes / 512 bytes
I/O size (minimum/optimal): 512 bytes / 512 bytes
Disklabel type: dos
Disk identifier: 0x000f1d04

Device     Boot Start      End Sectors  Size Id Type
/dev/sdc1  *     2048 7929855 7927808  3.8G  c W95 FAT32 (LBA)


Disk /dev/sdd: 3.7 TiB, 4000787029504 bytes, 7814037167 sectors
Units: sectors of 1 * 512 = 512 bytes
Sector size (logical/physical): 512 bytes / 4096 bytes
I/O size (minimum/optimal): 4096 bytes / 33553920 bytes
Disklabel type: gpt
Disk identifier: 30B0BF34-42D8-41E5-A90C-E5735893CFB6

Device      Start      End    Sectors  Size Type
/dev/sdd1      34   262177     262144  128M Microsoft reserved
/dev/sdd2  264192 7814035455 7813771264  3.7T Microsoft basic data
```

이 스크린샷에는 3개의 개별 디스크가 있으며, 각 디스크에는 자체 파티션이 있다. /dev/sdc라고 표시된 디스크는 시스템을 부팅한 CAINE 운영체제가 들어 있는 USB 드라이브다. /dev/sdd 디스크는 시스템이 이미징될 증거 드라이브다. 마지막으로 대상 시스템은 /dev/sdb로 표시된다. 올바른 대상 드라이브가 이미징되고 있는지를 확인하려면 보이는 개별 디스크를 확인하는 것이 중요하다. /dev/sdb를 더 자세히 살펴보면 전체 물리적 볼륨을 구성하는 3개의 개별 파티션을 볼 수 있다. CAINE은 별표(*)가 있는 항목에서 /dev/sdb1 부팅 볼륨을 나타낸다. 이러한 정보는 CAINE이 이 예시처럼 물리적 볼륨을 이미징하거나 특정 논리적 볼륨을 이미징하는 데 활용될 수 있으므로 가치가 있다.

3. 시스템에서 적절한 대상 드라이브를 식별한 후에는 수행된 이미징이 대상 시스템 데이터를 변경하지 않도록 하는 것이 중요하다. CAINE 운영체제에는 소프트웨어 쓰기 방지 기능이 내장돼 있다. 데스크톱에서 응용 프로그램 Block On/Off를 찾는다. 그러면 소프트웨어 쓰기 방지 기능이 열린다. 장치 목록을 검사할 때 쓰기 가능한 유일한 장치는 위에서 증거 드라이브로 식별됐던 sdd다. 다른 드라이브는 읽기 전용^{read-only}으로 설정된다. 따라서 사고 대응 분석자는 이미징이 대상 드라이브를 변경하지 않을 것이라고 생각할 수 있다(분석자는 후속 보고서를 위해 정보를 캡처하는 것이 좋다).

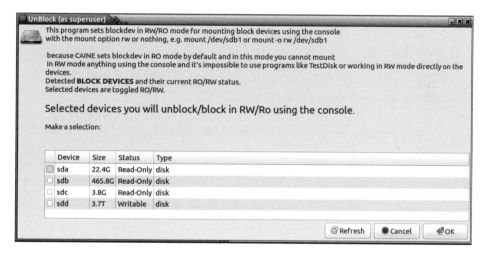

4. 증거 드라이브가 제 위치에 있고 대상 시스템이 읽기 전용으로 설정돼 있는지 확인했다면 증거 드라이브가 올바르게 마운트되도록 구성한다. 먼저 다음과 같은 명령을 입력함으로써 mnt 디렉터리에 EvidenceDrive1이라는 디렉터리를 만든다.

```
caine@caine:~$ sudo mkdir /mnt/EvidenceDrive1
```

5. 다음과 같은 명령을 입력해 새롭게 생성된 마운트 디렉터리에 sdd 디스크를 마운트한다.

```
caine@caine:~$sudomount /dev/sdd2 /mnt/EvidenceDrive1/
```

이제 증거 드라이브는 생성된 마운트 지점mount point에 마운트된다.

6. 다음으로 아래의 명령을 사용해 디렉터리를 증거 드라이브로 변경한다.

```
caine@caine:~$sudomount /dev/sdd2 /mnt/EvidenceDrive1/
```

7. 다음 단계는 이미지 파일을 포함할 디렉터리를 만드는 것이다. 먼저 아래의 명령을 입력해 EvidenceDrive1 디렉터리로 변경한다.

```
caine@caine:~$ cd /mnt/EvidenceDrive1/
```

8. 다음으로 디렉터리를 만든다. 이때 디렉터리는 사건 번호 Case2017-01을 디렉터리로 포함한다. 이러한 디렉터리는 어떤 방식으로든 사고와 간접적으로 연관되는 것이 좋다. 다음 명령은 적절한 디렉터리를 만든다.

```
caine@caine :/ mnt /EvidenceDrive1$ mkdir Case2017-01
```

9. 마지막으로 아래와 같은 명령을 입력해 생성된 새 디렉터리로 이동한다.

```
caine@caine :/ mnt /EvidenceDrive1$ cd Case2017-01/
```

10. 이제 분석자는 올바른 디렉터리에 있으므로 남은 것은 의심스러운 드라이브를 이미징하는 것이다. 이미징을 수행함에 있어서 사용할 수 있는 도구가 몇 가지 있다. 이 예시에서는 dc3dd 도구를 사용할 것이다. 이 도구는 미국 국방부 사이버 범죄 센터의 포렌식 전문가, 제시 콘블럼Jesse Kornblum에 의해 개발됐다. 이 응용 프로그램은 리눅스의 이미징 응용 프로그램 dd에 없는 추가 기능을 갖고 있다. 이러한 추가 기능에는 오류 보고와 즉시 활용할 수 있는 다중 해싱 알고리즘이 포함돼 있다. 이미징 절차를 시작하려면 다음과 같은 명령을 입력해야 한다.

```
caine@caine:/mnt/EvidenceDrive1/Case2017-01$ dc3dd
if=dev/sdbof=ideapad.img hash=md5 log=dc3ddlog.txt
```

위의 명령에는 dc3dd가 포함돼 있다. sdb의 디스크를 파일명 ideapad.img로 증거 드라이브에 이미징하고, MD5로 출력을 해시하는 것으로 시작한다. 결국 이 응용 프로그램은 dcddlog.txt라는 로그 파일을 만들고, 이것을 보고 목적으로 활용할 것이다. 출력 결과는 다음과 같다.

```
caine@caine:/mnt/EvidenceDrive1/Case2017-01$ sudo dc3dd if=/dev/sdb of=ideapad.img hash=md5 log
=dc3ddlog.txt

dc3dd 7.2.641 started at 2017-04-02 19:18:35 +0100
compiled options:
command line: dc3dd if=/dev/sdb of=ideapad.img hash=md5 log=dc3ddlog.txt
device size: 976773168 sectors (probed),    500,107,862,016 bytes
sector size: 512 bytes (probed)
 6376849408 bytes ( 5.9 G ) copied (  1% ),    58 s, 105 M/s
```

11. 드라이브의 크기에 따라 이 절차는 몇 시간이 걸릴 수 있다. 처리 중에도 분석자는 진행 상황을 추적할 수 있다. 완료되면 이 응용 프로그램은 입력에 사용된 이미지 파일의 섹터 수와 출력으로 사용된 섹터 수를 나타내는 출력 값을 생성한다. 이상적으로는 이와 같은 값들이 동일해야 한다. 마지막으로 이미지 파일의 MD5 해시가 계산돼 출력의 일부로 사용된다.

```
dc3dd 7.2.641 started at 2017-04-02 19:18:35 +0100
compiled options:
command line: dc3dd if=/dev/sdb of=ideapad.img hash=md5 log=dc3ddlog.txt
device size: 976773168 sectors (probed),    500,107,862,016 bytes
sector size: 512 bytes (probed)
500107862016 bytes ( 466 G ) copied ( 100% ), 5854 s, 81 M/s

input results for device '/dev/sdb':
   976773168 sectors in
   0 bad sectors replaced by zeros
   d48a7ccafaead6fab7d284b4be300bd8 (md5)

output results for file 'ideapad.img':
   976773168 sectors out

dc3dd completed at 2017-04-02 20:56:09 +0100
```

12. 윈도우 시스템에서 증거 드라이브를 조사하면 응용 프로그램에서 생성됐던 이미지와 로그 파일이 표시된다.

📌	📄 dc3ddlog	4/2/2017 12:56 PM	Text Document		2 KB
📌	💿 ideapad	4/2/2017 12:56 PM	Disc Image File		488,386,58...

13. 다음과 같은 로그 파일의 검사 결과는 후속 보고서에 통합돼야 한다.

```
dc3dd 7.2.641 started at 2017-04-02 19:18:35 +0100
compiled options:
command line: dc3dd if=/dev/sdb of=ideapad.img hash=md5
log=dc3ddlog.txt
device size: 976773168 sectors (probed), 500,107,862,016 bytes
sector size: 512 bytes (probed)
500107862016 bytes ( 466 G ) copied ( 100% ), 5854.43 s, 81 M/s
input results for device `/dev/sdb': 976773168 sectors in
0 bad sectors replaced by zeros d48a7ccafaead6fab7d284b4be300bd8
(md5)
output results for file `ideapad.img': 976773168 sectors out
dc3dd completed at 2017-04-02 20:56:09 +0100
```

리눅스는 디스크 증거를 획득할 때 사용할 수 있는 옵션 중 하나다. 리눅스가 갖는 중요 이점 중 한 가지는 확장이 용이하다는 것이다. 여러 시스템을 확보해야 하는 경우에 사고 대응자는 여러 개의 USB 스토리지 드라이브와 리눅스 USB 장치를 사용해 소프트웨어를 이용할 수 있을 때까지 기다리지 않고도 병렬적으로 획득할 수 있다. CAINE는 포함된 쓰기 방지 장치로 절차상 증거의 무결성을 측정할 수 있기 때문에 증거 획득을 위한 훌륭한 옵션이다.

이미징은 사고 대응자들이 이해해야 할 중요한 과정이다. 종종 어떤 기법을 사용해야 할지는 사고에 따라 좌우된다. 그러나 이어지는 후속 조사는 종종 이러한 시스템에서 확보한 데이터에 의존하므로 사고 대응자들은 어떤 사고에 있어서도, 적절한 절차를 수행하도록 노력해야 한다.

▌요약

모든 사고가 침해 가능성이 있는 하드 드라이브나 기타 볼륨에서 이미지를 얻도록 요구하지는 않는다. 그럼에도 사고 대응 분석자들은 이 기능을 반드시 숙지해 요청 시에 수행할 수 있도록 해야 한다. 하드 드라이브에서 발견된 증거는 일련의 사건을 확인하거나 사고의 근본 원인 파악에 도움을 줄 수 있는 실제 파일을 획득함에 있어서 매우 중요하다. 이것이 사고 대응자들이 이미징의 기본 사항, 관련된 도구와 절차, 스테이지 드라이브를 만드는 방법, 쓰기 방지 장치를 사용하는 방법, 그리고 6장에서 언급한 이미징 기법 등을 이해해야 하는 중요한 이유다. 포렌식 원칙에 따라 수행되는 다른 모든 절차와 마찬가지로 이미징 역시 모든 단계에 따라 체계적으로 수행되고 적절하게 문서화돼야 한다. 이렇게 확보된 모든 증거는 법정에서 신뢰할 수 있고 인정받을 수 있도록 보장할 것이다.

7장에서는 사고와 관련된 네트워크 활동에 관한 네트워크 기반 증거를 조사하는 방법을 논의할 것이다.

▌질문

1. 쓰기 방지 장치의 두 가지 유형은 무엇인가?

    A. 하드웨어

    B. 디지털

    C. 소프트웨어

    D. 법원의 허가

2. 대응자는 이미징에 사용된 모든 스토리지 드라이브를 매번 사용하기 전에 적절하게 자료가 삭제됐는지 확인해야 한다.

    A. 참

    B. 거짓

3. 드라이브의 전체 물리적 볼륨을 획득하는 데 어떤 유형의 이미지가 사용되나?

    A. 데드 이미징

    B. 라이브 이미징

    C. 원격 이미징

    D. 하드웨어 이미징

4. 리눅스 시스템에서만 찾아볼 수 있는 이미징 응용 프로그램은 무엇인가?

    A. FTK Imager

    B. EnCase Imager

    C. AFF4

    D. dd

▌ 더 읽어 볼 거리

- *FTK Imager Guide*: https://ad-pdf.s3.amazonaws.com/Imager/3_4_3/ FTKImager_UG.pdf

- NIST *Computer Forensic Tools & Techniques Catalog*: https:// toolcatalog.nist.gov/search/index.php?ff_id=1

- *An Overview of Disk Imaging Tool in Computer Forensics*: https://www. sans.org/reading-room/whitepapers/incident/overview-disk-imaging-tool-computer-forensics-643

3부

증거 분석

2절의 디지털 증거 수집을 끝마쳤다면 3절에서는 디지털 포렌식의 적절한 분석 기법에 주력할 것이다. 3절은 사고의 근본 원인을 판단하기 위한 적절한 도구와 기법에 초점을 둔다.

3절은 다음과 같은 장으로 구성된다.

- 7장, 네트워크 증거 분석
- 8장, 시스템 메모리 분석
- 9장, 시스템 스토리지 분석
- 10장, 로그 파일 분석
- 11장, 사고 보고서 작성

네트워크 증거 분석

4장, '네트워크 증거 수집'에서는 사고 대응자 및 보안 분석자가 후속 평가를 위한 네트워크 기반의 증거 확보 방법을 탐구했다. 즉 4장은 증거의 두 가지 주요 소스인 네트워크 로그 파일 및 네트워크 패킷 캡처에 중점을 뒀다. 7장에서는 획득한 증거를 검토할 수 있는 도구와 기법을 보여 줄 것이다. 이러한 기법을 사고 대응 조사에 통합하면 잠재적으로 위협이 되는 네트워크 활동을 파악할 수 있게 된다. 다음은 7장에서 다루게 될 주요 내용이다.

네트워크 증거의 개요: 공격자는 정상적인 네트워크 트래픽을 제어하는 동일한 네트워크 프로토콜에 바인딩된다. 네트워크 데이터를 분석함으로써 식별할 수 있는 적대적인 기법을 다룬다.

방화벽 및 프록시 로그 분석: 공격자는 자신의 인프라에 초기부터 지속적인 연결을 해야 한다. 방화벽과 프록시와 같은 네트워크 장치는 로그 파일에서 증거 소스를 제공할 수 있다.

NetFlow: NetFlow는 네트워크 장치 간 연결에 대한 데이터에 관해 말해 준다. 주로 연결 및 대역폭 문제를 해결하는 데 사용되는 NetFlow는 사고와 관련된 데이터의 움직임에 대한 통찰력을 얻고자 사용될 수 있다.

패킷 캡처: 사고 발생 동안 최상의 증거가 되는 것 중 하나는 패킷 캡처일 것이다. 이 데이터를 분석하면 데이터 유출, 악용, 명령, 제어를 파악할 수 있다.

▌ 네트워크 증거의 개요

4장, '네트워크 증거 수집'에서는 네트워크 장치가 생성하는 다양한 증거 소스에 초점을 맞췄다. 이러한 증거의 대부분은 스위치, 라우터, 방화벽이 만들어 낸 다양한 로그 파일에 포함돼 있다. 사고 대응자가 처한 환경 조건에 따라서 NetFlow 데이터와 전체 패킷 캡처를 통해 증거 소스를 증강할 수 있다.

다양한 증거 소스를 파악했다면 어떤 로그와 NetFlow 및 패킷 캡처가 사고에 대해 말해 줄 수 있는지에 집중해야 한다. 아래에서 살펴볼 몇 가지 사안들은 적절한 로깅과 증거의 수집이 근본 원인을 도출할 때 잠재적인 데이터 포인트 및 사고를 둘러싼 추가적인 맥락을 제공할 수 있음을 보여 준다.

정찰 및 스캔 동작: 공격자들이 방화벽과 라우터 같은 경계 장치의 스캔을 자동화하고자 사용할 수 있는 도구는 매우 많다. 이러한 스캐너는 열린 포트, 취약성 또는 SSH^{Secure Shell}와 같은 공격 가능한 인증 프로토콜을 확인하려고 시도한다. 이러한 스캔은 실제로 장치에 대한 연결이 필요한 경우가 많기 때문에 흔적을 남긴다. 응답자는 로깅 수준 및 보존 기간에 따라 경계 시스템을 손상시키려는 외부 인프라를 식별할 수 있다.

초기 감염: 공격자들은 시스템을 위태롭게 하는 데 있어 매우 정교해졌다. 그들은 종종 다단계의 공격과 악성 프로그램을 이용할 것이다. 첫 번째 단계는 URL을 통해 외부 인프라로 호출하고 추가 공격을 다운로드한다. 웹 프록시 및 방화벽은 이 활동을 기록하는 로그 파일에 연결 데이터를 포함할 수 있다.

측면 이동: 일단 네트워크 안에 들어가면 공격자들은 종종 정찰을 시도하고, 다른 시스템을 이용하며, 데이터를 이동시키려 할 것이다. NetFlow 로그는 이러한 유형의 동작에 대한 통찰력을 제공한다.

명령 및 제어: 일단 네트워크에 발판이 구축되면 공격자들은 손상된 시스템에 대한 통제력을 유지할 수 있는 능력을 요구한다. 로그, 패킷 캡처, NetFlow 데이터를 활용해 이러한 유형의 동작을 식별할 수 있다.

데이터 유출: 상대방의 목표 중 하나는 데이터의 침해와 유출일 수 있다. 프록시 로그는 이러한 데이터의 대상을 식별할 수 있다. NetFlow는 내부 시스템에서 외부 시스템으로의 데이터 흐름을 표시할 수 있다. 마지막으로 패킷 캡처를 활용해 유출된 파일, 데이터 원본 및 대상을 식별할 수 있다.

4장, '네트워크 증거 수집'에서는 사건에 활용할 수 있는 네트워크 증거의 세 가지 주요 유형을 논의했다. 네트워크 트래픽에 대한 지식이 없는 응답자는 종종 다양한 측면을 이해하기 어렵다. 네트워크 트래픽을 한 개인에서 다른 개인으로 보내는 문자로 생각해 보자. 로그 데이터는 송신자와 수신자의 주소와 사서함 번호를 로컬 우체국과 같은 중앙 위치에 기록한다. 이것은 소스 및 대상 IP 주소 및 포트와 유사하다. NetFlow는 서신에 대한 대부분의 동일한 정보를 기록하지만 송신자와 수신자의 주소 및 사서함 번호와 함께 서신의 무게 또는 상대적 크기를 개인에게 알려 줄 수도 있다. 마지막으로 패킷 캡처는 로그와 NetFlow를 통해 얻은 모든 동일한 정보를 알려 주지만, 포함된 실제 데이터를 포함해 (암호화되지 않는 한) 문자의 내용도 개인에게 알려 준다.

근본 원인을 네트워크 증거로 식별하는 것은 증거 자체에 따라 크게 달라진다. 패킷 캡처 및 로그 파일과 같은 증거의 주요 단점 중 하나는 일반적인 네트워크 운영에서 생성되는 엄청난 양의 데이터다. 종종 사고가 발생한 지 며칠 또는 심지어 몇 주 후에 탐지된다. 사고 대응에 개입하는 사이에 이러한 로그 파일과 패킷 캡처를 사용할 수 없게 됐다. 따라서 사고 대응자는 네트워크 증거와 관련해 조직의 역량이 무엇인지 완전히 이해해야 한다.

▌ 방화벽 및 프록시 로그 분석

4장, '네트워크 증거 수집'에서는 네트워크 기반 증거 수집 및 사고 대응자 또는 보안 분석자에게 중요한 로그 파일 유형에 관한 많은 정보를 다뤘다. 앞에서 다룬 패킷 캡처와는 달리 3장은 다양한 소스에서 로그 파일을 수집하는 것에 중점을 뒀다. 이러한 로그 파일은 사고 조사에 도움이 될 수 있는 잠재적인 침해 지표를 제공해 준다. 그러나 분석자들에게 가장 중요한 과제는 관련성이 없는 모든 로그를 면밀히 검토해 증거 가치가 있는 로그를 찾아내는 것이다.

로그 파일 분석은 다양한 방법으로 수행될 수 있다. 구체적인 수행 방법은 종종 사고의 유형, 사용 가능한 도구 그리고 분석해야 하는 로그 데이터의 양에 따라 달라질 수 있다. 다음은 활용 가능한 방법들이다.

- **수동 로그 검토**manual log review: 수동 로그 검토에서 원시 로그 파일은 텍스트 편집기와 같은 도구로 덤프된다. 여기에서 분석자는 로그를 한 줄씩 검토한다. 이것은 저비용 솔루션이지만 제한된 양의 데이터에서만 유용하다. 예를 들어 분석자는 대규모 엔터프라이즈 방화벽 연결 로그에 대한 유형 분석을 수행할 수 없을 것이다. 오히려 특정 날짜에 거의 사용되지 않는 웹 응용 프로그램에 로그인한 사용자를 확인하는 것이 더 유용할 수 있다.

- **필터링된 로그 검토**^{filtered log review}: 분석자는 로그 검토 도구를 사용해 특정 매개변수로 로그 파일을 필터링할 수 있다. 매개변수에는 기존에 알려져 있는 악의적 활동 목록 보기가 포함될 수 있다. 한 가지 단점은 로그들이 필터링 착수 즉시 악의적 활동을 표시하지 않고, 오히려 로그가 악의적이지 않다고 표시된다는 것이다.

- **로그 파일 검색**^{log file searching}: 대부분의 로그 분석 도구가 갖고 있는 또 다른 주요 기능은 특정 표현식에 대한 로그 파일을 검색하는 기능이다. 검색 도구들은 정규^{regex} 표현식과 부울^{Boolean} 표현식을 모두 검색할 수 있으며, 분석자는 특정 기간, 소스 IP 주소 또는 기타 특정 조건으로 로그를 제한할 수 있다. 이를 통해 분석자는 특정 로그 파일을 신속하게 격리할 수 있게 된다. 이러한 검색 도구들은 검색어에 따라 수동으로 검토돼야 할 많은 양의 정보를 내보낼 수 있게 된다.

- **로그 파일 상관 관계**^{log file correlation}: 별개의 로그 행위는 미리 구성된 규칙 또는 알고리즘을 기반으로 하는 다른 로그와 연관될 수 있다. 로그 상관 관계는 흔히 로그 관리 도구의 일부 또는 규칙 세트가 있는 **보안 정보 및 이벤트 관리**^{SIEM, Security Information and Event Management} 플랫폼의 일부가 된다. 이 방법은 절차를 자동화하기 때문에 매우 강력하지만 특정 환경을 구성하고 조정하는 데 많은 사전 작업이 필요하다.

- **로그 파일 데이터 마이닝**^{log file data mining}: 상관 관계의 다음 단계는 로그 파일을 마이닝하고 이것들로부터 의미를 추출하는 것이다. 이것은 특정 활동에 대해 풍부한 내용과 통찰력을 제공한다. 현재 Elasticsearch와 Logstash와 같은 도구가 존재하며, 이들은 더욱 유용한 정보를 위한 플랫폼으로 통합돼 왔다.

한 달 정도에 걸쳐 네트워크에서 생성되는 로그의 양은 어마어마할 수 있다. 로그의 양은 새로운 소스를 추가할 때만 증가한다. 이런 것들을 수동으로 분류하는 것은 거의 불가능하다. 로그 검토 측면에서 볼 때 소규모 네트워크에서도 어느 정도 자동화 조치를 제공하는 솔루션을 갖추는 것이 좋다. 이러한 도구들을 통해 분석자는 흔히 말하는 건초더미에서 바늘을 찾을 수 있게 된다.

DNS 블랙리스트

필터링과 수동 로그 검토를 결합하는 한 기술은 파이썬과 같은 스크립팅 언어를 사용한다. 이 스크립트는 방화벽 로그 또는 기타 입력을 분석해 분석자가 원하는 특정 영역을 강조 표시할 수 있다. 이러한 스크립트 중 하나는 https://bitbucket.org/ethanr/dns-blacklists/src/master/에서 이용할 수 있는 DNS 블랙리스트[blacklist]다. 이 스크립트는 로그 소스가 만든 텍스트 파일 혹은 분석자가 작성한 텍스트 파일을 가져가서 블랙리스트에 올라가 있는 IP 주소 및 도메인 목록과 비교한다.

스크립트가 들어 있는 폴더에는 서로 비교되는 2개의 다른 폴더가 있다. 한 폴더에는 IP와 도메인 블랙리스트의 텍스트 파일이 들어 있다. 이러한 블랙리스트는 오픈소스 또는 위협 정보 제공 업체에서 얻을 수 있다(13장, '위협 인텔리전스 활용'은 인텔리전스 정보가 사건 대응에 어떻게 활용될 수 있는지를 다룰 것이다). 스크립트는 의심스러운 로그 파일이나 IP 주소를 블랙리스트와 비교해 일치하는 항목이 있는지 확인한다.

다음 예제에서는 Emotet의 알려진 URL 및 IP 목록을 가져온 원시 방화벽 로그와 비교한다. 데이터가 적절한 폴더에 배치되면, 다음이 명령이 터미널에 입력된다.

```
dfir@ubuntu:~/python dns_blacklists.py bad_lists/traffic_directory/
```

이 명령은 `Traffic Directory` 폴더의 로그 파일 또는 IP 주소에 대해 `Bad Lists` 폴더에 포함된 Emotet 블랙리스트로 스크립트를 실행한다. 이 명령은 다음 페이지의 그림과 같은 출력을 생성한다.

이 출력은 rozhan-hse.com URL이 Emotet IOC 블랙리스트 중 하나에서 발견됐음을 나타낸다. `DNS_Blacklists`는 로그 파일의 초기 분류를 수행하기 위한 좋은 도구다. 그러나 결과의 효과는 `Blacklist` 폴더에 어떤 데이터가 배치되느냐에 따라 크게 달라진다. 최신이고 정확한 정보일수록 결과는 더 좋아질 것이다. 확실한 결과는 추가적인 검색이 필요하다.

```
Note: DNS resolution and reverse resolution is currently not supported.
Parsing blacklist files...
----------------------------------------------------------------
EmotetIOC_01_17_19.txt
EmotetIOC_04_2019.txt
EmotetIOC_08_2019.txt

Parsing check files...
----------------------------------------------------------------
Firewall Logs.txt

================================================================
The following hostnames were found in the blacklists:
================================================================
rozhan-hse.com
================================================================
The following IPs were found in the blacklists:
================================================================
```

이 출력은 URL rozhan-hse.com이 Emotet IOC 블랙리스트 중 하나에서 발견됐음을 나타낸다. NS_Blacklists는 로그 파일의 초기 분류를 수행하는 데 유용한 도구다. 그러나 결과의 효과는 Blacklist 폴더에 어떤 데이터가 배치되느냐에 따라 크게 달라진다. 정확하고 최신 정보일수록 더 좋은 결과를 얻을 수 있다. 추가적인 검색을 통해 긍정적인 결과를 추적해야 한다.

SIEM 도구들

4장, '네트워크 증거 수집'에서도 SIEM 플랫폼 사용에 대한 논의가 있었다. 이러한 플랫폼은 네트워크 장치의 로그 파일에 대한 집계 지점 역할을 할 뿐만 아니라 분석자가 집계된 로그에 대한 쿼리를 수행하도록 한다. 예를 들어 패킷 캡처 파일 분석 중에 발견된 잠재적인 악성 활동과 관련된 IP 주소가 있었다. 이 파일은 내부 네트워크의 단일 호스트로 제한됐다. 여기서 분석자들은 "얼마나 많은 다른 호스트에 감염 가능성이 있느냐?"라는 질문에 대한 답을 내고 싶어 한다. 만일 SIEM이 외부 방화벽 및 웹 프록시와 같은 장치에서 접속 로그 파일을 수집하는 경우라면 의심되는 IP 주소에 연결된 또 다른 내부 호스트가 있는지 확인할 수 있을 것이다.

프리웨어 솔루션에서부터 엔터프라이즈 보안 관리 플랫폼에 이르기까지 다양한 SIEM 플랫폼이 존재한다. 대부분 플랫폼은 분석자가 필터링된 로그 검토, 검색, 상관 로그 검토를 수행할 수 있도록 지원한다. 대다수의 강력한 상업용 플랫폼은 특정 유형의 공격을 탐지하기 위한 규칙 세트를 제공하며, 새로운 공격이 알려지면 이러한 규칙 세트를 업데이트한다. 또한 분석자는 다른 시스템에 호스트 IP 주소의 연결 로그를 SIEM에서 조회해 볼 수도 있다. 이는 악성 코드가 시스템을 감염시키고 공격자가 다른 시스템을 공격하려고 시도하는 사고에서 보여지는 일반적인 행동일 것이다.

SIEM의 유지 보수 책임자가 사고 대응 담당자와 분리돼 있는 조직에서는 사고 대응 전문가가 이러한 플랫폼에 접근할 수 있도록 커뮤니케이션 구조를 검토하는 것이 좋다. 풍부한 정보와 데이터를 활용하면 어떠한 내부 네트워크 활동이 사고와 연관돼 있는지 밝혀 낼수 있으며, 근본 원인을 파악하는 데 활용할 증거를 가려낼 수 있다.

Elastic Stack

로그 분석을 위해서는 SIEM 기술 외에도 응용 프로그램 번들이 활용될 수 있다. Elastic Stack이라는 이 번들은 세 가지 도구를 결합해 많은 양의 데이터를 분석할 수 있게 해준다. Elastic Stack은 세 가지 구성 요소로 구성된다. 첫째는 Elasticsearch다. Elasticsearch는 로그 검색 도구로써 로그 데이터를 거의 실시간으로 검색할 수 있다. 이것은 루신^{Lucene}이 제공하는 전체 텍스트 검색을 통해 수행된다. 이를 통해 분석자는 사용자 ID, IP 주소 또는 로그 항목 번호와 같은 요소의 로그 파일에 대한 쿼리를 수행할 수 있다. Elasticsearch의 또 다른 주요 기능은 기업이 성장하고 더 많은 데이터 소스를 확보함에 따라 플랫폼이 솔루션을 확장할 수 있는 기능이다. 이는 기능을 테스트한 다음 데이터 소스 및 로그 파일을 점진적으로 추가하려는 조직에 유용하다.

Elastic Stack의 다음 구성 요소는 Logstash다. Logstash는 네트워크를 통해 소스의 로그 파일을 수신하고 로그 항목을 처리하며, 마지막으로 시각화 플랫폼을 통해 출력을 허용하는 메커니즘이다. Logstash는 손쉽게 구성하고 배포할 수 있다. Logstash와 Elasticsearch

는 사고 대응 분석자가 대량의 로그 데이터에 대해 신속한 쿼리를 수행할 수 있게 한다.

ELK Stack의 마지막 구성 요소는 Kibana다. Kibana는 Elastic Stack의 시각 인터페이스 또는 대시보드 역할을 한다. 이 플랫폼을 통해 분석자는 대시보드를 사용해 데이터에 대한 통찰력을 얻을 수 있다. Kibana는 또한 분석자가 상세 분석을 위해 특정한 핵심 데이터 포인트를 드릴 다운^{drill down}할 수 있도록 지원한다. 사고 대응 분석자는 대시보드를 사용자 정의해 침입 탐지 로그^{intrusion detection log} 또는 연결 로그^{connection log}와 같은 매우 중요한 정보를 즉시 검토할 수 있다.

예를 들어 Kibana 대시보드는 로그 활동을 표시하는 데 많은 수의 원형 차트를 사용한다. 이 원형 차트들을 활용하면 분석자가 어떤 정보를 이용할 수 있는지에 대한 개요를 얻을 수 있다.

 Elastic Stack은 보안 전문가와 사고 대응 전문가를 위한 강력한 도구가 됐다. 분석자와 사고 대응자는 이 기술을 다시 볼 가능성이 높으므로 이 기술에 익숙해질 수 있도록 더 많은 리소스를 참조하는 것이 좋다.

▌ NetFlow 분석

NetFlow는 1990년대에 시스코 시스템^{Cisco Systems}에서 처음 도입된 기능이었다. NetFlow 는 패킷이 라우터 또는 스위치의 인터페이스에 들어가거나 나갈 때 패킷에 대한 특정 데이터를 수집한다. 그런 다음 이 데이터는 NetFlow 내보내기를 통해 NetFlow Collector로 전송되며, 이는 종종 스위치 또는 라우터의 일부로 사용된다. 그다음 NetFlow Collector 는 분석을 위해 흐름 데이터를 수집하고 저장한다. 이 데이터는 네트워크 및 시스템 관리자가 대역폭 문제를 해결하고, 네트워크 혼잡을 식별하며, 데이터 흐름을 모니터링하는 데 흔히 활용한다.

샘플 NetFlow 출력은 다음과 같다. 흐름 데이터에 포함된 것은 상용 시장에 여러 버전이 있기 때문에 네트워크 장치 제조업체마다 다를 수 있다. 다음 스크린샷은 NetFlow 데이터셋의 일부로 캡처된 기본 정보 중 일부를 보여 준다.

Src Addr	Dst Addr	Sport	Dport	Proto	Packets	Bytes	Flows
192.168.1.7	192.168.2.56	5734	22	tcp	42	3028	1
192.168.1.5	192.168.2.45	3687	22	tcp	52	2564	1
192.168.1.7	192.168.2.55	4675	22	tcp	1	1240	1
192.168.1.6	192.168.2.34	6897	22	tcp	46	4056	1
192.168.1.6	192.168.2.56	3657	445	tcp	325	56798	1

위 스크린샷은 NetFlow 레코드의 다음과 같은 구성 요소를 보여 준다.

- Src Addr: 연결을 시작하거나 트래픽을 전송하는 소스 주소
- Dst Addr: 연결 목적지 주소
- Sport: 소스 주소의 소스 포트
- Dpost: 목적지 포트. 사고 조사의 일환으로 NetFlow를 분석하는 측면에서, 이는 사고 대응자에게 소스 주소가 연결되는 서비스를 알려 주는 경우가 많기 때문에 주목해야 할 핵심 데이터 요소 중 하나다.
- Proto: 사용 중인 프로토콜
- Packets: 흐름의 일부로 만들어진 패킷 수
- Bytes: 총 바이트 수
- Flows: 기록된 흐름 수

앞의 사례에서 NetFlow 데이터를 검토할 때 중요한 두 가지 데이터 요소가 있다. 첫 번째는 장치 간의 SSH 연결 수다. Secure Shell은 시스템이 서로 통신하는 일반적인 방법이지만, 정상적인 네트워크 동작의 범위를 벗어난다면 후속 조치가 필요하다. 또한 SMB(포트 445)를 통한 연결은 일반적으로 공격자들에 의해 다른 시스템에 액세스하거나 랜섬웨어를 제공하거나 파일 공유에 액세스하고자 악용된다. 이와 같은 짧은 사례에서도 사고 대

응자들이 내부 네트워크에서 발생하는 연결에 대한 가시성을 확보함으로써 상당한 통찰력을 얻을 수 있음은 분명하다.

NetFlow를 보는 데 사용되는 다양한 상용 도구가 있다. NetFlow 데이터의 사용도 조직에 크게 달라진다. NetFlow를 구성하는 것은 상용 도구 공급 업체 및 내부 운영 담당자의 중요한 자원에 액세스하지 않고는 사고 중에 쉽게 수행할 수 있는 작업이 아니다. 그럼에도 NetFlow에 접근할 수 있는 사고 대응자는 데이터가 어떻게 네트워크를 통해 이동하는지에 대한 중요한 통찰력을 제공하므로 이 기술을 숙지하는 것이 좋다.

▌ 패킷 캡처 분석

4장, '네트워크 증거 수집'의 대부분은 다양한 소스와 위치에서 패킷 캡처를 얻기 위한 여러 가지 방법을 다뤘다. 패킷 캡처에는 사고 대응 분석자에게 잠재적으로 유용한 많은 정보가 포함돼 있다. 이 정보 중 일부에는 소스 및 대상 IP 주소, 도메인 및 포트, 호스트 간의 통신 내용이 포함된다. 경우에 따라 사고 대응 분석자는 이러한 패킷 캡처에서 텍스트 문서 및 이미지와 같은 실제 파일을 재구성할 수 있다.

 7장에서는 검토되고 사전 구성된 몇 가지 패킷 캡처를 참조한다. 이러한 패킷 캡처는 작성자의 허락을 받아 http://malware-traffic-analysis.net 사이트에서 직접 가져왔다. 이 사이트에는 사고 대응 분석자가 침해 지표를 찾아내는 연습을 할 수 있는 여러 가지 패킷 캡처가 있다. 그러나 이러한 캡처에는 악성 코드가 포함될 수 있다는 점에 유의해야 한다. 독자는 제대로 구성된 샌드박스(12장, '사고 대응을 위한 악성 코드 분석' 참조) 또는 프로덕션 환경에 연결되지 않은 다른 시스템의 라이브 패킷 캡처만 조사해야 한다.

명령행 도구

네트워크 패킷 캡처를 분석하는 동안 사용할 수 있는 몇 가지 명령행 도구가 있다. 심층적이거나 장기적인 사고 대응 활동 중에 분석자는 여러 개의 패킷 캡처 파일을 수집할 수 있다. 이러한 여러 패킷 캡처를 단일 파일로 결합해 분석을 쉽게 하는 것이 유용할 수 있다. Mergecap 응용 프로그램은 여러 패킷 캡처 파일을 결합해 이 작업을 수행한다. Mergecap은 CAINE OS의 일부로 제공되며 다음과 같은 명령을 사용해 실행할 수 있다.

```
caine@caine:~$ mergecap -w mergedpacketcapture.pcap packetcapture1.pcap packetcapture2.pcap
```

패킷 캡처를 분석하는 데 유용한 또 다른 명령행 도구는 editcap이다. editcap을 사용하면 분석자가 패킷 캡처 파일을 더 작은 조각으로 조작해 보다 쉽게 검토할 수 있다. 예를 들어 분석자는 캡처된 패킷을 5만 개의 패킷 조각으로 나눠 보고자 할 수 있다. 만일 분석자가 큰 패킷 캡처를 갖고 있고, 분할을 통해 검색을 쉽게 하길 원한다면 이 기능이 유용하다. 이렇게 하고자 분석자는 명령행에 다음과 같이 입력한다.

```
caine@caine:~$ editcap -F pcap -c evidence.pcap split.pcap
```

위의 명령에서 editcap은 evidence.pcap 파일을 가져와서 5만 개의 패킷 조각으로 나눈다. editcap을 활용할 수 있는 또 다른 기법은 큰 패킷 캡처를 시간 조각으로 나누는 것이다. 예를 들어 분석자가 패킷 캡처를 10분짜리 조각으로 나누려면 다음과 같이 입력해야 한다.

```
caine@caine:~$ editcap -F pcap-t+600 evidence.pcap split.pcap
```

분석자들은 일부 상황에서 도메인 이름 등록 트래픽을 분리하고자 할 수도 있다. 이는 C2 트래픽, 데이터 유출 및 침해된 웹 사이트로의 리다이렉션과 같은 다양한 적대적인 활동으로 인해 DNS 시스템의 취약점을 활용하는 경우가 많기 때문이다. dnstop 응용 프로그램은 패킷 캡처 파일을 구문 분석하고 내부 호스트의 소스와 DNS 쿼리 수를 확인한다. 리눅스 시스템에 설치하려면 다음과 같이 명령행에 입력한다.

```
dfir@ubuntu:~$ sudo apt-get install dnstop
```

이 명령은 dnstop을 다운로드하고 설치한다. 다음 예에서는 https://www.malware-traffic-analysis.net/2019/03/13/index.html에 있는 악성 코드 트래픽 분석 사이트에서 예시와 같은 패킷 캡처를 가져왔다. 사고 대응 분석자가 패킷 캡처를 위해 아웃 바운드 DNS 요청을 보낸 IP 주소가 있는지 확인하려는 경우 다음과 같은 명령을 실행하면 된다.

```
dfir@ubuntu:~/Documents/Packet Captures$ dnstop 2019-03-13-Emotet-with- Trickbot.pcap
```

위 명령의 결과는 다음과 같다.

```
Queries: 10 new, 10 total, EOF

Sources           Count       %    cum%
----------     --------    ------  ------
10.3.13.101          10   100.0   100.0
```

출력 결과에는 캡처한 패킷에서 단 하나의 호스트에서 총 10개의 DNS 쿼리 소스가 나타난다. 이는 간단한 예시이긴 하지만, 사고 대응 분석자는 위와 같은 기술을 사용해 여러 패킷 캡처 파일을 결합한 다음 dnstop을 사용해 내부 네트워크에서 나가는 DNS 트래픽이 무엇인지 더 잘 파악할 수 있으며, 추가 조사가 필요한 경우 이를 활용할 수 있다.

Moloch

Moloch는 분석자와 사고 대응자가 대규모 네트워크 패킷 캡처를 검사할 수 있는 오픈소스 패킷 캡처 및 검색 시스템이다. 기본적으로 Moloch는 패킷 캡처를 캡처 내에 포함된 다양한 세션session으로 구성한다. Moloch는 Elasticsearch 인프라로 패킷을 가져와서 활용할 수 있는 네트워크 모니터링 시스템으로 사용될 수 있다. 여기서부터 사고 대응자들은 네트워크 활동을 거의 실시간으로 검사할 수 있다. Moloch를 활용할 수 있는 또 다른 방법은 인덱싱을 위해 오프라인 패킷 캡처를 로드하는 것이다.

Moloch 설치 지침은 https://molo.ch/#download에서 확인할 수 있다. Moloch는 다양한 리눅스 데스크톱 또는 서버 플랫폼에 설치할 수 있다. 서버 옵션은 더 큰 팀에게 패킷 캡처와 관련된 데이터를 공유하고 실행 중인 캡처를 평가할 수 있는 기능을 제공한다. 데스크톱 설치는 오프라인 데이터를 처리하고 결과를 공유할 필요가 없는 사고 대응자를 위한 옵션이다.

7장의 목적을 위해 Moloch는 Malware Traffic Analysis(https://www.malware-traffic-analysis.net/2019/07/22/index.html)에서 얻은 오프라인 패킷 캡처를 검토하는 데 사용된다. 먼저 패킷 캡처를 Moloch 시스템으로 전송해야 한다. 이 작업은 모든 Secure File Transfer Protocol 클라이언트를 통해 Moloch 디렉터리(/data/moloch/raw)에서 직접 수행할 수 있다. 여기에서 다음 명령을 실행해 Moloch가 패킷 캡처를 수집하도록 한다.

```
dfir@ubuntu:~/data/moloch/bi/moloch-capture -r /data/moloch/raw/2019-07-22-Amadey-
infection-with-Pony-and-Ursnif-and-Cobalt-Strike.pcap
```

이렇게 하면 오프라인 패킷 캡처가 이뤄지고 처리된다. 완료되면 웹 브라우저를 열고 포트 8005를 사용하는 서버 또는 워크스테이션의 IP 주소로 이동한다. Moloch 인터페이스가 열린다. 그러면 다음과 같은 보기가 나타난다.

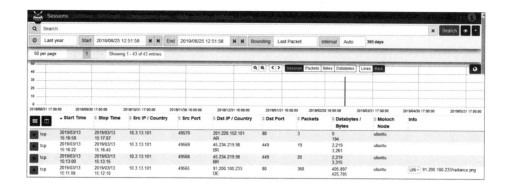

Moloch는 기능이 풍부한 플랫폼이다. 다음 단계에서는 오프라인 패킷 캡처를 검사하는데 사용할 수 있는 몇 가지 기능의 개요를 제공한다.

1. 대시보드에서 패킷 캡처를 검사하면 **10.3.13.101**의 내부 시스템이 외부 IP 주소와 통신하는 여러 세션이 식별된다. HTTP를 통한 인터넷 트래픽으로 검색 결과를 좁히려면 검색 창에 다음과 같은 검색 쿼리를 입력해야 한다.

2. 패킷 캡처 내에 파일이 있는지 확인하는 좋은 방법은 세션당 패킷 수를 식별하는 것이다. 이 경우 열 제목, **Packets** 옆에 있는 아래쪽 화살표를 클릭한다. 이렇게 하면 패킷 수가 가장 큰 패킷에서 가장 작은 패킷으로 정렬된다.

Dst IP / Country	Dst Port	Packets	Databytes / Bytes
83.220.141.232 DE	80	524	506,630 534,942
129.226.63.136 SG	80	291	246,151 261,881
31.44.184.33 RU	80	230	211,253 223,689
129.226.63.136 SG	80	221	195,452 207,402
31.44.184.33 RU	80	218	211,265 223,053

3. 대시보드의 오른쪽 끝에는 세션과 관련된 URL 및 관련 정보가 포함돼 있다. 지금까지 쿼리를 분석한 결과 a22라는 이름의 실행 파일을 비롯한 여러 실행 파일이 분석 중인 시스템에서 액세스한 것으로 보인다.

| URI ▾ | neu.x-sait.de/wp-content/plugins/mce-table-buttons/pp.exe |

neu.x-sait.de/wp-content/plugins/mce-table-buttons/4.exe

| URI ▾ |

cd.pranahat.at/webstore/zSR1Z6AnDI0PfpsiGN_2F9W/7oYFSY47cH/9hfkJMvimgZEx3TIC/hR5_2BF3YKL1/WqZUwlQoia
O/9WGtTrqojm1Fpc/w4JGS_2BqOVVP9F5qP_2B/QcnCwcoZRFssnyQ8/6pxNROtgxS0JSSG/j_2B9TBJ5hwNSZU9f7/1ud
mNsp5a/TjPoAB3gEfW2yvZBcgGC/o1Z1ifT9HbS1Dg4Stts/AFZuGjnzhJzwDKC84R_2Fu/ZcUMga13Z/eNW1ffKY/VxS

| URI ▾ | 31.44.184.33/uDaB |

| URI ▾ |

x1.narutik.at/webstore/WIpdq7f64iZDVKdP/nNIPLUwRF2LoqfY/E5R_2FJjib_2Ba2k97/bcIDnPA_2/BkBxN61i7f8UEj0rGwAa
/dPKTXIMVsfT1EHFq3EY/G9gCfV7T5wEjN4HML4X7pG/NOM985YvHHdzP/5Lcb8zEq/NMGJwwOWXxbU6a6_2FuMdbR/V
av0v2m3j2/4GXc_2FXtmWGU6mJ_/2Fn_2BLwcjuW/sYrlBoHcbMb/Xpu043fnIxCp/Uay

| URI ▾ | 31.44.184.33/H7mp |

| URI ▾ | cd.pranahat.at/jvassets/o1/s64.dat |

| URI ▾ | 31.44.184.33/visit.js |

| URI ▾ | ectcnepal.org/wp-includes/customize/a22.exe |

4. Moloch는 세션에 대한 추가 정보를 제공한다. 정보 URL과 동일한 세션 행인 ectcnepal[.]org/wp-includes/customize/a22.exe에서 맨 왼쪽에 있는 녹색 상자를 클릭한다. 그러면 다음과 같이 열린다.

5. HTTP 헤더 아래에는 연결connection과 관련된 중요한 데이터가 있다.

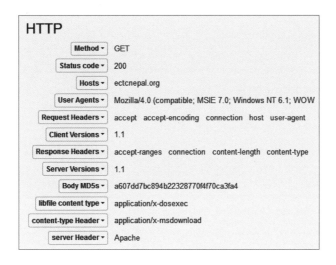

이 HTTP 정보를 분석한 결과, 표시된 사이트에서 a22.exe 파일이 다운로드된 것을 알 수 있다. 여기에서 사고 대응자는 다른 도구를 사용해 추가적인 분석을 위해 파일을 추출할 수 있다.

Moloch에서 유용한 또 다른 기능은 연결을 시각화하는 기능이다. Moloch 웹 응용 프로그램의 상단에는 connection이 있다. connection을 클릭하면 다음과 같이 나타난다.

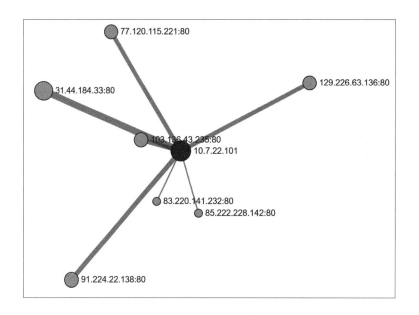

다음으로 Wireshark 도구를 살펴보겠다.

Wireshark

Wireshark는 문제 대응 분석자가 사용할 수 있는 가장 인기 있는 패킷 캡처 분석 도구 중 하나다. 패킷을 캡처하는 기능 외에도 사용할 수 있는 많은 기능이 있다. 이 플랫폼을 기반으로 책 한 권 전체 및 훈련 코스가 제작되므로 모든 기능을 확인하는 것은 불가능하다. 따라서 7장에서는 사고 조사에 가장 적합한 Wireshark의 몇 가지 주요 기능을 중점적으로 살펴보겠다.

물론 Wireshark는 IT 및 보안 전문가들이 선호하는 패킷 분석기다. 어디에나 있는 응용 프로그램 덕분에, Wireshark와 그 기능에 대한 추가 교육을 위해 사용할 수 있는 다양한 리소스가 있다. Wireshark 웹 사이트 https://www.wireshark.org에는 많은 정보가 포함되어 있다. 또한 https://www.chapell-university.com/ 사이트에는 분석 기술을 연마하기 위한 연습 및 교육 패킷 캡처가 포함되어 있다.

Wireshark는 기능이 풍부한 도구이기 때문에 사고 대응 활동 이외에도 네트워크 트래픽 분석에 도움이 되는 몇 가지 설정이 존재한다. 그 결과 사고 조사와 관련해 패킷 캡처 분석을 수행하는 데 있어 사고 대응 분석자를 보다 효과적으로 지원하고자 몇 가지 변경 사항이 있다.

- 시간time: Wireshark의 시간 설정에는 여러 가지 옵션을 허용한다. 여기에는 1970년 1월 1일 이후 또는 패킷 캡처가 시작된 이후의 패킷 시간이 포함된다. 사고 조사에서 유용할 수 있는 옵션 중 하나는 개별 패킷이 캡처된 날짜와 시간이다. 이를 통해 분석자는 다른 의심스럽거나 악의적인 활동의 날짜 및 시간을 패킷 캡처 내에서 특정 트래픽의 날짜 및 시간과 연관시킬 수 있다. 이 기능을 사용하려면 View로 이동한 후 Time Display Format으로 이동한다. 여기에서 Date and Time of Day 또는 Time of Day 옵션 중 하나를 선택한다. 또 다른 고려 사항은 UTC 시간 옵션도 활용하는 것이다. 이것은 내부 네트워크가 현지 시간이 아닌 UTC를 사용하는 경우에 매우 유용하다. 또한 시간은 나노초nanoseconds까지 설정할 수 있다.

- 이름 변환name resolution: 이름 변환 설정을 통해 분석자는 소스 및 대상 호스트의 IP 주소와 호스트명 간의 변환을 볼 수 있다. 이는 분석자가 패킷 캡처를 검사하고 의심스러운 호스트 이름이 있는지를 확인하려는 경우에 유용하다. 예를 들어 패킷 캡처가 열리면 다음과 같은 IP 주소가 보인다.

No.	Time	Source	Destination	Protocol
1 0.000000	10.3.13.101	10.3.13.1	DNS
2 0.030692	10.3.13.1	10.3.13.101	DNS
3 0.556303	10.3.13.101	88.198.14.102	TCP
4 0.739115	88.198.14.102	10.3.13.101	TCP
5 0.739762	10.3.13.101	88.198.14.102	TCP
6 0.739961	10.3.13.101	88.198.14.102	HTTP
7 0.740053	88.198.14.102	10.3.13.101	TCP
8 2.084099	88.198.14.102	10.3.13.101	TCP
9 2.084368	88.198.14.102	10.3.13.101	TCP
10 2.084401	88.198.14.102	10.3.13.101	TCP
11 2.084670	88.198.14.102	10.3.13.101	TCP
12 2.084701	10.3.13.101	88.198.14.102	TCP
13 2.084715	88.198.14.102	10.3.13.101	TCP
14 2.084740	88.198.14.102	10.3.13.101	TCP
15 2.084990	10.3.13.101	88.198.14.102	TCP
16 2.085834	88.198.14.102	10.3.13.101	TCP
17 2.085905	88.198.14.102	10.3.13.101	TCP
18 2.085924	88.198.14.102	10.3.13.101	TCP
19 2.085941	88.198.14.102	10.3.13.101	TCP

호스트 이름을 확인하려면 View로 이동한 다음 Name Resolution으로 이동한다. Resolve Network Addresses을 클릭한다. 그런 다음 Wireshark는 IP 주소를 호스트 이름으로 확인한다.

No.	Time	Source	Destination	Protocol
1 0.000000	10.3.13.101	10.3.13.1	DNS
2 0.030692	10.3.13.1	10.3.13.101	DNS
3 0.556303	10.3.13.101	rozhan-hse.com	TCP
4 0.739115	rozhan-hse.com	10.3.13.101	TCP
5 0.739762	10.3.13.101	rozhan-hse.com	TCP
6 0.739961	10.3.13.101	rozhan-hse.com	HTTP
7 0.740053	rozhan-hse.com	10.3.13.101	TCP
8 2.084099	rozhan-hse.com	10.3.13.101	TCP
9 2.084368	rozhan-hse.com	10.3.13.101	TCP
10 2.084401	rozhan-hse.com	10.3.13.101	TCP
11 2.084670	rozhan-hse.com	10.3.13.101	TCP
12 2.084701	10.3.13.101	rozhan-hse.com	TCP
13 2.084715	rozhan-hse.com	10.3.13.101	TCP
14 2.084740	rozhan-hse.com	10.3.13.101	TCP
15 2.084990	10.3.13.101	rozhan-hse.com	TCP
16 2.085834	rozhan-hse.com	10.3.13.101	TCP
17 2.085905	rozhan-hse.com	10.3.13.101	TCP
18 2.085924	rozhan-hse.com	10.3.13.101	TCP
19 2.085941	rozhan-hse.com	10.3.13.101	TCP

- **패킷 목록 색 지정**colorize packet list : 이 기능을 사용하면 분석자가 패킷 목록의 빈 배경
  간에 전환하거나 Wireshark에서 패킷을 색상 코드로 구분할 수 있다.

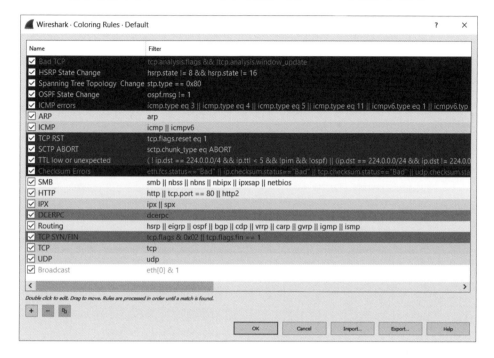

7장의 목적을 위해 http://www.malware-traffic-analysis.net/2019/03/13/index.
html의 패킷 캡처를 활용한 Wireshark 탐구가 이뤄질 것이다. 이 패킷 캡처는 워드Word
문서에 포함된 크립토 로커crypto locker 악성 코드 계통을 다운로드한 사용자와 관련된 시나
리오가 함께 주어진다. 7장의 목적을 위해 패킷 캡처의 몇 가지 핵심 요소가 식별될 것이
다. 패킷 캡처를 조사하기 전에 Wireshark가 구성해 날짜와 시간 및 식별된 호스트 이름
을 볼 수 있도록 했다.

다음은 패킷 캡처의 주요 정보를 제공하는 Wireshark의 기능들이다.

- **디스플레이 필터**^{display filters}: 가장 중요한 기능 중 하나는 광범위한 서비스 및 포트에서 패킷 캡처를 필터링하는 기능이다. 필터는 소스 및 대상 IP 주소에도 사용할 수 있다. 예를 들어 사고 대응 분석자는 **10.3.13.101**의 소스 IP 주소에 대한 트래픽을 필터링하려고 한다. 패킷 캡처 창에서 IP 주소를 마우스 오른쪽 버튼으로 클릭한 후 Apply as Filter로 이동한 다음 Selected로 이동하면 분석자는 IP 주소를 필터로 선택할 수 있다. 그러면 이 필터는 `ip.src==10.3.13.101` 구문을 사용해 필터 표시줄에 표시된다.

No.	Time	Source	Destination	Protocol
1	0.000000	10.3.13.101	10.3.13.1	DNS
3	0.556303	10.3.13.101	rozhan-hse.com	TCP
5	0.739762	10.3.13.101	rozhan-hse.com	TCP
6	0.739961	10.3.13.101	rozhan-hse.com	HTTP
12	2.084701	10.3.13.101	rozhan-hse.com	TCP
15	2.084990	10.3.13.101	rozhan-hse.com	TCP
20	2.086218	10.3.13.101	rozhan-hse.com	TCP
21	2.132104	10.3.13.101	rozhan-hse.com	TCP
23	2.237990	10.3.13.101	rozhan-hse.com	TCP
25	2.238930	10.3.13.101	rozhan-hse.com	TCP
28	2.240120	10.3.13.101	rozhan-hse.com	TCP
33	2.243412	10.3.13.101	rozhan-hse.com	TCP
34	2.243479	10.3.13.101	rozhan-hse.com	TCP
36	2.405627	10.3.13.101	rozhan-hse.com	TCP
42	2.406802	10.3.13.101	rozhan-hse.com	TCP
49	2.409928	10.3.13.101	rozhan-hse.com	TCP

- **호스트 식별**host identification : 패킷 캡처 분석의 또 다른 주요 기능은 해당되는 경우 로컬 호스트localhost를 식별하는 것이다. 이 패킷 캡처가 단일 호스트에서 이뤄진 것을 고려한다면 호스트명, IP 주소, MAC 주소를 식별하는 것은 간단하다. 개별 패킷을 두 번 클릭하면 다음과 같은 많은 정보를 찾을 수 있다.

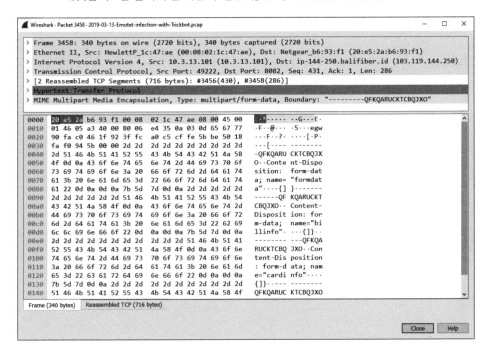

- **물리적 연결**physical connection identification : 이 패킷에서 분석자는 Ethernet II 및 IPV4Internet Protocol Version 4 회선에서 트래픽 소스를 식별할 수 있다. 이 경우 트래픽 소스는 10.3.13.101에 위치한 휴렛 팩커드Hewlett Packard 장치이고 목적지는 172.16.4.193 이다. Ethernet II 회선을 조사함으로써 분석자는 두 시스템에 대한 물리적 연결을 식별할 수 있다. 마지막으로 이전 데이터를 분석한 결과, 목적지 포트는 8082이므로 HTTP 패킷이 비표준 HTTP 포트를 넘는 것으로 나타났다. 양성일 수도 있지만, 후속 조치가 필요할 수도 있다.

- **프로토콜 식별**protocol identification: 이 예시에서는 사용자의 활동으로 인한 상당히 많은 HTTP 연결이 있었다. 결과적으로 대부분의 악성 코드 전송은 HTTP 연결을 통해 이뤄졌을 가능성이 매우 높다. Wireshark에는 분석자가 패킷 캡처 결과를 특정 매개 변수로 제한할 수 있도록 해주는 여러 개의 필터가 있다. 맨 위의 녹색 대화상자에서 http를 입력한다. 이용 가능한 여러 다른 필터가 존재하므로 필터 입력 시 주의가 필요하다. 필터가 입력되면 대화상자의 오른쪽 끝에 있는 오른쪽 방향 화살표를 클릭한다. Wireshark는 이제 패킷 보기를 HTTP 프로토콜을 사용하는 것들로 제한할 것이다.

No.	Time	Source	Destination	Protocol
6	0.739961	10.3.13.101	rozhan-hse.com	HTTP
222	6.111115	rozhan-hse.com	10.3.13.101	HTTP
244	42.716145	10.3.13.101	aliyev.org	HTTP
505	43.744089	aliyev.org	10.3.13.101	HTTP
514	69.467806	10.3.13.101	101.152.220.201.itc.com.ar	HTTP
651	107.988909	101.152.220.201.itc.com.ar	10.3.13.101	HTTP
657	133.250172	10.3.13.101	101.152.220.201.itc.com.ar	HTTP
1220	236.160800	101.152.220.201.itc.com.ar	10.3.13.101	HTTP
1222	236.190844	10.3.13.101	101.152.220.201.itc.com.ar	HTTP
1224	237.025219	101.152.220.201.itc.com.ar	10.3.13.101	HTTP
1231	251.073395	10.3.13.101	ip.anysrc.net	HTTP
1233	251.219323	ip.anysrc.net	10.3.13.101	HTTP
3458	393.641008	10.3.13.101	ip-144-250.balifiber.id	HTTP
3462	394.534185	ip-144-250.balifiber.id	10.3.13.101	HTTP
3475	396.180268	10.3.13.101	ip-144-250.balifiber.id	HTTP
3478	397.048160	ip-144-250.balifiber.id	10.3.13.101	HTTP

- **호스트명 식별**hostname identification: 패킷 캡처 소스 및 대상 호스트 이름을 구문 분석하면 호스트 이름 하나가 의심스러운 것으로 여겨진다. rozhan-hse.com 호스트는 의심스러운 URL일 수 있다. Wireshark의 또 다른 기능은 소스 호스트와 목적지 호스트 간 통신의 TCP 또는 HTTP 스트림을 따를 수 있는 기능이다. 호스트 이름 rozhan-hse.com을 마우스 오른쪽 버튼으로 클릭하면 다음과 같이 나타난다.

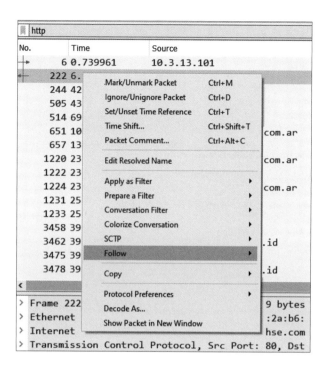

두 번째 창이 나타난다. HTTP Stream을 클릭하면 세 번째 창이 나타난다. 이 창에는 읽을 수 있는 형식의 HTTP 패킷이 포함돼 있다. 사고 대응 분석자는 이 출력을 검토해 어떤 유형의 파일을 주고 받았는지 확인할 수 있다.

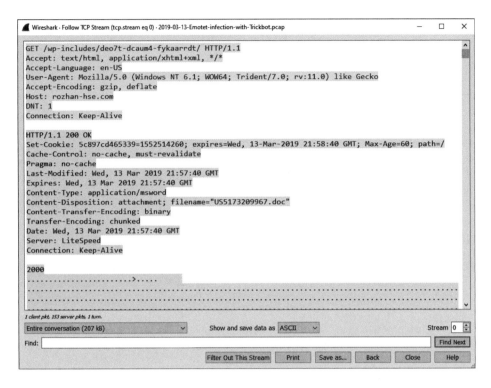

- **패킷 스트림 조사**packet stream examination: Follow TCP Stream 출력을 조사하면 HTTP GET 명령이 deo7t-dcaum4-fykarrdt 파일에 도달하고 있음을 알 수 있다. 분석자는 분석을 위해 이 파일을 추출할 수 있다. File을 클릭한 다음 Export Objects를 클릭한 후 HTTP를 클릭하면 HTTP 연결과 관련된 모든 파일이 나열된 창이 나타난다. 목록은 창 위쪽에 있는 필드 중 하나를 기준으로 정렬할 수 있다. 이 경우 호스트 이름을 선택하고 의심스러운 URL이 발견될 때까지 아래로 스크롤한다.

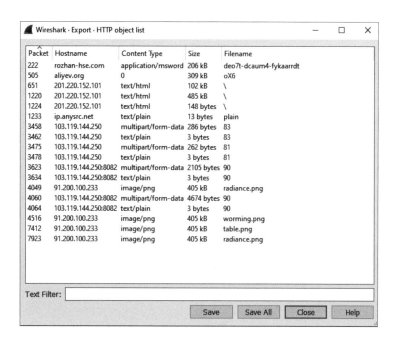

여기에서 분석자는 파일을 클릭해 나중에 분석할 수 있도록 로컬 시스템에 저장할 수 있다. 12장, '사고 대응을 위한 악성 코드 분석'에서는 선택한 파일을 가져와 악성 코드를 평가한다.

Wireshark는 패킷 캡처를 세부적으로 분석할 수 있는 강력한 도구다. 개별 패킷을 드릴다운해 분석할 수 있는 기능을 통해 분석자는 내부 호스트뿐만 아니라 외부 호스트와 주고받은 트래픽에 포함된 내용을 매우 자세히 볼 수 있다. 이러한 가시성을 통해 분석자는 감염된 호스트가 외부 호스트와 통신하는 방법을 파악하거나 침해됐을 수 있는 다른 호스트를 식별할 수 있다.

▌요약

보안 사고는 호스트 시스템에서 추적 증거를 생성할 뿐만 아니라 네트워크 내의 모든 장치와 트래픽 흐름에 흔적을 남긴다. 이러한 추적 증거의 분석 기능은 사고 대응 분석자로 하여금 그들이 조사할 사건의 유형과 취해질 수 있는 잠재적 조치를 더 잘 이해할 수 있도록 한다. 7장에서는 Elastic Stack 또는 기타 SIEM을 활용한 로그 분석을 수행하고자 블랙리스트 비교 또는 DNS 분석 등의 신속한 절차를 통해 로그 파일을 평가하는 방법을 설명했다. 네트워크 증거를 평가하는 이러한 주요 방법은 NetFlow 분석을 포함하고 Moloch와 Wireshark를 사용한 패킷 캡처를 조사하는 것이다. 네트워크 증거는 사고 조사의 중요한 구성 요소다. 잠재적으로 침해된 웹 사이트에서 얻은 증거와 함께 취해진 이 추적 증거는 분석자가 사건을 재구성할 수 있도록 하는 데 중요한 역할을 한다.

8장에서는 네트워크 트래픽에서 호스트로 초점을 이동하고 메모리 분석을 살펴보겠다.

▌질문

1. 필터링된 로그 검토는 사고 대응자 또는 분석자가 설정된 매개 변수를 기준으로 특정 로그를 필터링하는 것이다.

   A. 참

   B. 거짓

2. Elastic Stack의 구성 요소가 아닌 것은 무엇인가?

   A. Elasticsearch

   B. Log forwarder

   C. Logstash

   D. Kibana

3. 패킷 캡처를 기본 보기로 세션에 배치하는 패킷 분석 도구는?

    A. Wireshark

    B. NetFlow

    C. Elastic Stack

    D. Moloch

4. Wireshark에서는 DNS 이름을 확인할 수 없다.

    A. 참

    B. 거짓

▌ 더 읽어 볼 거리

- *Elasticsearch 7.0 Cookbook-Fourth Edition*: https://www.packtpub.com/product/elasticsearch-7-0-cookbook-fourth-edition/9781789956504
- Malware traffic analysis: https://www.malware-traffic-analysis.net
- Moloch: https://molo.ch/
- Chappell University: https://www.chappell-university.com/
- Cisco IOS NetFlow: https://www.cisco.com/c/en/us/products/ios-nx-os-software/ios-netflow/index.html

08

시스템 메모리 분석

사고 조사를 위한 디지털 포렌식 과업을 수행하는 법 집행 기관과 그 밖의 조직은 오랫동안 기기의 하드 드라이브에 들어 있는 증거에 초점을 둔 방법론에 많이 의존해 왔다. 즉 시스템의 전원을 끄고 이미징을 위해 하드 드라이브를 제거하라고 지시하는 절차들을 통해 말이다. 이 같은 방법론과 관련 절차들은 증거의 무결성 보장에 효과적이었는지 모르지만, 분석 대상인 시스템 메모리RAM나 임시 메모리 속에 담겨 있는 정보의 풍부성은 간과한 것이었다. 결국 사고 대응 분석자들은 증거의 무결성 유지를 위해 필요한 적절한 방법을 채택하고자 했을 뿐만 아니라 증거 가치가 있는 정보를 얻기 위한 플랫폼을 마련하고자 했다.

8장에서는 시스템 메모리 안에 존재하는 증거의 유형과 사고 대응 분석자가 이용 가능한 도구 및 기법을 중심으로 정보의 분석 방법을 살펴보고, 시스템이 어떻게 손상됐는지를 명확하게 이해해 본다. 또한 이러한 기법들은 네트워크 로그 파일 및 분석 대상 시스템에 위치한 파일과 같은 그 밖의 다른 증거들을 분석하는 경우에도 쓰일 수 있다.

다음은 8장에서 다룰 주요 주제들이다.

- **메모리 분석 개요**: 이 절에서는 메모리 분석을 통해 발견할 수 있는 핵심 데이터 포인터를 살펴본다.
- **메모리 분석 방법**: 사고 대응자가 필수 데이터를 추출할 수 있으려면 구조화된 접근이 중요하다.
- **Redline 메모리 분석**: 먼저 살펴볼 도구는 메모리 캡처를 검사하는 GUI 기반의 Mandiant Redline이다.
- **Volatility 메모리 분석**: 흔히 Volatility는 메모리 분석의 표본으로 여겨지는 명령행 도구로서 데이터 수집 및 분석을 위한 광범위한 기능을 갖고 있다.
- **Strings 메모리 분석**: 다른 도구들이 누락한 메모리 영역의 데이터를 추려낼 수 있는 간단하지만 효과적인 도구다.

8장을 마쳤을 때 사고 대응자는 데이터 포인트의 발견 및 분석, 그리고 후속 분석을 위한 그 밖의 증거의 추출 방법과 필수 도구들을 이해하게 될 것이다.

▌ 메모리 분석 개요

시스템 메모리 분석을 논할 때면 다음 2개의 용어가 상호 교환적으로 사용된다. RAM 그리고 메모리는 컴퓨터 내부의 시스템을 구성하는데, 응용 프로그램과 하드웨어가 동작하는 동안 응용 프로그램과 하드웨어가 사용한 데이터를 모아 두는 곳이다. RAM 그리고 메모리가 스토리지와 다른 점은 데이터의 휘발성에 있다. 대개 시스템 전원이 꺼지면 데이터는 사라지기 마련이다.

운영체제의 변화가 메모리 분석에 직접적인 영향을 줬던 사건은 64비트^{bit} OS의 출현이었다. 64비트 레지스터를 사용하면 OS에서 총 17,179,869,184GB의 메모리를 참조할 수 있다. 32비트 OS에서 이용했던 데이터 양에 비하면 몇 백만 배나 더 많은 양이다. 따라서 시스템이 동작할 때 RAM 안에 들어 있는 방대한 데이터는 사고 조사에 매우 도움이 된다. RAM 안에는 다음의 항목들이 들어 있다.

- 실행 프로세스
- 로드된 **동적 링크 라이브러리**^{DLL, Dynamic Link Libraries}
- 로드된 장치 드라이버
- 공개 레지스트리 키
- 네트워크 연결
- 명령 히스토리

시스템 메모리 분석에 대한 필요성이 증대되면서 분석자의 역량에 따라 사용이 가능한 도구들이 생겨났다. 8장에서는 이 세 가지 분석 도구에 집중할 것이다. 이들은 모두 오픈소스 또는 프리웨어 도구이며 쉽게 배치할 수 있다. 이 도구들을 통해 분석자는 시스템에 영향을 미친 익스플로잇^{exploit} 행위 및 악성 코드에 대해 정확하게 파악할 수 있다.

8장의 여러 곳에서 2개의 메모리 캡처가 활용될 것이다. 첫 번째 메모리 캡처는 Stuxnet 바이러스에 감염된 윈도우 시스템에서 가져온 것이다. 이 메모리 이미지는 다음 사이트에서 다운로드할 수 있다.

http://jonrajewski.com/data/Malware/stuxnet.vmem.zip.

두 번째 메모리 캡처는 Cridex 뱅킹 트로이 목마에 감염된 또 다른 윈도우 시스템에서 가져왔으며 http://files.sempersecurus.org/dumps/cridex_memdump.zip에서 다운로드할 수 있다. 이 2개의 악성 코드 감염은 비교적 오래됐지만, 앞으로 살펴볼 도구들의 특정 기능을 강조하는 데는 유용하다.

▌ 메모리 분석 방법론

시스템 메모리를 검사할 때 분석자는 방법론을 따라가는 것이 좋다. 이 방법론을 통해 모든 잠재적 증거를 밝혀 내고 증거를 사고 조사에 활용할 수 있다. 분석 방법들은 다양하다. 어떤 방법을 사용할지는 종종 사고의 유형에 따라 다르다. 예를 들어 악성 코드 감염에 대한 침해 지표indicators of compromise를 식별하기 위한 방법론은 많은 정보를 산출해 낼 수는 있지만, 만일 분석자가 다른 네트워크 소스의 의심되는 IP 주소로부터 증거를 얻은 경우라면 이는 최상의 접근법이 아니다.

메모리 분석의 주된 목표 중 하나는 악성 코드 감염이 의심되는 프로세스나 실행 파일을 식별하고 이를 추출해 조사하는 것이다. 8장에 수록된 자료 대부분은 12장, '사고 대응을 위한 악성 코드 분석'으로 이어지며, 12장에서 이 추출된 데이터를 심층 분석할 것이다.

SANS 6단계 방법론

SANS 연구소는 메모리 이미지 분석에 6단계 방법론을 사용한다. 이 절차는 악성 소프트웨어의 식별과 이것에 대한 접근 작업에 관한 전반적인 관찰에서부터 시작하도록 설계됐다. SANS 방법론은 다음과 같은 단계를 따른다.

1. **악성 프로세스 식별**identify rogue processes: 악성 코드는 주로 프로세스 뒤에 숨어 활동하기 때문에 겉으론 아무런 문제가 없어 보일 수 있다. 악성 코드의 활동을 밝혀 내려면 어떤 프로세스가 실행 중인지, 실행 중인 운영체제의 위치는 어디인지, 적법한 절차만을 사용하고 있는지를 파악해야 한다. 때로는 프로세스가 눈에 띄지 않게 숨겨져 있으며, 공격자들은 프로세스 이름에서 문자 하나만을 변경하기도 한다. 다른 경우에는 공격자들이 불법 소스로부터 프로세스를 실행하려고 시도한다.

2. **DLL 및 핸들**^{handle} **분석**: 하나 이상의 프로세스가 악성^{rogue}으로 식별됐다면 다음으로 계정 정보 등의 요소 및 프로세스에 관한 DLL 파일을 조사해야 한다. DLL 파일은 악성 코드 개발자가 자신의 행위를 숨기기 위한 방편으로 종종 활용된다. DLL 파일을 사용해 시스템을 손상시키는 기술에는 악성 코드 개발자가 악성 코드의 일부로 자신이 만든 악성 DLL 파일을 삽입하는 기술이 포함된다. 다른 기법으로는 프로세스에서 악성 DLL 중 하나에 대한 경로를 쓰는 DLL 인젝션^{injection}이 있다.

3. **네트워크 아티팩트**^{artifact} **검토**: 악성 코드 중에서도 특히 다단계식 악성 코드는 인터넷 연결이 필요하다. 완전히 침해된 시스템조차도 종종 C2 서버에 신호를 보낸다. 네트워크 연결이 활성화돼 있거나 수신 중인 경우 이러한 네트워크 연결은 해당 시스템의 메모리 내에 포함된다. 외부 호스트 IP 주소를 식별하면 발생한 손상 유형에 대한 정보를 얻을 수 있을 것이다.

4. **코드 인젝션**^{injection} **증거 찾기**: 상급 수준의 악성 코드 개발자는 메모리의 프로세스 할로잉^{process hollowing} 및 매핑되지 않은 절^{unmapped sections} 등의 기법을 자주 이용한다. 메모리 분석 도구는 이 같은 기법이 쓰였는지에 대한 증거를 발견하도록 돕는다.

5. **루트킷**^{rootkit}**의 징후 점검**: 끈질기게 지속하려는 속성은 대부분의 외부 위협자들이 가진 목표다. 만일 시스템의 초기 침해를 달성한다면 위협자들은 이제 그 침해를 유지하는 것이 중요하다. 결국 공격자들은 운영체제 내 깊숙이 침투한 루트킷이나 악성 코드를 통해 침해를 계속한다. 이 악성 코드를 통해 공격자는 탐지되지 않은 상태로 시스템에 대한 지속적인 액세스 권한을 가질 수 있다.

6. **의심스러운 프로세스 및 드라이버 덤프**^{dump}: 의심스러운 프로세스 또는 실행 파일의 위치를 파악했다면 해당 프로세스 또는 실행 파일을 확보해서 추가 분석을 실행한다.

다음으로 살펴볼 것은 네트워크 연결 방법론이다.

네트워크 연결 방법론

대부분의 사고에서 시스템의 손상을 알리는 첫 번째 징후는 외부 호스트에 대한 연결이 시도되고 있거나 연결이 완료된 것에서 찾을 수 있다. 방화벽이나 웹 프록시 같은 탐지 메커니즘은 의심스러운 외부 호스트가 시스템과의 통신을 시도하고 있음을 알려 줄 수 있다. 이를 시작점으로 시스템상의 잠재적 악성 코드의 식별이 가능해진다.

- **의심스러운 네트워크 연결**: 외부 연결과 관련돼 있는 호스트에서 네트워크 연결을 조사해 보면 통신을 시도하는 프로세스가 많다는 것을 알 수 있다.
- **프로세스 이름**: 네트워크 연결에서 프로세스를 조사함으로써 SANS 방법론이 제시한 것과 비슷한 작업들을 수행할 수 있다. 또한 식별된 프로세스가 네트워크 연결을 자주 요청하는지 여부를 확인해 보는 것이 좋다.
- **부모 프로세스 ID**: 부모 프로세스를 잘 이해하고 있다면 해당 프로세스가 기준에 맞는지, 또한 네트워크 연결을 통해 통신할 정당한 이유를 갖는지를 판단하는 데 도움이 된다.
- **연관된 엔티티**: 마지막으로 연관된 DLL 및 다른 아티팩트를 검토함으로써 이것들에 대한 획득과 분석의 단계로 들어설 수 있다.

이제 메모리 분석 도구들을 살펴보자.

메모리 분석 도구

메모리 이미지를 검토할 때 분석자들이 이용해 볼 만한 도구들이 몇 가지 있다. 사용 편의를 위한 GUI를 제공하는 도구들이 있는 반면, 어떤 도구들은 명령행을 통해 동작하고 스크립팅에 유용하다. 8장에서는 세 가지의 다른 도구들을 살펴볼 것이다. 그중 첫 번째 도구인 Mandiant Redline은 GUI 기반의 메모리 분석 도구로, 메모리 이미지에서 불량 프로세스의 징후를 검사하고 여러 요인을 기반으로 평가해 점수를 부여한다. 두 번째 소개할 도구는 Volatility로 메모리 이미지의 세부 사항을 조사하고 잠재적인 악성 코드를 식별할 수 있는 명령행 도구다. 마지막으로 리눅스에서 사용할 수 있는 Strings 유틸리티를 알아본다. Strings는 GREP을 통한 키워드 검색을 허용하기 때문에 사고 대응자는 다른 도구들을 통해서 손쉽게 파악할 수 없는 IOC를 식별할 수 있다.

▌ Redline 메모리 분석

Mandiant Redline는 분석자가 자신의 툴킷에 반드시 포함시켜야 할 강력한 도구다. 이도구는 마이크로소프트 윈도우의 응용 프로그램으로서 메모리 이미지 분석을 위한 다채로운 기능의 플랫폼을 제공한다. Redline은 비록 앞서 다뤘던 도구들의 메모리 캡처를 작업 대상으로 하지만, 메모리 수집기 생성 기능도 갖고 있다. 또한 이미 발견된 **침해 지표**IOC, Indicators of Compromise를 활용해 검사를 돕는 기능도 있다. Redline은 https://www.fireeye.com/services/freeware/redline.html에서 다운로드할 수 있다. 다운로드 패키지에는 마이크로소프트의 Self Installer가 포함돼 있다.

Redline 분석 절차

Stuxnet 메모리 캡처를 이용해서 Redline의 주요 기능들을 설명하기로 한다. 분석을 위해 다음의 단계들을 따른다.

1. 마이크로소프트의 Self Installer로 Redline을 설치한다.

2. 설치 완료 후 아이콘을 더블 클릭하면 다음과 같은 창이 나타난다. Collect Data와 Analyze Data 두 가지 카테고리로 구분된 옵션이 보인다. 여기서는 Stuxnet 메모리 캡처를 분석할 것이다.

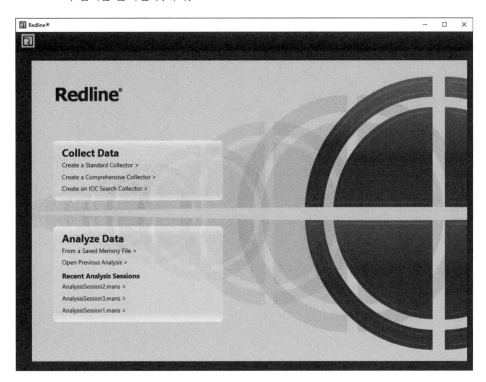

3. Analyze Data 카테고리 안의 From Saved Memory File을 클릭한다. 이제 두 번째 창이 열릴 것이다. Location of Saved Memory Image 이하에서 메모리 파일의 위치로 이동한다. Next를 클릭한다.

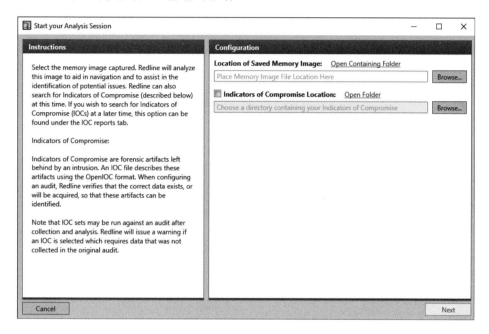

4. 메모리 파일이 로드되면 Redline에서 생성될 세션 파일명을 입력한다. 여기에서 사용할 파일명은 Stuxnet Analysis다. 또한 이 분석 세션의 모든 데이터를 담을 폴더를 선택한다. 각각의 분석 작업이 분리되도록 각 세션마다 별도의 폴더를 만드는 것이 좋다. 여러 개의 시스템을 검사하는 경우에 증거가 혼합될 위험을 줄일 수 있다. 이와 같은 매개 변수들의 설정이 완료되면 OK를 클릭한다.

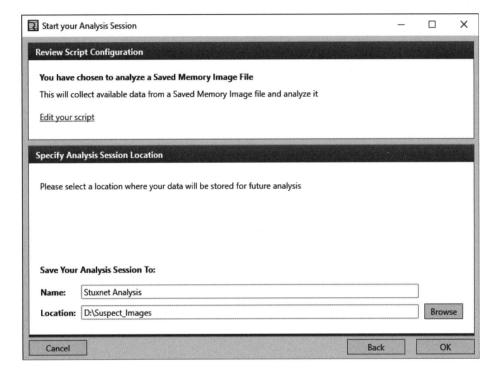

5. Redline은 이제 데이터를 분석용 포맷으로 변환하는 절차를 시작할 것이다. 이미지 크기에 따라 몇 분이 걸릴 수 있다.

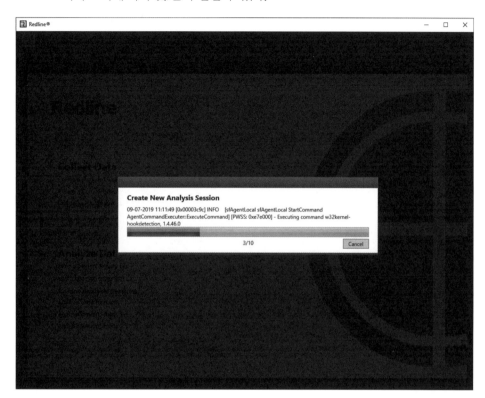

6. 분석 세션session을 생성하면 다음과 같은 창이 나타난다. 메모리 이미지에 어떤 다른 정보도 담겨 있지 않다면 I am Investigating a Host Based on an External Investigative Lead라고 쓰여 있는 절section을 클릭한다.

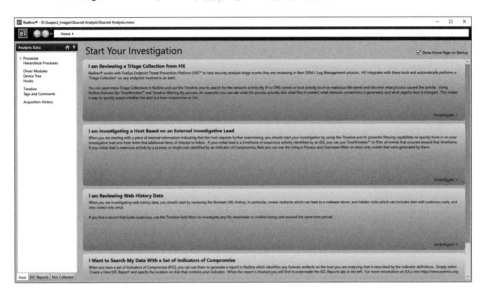

7. 다음의 창은 상세한 분석 결과를 보여 준다.

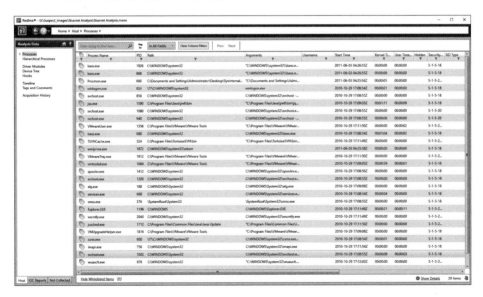

다음으로 살펴볼 내용은 Redline 프로세스 분석이다.

Redline 프로세스 분석

메모리 이미지의 처리가 완료되면 메인 페이지에는 메모리 이미지가 확보될 당시 실행 중인 프로세스의 목록이 전부 표시된다. 여기에는 프로세스의 전체 경로, 프로세스 이름, **프로세스 식별**PID, Process Identification 번호가 포함돼 있다.

현재 프로세스를 살펴보면 **1928, 868, 680**의 PID를 사용하는 3개의 lsass.exe 프로세스가 있다는 사실을 알 수 있다. 복수의 lsass.exe 항목들은 악성 코드가 동작한다는 지표가 될 수 있으므로 의심스러워 보인다.

lsass.exe	1928	C:\WINDOWS\system32	"C:\WINDOWS\\system32\\lsass.exe"
lsass.exe	868	C:\WINDOWS\system32	"C:\WINDOWS\\system32\\lsass.exe"
Procmon.exe	660	C:\Documents and Settings\Administrator\Desktop\Sysinternal...	"C:\Documents and Settings\Administrator\Deskto...
winlogon.exe	624	\??\C:\WINDOWS\system32	winlogon.exe
svchost.exe	856	C:\WINDOWS\system32	C:\WINDOWS\system32\svchost -k DcomLaunch
jqs.exe	1580	C:\Program Files\Java\jre6\bin	"C:\Program Files\Java\jre6\bin\jqs.exe" -service -c...
svchost.exe	1080	C:\WINDOWS\system32	C:\WINDOWS\system32\svchost.exe -k NetworkSe...
svchost.exe	940	C:\WINDOWS\system32	C:\WINDOWS\system32\svchost -k rpcss
VMwareUser.exe	1356	C:\Program Files\VMware\VMware Tools	"C:\Program Files\VMware\VMware Tools\VMware...
lsass.exe	680	C:\WINDOWS\system32	C:\WINDOWS\system32\lsass.exe

한편 Redline은 부모 프로세스와 관련된 프로세스들에 대한 검토 기능이 있다. 사고 대응자는 이러한 계층적 프로세스를 통해 프로세스가 실행된 경로를 파악할 수 있다. 해당 기능은 메모리 조사 시 불법적이거나 불량 프로세스의 증거를 확인할 때 유용하다. Analysis Data의 왼쪽 패널에서 Hierarchical Processes를 클릭한다. 이제 부모 프로세스와 관련된 프로세스들이 표시되도록 보기가 변경된다.

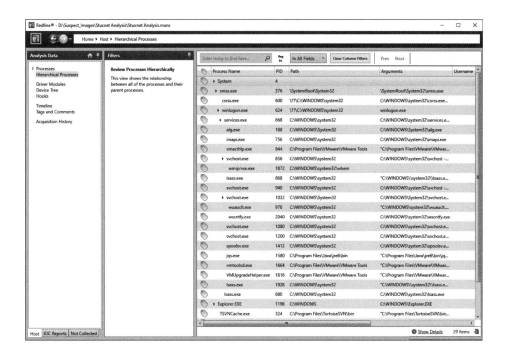

프로세스를 검토해 보면 프로세스 ID가 680, 868, 1928인 2개의 1ass.exe 인스턴스가 표시된다. 하나일 것으로 예상된 1sass.exe 프로세스가 3개가 있다는 점이 의심스럽다. 왜냐하면 1sass.exe는 스푸핑될 수 있는데 이를 악성 코드 프로그래머가 종종 악용하기 때문이다.

이제 ID 680을 사용한 lsass.exe 프로세스를 좀 더 상세히 분석해 보자. 해당 프로세스를 두 번 클릭하면 다음 창이 나타난다.

Process Information

Process:	lsass.exe (680)
Parent:	winlogon.exe (624)
Path:	C:\WINDOWS\system32
Arguments:	C:\WINDOWS\system32\lsass.exe
Start Time:	2010-10-29 17:08:54Z
Kernel Time Elapsed:	00:01:04
User Time Elapsed:	00:00:02
Hidden:	Not Available

User Information

Username:	Not Available
Security ID:	S-1-5-18
Security Type:	Not Available

이 확장된 프로세스 정보를 살펴보면, 해당 프로세스가 System32 폴더의 winlogon.exe 프로세스에 의해 생성됐음을 알 수 있다. 예상대로라면 이 프로세스는 의심스러운 동작이 아니다. 그러나 하나의 lsass.exe 프로세스만 존재해야 했다는 점에서 의심이 가는 정황이 생겼으므로 다른 2개의 lsass.exe 프로세스도 추가로 검사해 보기로 한다. PID가 868인 lass.exe는 services.exe의 부모 프로세스로 실행된 것으로 보인다.

Process Information

Process:	lsass.exe (868)
Parent:	services.exe (668)
Path:	C:\WINDOWS\system32
Arguments:	"C:\WINDOWS\\system32\\lsass.exe"
Start Time:	2011-06-03 04:26:55Z
Kernel Time Elapsed:	00:00:00
User Time Elapsed:	00:00:00
Hidden:	Not Available

User Information

Username:	Not Available
Security ID:	S-1-5-18
Security Type:	Not Available

PID 1928을 사용한 lsass.exe에서도 결과는 동일하다.

Process Information

Process:	lsass.exe (1928)
Parent:	services.exe (668)
Path:	C:\WINDOWS\system32
Arguments:	"C:\WINDOWS\\system32\\lsass.exe"
Start Time:	2011-06-03 04:26:55Z
Kernel Time Elapsed:	00:00:00
User Time Elapsed:	00:00:00
Hidden:	Not Available

User Information

Username:	Not Available
Security ID:	S-1-5-18
Security Type:	Not Available

현 단계에서는 이 시스템에 여러 개의 lsass.exe 프로세스가 있는 것으로 나타났으며, 이
자체가 의심이 가는 상황이다. 이 절차의 다음 단계는 추가 조사를 위해서 3개의 프로세
스 전부에 대한 주소 공간address space을 덤프한다. 프로세스를 마우스 오른쪽 버튼으로 클
릭하면 다음과 같은 창이 열린다.

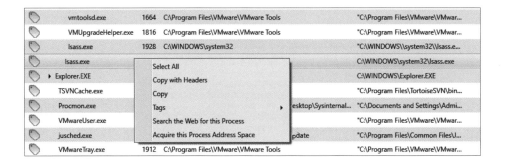

Acquire this Process Address Space를 클릭한다. 이제 Redline은 아래와 같은 분석 데이
터를 담고 있는 디렉터리 내부의 별도의 zip 폴더에 해당 파일과 관련된 파일을 획득해
덤프한다.

AcquiredFiles	9/8/2019 9:00 AM	Compressed (zipp...	5,321 KB
ReadMe (ContainsSafeAcquisitionZipPas...	9/8/2019 9:00 AM	Text Document	1 KB

세 가지 lass.exe 프로세스가 모두 의심되므로 이들 전부에 대해 수행한다. 이제 주소 공간 관련 파일을 분석할 수 있다. 이 사안은 12장, '사고 대응을 위한 악성 코드 분석'에서 다룰 예정이므로 파일 분석도 12장에서 실시한다.

 Redline은 획득한 파일을 로컬 시스템 디렉터리로 보낸다. 파일에 악성 코드가 포함됐을 수 있으므로 시스템의 바이러스 백신에서 해당 디렉터리에 대한 파일 제외가 설정돼 파일이 격리되지 않도록 한다. 또한 시스템에 악성 파일이 배치될 가능성이 있으므로 이 프로세스를 사용할 때 시스템이 감염되지 않도록 각별히 주의한다.

8장에서는 Redline의 기능을 살펴봤다. Redline은 프로세스를 식별하고 이와 관련된 데이터를 추출할 수 있을 뿐만 아니라 네트워크 연결, 프로세스와 관련된 DLL 파일 등의 각기 다른 주요 데이터 포인트를 식별하고 타임라인 뷰에서 프로세스를 보여 주는 기능을 갖고 있다. 다음 절에서는 오픈소스 명령행 도구인 Volatility를 사용해 위와 같은 데이터 포인트를 추출하는 방법을 설명한다.

▌ Volatility 메모리 분석

Volatility는 오픈소스 기반의 고급 메모리 포렌식 프레임워크다. Volatility 파이썬 스크립트는 이 프레임워크의 주요 도구이며 다양한 플러그인을 사용해 메모리 이미지를 분석할 수 있다. 따라서 Volatility는 파이썬을 지원하는 어떤 운영체제에서도 실행할 수 있다. 또한 Volatility는 윈도우 XP부터 윈도우 서버 2016까지의 윈도우, 맥OS 및 일반적인 리눅스 배포판 등 흔히 배포되는 운영체제의 메모리 이미지 파일에서 활용할 수 있다.

Volatility에 사용 가능한 플러그인들은 다양하며 계속적으로 개발되고 있다. 시스템 메모리 조사를 위해 여러 플러그인들을 테스트함으로써 사고 대응자가 적절한 분석을 수행할 수 있는 충분한 정보를 갖고 있는지 확인한다. 그러나 Volatility를 이용하기 전에 소프트웨어가 최신 상태인지 확인하고, 새로운 플러그인을 탐색해 진행 중인 사고 조사에 적용 가능한지 여부를 살펴보는 것이 좋다.

Volatility 설치

Volatility는 리눅스, 윈도우, 맥OS에서 모두 사용할 수 있다. OS별 설치 방법은 https://www.volatilityfoundation.org/releases에서 확인 가능하다. 이 책에서는 윈도우 10 OS에서 사용할 수 있는 리눅스 우분투^{Ubuntu} 하위 시스템에 Volatility가 설치됐다. 다음의 명령은 우분투 하위 시스템에 Volatility를 설치할 뿐만 아니라 그 밖의 리눅스 OS에도 Volatility를 설치할 수 있다.

```
dfir@Desktop-SFARF6G~$ sudo apt-get install volatility
```

설치가 완료되면 모든 경로에서 Volatility 응용 프로그램을 실행할 수 있다.

Volatility 다루기

기본적으로 Volatility 문법은 각각의 명령들로 이뤄진다. 첫 번째 명령은 분석 중인 메모리 이미지를 나타낸다. 두 번째는 메모리 이미지의 프로파일이다. 메모리 주소의 지정 방법은 각각의 OS마다 다르다. 프로파일은 Volatility가 알맞은 데이터를 찾을 수 있도록 특정 메모리 영역을 지정한다. 세 번째 부분은 Volatility가 접근할 정보를 지정하는 플러그인이다. 다음은 Volatility 명령 문법의 예시다.

```
dfir@Desktop-SFARF6G~$ volatility -f memoryimage.mem -profile=Win7SP1x64 plugin
```

Volatility를 PID로 지정하거나 결과를 텍스트 파일로 출력하는 등의 여러 가지 옵션을 선택할 수 있다. 플러그인에 관한 정보는 Volatility 깃허브 페이지, https://github.com/volatilityfoundation/volatility/wiki/Command−Reference에서 확인할 수 있다.

 이 Volatility 절은 앞서 설명한 Cridex 메모리 이미지를 작업 대상으로 한다. Cridex 메모리 이미지는 알려진 감염된 이미지이지만, Volatility로 얻을 수 있는 데이터에 대한 이해를 돕고자 알려진 콘텍스트를 제공한다. 사용 편의를 위해서 다음 예제에서는 메모리 이미지의 이름이 cridex_laptop.mem로 변경됐다.

Volatility 이미지 정보

시스템 메모리에 대한 세부 조사를 수행하기 전에 완료돼야 할 한 가지 중요한 예비 단계는 조사 중인 시스템의 OS를 정확하게 판단하는 것이다. 분석자가 OS를 확신하더라도 Volatility의 imageinfo 플러그인으로 메모리 이미지를 실행해 보는 것은 여전히 모범적인 실무다. 이 플러그인의 출력으로 사용 가능한 다른 플러그인을 활용하는 데 있어서 중요한 역할을 하게 될 메모리 이미지의 잠재적 프로파일을 식별할 수 있다. 다음과 같은 명령을 사용한다.

```
dfir@Desktop-SFARF6G~$ volatility -f cridex_laptop.mem imageinfo
```

Volatility는 다음과 같이 최상의 결과를 얻을 가능성이 가장 높은 프로파일이 WinXPSP
2x86이라는 결과를 출력한다.

```
Volatility Foundation Volatility Framework 2.6
INFO     : volatility.debug    : Determining profile based on KDBG search...
                Suggested Profile(s) : WinXPSP2x86, WinXPSP3x86 (Instantiated with WinXPSP2x86)
                          AS Layer1 : IA32PagedMemoryPae (Kernel AS)
                          AS Layer2 : FileAddressSpace (/mnt/d/Suspect_Images/cridex_laptop.mem)
                          PAE type : PAE
                               DTB : 0x2fe000L
                              KDBG : 0x80545ae0L
                Number of Processors : 1
        Image Type (Service Pack) : 3
                    KPCR for CPU 0 : 0xffdff000L
              KUSER_SHARED_DATA : 0xffdf0000L
              Image date and time : 2012-07-22 02:45:08 UTC+0000
        Image local date and time : 2012-07-21 22:45:08 -0400
```

이제 Volatility 프로세스 분석으로 넘어가 보자.

Volatility 프로세스 분석

Redline 절에서 설명한 것처럼 첫 번째 플러그인은 메모리 캡처 시 시스템에서 실행되는
프로세스에 대한 데이터를 제공하는 플러그인이라고 할 수 있다. 분석 목표는 의심스러워
보이는 프로세스와 이와 관련된 모든 데이터를 식별해 내는 것이다.

프로세스 목록

먼저 pslist에 대해 살펴보자. pslist 명령은 메모리에서 실행 중인 현재 프로세스를 나
열한다. 이 플러그인은 오프셋, 프로세스 이름, PID, 스레드 및 핸들 개수, 프로세스의 시
작과 종료 날짜, 시간을 출력한다. pslist 플러그인은 PsActiveProcessHead로 표시된 이중
연결 목록을 따르기 때문에 숨겨지거나 연결되지 않은 프로세스를 감지할 수 없다. 플러
그인을 실행하려면 명령 프롬프트에 다음과 같이 입력한다.

dfir@Desktop-SFARF6G~$ volatility -f cridex_laptop.mem -profile=WinXPSP2x86 pslist

위 명령은 다음과 같은 출력을 생성한다.

```
Volatility Foundation Volatility Framework 2.6
Offset(V)   Name                  PID   PPID   Thds    Hnds   Sess  Wow64 Start
----------  --------------------  ----  ----   ----    ----   ----  ----- -----
0x823c89c8  System                   4      0     53     240  ------     0
0x822f1020  smss.exe               368      4      3      19  ------     0 2012-07-22 02:42:31 UTC+0000
0x822a0598  csrss.exe              584    368      9     326       0     0 2012-07-22 02:42:32 UTC+0000
0x82298700  winlogon.exe           608    368     23     519       0     0 2012-07-22 02:42:32 UTC+0000
0x81e2ab28  services.exe           652    608     16     243       0     0 2012-07-22 02:42:32 UTC+0000
0x81e2a3b8  lsass.exe              664    608     24     330       0     0 2012-07-22 02:42:32 UTC+0000
0x82311360  svchost.exe            824    652     20     194       0     0 2012-07-22 02:42:33 UTC+0000
0x81e29ab8  svchost.exe            908    652      9     226       0     0 2012-07-22 02:42:33 UTC+0000
0x823001d0  svchost.exe           1004    652     64    1118       0     0 2012-07-22 02:42:33 UTC+0000
0x821dfda0  svchost.exe           1056    652      5      60       0     0 2012-07-22 02:42:33 UTC+0000
0x82295650  svchost.exe           1220    652     15     197       0     0 2012-07-22 02:42:35 UTC+0000
0x821dea70  explorer.exe          1484   1464     17     415       0     0 2012-07-22 02:42:36 UTC+0000
0x81eb17b8  spoolsv.exe           1512    652     14     113       0     0 2012-07-22 02:42:36 UTC+0000
0x81e7bda0  reader_sl.exe         1640   1484      5      39       0     0 2012-07-22 02:42:36 UTC+0000
0x820e8da0  alg.exe                788    652      7     104       0     0 2012-07-22 02:43:01 UTC+0000
0x821fcda0  wuauclt.exe           1136   1004      8     173       0     0 2012-07-22 02:43:46 UTC+0000
0x8205bda0  wuauclt.exe           1588   1004      5     132       0     0 2012-07-22 02:44:01 UTC+0000
```

생성된 출력에서 당장 수상한 점은 눈에 띄지 않는다. 다만 흥미로운 것은 reader_sl.exe 실행 파일이다. 이 파일은 다른 프로세스와는 달리 파일 명명 규칙이 두드러져 보인다. 파일이 악성임을 보여 주는 정확한 데이터는 없으나 조금 더 검토가 필요해 보인다.

프로세스 검사

psscan은 종료된 프로세스를 검사할 수 있는 유용한 플러그인이다. 앞서 설명한 것처럼 pslist는 활성 프로세스만을 보여 준다. 반면 psscan은 연결이 해제됐거나 숨겨져 왔던 프로세스를 검사함으로써 루트킷 가능성에 대한 데이터를 제공할 수 있다. 다음과 같은 명령을 입력하면 플러그인이 실행된다.

```
dfir@Desktop-SFARF6G~$ volatility -f cridex_laptop.mem -profile=WinXPSP2x86 psscan
```

위 명령은 다음과 같은 출력을 생성한다.

```
Volatility Foundation Volatility Framework 2.6
Offset(P)            Name              PID   PPID PDB        Time created
------------------ ------------------ ------ ---- ---------- ------------------------------
0x0000000002029ab8 svchost.exe          908   652 0x079400e0 2012-07-22 02:42:33 UTC+0000
0x000000000202a3b8 lsass.exe            664   608 0x079400a0 2012-07-22 02:42:32 UTC+0000
0x000000000202ab28 services.exe         652   608 0x07940080 2012-07-22 02:42:32 UTC+0000
0x000000000207bda0 reader_sl.exe       1640  1484 0x079401e0 2012-07-22 02:42:36 UTC+0000
0x000000000020b17b8 spoolsv.exe        1512   652 0x079401c0 2012-07-22 02:42:36 UTC+0000
0x0000000000225bda0 wuauclt.exe        1588  1004 0x07940200 2012-07-22 02:44:01 UTC+0000
0x00000000022e8da0 alg.exe              788   652 0x07940140 2012-07-22 02:43:01 UTC+0000
0x0000000023dea70 explorer.exe        1484  1464 0x079401a0 2012-07-22 02:42:36 UTC+0000
0x0000000023dfda0 svchost.exe         1056   652 0x07940120 2012-07-22 02:42:33 UTC+0000
0x0000000023fcda0 wuauclt.exe         1136  1004 0x07940180 2012-07-22 02:43:46 UTC+0000
0x0000000002495650 svchost.exe        1220   652 0x07940160 2012-07-22 02:42:35 UTC+0000
0x0000000002498700 winlogon.exe        608   368 0x07940060 2012-07-22 02:42:32 UTC+0000
0x000000000024a0598 csrss.exe          584   368 0x07940040 2012-07-22 02:42:32 UTC+0000
0x000000000024f1020 smss.exe           368     4 0x07940020 2012-07-22 02:42:31 UTC+0000
0x00000000025001d0 svchost.exe        1004   652 0x07940100 2012-07-22 02:42:33 UTC+0000
0x0000000002511360 svchost.exe         824   652 0x079400c0 2012-07-22 02:42:33 UTC+0000
0x0000000025c89c8 System                 4     0 0x002fe000
```

해당 플러그인의 출력을 살펴보면 어떤 추가 프로세스도 종료된 것이 나타나지 않는다. 그렇다면 이제 악성으로 의심됐던 기존 프로세스들에 대한 조사를 시작해 보자.

프로세스 트리

Redline 절에서 살펴봤듯이 부모 프로세스 아래에서 실행되고 있는 자식 프로세스를 검토해야 할 때가 있다. 정상적인 부모 프로세스가 아닌 외부에서 실행되는 프로세스가 식별된다면 시스템이 침해되고 있음을 보여 주는 지표가 될 수 있다. pstree 플러그인은 부모 프로세스가 잠재적으로 의심되는 프로세스를 실행하고 있는지를 식별하도록 조사자에게 트리 구조를 제공해 준다. 다음과 같은 명령을 사용하면 Cridex 이미지가 pstree 플러그인에서 실행된다.

```
dfir@Desktop-SFARF6G~$ volatility -f cridex_laptop.mem -profile=WinXPSP2x86 pstreee
```

산출된 결과는 다음과 같다.

```
Volatility Foundation Volatility Framework 2.6
Name                              Pid   PPid   Thds   Hnds Time
-------------------------------- ----- ------ ------ ----- ----
 0x823c89c8:System                   4      0     53    240 1970-01-01 00:00:00 UTC+0000
. 0x822f1020:smss.exe              368      4      3     19 2012-07-22 02:42:31 UTC+0000
.. 0x82298700:winlogon.exe         608    368     23    519 2012-07-22 02:42:32 UTC+0000
... 0x81e2ab28:services.exe        652    608     16    243 2012-07-22 02:42:32 UTC+0000
.... 0x821dfda0:svchost.exe       1056    652      5     60 2012-07-22 02:42:33 UTC+0000
.... 0x81eb17b8:spoolsv.exe       1512    652     14    113 2012-07-22 02:42:36 UTC+0000
.... 0x81e29ab8:svchost.exe        908    652      9    226 2012-07-22 02:42:33 UTC+0000
.... 0x823001d0:svchost.exe       1004    652     64   1118 2012-07-22 02:42:33 UTC+0000
..... 0x8205bda0:wuauclt.exe      1588   1004      5    132 2012-07-22 02:44:01 UTC+0000
..... 0x821fcda0:wuauclt.exe      1136   1004      8    173 2012-07-22 02:43:46 UTC+0000
.... 0x82311360:svchost.exe        824    652     20    194 2012-07-22 02:42:33 UTC+0000
.... 0x820e8da0:alg.exe            788    652      7    104 2012-07-22 02:43:01 UTC+0000
.... 0x82295650:svchost.exe       1220    652     15    197 2012-07-22 02:42:35 UTC+0000
... 0x81e2a3b8:lsass.exe           664    608     24    330 2012-07-22 02:42:35 UTC+0000
. 0x822a0598:csrss.exe             584    368      9    326 2012-07-22 02:42:32 UTC+0000
 0x821dea70:explorer.exe          1484   1464     17    415 2012-07-22 02:42:36 UTC+0000
. 0x81e7bda0:reader_sl.exe        1640   1484      5     39 2012-07-22 02:42:36 UTC+0000
```

세 가지 플러그인의 결과를 분석해 보면 흥미로운 항목이 보인다. PID 1640은 reader_
sl.exe 실행 파일과 연결돼 있다. 사고 대응자는 PID 1640이 실행돼야 할 응용프로그램으
로 보이지 않는다는 사실 때문에 이 항목에 주목하게 된다. 또한 부모 PID는 윈도우 익스
플로러Windows Explorer를 통해 실행됐다는 사실을 알 수 있다.

```
0x821dea70:explorer.exe                      1484      1464
 0x81e7bda0:reader_sl.exe                    1640      1484
```

따라서 사고 대응자는 기존 프로세스 데이터를 로드된 DLL 및 기타 보조 데이터와 같은
추가 데이터로 보완할 수 있다.

DLL 리스트

한편 사고 대응자는 프로세스와 관련돼 로드된 DLL 파일 역시 점검할 수 있다. 이에 따라
로드된 DLL 파일이 실행될 당시 의심스러운 프로세스가 이 DLL 파일에 접근했는지 파악
할 수 있다. 만일 의심되는 프로세스로 보이는 PID 1640과 관련된 DLL 파일을 검사하고
싶다면 다음과 같은 명령을 실행해 보자.

```
dfir@Desktop-SFARF6G~$ volatility -f cridex_laptop.mem -profile=WinXPSP2x86
-p 1640 dlllist
```

다음과 같은 출력이 생성된다.

이 출력은 reader_sl.exe 프로세스의 일부분으로서 복수의 DLL 파일이 존재한다는 것을
보여 준다. 8장의 후반부에서 이 DLL 파일을 좀 더 자세히 살펴본다.

handles 플러그인

handles 플러그인은 기존 프로세스에서 열려 있는 핸들의 유형을 보여 준다. 이러한 핸들
은 운영체제에서 관리하는 리소스에 대한 참조다. 이 데이터는 사고 대응자에게 사용 중
인 응용프로그램 또는 프로세스의 특정 메모리 블록에 대한 이해를 제공한다. 레지스트리
키와 해당 프로세스와 관련된 파일을 포함한 다양한 정보가 핸들에 들어 있다. 이전에 확
인한 바 있는 PID 1640의 열린 핸들을 식별하고자 다음과 같은 명령이 사용된다.

```
dfir@Desktop-SFARF6G~$ volatility -f cridex_laptop.mem -profile=WinXPSP2x86
-p 1640 handles
```

명령에 따라 다음과 같은 출력이 생성된다.

```
Volatility Foundation Volatility Framework 2.6
Offset(V)      Pid    Handle    Access    Type              Details
----------     ----   -------   -------   --------------    --------------
0xe10096e0     1640   0x4       0xf0003   KeyedEvent        CritSecOutOfMemoryEvent
0xe150c078     1640   0x8       0x3       Directory         KnownDlls
0x22118f8      1640   0xc       0x100020  File              \Device\HarddiskVolume1\Documents and Settings\Robert
0x82210d08     1640   0x10      0x100020  File              \Device\HarddiskVolume1\WINDOWS\WinSxS\x86_Microsoft.VC80.CRT_1fc8b3b9a1e10e3b_8.0.50727.762_x-ww_6b12d700
0xe14916d0     1640   0x14      0xf000f   Directory         Windows
0xe1c6a588     1640   0x18      0x21f0001 Port
0x8219d410     1640   0x1c      0x21f0003 Event
0x8206a2a0     1640   0x20      0xf037f   WindowStation     WinSta0
0x822f8168     1640   0x24      0xf01ff   Desktop           Default
0x8205a280     1640   0x28      0xf037f   WindowStation     WinSta0
0x823112b0     1640   0x2c      0x100003  Semaphore
0x82234dd0     1640   0x30      0x100003  Semaphore
0xe1c042d0     1640   0x34      0x20f003f Key               MACHINE
0xe26ce300     1640   0x38      0x3       Directory         BaseNamedObjects
0x8213d0e0     1640   0x3c      0x21f0003 Semaphore         shell.{A48F1A32-A340-11D1-BC6B-00A0C90312F1}
0xe1835648     1640   0x40      0x20f003f Key               USER\S-1-5-21-789336058-261478967-1417001333-1003
0x820d2f28     1640   0x44      0x100020  File              \Device\HarddiskVolume1\WINDOWS\WinSxS\x86_Microsoft.Windows.Common-Controls_6595b64144ccf1df_6.0.2600.5512_x-ww_35d4ce83
0xe1c72300     1640   0x48      0x1f0001  Port
0xe17d3938     1640   0x4c      0x4       Section
0x81de30c8     1640   0x50      0x1f0003  Event
0x8229249c9    1640   0x54      0x1f03ff  Thread            TID 1640 PID 1640
0x821d5728     1640   0x58      0x1f0003  Event
0x82196418     1640   0x5c      0x1f0003  Event
0x82b0022e0    1640   0x60      0x1f0003  Event
0x82002a18     1640   0x64      0x1f0003  Event
0x82329234c8   1640   0x68      0x1f03ff  Thread            TID 1640 PID 1640
0x821dc270     1640   0x6c      0x100003f File              \Device\X6ecDD
0xe1c5cfb0     1640   0x70      0x10      Key               USER\S-1-5-21-789336058-261478967-1417001333-1003\SOFTWARE\MICROSOFT\WSH\8149A9A8
0xe1c6c030     1640   0x74      0x1f      Token
0x81de1e60     1640   0x78      0x1f0003  Event
0x81da2e00     1640   0x7c      0x1f0003  IoCompletion
0x81de3c70     1640   0x80      0x1f0003  IoCompletion
0x81d62e00     1640   0x84      0x1f0003  IoCompletion
0x822fdb00     1640   0x88      0x1f0001  Mutant            XM0000000668
0x822d0d98     1640   0x8c      0x1f0003  Event             XME00000668
0xe154db20     1640   0x90      0x10      Key               USER\S-1-5-21-789336058-261478967-1417001333-1003\SOFTWARE\MICROSOFT\WSH\9D88CFAD
0x820fd260     1640   0x94      0x1f0003  Semaphore         shell.{210A4BA0-3AEA-1069-A2D9-08002B303090}
0x81e9d708     1640   0x98      0x1f0001  Mutant            XMRR8149A9A8
0x81e1d3c0     1640   0x9c      0x1f0003  Event
```

이 출력에서 알 수 있듯이 의심되는 프로세스에는 복수의 열려 있는 핸들 프로세스, 스레드, 레지스트리 키가 있다. 이것들은 한 걸음 더 진전된 중요 데이터 포인트가 될 수 있으며, reader_sl.exe 실행 파일의 동작에 대한 지표들을 제공한다.

LDR 모듈

악성 코드 개발자는 통상적으로 악성 코드의 활동을 감추려고 한다. 이 악성 코드 개발자가 시도하는 기법 중 한 가지는 악성 코드와 관련된 DLL 파일을 은폐하는 것이다. 이 기법은 의심받을 만한 DLL을 PEB^{Process Environment Block}로부터 연결 해제함으로써 수행할 수 있다. 이것은 겉으로는 약간의 위장을 할 수는 있지만, VAD^{Virtual Address Descriptor} 내에는 DLL의 존재에 대한 추적 증거가 여전히 남아 있다. VAD는 DLL 파일의 기본 주소와 전체 경로를 식별하는 메커니즘이다. ldrmodules 플러그인은 프로세스 목록을 비교해 이 목록이 PEB에 들어 있는지 판단한다. 다음 명령은 Cridex 이미지 파일에 대한 ldrmodules를 실행하도록 만든다.

```
dfir@Desktop-SFARF6G~$ volatility -f cridex_laptop.mem -profile=WinXPSP2x86
-p 1640 ldrmodules
```

명령에 따라 다음과 같은 출력이 생성된다.

```
Volatility Foundation Volatility Framework 2.6
Pid     Process          Base        InLoad InInit InMem MappedPath
------  -------------    ----------  ------ ------ ----- -----------
  1640 reader_sl.exe     0x00400000  True   False  True  \Program Files\Adobe\Reader 9.0\Reader\reader_sl.exe
  1640 reader_sl.exe     0x7c800000  True   True   True  \WINDOWS\system32\kernel32.dll
  1640 reader_sl.exe     0x773d0000  True   True   True  \WINDOWS\WinSxS\x86_Microsoft.Windows.Common-Controls_6
  1640 reader_sl.exe     0x7c420000  True   True   True  \WINDOWS\WinSxS\x86_Microsoft.VC80.CRT_1fc8b3b9a1e18e3b
  1640 reader_sl.exe     0x5d090000  True   True   True  \WINDOWS\system32\comctl32.dll
  1640 reader_sl.exe     0x77f60000  True   True   True  \WINDOWS\system32\shlwapi.dll
  1640 reader_sl.exe     0x77f10000  True   True   True  \WINDOWS\system32\gdi32.dll
  1640 reader_sl.exe     0x78130000  True   True   True  \WINDOWS\WinSxS\x86_Microsoft.VC80.CRT_1fc8b3b9a1e18e3b
  1640 reader_sl.exe     0x71aa0000  True   True   True  \WINDOWS\system32\ws2help.dll
  1640 reader_sl.exe     0x77e70000  True   True   True  \WINDOWS\system32\rpcrt4.dll
  1640 reader_sl.exe     0x71ab0000  True   True   True  \WINDOWS\system32\ws2_32.dll
  1640 reader_sl.exe     0x7c9c0000  True   True   True  \WINDOWS\system32\shell32.dll
  1640 reader_sl.exe     0x77dd0000  True   True   True  \WINDOWS\system32\advapi32.dll
  1640 reader_sl.exe     0x77fe0000  True   True   True  \WINDOWS\system32\secur32.dll
  1640 reader_sl.exe     0x7e410000  True   True   True  \WINDOWS\system32\user32.dll
  1640 reader_sl.exe     0x7c900000  True   True   True  \WINDOWS\system32\ntdll.dll
  1640 reader_sl.exe     0x77c10000  True   True   True  \WINDOWS\system32\msvcrt.dll
  1640 reader_sl.exe     0x5ad70000  True   True   True  \WINDOWS\system32\uxtheme.dll
```

출력의 상단에 흥미로운 항목이 드러난다.

```
0x00400000 True   False  True  \Program Files\Adobe\Reader 9.0\Reader\reader_sl.exe
```

이 출력의 reader_sl.exe 프로세스는 DLL 파일에 관한 이슈가 있음을 보여 준다. 해당 프로세스가 의심되는 이유는 첫 번째 항의 InInit 열에 있는 False 표시 때문이다. 이는 실행 파일이 DLL 파일과의 연결을 해제했으며 reader_sl.exe 파일에 추가 조사가 필요하다는 점을 보여 준다.

psxview

숨겨진 프로세스를 찾아내는 데 유용한 또 다른 플러그인은 psxview 플러그인이다. 이 플러그인은 psActiveProcessHead에 표시된 활성 프로세스를 메모리 이미지 내의 다른 가능한 소스와 비교한다. 플러그인을 실행하려면 다음과 같은 명령을 입력한다.

```
dfir@Desktop-SFARF6G~$ volatility -f cridex_laptop.mem -profile=WinXPSP2x86 psxview
```

이 명령은 다음과 같은 출력을 생성한다.

```
Volatility Foundation Volatility Framework 2.6
Offset(P)   Name              PID  pslist  psscan  thrdproc  pspcid  csrss  session  deskthrd  ExitTime
----------  ----------------  ---  ------  ------  --------  ------  -----  -------  --------  --------
0x02498700  winlogon.exe      608  True    True    True      True    True   True     True
0x02511360  svchost.exe       824  True    True    True      True    True   True     True
0x022e8da0  alg.exe           788  True    True    True      True    True   True     True
0x020b17b8  spoolsv.exe       1512 True    True    True      True    True   True     True
0x0202ab28  services.exe      652  True    True    True      True    True   True     True
0x02495650  svchost.exe       1220 True    True    True      True    True   True     True
0x0207bda0  reader_sl.exe     1640 True    True    True      True    True   True     True
0x025001d0  svchost.exe       1004 True    True    True      True    True   True     True
0x02029ab8  svchost.exe       908  True    True    True      True    True   True     True
0x023fcda0  wuauclt.exe       1136 True    True    True      True    True   True     True
0x0225bda0  wuauclt.exe       1588 True    True    True      True    True   True     True
0x0202a3b8  lsass.exe         664  True    True    True      True    True   True     True
0x023dea70  explorer.exe      1484 True    True    True      True    True   True     True
0x023dfda0  svchost.exe       1056 True    True    True      True    True   True     True
0x024f1020  smss.exe          368  True    True    True      True    False  False    False
0x025c89c8  System            4    True    True    True      True    False  False    False
0x024a0598  csrss.exe         584  True    True    True      True    False  True     True
```

각 열에서 볼 수 있는 False는 프로세스가 해당 영역에서 발견되지 않음을 나타낸다. 이에 따라 분석자는 해당 목록을 검토해 프로세스가 해당 영역에 존재하지 않는 합리적 이유가 있는지 또는 프로세스를 숨기려는 시도가 나타나는지 여부를 판단할 수 있다.

Volatility 네트워크 분석

위의 '네트워크 연결 방법론' 절에서는 악의적 행위와 연결돼 있는 URL이나 IP 주소에 대한 분석 절차를 논했다. Volatility는 획득 당시 존재했던 기존 및 심지어 종료된 네트워크 연결의 이미지를 메모리에서 검색할 수 있는 기능이 있다.

netscan 플러그인은 메모리 이미지에서 네트워크 아티팩트를 검색한다. 플러그인은 TCP 및 UDP의 엔드포인트endpoints와 리스너listeners를 찾고 로컬 IP와 외부 IP 주소를 제공한다. netscan은 32비트, 64비트 윈도우 비스타, 윈도우 7, 윈도우 10, 윈도우 2008 서버 이상에서만 작동한다. netscan 플러그인의 유용한 기능 중 하나는 네트워크가 연결된 경우 프로세스 소유자가 출력에 표시된다는 것이다. 이 기능은 해당 연결이 인터넷 익스플로러를 사용하는지 또는 원격 데스크톱 서비스나 SMB와 같은 그 밖의 다른 프로세스를 사용하는지 파악할 때 쓰인다.

connscan

윈도우 XP 등의 윈도우 초기 버전에서는 connscan 플러그인이 netscan 플러그인과 동일한 기능을 수행했다. connscan 플러그인은 _TCPT_OBJECT를 찾을 수 있을 뿐만 아니라 현재의 연결과 종료된 연결 모두를 찾는다. 따라서 사고 대응자는 실행 중인 프로세스에 관한 연결 데이터를 얻을 수 있다. 네트워크 연결을 확인하려면 Cridex 이미지에서 다음과 같은 명령을 실행한다.

```
dfir@Desktop-SFARF6G~$ volatility -f cridex_laptop.mem -profile=WinXPSP2x86 connscan
```

다음과 같은 출력이 생성된다.

```
Volatility Foundation Volatility Framework 2.6
Offset(P)   Local Address             Remote Address          Pid
----------  ------------------------  ----------------------  ----
0x02087620  172.16.112.128:1038       41.168.5.140:8080       1484
0x023a8008  172.16.112.128:1037       125.19.103.198:8080     1484
```

위의 출력은 PID 1484, 즉 Reader_sl.exe의 부모 프로세스인 Explorer.exe가 2개의 외부 IP 주소와 통신했음을 보여 준다. 위협 인텔리전스 리소스 VirusTotal을 검토한 결과, IP 주소 41.168.5.140은 악성 실행 파일과 통신하는 여러 URL과 연결돼 있음이 밝혀졌다. 아래의 이미지는 IP 주소 41.168.5.140과 연결돼 있는 여러 악성 파일, 탐지, 파일명을 보여 준다.

Communicating Files ⓘ

Scanned	Detections	Type	Name
2019-07-26	54 / 70	Win32 EXE	MFC100JPN.DLL
2017-12-06	61 / 66	Win32 EXE	kb01445398.exe
2018-02-11	60 / 67	Win32 EXE	kb00113312.exe
2016-01-18	48 / 54	Win32 EXE	kb01397018.exe
2015-10-20	51 / 57	Win32 EXE	kb00591945.exe
2017-12-06	58 / 67	Win32 EXE	kb00421819.exe
2016-01-13	50 / 56	Win32 EXE	kb01382314.exe
2017-12-06	56 / 65	Win32 EXE	kb00578763.exe
2016-01-29	49 / 54	Win32 EXE	kb01300184.exe

네트워크 연결에서 취득한 IP 주소와 함께 프로세스 분석으로 생성된 데이터를 살펴보면 explore.exe와 Reader_sl.exe 프로세스가 악성 코드와 연관돼 있다고 생각할 만한 근거를 충분히 찾을 수 있다. 다음 절에서는 Reader_sl.exe를 연결된 DLL 파일과 함께 추출한다.

Volatility 증거 추출

앞서 설명한 것처럼 메모리 분석의 핵심 목표 중 하나는 악성 코드임을 나타내는 의심스러운 데이터 포인트가 있는지 확인하는 것이다. Cridex 메모리 이미지로부터의 데이터 포인트는 추가 분석을 통해 확보할 수 있다.

메모리 덤프

분석 과정에서 프로세스와 관련된 메모리 상주 페이지를 덤프해야 할 수도 있다. 이 경우 memdump 플러그인은 다음과 같은 명령을 사용해 출력을 폴더로 보내면서 메모리 이미지에 대해 실행된다.

```
dfir@Desktop-SFARF6G~$ volatility -f cridex_laptop.mem -profile=WinXPSP2x86
-p 1640 memdump --dump-dir /mnt/d/Suspicious_Process_PID_1640
```

다음과 같은 출력이 생성된다.

```
Volatility Foundation Volatility Framework 2.6
*****************************************************************************
Writing reader_sl.exe [  1640] to 1640.dmp
```

DMP 파일은 선택 위치에 기록된다.

메모리 분석에 관한 폴더를 명명하는 규칙을 개발해 두는 것이 좋다. 이렇게 하면 적절한 위치에 파일을 보관할 수 있기 때문이다. 위 예시에서 파일 작성자는 Suspect_Process_ PID_1640이라는 파일명을 사용하고 있다. 확보된 파일에는 악성 프로그램이 포함될 수 있으므로 적절한 시스템에서 수행돼야 한다.

DLL 파일 덤프

분석자가 메모리 이미지 내에서 의심스러운 프로세스를 식별했다면 dlldump 플러그인을 사용해 해당 DLL 파일의 내용을 로컬 시스템으로 덤프할 수 있다. 이에 따라 분석자는 DLL 파일의 내용을 검사하고 이를 일반적인 파일과 비교해 악성인지 여부를 확인할 수 있다. 예를 들어 PID 1640인 Reader_sl.exe 프로세스는 8장의 여러 절에서 잠재적인 악성 코드로 확인됐다. DLL 파일을 가져와 로컬 시스템에서 액세스할 수 있도록 하려면 다음을 입력한다.

```
dfir@Desktop-SFARF6G~$ volatility -f cridex_laptop.mem --profile=WinXPSP2x86 -p 1640
dlldump --dump-dir /mnt/d/Suspicious_Process_PID_1640/
```

이 명령은 다음과 같은 출력을 생성한다.

```
Volatility Foundation Volatility Framework 2.6
Process(V) Name           Module Base Module Name       Result
---------- ----           ----------- -----------       ------
0x81e7bda0 reader_sl.exe  0x00400000  Reader_sl.exe     OK: module.1640.207bda0.400000.dll
0x81e7bda0 reader_sl.exe  0x07c900000 ntdll.dll         OK: module.1640.207bda0.7c900000.dll
0x81e7bda0 reader_sl.exe  0x078130000 MSVCR80.dll       OK: module.1640.207bda0.78130000.dll
0x81e7bda0 reader_sl.exe  0x07c420000 MSVCP80.dll       OK: module.1640.207bda0.7c420000.dll
0x81e7bda0 reader_sl.exe  0x077f10000 GDI32.dll         OK: module.1640.207bda0.77f10000.dll
0x81e7bda0 reader_sl.exe  0x077f60000 SHLWAPI.dll       OK: module.1640.207bda0.77f60000.dll
0x81e7bda0 reader_sl.exe  0x05ad70000 uxtheme.dll       OK: module.1640.207bda0.5ad70000.dll
0x81e7bda0 reader_sl.exe  0x077e70000 RPCRT4.dll        OK: module.1640.207bda0.77e70000.dll
0x81e7bda0 reader_sl.exe  0x05d090000 comctl32.dll      OK: module.1640.207bda0.5d090000.dll
0x81e7bda0 reader_sl.exe  0x071aa0000 WS2HELP.dll       OK: module.1640.207bda0.71aa0000.dll
0x81e7bda0 reader_sl.exe  0x071ab0000 WS2_32.dll        OK: module.1640.207bda0.71ab0000.dll
0x81e7bda0 reader_sl.exe  0x077c10000 msvcrt.dll        OK: module.1640.207bda0.77c10000.dll
0x81e7bda0 reader_sl.exe  0x07c9c0000 SHELL32.dll       OK: module.1640.207bda0.7c9c0000.dll
0x81e7bda0 reader_sl.exe  0x0773d0000 comctl32.dll      OK: module.1640.207bda0.773d0000.dll
0x81e7bda0 reader_sl.exe  0x077fe0000 Secur32.dll       OK: module.1640.207bda0.77fe0000.dll
0x81e7bda0 reader_sl.exe  0x07c800000 kernel32.dll      OK: module.1640.207bda0.7c800000.dll
0x81e7bda0 reader_sl.exe  0x07e410000 USER32.dll        OK: module.1640.207bda0.7e410000.dll
0x81e7bda0 reader_sl.exe  0x077dd0000 ADVAPI32.dll      OK: module.1640.207bda0.77dd0000.dll
```

다음으로 실행 파일 덤프를 살펴본다.

실행 파일 덤프

다양한 출처로부터 나온 결과를 검토해 보면 프로세스 1640과 관련 실행 파일 reader.
sl.exe에는 악성 코드가 포함돼 있음이 의심된다. 지금까지의 데이터가 매우 유용하다고
하더라도 흔히 외부 소스로부터 문제의 실행 파일이 악의적이라는 확인을 얻는 것이 필요
하다. 여기에는 악성 코드 리버스 엔지니어링 팀에게 실행 파일을 전달하고자 다른 업체
의 소스를 대상으로 실행 파일 해시hash를 점검하는 것과 같은 간단한 작업이 포함될 수 있
다. 메모리 이미지에서 실행 파일을 얻으려면 procdump 플러그인을 사용해야 한다. 다음
명령은 실행 파일을 선택된 폴더로 덤프한다.

```
volatility -f cridex_laptop.mem --profile=WinXPSP2x86 -p 1640 procdump --dump-dir
/mnt/d/Suspicious_Process_PID_1640/
```

다음과 같은 결과가 출력된다.

```
Volatility Foundation Volatility Framework 2.6
Process(V) ImageBase  Name                  Result
---------- ---------- --------------------- ------
0x81e7bda0 0x00400000 reader_sl.exe         OK: executable.1640.exe
```

파일이 덤프된 폴더를 검사하면 실행 파일, 메모리 공간, DLL 파일이 모두 성공적으로 확
보됐다는 것을 알 수 있다.

1640.dmp	9/8/2019 2:43 PM	DMP File	75,396 KB
executable.1640	9/8/2019 2:48 PM	Application	29 KB
module.1640.207bda0.5ad70000.dll	9/8/2019 2:46 PM	Application exten...	214 KB
module.1640.207bda0.5d090000.dll	9/8/2019 2:46 PM	Application exten...	603 KB
module.1640.207bda0.7c9c0000.dll	9/8/2019 2:46 PM	Application exten...	8,263 KB
module.1640.207bda0.7c420000.dll	9/8/2019 2:46 PM	Application exten...	536 KB
module.1640.207bda0.7c800000.dll	9/8/2019 2:46 PM	Application exten...	967 KB
module.1640.207bda0.7c900000.dll	9/8/2019 2:46 PM	Application exten...	690 KB
module.1640.207bda0.7e410000.dll	9/8/2019 2:46 PM	Application exten...	565 KB
module.1640.207bda0.71aa0000.dll	9/8/2019 2:46 PM	Application exten...	20 KB
module.1640.207bda0.71ab0000.dll	9/8/2019 2:46 PM	Application exten...	81 KB
module.1640.207bda0.77c10000.dll	9/8/2019 2:46 PM	Application exten...	335 KB
module.1640.207bda0.77dd0000.dll	9/8/2019 2:46 PM	Application exten...	603 KB
module.1640.207bda0.77e70000.dll	9/8/2019 2:46 PM	Application exten...	571 KB
module.1640.207bda0.77f10000.dll	9/8/2019 2:46 PM	Application exten...	279 KB
module.1640.207bda0.77f60000.dll	9/8/2019 2:46 PM	Application exten...	463 KB
module.1640.207bda0.77fe0000.dll	9/8/2019 2:46 PM	Application exten...	55 KB
module.1640.207bda0.773d0000.dll	9/8/2019 2:46 PM	Application exten...	1,030 KB
module.1640.207bda0.400000.dll	9/8/2019 2:46 PM	Application exten...	29 KB
module.1640.207bda0.78130000.dll	9/8/2019 2:46 PM	Application exten...	612 KB

파일이 확보됐다면 사고 대응팀이나 별도의 악성 코드 분석팀은 해당 악성 코드를 분석할수 있다. 이러한 파일들은 12장, '사고 대응을 위한 악성 코드 분석'에서 다룰 내용 중 상당 부분을 차지한다.

▌ Strings 메모리 분석

앞에서는 매핑된 메모리 이미지의 해당 영역에 초점을 맞춘 도구, Redline과 Volatility를 다뤘다. 만일 데이터가 제대로 매핑되지 않는다면 데이터의 추출과 표시가 불가능하다. 이것은 메모리 분석 도구들이 가진 단점 중 하나다. 이 같은 경우에는 상당히 많은 데이터가 구조화되거나 시각화되지 않는다. 가령 네트워크 연결이 종료되거나 프로세스가종료된 경우에 이런 현상이 나타날 수 있다. 심지어 Redline이나 Volatility가 RAM을 검사할 때까지도 데이터가 나타나지 않을 수 있지만, 대부분의 경우에는 추적 증거가 여전히 남아 있다.

추적 증거를 추출하는 데는 리눅스 및 윈도우 OS에 들어 있는 Strings 명령 도구가 사용된다. Strings는 사람이 가독 가능한 문자열을 검색할 수 있는 기능이 있다. 일련의 키워드 또는 GREP^{Global Regular Expression Print} 명령이 입력되면 악성 코드나 부적절한 확보로 인해 손상된 RAM 캡처에서도 추가적인 관련 데이터를 추출할 수 있다.

Strings 설치

대부분의 리눅스 배포판에는 Strings가 사전에 설치돼 있다. 윈도우는 문자열 검색을 위한 독자적인 실행 파일을 https://docs.microsoft.com/en-us/sysinternals/에서 제공한다. 리눅스 플랫폼에 Strings가 설치돼 있지 않다면 다음의 명령으로 Strings를 설치한다.

```
dfir@Desktop-SFARF6G~$ sudo apt install binutils
```

Strings는 다소 간단한 도구임에도 대량의 데이터에서 특정 키워드 기반의 문자열을 검색할 수 있는 강력한 수단이다. 이 책에서는 다음 Strings 구문을 사용해 특정 데이터 포인트를 추출할 것이다.

```
dfir@Desktop-SFARF6G~$ strings cridex_laptop.mem | grep <Regular Expression>
```

위의 명령에서 Strings는 grep 명령 뒤에 오는 정규 표현식^{regular expression}에서 `cridex_laptop.mem` 메모리 이미지를 검색하도록 설정됐다. 정규 표현식 부분에는 IP 주소, URL, 명령, 시스템에서 실행된 잠재적 스크립트를 비롯한 모든 정규 표현식이 포함될 수 있다.

IP 주소 검색

앞의 Volatility 절에서는 connscan 플러그인으로 IP 주소 **41.168.5.140**을 식별했다. 이 IP 주소 식별 프로세스는 연결이 끊겨 활동성이 사라진 경우에 Volatility가 IP 주소를 식별하지 못할 수 있다는 단점이 있다. 이러한 상황에서 메모리에 상주하는 IP 주소로 검색을 확대하려면 Strings 검색을 다음과 같이 수행한다.

```
strings cridex_laptop.mem | grep -oE "\b([0-9]{1,3}\.){3}[0-9]{1,3}\b"
```

이 Strings 검색은 IP 주소와 일치하는 패턴을 찾는다. Cridex 메모리 캡처를 검사하면 복수의 IP 주소가 표시된다. 내부 IP 주소 범위와 브로드캐스트 IP 주소도 여기에 포함돼 있다. 결과를 분석해 보면 IP 주소 **188.40.0.138**이 한때 메모리에 안에 있었던 것으로 보인다.

```
192.168.10.102
192.168.10.102
188.40.0.138
1.7.1.1
3.14.3.2
```

이제 다음과 같은 명령으로 해당 IP 주소를 다시 한번 검색할 수 있다.

```
strings cridex_laptop.mem | grep 188.40.0.138
```

이 명령은 다음과 같은 출력을 생성한다.

```
http://188.40.0.138:8080/zb/v_01_a/in/cp.php
http://188.40.0.138:8080/zb/v_01_a/in/cp.php
http://188.40.0.138:8080/zb/v_01_a/in/cp.php
```

다음으로 HTTP 검색을 살펴보자.

HTTP 검색

종종 공격자들은 전달 메커니즘으로 URL을 사용하는데 이러한 URL의 일부분으로 IP 주소가 사용된다. 위의 스크린샷은 공격자가 URL의 일부분에 IP 주소를 사용할 수 있음을 보여 준다. 다음의 명령은 메모리 이미지에서 메모리 내부의 HTTP 항목을 모두 검색한다.

```
strings cridex_laptop.mem | grep "http://"
```

이 명령은 다음과 같은 출력을 생성한다.

```
http://188.40.0.138:8080/zb/v_01_a/in/cp.php
<!-- BEGIN Global Navigation table -->"<table cellspacing="0" cellpaddin
://chaseonline.chase.com/images//ChaseNew.gif" alt="Chase Online Logo"
//www.chase.com/';" class="globalnavlinks">Chase.com</a>  </td>
<!--Footer--><table border="0" cellspacing="0" cellpadding="0" class="f
cal-align:top"> </td><td align="center" width="40%" valign="top"><span
/shared/assets/page/security_measures';" onBlur="window.status='';retur
Security</a> | <!-- mp_trans_remove_start --><a id="TermsLink" href="Ja
us='';return true" onMouseOver="window.status='';return true" onFocus="
dd<a id="TermsLink" href="JavaScript:document.location.href='https://ww
us='';return true" onFocus="window.status='';return true" onMouseOut="w
></table><div class="printable"><table border="0" cellspacing="0" cellp
```

출력을 분석해 보니 몇 가지 흥미로운 데이터가 보인다. 먼저 URL http://chaseonline. chase.com/이다. 또한 이 hit와 관련된 웹사이트 코딩이 있는 것이 보인다. Cridex의 여러 사이트에서 데이터를 검색해 보면 웹 브라우저에서 다양한 API를 후킹하고, Chase Bank를 비롯한 여러 사이트의 트래픽을 리디렉션함으로써 은행 인증서를 도용하는 데 자주 이용됐던 것으로 나타난다(마이크로소프트는 https://www.microsoft.com/en-us/wdsi/ threats/malware-encyclopedia-description?Name=Win32/Cridex&threatId에서 Cridex를 다룬다).

위의 간단한 예시를 통해서 Strings를 활용해 더 많은 증거를 수집하고 사고 조사에서 추가적인 내용을 확보하는 방법을 알아봤다. Strings는 사용할 수 있는 키워드로만 제한된다.

▌ 요약

8장에서는 메모리 분석에 대한 두 가지의 중요한 주제를 다뤘다. 먼저 데이터 포인트와 활용할 수 있는 방법론에 대한 것이었다. 더불어 Redline, Volatility, Strings와 같은 도구들도 탐구했다. 도구들을 설명하면서 이 도구들이 가진 기능들도 살펴봤다. 여기서는 사고 대응자들이 알아야 할 도구들의 필수적 기능들을 대략적으로 훑어봤을 뿐이다. 이러한 도구들은 시스템의 RAM 분석 방법론과 함께 분석자가 시스템 손상을 판별하도록 하는 강력한 도구가 된다. RAM 전반에서 실행되는 악성 코드를 포함해 악성 코드는 점차 진화하고 있으므로 분석자는 메모리 분석 능력을 반드시 자신의 것으로 만들어야 한다. 이러한 기법을 네트워크 증거 수집에 결합하면 분석자와 그 조직에 사고를 식별하고 해결하는 강력한 도구로 쓰일 수 있다.

이제 캡처된 휘발성 증거를 마무리하고, 9장에서는 시스템의 하드 드라이브를 분석해 본다. 분석자는 사고를 둘러싼 이벤트에 대해 더 많은 식견을 얻게 될 것이다.

▌ 질문

1. 메모리 분석을 통해 찾을 수 있는 데이터 포인트는 무엇인가?

   A. 프로세스 실행

   B. 네트워크 연결

   C. 명령 기록

   D. 위의 모든 사항

2. 네트워크 연결 방법론의 일부가 아닌 것은?

   A. 프로세스 명칭

   B. 부모 프로세스 ID

C. 루트킷의 징후 확인

D. 관련 엔티티

3. 프로세스와 관련된 파일을 덤프해도 사고 대응자의 시스템에 악성 코드가 침투되지 않는다.

A. 참

B. 거짓

4. 메모리 분석의 주요 목표 중 하나는 추가 분석을 위한 악성 프로세스 또는 악성 실행 파일을 획득하는 것이다.

A. 참

B. 거짓

▍ 더 읽어 볼 거리

- *SANS Memory Forensics Cheat Sheet*: https://www.sans.org/posters/memory-forensics-cheat-sheet/
- *Redline User Guide*: https://www.fireeye.com/content/dam/fireeye-www/services/freeware/ug-redline.pdf

09

시스템 스토리지 분석

지금까지는 네트워크 또는 시스템 메모리로부터 확보한 요소들을 갖고 증거를 분석해 왔다. 사고의 근본 원인을 네트워크나 시스템 메모리에서 확보한 증거 소스를 통해 밝힐 수 있는 것은 사실이지만, USB 장치와 같은 이동식 저장 장치 또는 대용량 디스크 드라이브 등의 시스템 스토리지에서 증거 자료를 확보하는 법을 터득하는 것도 중요하다. 이러한 저장 장치들은 사고 대응 분석자가 사고의 근본 원인을 판단하는 데 활용할 수 있는 엄청난 양의 데이터를 갖고 있다. 이용 가능한 포렌식 증거는 책 전반에서 이미 깊이 있게 다뤘으므로 9장에서 다룰 포렌식 증거는 비교적 가볍게 짚고 넘어갈 것이다.

9장에서 다룰 내용은 다음과 같다.

- **포렌식 플랫폼**: 시스템 스토리지를 분석을 위한 다양한 상용 플랫폼 및 오픈소스 플랫폼들이 있다. 이 절은 플랫폼의 주요 기능들과 잠재적 옵션들을 다룬다.
- **Autopsy**: 시스템 스토리지 분석에 활용할 수 있는 오픈소스 플랫폼을 제공하고자 9장의 대부분은 Autopsy 도구를 사용한다. 일부 기능은 테스트 이미지를 활용해 부각시킬 예정이다.
- **마스터 파일 테이블**MFT, Master File Table **분석**: 시스템의 파일 목록이 포괄적으로 담긴 MFT는 사고 대응자에게 매우 중요한 데이터 소스다. 이 절은 마스터 파일 테이블의 데이터 추출 및 그 분석을 다룬다.
- **레지스트리 분석**: 레지스트리는 악성 코드 개발자 및 익스플로잇들이 특히 좋아하는 침해 대상이다. 사고 대응자는 레지스트리 분석에 능숙해야 한다. 이 절은 레지스트리 추출과 분석을 개괄적으로 설명한다.

시스템 스토리지는 분석 절차가 까다롭다. 따라서 이 한 장에서 시스템 스토리지를 다각적으로 탐구하긴 어렵다. 이 때문에 9장에서는 몇 개의 영역으로 주제를 한정함으로써 스토리지 분석에서 활용 가능한 도구들과 중요 데이터에 대한 사고 대응자의 이해를 증진시킬 수 있기를 기대한다.

▌ 포렌식 플랫폼

지난 15년 간 디스크 포렌식 플랫폼의 성능은 향상돼 왔다. 어떤 유형의 플랫폼을 갖고 디스크 드라이브에 대한 조사를 수행할지는 사고 대응 분석자의 선택에 달려 있다. 하지만 보다 탄탄한 시스템 구축을 위해 소요되는 비용은 플랫폼 이용의 한계 요인으로 작용할 수 있으므로 때에 따라서는 좀 더 저렴한 대안적 플랫폼이 사고 대응팀에게 효율적이다.

디스크 분석을 위한 소프트웨어를 검토할 때 생각해 봐야 할 몇 가지가 있다. 첫째, 플랫폼이 검증됐는가? 플랫폼 효능에 대한 검증 기관들이 있는데 NIST의 컴퓨터 포렌식 도구 테스트 프로그램(https://www.cftt.nist.gov/)이 대표적이다. 둘째, 민·형사 소송에 있어서 도구 사용에 대해 생각해 봐야 한다. 법원이 채택한 단일 기준은 없지만, 도구들에 대해서도 증거 규칙의 준수가 요구된다. 검증을 받지 않았거나 증거 규칙을 따르지 않는 플랫폼을 사용한다면 소송 절차에서 증거가 배제될 수 있다. 나아가 분석자가 잘못된 결론에 이르게 되는 처참한 결과를 맞을 수도 있다.

 코네티컷주 vs 아메로(The State of Connecticut vs. Amero) 사건은 미검증되고 포렌식적으로 적합하지 않은 일련의 도구를 사용한 형사 소송 사례다. 이 사건에서 법 집행 기관은 한 여성에게 유죄를 선고하고자 부적절한 포렌식 방법과 도구를 사용했는데, 주장하는 바에 따르면 그녀는 아동들이 노골적인 성인 팝업 광고를 볼 수 있도록 했다. 이후 이 사건에 대한 방법과 사실에 대한 후속 검토에서 해당 포렌식 조사에 상당한 결함이 있었다는 사실이 지적됐다. 『Journal of Digital Forensics, Security and Law』는 https://commons.erau.edu/jdfsl/에서 해당 사건에 대한 훌륭한 리뷰를 제공한다.

디스크 분석을 위한 소프트웨어 검토 시 마지막으로 고려해야 할 사항은 그 도구가 전체적인 조직의 사고 대응 계획에 부합되는지 여부다. 예를 들어 상용 디스크 포렌식 도구는 이미지 찾기와 웹 아티팩트를 찾는 데 매우 탁월하다. 또한 의심이 가는 드라이브에서 데이터를 카빙carving하는 능력도 우수하다. 이것은 주로 법 집행 기관이 포렌식 소프트웨어를 아동 착취 범죄에 대한 조사 도구로 사용한다는 점에 기인한다. 따라서 이 상업용 디스크 포렌식 도구가 갖고 있는 기능들은 용의자들을 상대로 형사 소송을 제기하는 데 있어서 무엇보다 중요하다. 한편 이 도구들이 가진 기능이 매우 뛰어난 것은 사실이지만, 사고 대응자들은 사고 발생 전후 및 도중에 일련의 사건을 재구성할 수 있는 키워드 검색과 타임라인 분석용 도구에 보다 흥미가 있을 수도 있다.

대부분의 상용 포렌식 플랫폼과 무료로 이용 가능한 포렌식 플랫폼은 각기 다양한 기능들을 갖고 있으나 이들에겐 몇 가지 공통 기능들도 있다.

- **파일 구조 보기**: 검사 중인 디스크의 파일 구조를 살펴볼 수 있다는 것은 매우 중요하다. 포렌식 플랫폼은 반드시 파일 구조를 볼 수 있는 기능을 갖춤으로써 사고 대응자로 하여금 의심되는 시스템상의 알려진 위치에서 신속하게 파일을 검토할 수 있도록 해야 한다.
- **16진수 보기**: 사고 대응자가 파일을 16진수로 본다는 것은 조사 중인 파일을 매우 자세히 들여다볼 수 있음을 의미한다. 악성 코드 또는 그 밖에 주문 제작형 익스플로잇과 관련된 사건의 경우에 유용하다.
- **웹 아티팩트**: 드라이브에는 웹 검색에 관한 데이터가 많이 저장돼 있으므로 포렌식 플랫폼은 응당 이러한 데이터에 대한 검사 기능이 있어야 한다. 사용자가 악의적 웹 사이트로 이동하는 경우에 발생하는 소셜 엔지니어링 공격을 손쉽게 검사할 수 있다.
- **이메일 카빙**: 악의를 품은 직원이 불법적 활동에 가담하거나 정책을 위반한다면 사고 대응 담당자가 재판에 소환될 수 있다. 직원이 이런 종류의 행위에 가담했다는 증거는 종종 의심스러운 시스템상의 이메일에 포함돼 있는 경우가 많다. 이런 경우 즉시 보기에서 데이터를 추출할 수 있는 기능이 있는 플랫폼을 이용하면 의심되는 시스템과 다른 시스템들 간의 통신 내역을 살펴볼 수 있다.
- **이미지 뷰어**: 종종 시스템에 저장된 이미지를 점검해 봐야 한다. 앞서 살펴봤듯이 법 집행 기관은 이 기능을 이용해 시스템상에 아동 착취의 증거가 남아 있는지 여부를 판단할 수 있다. 사고 대응 분석자도 이러한 기능을 통해 정책 위반이 있었는지 여부를 판단할 수 있다.
- **메타데이터**metadata: 생성 날짜와 시간, 파일 해시hash와 의심 파일의 디스크상의 위치 등을 포함해 파일에 관한 핵심 데이터들은 사고에 연관돼 있는 시스템을 검사할 때 유용하다. 예를 들어 어떤 악성 코드와 연결돼 있는 응용프로그램의 실행

시간은 네트워크 활동과 연관 가능성이 있으므로 분석자는 메타 데이터를 통해 실제 실행 시간을 판단할 수 있게 된다.

상용 플랫폼들의 경우에는 다음의 세 가지가 일반적으로 평이 좋고, 전 세계 회사 및 정부 기관에서 사용되고 있다. 각각의 플랫폼들은 위에서 서술한 기능들을 공통적으로 갖고 있으며, 한편 이 도구들이 갖는 특화된 기능들은 다음과 같다.

- **OpenText EnCase**: EnCase는 BTK Killer[1]와 같은 주요 범죄 수사에서 활용돼 온 플랫폼으로서 오래된 역사를 갖고 있는, 단연 뛰어난 포렌식 플랫폼이 아닐 수 없다. EnCase의 풍부한 기능은 숙련된 분석자에게 강력한 도구가 된다. 디스크 포렌식 외에도 EnCase는 모바일 장치용 기능들을 통합해 왔다. 이것은 디스크는 물론 사고와 관련된 모바일 장치까지도 분석해야 하는 경우에 매우 효과적인 기능이다.

- **AccessData Forensic ToolKit**: 6장, '포렌식 이미징 이해'에서는 디스크와 메모리 증거를 확보하고자 FTK Imager 도구를 사용했다. 이 도구는 디스크 포렌식 맞춤형 Access Data가 제공하는 도구 모음 가운데 일부에 해당한다. Access Data는 FTK Imager 이외에도 완벽한 기능을 갖춘 포렌식 플랫폼을 제공함으로써 분석자가 사고와 관련된 다양한 작업을 수행하도록 한다. FTK가 연방수사국[FBI] 등의 법 집행 기관에서 사용되면서 이 도구가 사고 조사에서 사고 대응자를 보다 효과적으로 보조할 수 있다는 점이 밝혀졌다.

- **X-Ways Forensics**: FTK와 EnCase가 갖고 있는 한 가지 단점이라면 바로 비용이다. 연간 수천 달러의 비용이 이들 플랫폼 사용에 들어간다. 정부 기관 및 대기업과 같이 조직의 규모가 큰 경우에는 비용 대비 기능의 측면에서 불균형이 발생하지 않는다. 그러나 규모가 작은 조직에서 이러한 플랫폼들을 사용한다면 엄청난 비용의 지출로 이어질 수 있을 것이다. X-Ways는 이러한 비용 문제에 대한 대

---

1 1974년부터 1991년까지 10명의 희생자가 데니스(Dennis)에 의해 살해된 사건으로, 메타데이터가 범죄 및 민사 조사에 중요한 증거를 포함할 수 있다는 것을 알려 준 유명한 사건이다. – 옮긴이

안적 플랫폼이며, 갖고 있는 기능도 풍부하다. X-Ways는 다양한 작업을 수행할 수 있으면서도 비용이 아주 저렴하다. 특히 사고 대응에 있어서 자원 집약도가 낮고 USB 장치에서도 실행할 수 있다는 점이 또 다른 강점으로 꼽힌다.

위에서 살펴본 각 플랫폼들은 풍부한 기능을 갖추고 있으므로 사고 대응자들이 다방면의 포렌식 임무를 수행하는 데 효율적이다. 개별 플랫폼이 갖고 있는 세부적인 도구들은 이 책의 주제 범위를 벗어나므로 다루지 않는다. 따라서 분석자가 도구의 기능을 완전히 이해할 수 있도록 플랫폼의 사용법에 대한 교육 훈련을 받을 것을 권장한다.

▌ Autopsy

상용 포렌식 프로그램에 대한 대안으로 꼽히는 것 중 하나는 Autopsy다. Autopsy는 오픈소스 SleuthKit 툴셋toolset을 기반으로 하는 GUI 기반 포렌식 플랫폼이다. 이 오픈소스 플랫폼은 상용 플랫폼에서 흔히 볼 수 있는 기능들이 탑재돼 있다. 가령 타임라인 분석, 키워드 검색, 웹 및 이메일 아티팩트와 알려진 불량 파일 해시에 대한 결과를 필터링하는 기능들이 그것이다. 이 플랫폼의 주요 특징 가운데 하나는 사용 편의성이다. 이를 통해 사고 대응자는 중요한 작업에 초점을 맞추고 필요한 중요한 증거를 얻을 수 있는 가벼운 플랫폼을 확보하게 된다.

Autopsy 설치

이전에 이야기한 리눅스 배포판 중 일부에는 Autopsy가 이미 설치돼 있다. 분석자는 자신이 사용하는 플랫폼이 최신 버전인지 확인해 보는 것이 좋다. 윈도우 운영체제의 경우에는 https://www.sleuthkit.org/autopsy/download.php에 있는 마이크로소프트 self-installer 파일을 다운로드한다. 다운로드가 끝나면 MSI 파일을 실행하고 설치 위치를 선택한다. 완료 즉시, 응용 프로그램을 사용할 수 있다.

Case 열기

Autopsy가 설치되면 분석자는 사전 구성이 거의 돼 있지 않은 case를 열 수 있다. 다음에 제시된 각각의 단계에서는 새로운 case를 여는 절차를 설명한다.

1. 분석을 시작하고자 전체 디스크 이미지가 단일 디렉터리에 위치하는지 확인한다. 이것은 분석이 진행되는 중에 전체 이미지를 활용할 수 있도록 해준다.

Name	Date modified	Type	Size
JSmith_LT_0976.e04	9/9/2019 3:26 PM	E04 File	1,350,414 KB
JSmith_LT_0976.e03	9/9/2019 3:11 PM	E03 File	2,097,138 KB
JSmith_LT_0976.e02	9/9/2019 2:35 PM	E02 File	2,097,123 KB
JSmith_LT_0976.e01	9/9/2019 2:10 PM	E01 File	2,097,133 KB

앞의 스크린샷은 의심스러운 시스템에서 가져온 이미지 파일이다. 이 이미지는 4개의 2GB 파일로 나뉘어 있다. Autopsy는 위의 4개의 파일을 가져와 이미징된 볼륨 전체를 재구성할 것이다.

 9장에서는 Computer Forensic Reference Data Sets의 메모리 이미지가 사용되고 있다. 전체 메모리 이미지는 https://www.cfreds.nist.gov/data_leakage_case/data-leakage-case.html에서 다운로드할 수 있다(EnCase image).

2. Autopsy를 열면 다음과 같은 창이 나타난다. New Case를 선택한다.

3. 두 번째 창이 나타나면 이 Case의 명칭을 입력한다. 또한 설정된 Case와 관련된 파일의 저장 경로를 설정할 수 있다. 이것은 분석자가 파일을 보안 컨테이너에 배치해야 하는 상황일 경우에 유용하다. 완료되면 Next를 클릭한다.

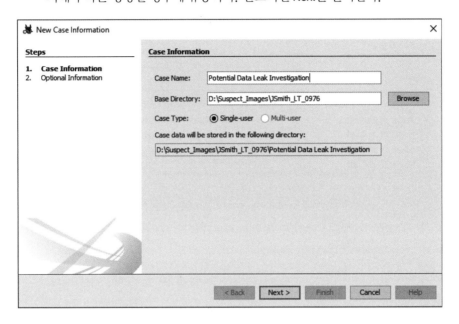

4. 다음 창에서는 Case 번호와 사고 대응자의 성명과 연락처는 물론, Case에 대한 간략한 설명을 Notes 안에 작성해 넣는다. Finish를 클릭한다.

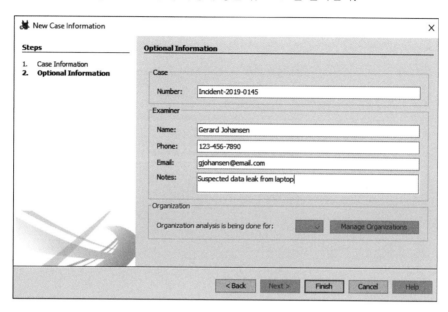

5. Case에 대한 세부 정보가 입력되면 분석자는 이전에 생성해 둔 이미지 파일을
   로드해야 한다. 알맞은 데이터 소스 형식data source type을 선택한다. 이 Case에서
   는 포렌식으로 획득했던 이미지 파일에 대한 조사가 수행된다. 또한 Autopsy는
   .vmdk 파일을 검사할 수 있다. 이것은 시스템 가상화가 활용되는 환경에서 편리
   한 기능이다. 이 기능을 사용하면 분석자가 FTK Imager와 같은 도구를 통해 VM
   파일을 수집하지 않고도 VM 파일에 대한 조사를 수행할 수 있다.

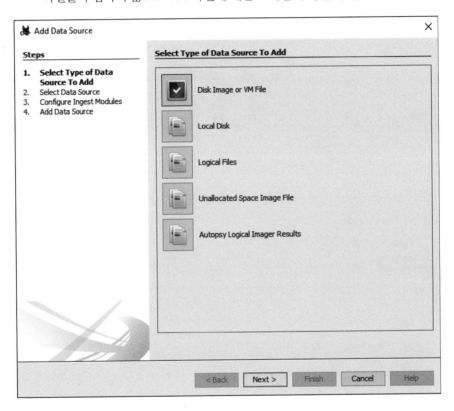

6. 파일 형식을 선택했으면 이미지 위치로 이동한다. 이 폴더에는 여러 개의 이미지 파일이 있는데 .E01로 끝나는 파일을 선택한다. 이 파일의 로딩에는 해당 폴더에 있는 모든 후속 이미지 파일이 포함된다. 그런 다음 알맞은 시간대^{time zone}를 선택한다. 완료되면 Next를 클릭한다.

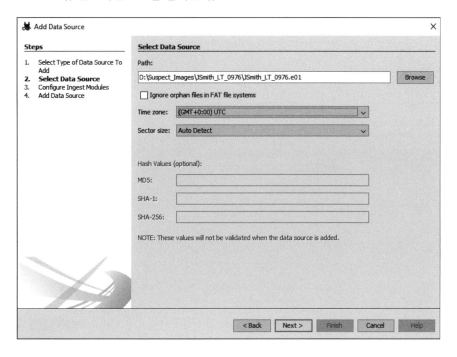

7. 다음 스크린에서는 사용 중인 모듈을 조정할 수 있다. 조사 유형에 따라 일부 옵션들은 선택하지 않을 수도 있다. 그러나 처음에는 분석자가 필요한 모든 정보를 조사할 수 있도록 모든 항목을 선택해야 한다.

   선택해야 할 또 하나의 중요한 옵션은 할당되지 않은 공간unallocated space이다. 이 옵션은 하드 드라이브에서 현재 할당되지 않은 공간에 대한 모든 정보를 데이터로 캡처한다. 정보를 숨기고자 할당되지 않은 공간을 이용하는 경우가 많다. 완료되면 Next를 클릭한다.

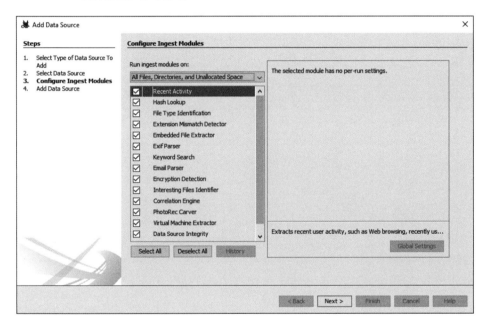

8. 다음 화면에서 데이터 소스가 로드됐는지 확인하고 Finish를 클릭한다.

9. Autopsy는 이제 이미지로부터 파일 분석을 진행한다. 이미지의 크기에 따라 몇 분에서 몇 시간이 걸릴 수 있다. 화면 오른쪽 하단의 프로세스 표시줄에 진행 상황이 나타난다. 이미지 파일의 크기뿐만 아니라 컴퓨터의 처리 속도에 따라 소요되는 시간은 달라진다.

Autopsy 탐색

Autopsy GUI는 크게 세 가지 섹션으로 나뉘어 있다. 이 섹션들은 시스템과 특정 파일에 관련된 세부 사항들을 표시한다. Autopsy가 새로운 Case 처리를 완료하거나 기존의 Case를 열면 다음 창을 볼 수 있다.

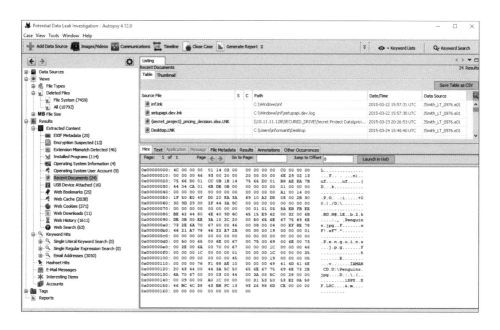

위의 스크린샷에서 보듯이 Autopsy는 크게 세 가지 창으로 나뉜다. 첫 번째는 데이터 소스와 파일 구조는 물론, 검색 결과가 포함된 왼쪽 창이다. 플러스(+) 기호를 클릭하면 결과가 확장되고, 마이너스(-) 기호를 클릭하면 내용이 축소된다. 이를 통해 분석자는 특정 요소를 상세하게 검색할 수 있을 뿐만 아니라 높은 수준에서 시스템에 접근할 수 있다.

가운데 창에는 디렉터리 목록 또는 검색 결과가 들어 있다. 예를 들어 다음 스크린샷은 시스템에 있는 웹 쿠키를 보여 준다.

Source File	S	C	URL	Date/Time	Name	Value	Program Name	Domain	Data Source
Cookies			.youtube.com	2015-03-22 15:55:30 UTC	VISITOR_INFO1_LIVE		Chrome	youtube.com	JSmith_LT_0976.e01
Cookies			.google.com	2015-03-22 15:55:30 UTC	__utmt		Chrome	google.com	JSmith_LT_0976.e01
Cookies			.google.com	2015-03-22 15:55:30 UTC	__utma		Chrome	google.com	JSmith_LT_0976.e01
Cookies			.google.com	2015-03-22 15:55:30 UTC	__utmb		Chrome	google.com	JSmith_LT_0976.e01
Cookies			.google.com	2015-03-22 15:55:30 UTC	__utmz		Chrome	google.com	JSmith_LT_0976.e01
Cookies			.google.com	2015-03-22 15:55:40 UTC	PREF		Chrome	google.com	JSmith_LT_0976.e01
Cookies			.google.com	2015-03-22 15:55:40 UTC	NID		Chrome	google.com	JSmith_LT_0976.e01
Cookies			.youtube.com	2015-03-24 19:00:58 UTC	VISITOR_INFO1_LIVE		Chrome	youtube.com	JSmith_LT_0976.e01
Cookies			.youtube.com	2015-03-24 19:00:58 UTC	YSC		Chrome	youtube.com	JSmith_LT_0976.e01
Cookies			.google.com	2015-03-22 15:12:06 UTC	__utma		Chrome	google.com	JSmith_LT_0976.e01
Cookies			.google.com	2015-03-22 15:12:06 UTC	__utmc		Chrome	google.com	JSmith_LT_0976.e01
Cookies			.google.com	2015-03-22 15:12:06 UTC	__utmz		Chrome	google.com	JSmith_LT_0976.e01
Cookies			.google.com	2015-03-24 21:06:40 UTC	PREF		Chrome	google.com	JSmith_LT_0976.e01
Cookies			.bing.com	2015-03-24 21:07:20 UTC	_FS		Chrome	bing.com	JSmith_LT_0976.e01
Cookies			www.bing.com	2015-03-24 21:07:20 UTC	SRCHUID		Chrome	www.bing.com	JSmith_LT_0976.e01
Cookies			.bing.com	2015-03-24 21:07:20 UTC	SRCHUSR		Chrome	bing.com	JSmith_LT_0976.e01

마지막으로 아래쪽 창에는 가운데 창에 포함된 개별 파일에 대한 메타데이터 정보와 그 밖의 정보가 들어 있다. 예를 들어 .youtube.com 쿠키를 선택하고 Results 탭을 선택하면 다음과 같은 데이터가 나타난다.

Type	Value
URL	.youtube.com
Date/Time	2015-03-24 19:00:58
Name	YSC
Value	
Program Name	Chrome
Domain	youtube.com
Source File Path	/img_JSmith_LT_0976.e01/vol_vol3/Users/informant/AppData/Local/Google/Chrome/User Data/Default/Cookies
Artifact ID	-9223372036854775654

File Metadata 탭을 클릭하면 이 파일에 대한 정보가 생성된다. 여기에는 파일의 타임스탬프와 MD5 해시가 포함된다.

Name	/img_JSmith_LT_0976.e01/vol_vol3/Users/informant/AppData/Local/Google/Chrome/User Data/Default/Cookies
Type	File System
MIME Type	application/x-sqlite3
Size	137216
File Name Allocation	Allocated
Metadata Allocation	Allocated
Modified	2015-03-24 21:07:21 UTC
Accessed	2015-03-22 15:11:57 UTC
Created	2015-03-22 15:11:57 UTC
Changed	2015-03-24 21:07:21 UTC
MD5	7a247be5ff943b90262c755dfdefeca7
Hash Lookup Results	UNKNOWN
Internal ID	9952

최종적으로 Hex 탭을 클릭하면 파일의 16진수 내용을 볼 수 있다.

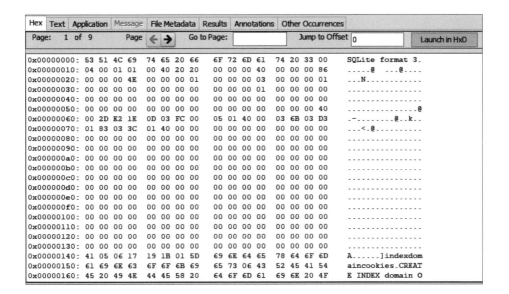

이 16진수 뷰view는 악성 코드가 의심되는 응용 프로그램이나 또 다른 파일을 검사할 때 매우 유용하다.

Autopsy는 다른 상용 플랫폼에서 볼 수 있는 조치들과 분석 수행 기능의 일부만을 제공한다. 그러나 주의할 것은 보다 복잡한 조사를 수행하는 경우에는, 좀 더 정교한 플랫폼을 이용하는 것이 필요하다는 것이다. 또한 Autopsy는 디스크 포렌식을 처음 사용하는 분석자가 복잡한 상용 솔루션으로 이동하기 전, 경험을 쌓기에 좋은 사용자 친화적 플랫폼이다.

Case 조사

Case가 처리되면 왼쪽 분할된 창에는 시스템상에 위치한 여러 아티팩트가 채워진다.

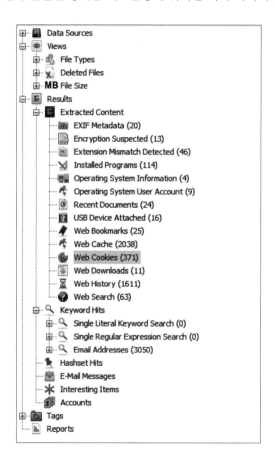

위의 스크린샷에서 Extracted Content 부분 아래로 나열돼 있는 항목들을 볼 수 있다. 나열된 항목에는 설치된 프로그램, 운영체제의 정보 및 최근 문서가 포함돼 있다. Autopsy의 또 다른 주요 특징은 이미지 파일의 전체 폴더 구조를 검사하는 기능을 갖고 있다는 것이다. Data Sources 옆에 있는 플러스(+) 기호를 클릭하면 전체 폴더 구조가 확장된다. 만일 다른 소스를 통해서 의심되는 파일의 위치를 식별하는 것이 가능하다면 이것은 분석자에게 유용한 기능이다.

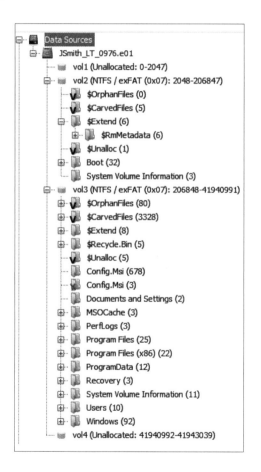

Autopsy를 이용해 조사할 수 있는 여러 가지 데이터 포인트가 있다. 무엇을 검색할 것인지 그리고 어떻게 검색할 것인지는 종종 조사 중인 사건의 유형이나 검사의 유형에 따라 결정된다. 예를 들어 침해된 웹 사이트에서 감염된 악성 코드는 사용자가 입력했거나 브라우저가 접근한 시스템 URL에 대한 검사가 수반될 수 있다. 또한 실제 파일은 앞에서 이미 다뤘던 시스템 메모리 검사를 통해서 확보한 정보를 활용함으로써 찾을 수 있다. 예를 들어 분석자가 Volatility 또는 Redline을 통해 의심스러운 프로세스를 발견한 후 실행 파일을 찾을 수 있었다면, 실행 파일이 마지막으로 실행된 시간을 찾는 데에는 Autopsy를 이용할 수 있다. 이것은 사고 대응자들에게 다른 시스템에서 침해의 증거를 조사할 수 있는 시간을 벌어 줄 수 있다.

Autopsy 이용에 대한 또 다른 시나리오는 어떤 직원이 경쟁 업체에 기밀 파일을 전달하려고 파일에 접근한 경우 분석자가 이를 확인하는 작업을 할 수도 있다는 것이다. 여기에는 파일에 접근된 시간과 날짜, 사용된 이메일 주소, 접근된 외부 클라우드 저장소 사이트, 시스템에 연결된 USB 저장소에 대한 시스템 조사가 포함될 수 있다. 마지막으로 전체 파일 목록을 통해 이동된 기밀 문서를 파악할 수 있다.

웹 아티팩트

사고 유형들 중에는 사용자가 저지른 악의적인 행위에 대한 증거를 확보하고자 시스템을 조사하는 경우가 있다. 내부자가 악의를 갖고 클라우드 기반 스토리지에 기밀 문서를 업로드하려고 접근한 사례는 이미 이야기했었다. 사용자가 저지를 수 있는 또 다른 악의적 행위는 소셜 엔지니어링 공격의 경우를 들 수 있는데, 어떤 직원들은 아무런 의심 없이 침해된 웹 사이트로 이동해 악성 소프트웨어를 다운로드한다. 이 두 가지 사례에서 Autopsy는 복수의 웹 아티팩트 영역들을 검사하는 유용한 기능을 제공한다.

웹 아티팩트에는 첫째, 웹 히스토리가 포함된다. 사용자를 악성 코드 유포 사이트로 이동하게 만드는 소셜 엔지니어링 공격의 경우 이 웹 히스토리의 데이터는 특정 URL로 이동이 있었음에 대한 통찰을 준다. URL을 추출한 후 내·외부의 자료를 근거로 이미 알려진 악성 웹 사이트 목록과 비교해 볼 수 있다. 내부자가 외부의 클라우드 스토리지 사이트에 접근한 경우에도 웹 히스토리가 이러한 행위 증거를 제공할 수 있다. 좀 더 자세히 살펴보자.

1. 왼쪽 창에서 Web History 절을 클릭하면 가운데 창이 열리고 시스템에 접근한 URL에 관한 세부 정보가 나타난다.

2. 위의 스크린샷에서 Autopsy는 이 시스템이 iCloud 서비스에 접근했다는 사실을 보여 준다. 분석자는 Autopsy에서 제공하는 추가 정보를 통해 아티팩트의 위치, 사용된 브라우저 유형 등의 그 밖에 정보를 평가할 수 있다. Results 탭으로 추가 정보에 접근할 수 있다.

Type	Value
URL	https://www.icloud.com/icloudcontrolpanel
Date Accessed	2015-03-23 19:55:34
Referrer URL	https://www.icloud.com/icloudcontrolpanel
Title	iCloud
Program Name	Chrome
Domain	www.icloud.com
Source File Path	/img_JSmith_LT_0976.e01/vol_vol3/Users/informant/AppData/Local/Google/Chrome/User Data/Default/History
Artifact ID	-9223372036854775707

3. Autopsy는 조사 중인 특정 파일의 메타데이터를 제공한다. File Metadata 탭을 클릭하면 다음과 같은 데이터가 생성된다.

| Hex | Text | Application | Message | **File Metadata** | Results | Annotations | Other Occurrences |

Name	/img_JSmith_LT_0976.e01/vol_vol3/Users/informant/AppData/Local/Google/Chrome/User Data/Default/History
Type	File System
MIME Type	application/x-sqlite3
Size	135168
File Name Allocation	Allocated
Metadata Allocation	Allocated
Modified	2015-03-24 21:07:21 UTC
Accessed	2015-03-22 15:11:53 UTC
Created	2015-03-22 15:11:53 UTC
Changed	2015-03-24 21:07:21 UTC
MD5	db1f9e1a7fb6b9252d903dfafe25f2da
Hash Lookup Results	UNKNOWN
Internal ID	11578

4. 위의 스크린샷은 해당 파일에 대한 좀 더 세부적인 내용들을 보여 준다. 예를 들어 분석자는 시간, 파일 위치, MD5 해시에 대한 정보를 수집할 수 있고, 이 정보를 추후 조사에서 추출될 파일들과 비교할 수 있다. 한편 용의자가 자신의 악의적인 행위를 숨기려고 시스템에서 인터넷 사용 히스토리를 삭제하는 경우가 있다. 이런 경우 악의의 내부자가 접근했던 사이트에 대한 증거 자료를 얻을 수 있는 곳은 웹 쿠키다. Web Cookies 이하의 왼쪽 창에서 접근할 수 있다. 이 창을 클릭하면 여전히 시스템에 남아 있는 쿠키 목록이 생성된다.

Web Cookies   371 Results

Table   Thumbnail

Save Table as CSV

Source File	S	C	URL	Date/Time	Name	Value	Program Name	Domain	Data Source
Cookies			.youtube.com	2015-03-22 15:55:30 UTC	VISITOR_INFO1_LIVE		Chrome	youtube.com	JSmith_LT_0976.e01
Cookies			.google.com	2015-03-22 15:55:30 UTC	__utmt		Chrome	google.com	JSmith_LT_0976.e01
Cookies			.google.com	2015-03-22 15:55:30 UTC	__utma		Chrome	google.com	JSmith_LT_0976.e01
Cookies			.google.com	2015-03-22 15:55:30 UTC	__utmb		Chrome	google.com	JSmith_LT_0976.e01
Cookies			.google.com	2015-03-22 15:55:30 UTC	__utmz		Chrome	google.com	JSmith_LT_0976.e01
Cookies			.google.com	2015-03-22 15:55:40 UTC	PREF		Chrome	google.com	JSmith_LT_0976.e01
Cookies			.google.com	2015-03-22 15:55:40 UTC	NID		Chrome	google.com	JSmith_LT_0976.e01
Cookies			.youtube.com	2015-03-24 19:00:58 UTC	VISITOR_INFO1_LIVE		Chrome	youtube.com	JSmith_LT_0976.e01
Cookies			.youtube.com	2015-03-24 19:00:58 UTC	YSC		Chrome	youtube.com	JSmith_LT_0976.e01
Cookies			.google.com	2015-03-22 15:12:06 UTC	__utma		Chrome	google.com	JSmith_LT_0976.e01
Cookies			.google.com	2015-03-22 15:12:06 UTC	__utmc		Chrome	google.com	JSmith_LT_0976.e01
Cookies			.google.com	2015-03-22 15:12:06 UTC	__utmz		Chrome	google.com	JSmith_LT_0976.e01
Cookies			.google.com	2015-03-24 21:06:40 UTC	PREF		Chrome	google.com	JSmith_LT_0976.e01
Cookies			.bing.com	2015-03-24 21:07:20 UTC	_FS		Chrome	bing.com	JSmith_LT_0976.e01

어떤 사고의 유형에서는 웹 아티팩트가 중요한 역할을 해낼 수 있다. Autopsy는 웹 아티팩트에 대한 일부 기능만을 제공하지만, 이보다 훨씬 더 강력한 플랫폼을 제공하는 상용 솔루션도 있다. Magnet Forensics(www.magnetforensics.com)의 Evidence Finder와 같은 도구는 전체 시스템을 샅샅이 조사해 인터넷 아티팩트를 보기 쉽게 제공한다. 이 같은 상용 솔루션이 갖는 또 다른 장점은 지속적인 기능의 업데이트에 있다. 인터넷과 웹 아티팩트 검색 빈도에 따라 이와 같은 상용 도구를 포함하는 것이 효율적일 수 있다.

이메일

사고 대응자들은 끊임없이 의심스러운 이메일을 골라내는 작업에 투입된다. 이것은 소셜 엔지니어링과 같이 외부의 원인으로 발생하는 사고의 경우에 사고 대응자가 수행하는 임무다. 또한 악의를 가진 내부자가 부적절하거나 회사 정책을 위반한 통신을 주고받는 경우에도 사고 대응자는 이메일 찾기 작업을 수행한다. 이 두 경우 모두 분석자들은 해당 이메일 복구 작업을 수행함으로써 관련자들을 해고 절차나 법적 조치에 포함시켜야 한다.

Autopsy는 시스템상에 포함된 이메일 찾기 기능이 있다. Autopsy는 찾은 이메일에서 하나 이상의 의심스러운 이메일과 도메인을 식별할 수 있는데, 이러한 이메일 및 도메인은 소셜 엔지니어링이나 그 밖의 악의적 활동과의 관련성을 파악하기 위한 추가 조사의 대상이 된다. 창의 왼쪽에서 Email Addresses 탭을 클릭한다. 이제 분석자는 시스템에 위치한 이메일 주소들을 볼 수 있다.

List Name	Files with Hits
cfoster@nist.gov (1)	1
cglein@microsoft.com (1)	1
chambersignroot@chambersign.org (8)	8
chambersroot@chambersign.org (8)	8
charles.camp@nist.gov (1)	1
chhan@microsoft.com (1)	1
chipc@microsoft.com (1)	1
chirag.parikh@nist.gov (1)	1
chrichristian.enloe@nist.gov (1)	1
chris.glein@gmail.com (1)	1
christian.enloe@nist.gov (1)	1
christopher.bertrand@nist.gov (1)	1
christopher.mckinney@nist.gov (1)	1
christopher.soles@nist.gov (1)	1
chrome@example.com (2)	2

다음으로 연결된 장치의 유형을 살펴보자.

연결 장치

특정 장치가 시스템에 연결됐을 때 생기는 데이터는 분석자에게 유용한 또 다른 핵심 증거다. 기밀 문서를 탈취하려는 악의를 가진 내부자 시나리오에서 만일 이들이 USB 장치를 사용했는지 여부를 알 수 있다면 사고 조사에 유리하다. Autopsy는 시스템 상에 위치한 레지스트리 세팅을 통해서 연결된 장치의 유형과 이것을 사용한 마지막 시간을 식별한다. 이 예시에서는 창의 왼편에 있는 Devices Attached를 클릭한 결과가 다음과 같이 생성된다.

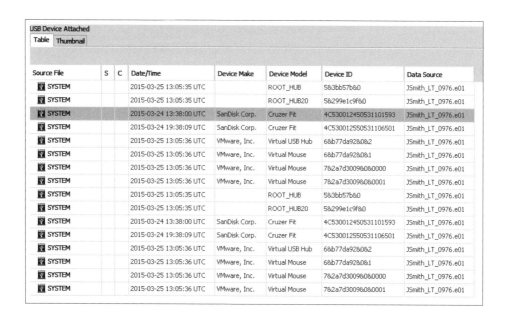

USB Device Attached

Table | Thumbnail

Source File	S	C	Date/Time	Device Make	Device Model	Device ID	Data Source
SYSTEM			2015-03-25 13:05:35 UTC		ROOT_HUB	5&3bb57b&0	JSmith_LT_0976.e01
SYSTEM			2015-03-25 13:05:35 UTC		ROOT_HUB20	5&299e1c9f&0	JSmith_LT_0976.e01
SYSTEM			2015-03-24 13:38:00 UTC	SanDisk Corp.	Cruzer Fit	4C530012450531101593	JSmith_LT_0976.e01
SYSTEM			2015-03-24 19:38:09 UTC	SanDisk Corp.	Cruzer Fit	4C530012550531106501	JSmith_LT_0976.e01
SYSTEM			2015-03-25 13:05:36 UTC	VMware, Inc.	Virtual USB Hub	68b77da92&0&2	JSmith_LT_0976.e01
SYSTEM			2015-03-25 13:05:36 UTC	VMware, Inc.	Virtual Mouse	68b77da92&0&1	JSmith_LT_0976.e01
SYSTEM			2015-03-25 13:05:36 UTC	VMware, Inc.	Virtual Mouse	7&2a7d3009&0&0000	JSmith_LT_0976.e01
SYSTEM			2015-03-25 13:05:36 UTC	VMware, Inc.	Virtual Mouse	7&2a7d3009&0&0001	JSmith_LT_0976.e01
SYSTEM			2015-03-25 13:05:35 UTC		ROOT_HUB	5&3bb57b&0	JSmith_LT_0976.e01
SYSTEM			2015-03-25 13:05:35 UTC		ROOT_HUB20	5&299e1c9f&0	JSmith_LT_0976.e01
SYSTEM			2015-03-24 13:38:00 UTC	SanDisk Corp.	Cruzer Fit	4C530012450531101593	JSmith_LT_0976.e01
SYSTEM			2015-03-24 19:38:09 UTC	SanDisk Corp.	Cruzer Fit	4C530012550531106501	JSmith_LT_0976.e01
SYSTEM			2015-03-25 13:05:36 UTC	VMware, Inc.	Virtual USB Hub	68b77da92&0&2	JSmith_LT_0976.e01
SYSTEM			2015-03-25 13:05:36 UTC	VMware, Inc.	Virtual Mouse	68b77da92&0&1	JSmith_LT_0976.e01
SYSTEM			2015-03-25 13:05:36 UTC	VMware, Inc.	Virtual Mouse	7&2a7d3009&0&0000	JSmith_LT_0976.e01
SYSTEM			2015-03-25 13:05:36 UTC	VMware, Inc.	Virtual Mouse	7&2a7d3009&0&0001	JSmith_LT_0976.e01

Results 탭을 클릭하면 장치의 유형과 USB 장치가 연결된 날짜 및 시간을 확인할 수 있다.

Result: 3 of 9 Result ← →	
Type	**Value**
Date/Time	2015-03-24 13:38:00
Device Make	SanDisk Corp.
Device Model	Cruzer Fit
Device ID	4C530012450531101593
Source File Path	/img_JSmith_LT_0976.e01/vol_vol3/Windows/System32/config/RegBack/SYSTEM
Artifact ID	-9223372036854769619

끝으로 File Metadata를 보다 면밀히 살펴보면 USB 장치가 시스템에 접근된 시간을 재구성하는 데 활용될 수 있는 추가 데이터를 얻을 수 있다.

| Hex | Text | Application | Message | File Metadata | Results | Annotations | Other Occurrences |

Name	/img_JSmith_LT_0976.e01/vol_vol3/Windows/System32/config/RegBack/SYSTEM
Type	File System
MIME Type	application/x.windows-registry
Size	12419072
File Name Allocation	Allocated
Metadata Allocation	Allocated
Modified	2015-03-25 13:24:16 UTC
Accessed	2015-03-25 13:24:10 UTC
Created	2015-03-25 10:15:18 UTC
Changed	2015-03-25 13:24:16 UTC
MD5	a26cbec95c053ca113b9bef2fdfd4878
Hash Lookup Results	UNKNOWN
Internal ID	76202

다음으로 삭제된 파일을 살펴보자.

삭제 파일

삭제된 파일은 부분적으로 또는 완전히 재구성될 수 있다. 윈도우 운영체제는 사용자가 파일 삭제를 선택했을 때 파일을 삭제하지 않는다. 대신 윈도우 운영체제는 삭제된 파일이 차지했던 공간을 마스터 파일 테이블Master File Table에 표시함으로써 새로운 파일이 작성될 수 있도록 준비한다. 결과적으로 사고 대응자는 덮어쓰기가 되지 않은 삭제된 파일을 볼 수 있다.

포렌식 분석자들이 직면하고 있는 한 가지 과제는 태블릿과 컴퓨터에서 솔리드 스테이트 드라이브(SSD, Solid State Drive)를 사용하는 것이다. 기존 플래터 하드 드라이브(platter hard drive)에서는 삭제 파일의 복구가 가능했으며 심지어 시스템의 전원이 꺼진 후에도 가능했다. 하지만 SSD를 사용하는 운영체제는 파일 저장을 더욱 효율적으로 하고자 삭제된 파일을 제거하는 경우가 많다. 이 문제의 자세한 내용은 다음 웹 사이트를 참조하기 바란다.

https://www.datanarro.com/the-impact-of-ssds-on-digitalforensics/

시스템에서 삭제된 파일을 보려면 창의 왼편에 Deleted Files 탭을 클릭한다. 여기에서 삭제 표시가 된 파일을 모두 볼 수 있다.

Name	S	C	Location	Modified Time	Change Time	Access Time
System.Data.Entity.dll			/img_JSmith_LT_0976.e01/vol_vol3/Program Files (x86)/Re...	0000-00-00 00:00:00	0000-00-00 00:00:00	0000-00-00 00:00:00
nb.lproj			/img_JSmith_LT_0976.e01/vol_vol3/Program Files (x86)/Ap...	0000-00-00 00:00:00	0000-00-00 00:00:00	0000-00-00 00:00:00
ko.lproj			/img_JSmith_LT_0976.e01/vol_vol3/Program Files (x86)/Bo...	0000-00-00 00:00:00	0000-00-00 00:00:00	0000-00-00 00:00:00
it.lproj			/img_JSmith_LT_0976.e01/vol_vol3/Program Files (x86)/Co...	0000-00-00 00:00:00	0000-00-00 00:00:00	0000-00-00 00:00:00
es.lproj			/img_JSmith_LT_0976.e01/vol_vol3/Program Files (x86)/Co...	0000-00-00 00:00:00	0000-00-00 00:00:00	0000-00-00 00:00:00
ru.lproj			/img_JSmith_LT_0976.e01/vol_vol3/Program Files (x86)/Co...	0000-00-00 00:00:00	0000-00-00 00:00:00	0000-00-00 00:00:00
ColorSync.resources			/img_JSmith_LT_0976.e01/vol_vol3/Program Files (x86)/Co...	0000-00-00 00:00:00	0000-00-00 00:00:00	0000-00-00 00:00:00
libdispatch.dll			/img_JSmith_LT_0976.e01/vol_vol3/Program Files (x86)/Co...	0000-00-00 00:00:00	0000-00-00 00:00:00	0000-00-00 00:00:00
es.lproj			/img_JSmith_LT_0976.e01/vol_vol3/Program Files (x86)/Co...	0000-00-00 00:00:00	0000-00-00 00:00:00	0000-00-00 00:00:00
pthreadVC2.dll			/img_JSmith_LT_0976.e01/vol_vol3/Program Files (x86)/Co...	0000-00-00 00:00:00	0000-00-00 00:00:00	0000-00-00 00:00:00
fi.lproj			/img_JSmith_LT_0976.e01/vol_vol3/Program Files (x86)/Co...	0000-00-00 00:00:00	0000-00-00 00:00:00	0000-00-00 00:00:00
AuditResultView.js			/img_JSmith_LT_0976.e01/vol_vol3/Program Files (x86)/Co...	0000-00-00 00:00:00	0000-00-00 00:00:00	0000-00-00 00:00:00
buildSystemOnly.js			/img_JSmith_LT_0976.e01/vol_vol3/Program Files (x86)/Co...	0000-00-00 00:00:00	0000-00-00 00:00:00	0000-00-00 00:00:00
ConsoleView.js			/img_JSmith_LT_0976.e01/vol_vol3/Program Files (x86)/Co...	0000-00-00 00:00:00	0000-00-00 00:00:00	0000-00-00 00:00:00
DOMAgent.js			/img_JSmith_LT_0976.e01/vol_vol3/Program Files (x86)/Co...	0000-00-00 00:00:00	0000-00-00 00:00:00	0000-00-00 00:00:00
ElementsPanelDescriptor.js			/img_JSmith_LT_0976.e01/vol_vol3/Program Files (x86)/Co...	0000-00-00 00:00:00	0000-00-00 00:00:00	0000-00-00 00:00:00

이제 분석자는 삭제된 파일을 검색할 수 있다. 이와 같은 파일들은 증거 가치를 가질 수 있다. 예를 들어 삭제된 파일들에서 민감한 파일이 여럿 발견됐고 이들 모두가 동일한 시기에 삭제됐다면, 이러한 사실로부터 악의적 내부자가 의심 파일을 삭제함으로써 흔적을 덮으려고 시도했다는 것을 알 수 있다.

키워드 검색

키워드 검색 기능은 포렌식 응용 프로그램이 갖는 주요 장점 중 하나다. 이 기능은 디스크 드라이브의 크기가 점차 커지고, 사고 대응자가 압도적인 양의 데이터를 분석해야 하는 상황에서 특히 유리하다. 키워드는 종종 조사의 다른 요소들 또는 외부의 소스에서 나오는 경우가 많다. 예를 들어 악성 코드 사고를 조사하는 분석자는 의심스러운 DLL 또는 메모리 이미지 분석으로부터 얻은 실행 파일명을 키워드로 사용할 수 있다. 또한 악의의 내부자가 기밀 정보에 접근한 것으로 의심되는 상황에서 그러한 비밀 문서 내지는 기밀 문서의 키워드를 사용한다면 용의자가 시스템을 통해 해당 파일에 접근했는지 확인할 수 있다.

Autopsy는 키워드 검색 기능을 갖고 있다. 완전 매치 또는 하위 문자열 매치를 사용해 키워드 검색을 수행한다. 예를 들어 분석자가 pricing decision(16)이라는 특정 파일에 접근하는 데 시스템이 사용됐는지 판단하는 임무를 맡았다고 하자. 분석자는 시스템이 특정 파일에 접근했다는 사실을 나타내는 흔적 증거를 찾아내 파일에 접근한 사용자가 누구인지 밝혀야 한다.

분석자는 오른쪽 상단으로 이동해 필드에서 pricing decision을 입력한다. 이것은 완전 매치가 활용되는 경우다. 선택이 완료되면 Search 버튼을 클릭한다. 창의 왼편에는 해당 키워드에 대한 조회수가 표시된다. 이 경우 pricing decision에 대한 19건의 조회 결과가 나타난다.

가운데 창에는 조회수가 포함된 파일 목록이 표시돼 있다. 눈에 띄는 첫 번째 파일은 마스터 파일 테이블MFT 항목이다. 이것은 MFT에 최소 하나의 항목이 있음을 나타낸다.

{9b365807-d2ef-11e4-b734-000c29ff2429}-{3808876b-c176-4e48	/img_JSmith_LT_0976.e01/vol_vol3/System Volume Inform...	dvisory.zip(H «pricing decision«PRICIN~1FILE0|RCRD(
$MFT	/img_JSmith_LT_0976.e01/vol_vol3/$MFT	desktop.ini$I30«pricing decision«PRICIN~1progress
pricing decision.lnk	/img_JSmith_LT_0976.e01/vol_vol3/Users/informant/AppD...	ret Project Data\«pricing decision«1SPS010.11.11.128

결과를 자세히 보면 pricing decision 스프레드시트와 관련된 2개의 링크 파일이 있음을 알 수 있다. 링크 파일은 바로 가기 파일이며 문서가 열릴 때 생성된다. 이때 윈도우 OS는 MFT 내에서 .LNK 확장자를 가진 링크 파일을 생성한다. 생성된 신규 항목은 Recents 폴더에 저장되며 사용자는 최근 문서들에 접근할 수 있다. 여기에서 링크 파일은 pricing decision 스프레드시트가 열려 있음을 보여 준다.

(secret_project)_pricing_decision.xlsx.lnk	/img_JSmith_LT_0976.e01/vol_vol3/Users/informant/AppD...
$UsnJrnl:$J	/img_JSmith_LT_0976.e01/vol_vol3/$Extend/$UsnJrnl:$J
(secret_project)_pricing_decision.xlsx.LNK	/img_JSmith_LT_0976.e01/vol_vol3/Users/informant/AppD...

상위 창에서 첫 번째 링크 파일을 선택하면 하위 창에서 자세한 내용을 확인할 수 있다. 예를 들어 인덱스 표기가 된 텍스트를 클릭하면 파일 접속에 관한 많은 정보가 나온다.

```
(secret_project)_pricing_decision.xlsx.lnk \\10.11.11.128\SECURED_DRIVESecret Project Data\pricing decision\
icing decision
1SPS0
10.11.11.128
1SPS:
1SPSsC
\\10.11.11.128\secured_driveMicrosoft NetworkCompany's Secured Network Drive
SECRET~1
Secret Project Data
PRICIN~1
pricing decision
  (S2BBE~1.XLS
(secret_project)_pricing_decision.xlsx
\\10.11.11.128\secured_drive\Secret Project Data\pricing decision\(secret_project)_pricing_decision.xlsx
\\10.11.11.128\secured_drive\Secret Project Data\pricing decision\(secret_project)_pricing_decision.xlsx
1SPS
```

이 데이터를 분석함으로써 분석자는 시스템이 실제로 **10.11.11.128**에서 공유 컴퓨터에 접근해 pricing decision 스프레드시트에 접근했는지 추론할 수 있다. **File Metadata** 탭을 클릭하면 자세한 내용을 볼 수 있다.

Name	/img_JSmith_LT_0976.e01/vol_vol3/Users/informant/AppData/Roaming/Microsoft/Windows/Recent/(secret_project)_pricing_decision.xlsx.lnk
Type	File System
MIME Type	application/octet-stream
Size	1952
File Name Allocation	Allocated
Metadata Allocation	Allocated
Modified	2015-03-23 20:26:53 UTC
Accessed	2015-03-23 20:26:53 UTC
Created	2015-03-23 20:26:53 UTC
Changed	2015-03-23 20:26:53 UTC
MD5	a9a4d030a0e6124ef8610617ee9125fc

이 데이터는 파일이 액세스된 시간을 보여 줄 뿐만 아니라 informant가 파일에 액세스한 계정이 분명하다는 것을 보여 준다. 이 같은 증거는 메타데이터 검사를 통해 나온 것으로서 MFT 내에서 생성된 링크 파일을 보여 준다.

창 왼편에서 **Operating System User Account**를 클릭하면 의심되는 사용자 계정에 관한 데이터를 찾을 수 있다.

Type	Value
Username	informant
User ID	S-1-5-21-2425377081-3129163575-2985601102-1000

포렌식 플랫폼이 갖고 있는 키워드 검색 기능은 정말로 포렌식 플랫폼이 투자할 만한 가치가 있다는 것을 보여 준다. 사고 대응자가 사고의 특정 측면을 집중적으로 분석할 수 있는 기능을 갖춘다면, 산더미처럼 쌓인 데이터를 신속하게 조사해 일련의 이벤트를 재구성하는 데 필요한 주요 데이터를 찾아낼 수 있을 것이다.

타임라인 분석

사고를 조사할 때 응용 프로그램이나 파일의 실행 시점은 매우 중요하다. 타임스탬프는 메모리 이미지를 검사할 때와 마찬가지로 또 다른 조사를 수행할 때에도 찾을 수 있다. 또한 메모리 이미지에서 특정 DLL 파일이나 실행 파일을 식별하면, 응용 프로그램이나 파일의 접근 날짜와 시간을 비교할 수 있고 시스템에서 관찰됐던 다른 활동과 상호 연관시킬 수 있다.

 디지털 포렌식이 지향하는 것은 모든 시스템이 동일한 시간대(time zone)를 사용하고 있는지를 확인하는 것이다. 네트워크 시스템에서 이것은 보통 네트워크 타임 프로토콜(NTP, Network Time Protocol)을 통해 달성된다. 그러나 NTP가 시스템의 표준 시간을 동기화하지 못할 때가 있다. 사고 대응자는 어떤 시간대를 사용해서 동기화해야 할지에 대한 신중한 이해가 필요하다. 시간에 대한 모범 실무는 모든 시스템을 UTC로 설정하는 것이다. 조직이 다양한 지역에 위치하는 경우에 이 같은 실무가 매우 중요하다.

Autopsy는 특별히 타임라인 분석 기능을 갖고 있다. 창의 맨 위에 있는 Timeline 버튼을 클릭하면 Autopsy는 타임라인 데이터를 면밀히 분석하는 절차를 시작한다. 분석 중인 이미지 파일의 크기에 따라 몇 분이 소요될 수 있다. 완료되면 다음과 같은 창이 열린다.

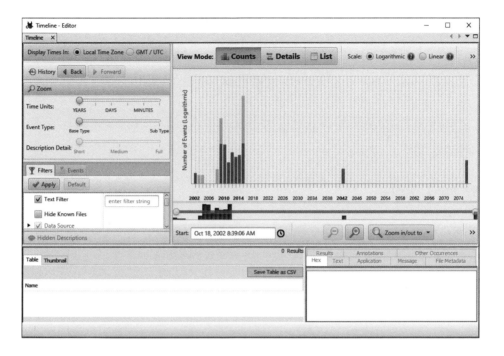

이제 분석자는 여러 가지 기능을 활용할 수 있다. 먼저 화면의 왼쪽에 있는 텍스트 필터^{text}

이제 분석자는 여러 가지 기능을 활용할 수 있다. 먼저 화면의 왼쪽에 있는 텍스트 필터text filter다. 여기에서 분석자는 파일의 특정 텍스트를 검색할 수 있다. 예를 들어 분석자는 조사 중인 시스템이 pricing decision이라는 이름의 스프레드시트에 접근했다는 것을 이미 식별한 바 있다. 만일 그 파일이 다른 시점에도 열람됐는지 여부를 알고 싶다면 Text Filter 상자에 pricing을 입력하고 Apply를 클릭하면 다음과 같은 결과가 생성된다.

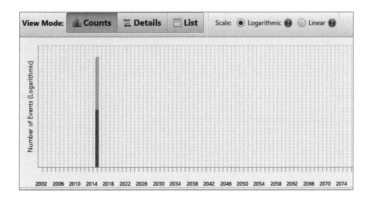

이 그래프에서 컬러 막대를 클릭하면 파일에 접근이 있었던 특정 시점을 구체적으로 볼 수 있다.

분석자는 특정된 한 날, 한 시점에 시스템에서 파일에 대한 접근이 발생했음을 확인할 수 있다.

▮ MFT 분석

타임라인 분석을 위한 또 다른 기법은 외부 도구를 사용해 MFT를 분석하는 것이다. 분석자는 Autopsy에서 MFT를 내보내고자 제3의 도구를 사용한 분석을 할 수 있다. 여기에서는 깃허브^{GitHub}의 https://github.com/dkovar/analyzeMFT에서 이용할 수 있는 파이썬^{Python} 스크립트, 즉 analyzeMFT를 활용할 것이다. 이 파이썬 스크립트를 활용하면 날짜와 시간 정보가 담긴 Excel 스프레드시트를 생성할 수 있다. 이 스크립트는 Log2Timeline과 같은 다른 스크립트와 결합해 날짜와 타임스탬프를 검토할 수 있는 파일을 생성할 수 있다.

analyzeMFT를 사용해 스프레드시트를 생성하려면 다음의 절차를 따른다.

1. https://github.com/dkovar/analyzeMFT에서 analyzeMFT를 다운로드해 설치한다.

2. 침해된 시스템에서 MFT를 추출한다. Autopsy에서 파일명 $MFT를 찾고자 Volume 3 파일 구조를 살펴본다. 파일명을 마우스 오른쪽 버튼으로 클릭한 후 Extract File(s)을 선택해 파일을 추출한다. 저장 폴더에 파일을 저장한다. 파일 이름을 $MFT가 아닌 다른 이름으로 변경하는 것이 좋다. 여기에서는 JSmith_LT_0976 라는 이름을 사용한다.

3. 파일을 저장한 후 추출된 파일이 담긴 폴더로 이동해 다음과 같은 명령을 입력한다.

```
dfin@DESKTOP-SFARF6G: /mnt/d/analyzeMFT-master$ python
analyzeMFT.py -f JSmith_LT_0976_\$MFT -c JSmith_LT_0976_Timeline
```

이 명령은 analyzeMFT가 MFT을 분석하고 그 결과를 마이크로소프트 이 명령은 analyzeMFT가 MFT을 분석하고 그 결과를 마이크로소프트 엑셀Microsoft Excel로 볼 수 있는 CSV 파일로 출력하도록 지시한다.

4. MFT 파일이 들어 있는 폴더로 이동한다. CSV 파일이 거기 있어야 한다.

파일을 제대로 열려면 .csv 확장자명을 파일에 추가해야 할 수 있다.

이제 선택된 프로그램을 사용해(이 경우 마이크로소프트 엑셀이 사용된다) 스프레드시트를 볼 수 있다.

2010-11-21	07:06:15.881506	TZ	...B	FILE	NTFS	$MFT	$FN	[...B] time user host /Windows/winsxs/amd64_microsoft-windows-alg.resources_31bf3856ad364e35_6.1.
2009-07-14	03:20:30.316587	TZ	...B	FILE	NTFS	$MFT	$FN	[...B] time user host /Windows/winsxs/amd64_microsoft-windows-alg_31bf3856ad364e35_6.1.7600.1638
2010-11-21	07:06:26.337038	TZ	...B	FILE	NTFS	$MFT	$FN	[...B] time user host /Windows/winsxs/amd64_microsoft-windows-alttab.resources_31bf3856ad364e35_
2009-07-14	05:30:18.216305	TZ	...B	FILE	NTFS	$MFT	$FN	[...B] time user host /Windows/winsxs/amd64_microsoft-windows-alttab_31bf3856ad364e35_6.1.7600.16
2015-03-23	20:26:53.986593	TZ	...B	FILE	NTFS	$MFT	$FN	[...B] time user host /Users/informant/AppData/Roaming/Microsoft/Windows/Recent/(secret_project)
2015-03-23	20:26:54.002193	TZ	...B	FILE	NTFS	$MFT	$FN	[...B] time user host /Users/informant/AppData/Roaming/Microsoft/Windows/Recent/pricing decision.ln
2009-07-14	05:30:10.993492	TZ	...B	FILE	NTFS	$MFT	$FN	[...B] time user host /Windows/winsxs/amd64_microsoft-windows-appcompat-adm_31bf3856ad364e35_
2010-11-21	07:06:19.819912	TZ	...B	FILE	NTFS	$MFT	$FN	[...B] time user host /Windows/winsxs/amd64_microsoft-windows-appid.resources_31bf3856ad364e35_
2010-11-21	03:17:30.539425	TZ	...B	FILE	NTFS	$MFT	$FN	[...B] time user host /Windows/winsxs/amd64_microsoft-windows-appid_31bf3856ad364e35_6.1.7601.17
2010-11-21	07:06:15.881506	TZ	...B	FILE	NTFS	$MFT	$FN	[...B] time user host /Windows/winsxs/amd64_microsoft-windows-appwiz.resources_31bf3856ad364e35

여기에서 분석자는 전체 타임라인을 검토할 수 있으며 스프레드시트 프로그램에서 이용 가능한 검색 도구들을 사용할 수도 있다. 한편 분석자가 이 정보를 더 자세히 분석할 수 있도록 하는 스크립트와 도구들이 또 있다. Log2Timeline과 analyzeMFT가 그 한 예다. 깃허브(https://github.com/log2timeline/)에서 찾을 수 있다.

▌ 레지스트리 분석

윈도우 운영체제에서는 많은 활동이 일어난다. 활동이 일어나고 문서화되는 곳 중 하나는 윈도우 레지스트리^{Windows Registry}다. 윈도우 레지스트리는 윈도우 운영체제의 하위 레벨^{low-level} 시스템 설정을 저장하는 데이터베이스다. 여기에는 장치, 보안, 서비스에 대한 설정과 함께 **보안 계정 관리자**^{SAM, Security Accounts Manager}의 사용자 계정 보안 설정 스토리지에 대한 설정이 저장된다.

레지스트리는 2개의 요소로 이뤄진다. 하나는 key다. 이 key는 두 번째 요소인 values를 담는 컨테이너다. 이 values는 특정한 설정 정보를 담고 있다. 가장 상위 레벨highest-level의 키는 루트 키root key라 불리며, 윈도우 운영체제는 5개의 루트 키를 갖고 있다. 이 루트 키는 모두 레지스트리 하이브registry hives의 디스크에 저장된다. 이러한 레지스트리 하이브는 윈도우 파일 구조상에서 %SystemRoot%\system32\config 폴더에 위치하고 있다.

- HKEY_CURRENT_USER
- HKEY_USERS
- HKEY_CLASSES_ROOT
- HKEY_LOCAL_MACHINE
- HKEY_CURRENT_CONFIG

이 다섯 가지의 루트 키 중에서 사고 조사 시 가장 가치가 큰 것은 HKEY_LOCAL_MACHINE 또는 HKLM 키다. 이 키는 다음과 같은 하위키subkeys를 포함한다(이들 하위 키는 조사가 진행되는 동안 가장 흥미로운 부분이다).

- **SAM**: 윈도우 OS에서 사용자의 암호를 LM 또는 NTLM 해시 형식으로 저장하는 곳이다. SAM 하위 키의 주된 목적은 윈도우 계정의 암호를 관리하는 것이다.
- **Security**: Security 하위 키에는 시스템에 연결된 도메인의 보안 정보가 포함돼 있다.
- **Software**: Software 하위 키는 소프트웨어와 윈도우 설정의 보관 장소다. 이 하위 키는 소프트웨어 설치자installers 또는 시스템 설치자에 의해 수정되는 경우가 많다. Software는 악성 코드가 소프트웨어에 추가하거나 수정한 사항을 확인하는 데 적합하다.
- **System**: 이 하위 키는 윈도우 시스템 구성에 대한 정보를 저장한다. 시스템 하위 키 안에도 들어 있는 핵심 증거 중 하나는 파일 시스템 내에 현재 마운트된 장치다.

사고 조사에 있어서 중요한 또 다른 데이터 소스는 HKEY_CURRENT_USER 키다. 공격자들은 권한 상승privilege escalation 공격의 일부로 사용자 계정이나 프로필을 변경할 수 있다. 사용자 데이터에 대한 변경 내용은 해당 사용자의 NTUSER.dat 파일에 기록된다. NTUSER.dat 파일은 시스템의 모든 사용자 계정에 대해 생성되며 C:\Users*UserName*에 위치한다. 이 파일에는 사용자의 프로필 설정이 포함돼 있으며 연결된 시스템, 네트워크 연결, 기타 설정에 대한 추가 데이터를 제공한다. HKEY_CURRENT_USER 키에 포함된 데이터는 시스템의 사용자 활동이나 사용자 계정에 대한 수정이 의심되는 경우에 유용하다.

사고 대응자는 Autopsy를 사용해 여러 레지스트리 하이브에 접근할 수 있다. 창의 왼편에 있는 파일 구조에서 vol3/Windows/System32/config 폴더로 이동하면 된다.

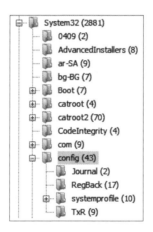

창 중앙에 SAM 레지스트리 파일이 위치해 있다.

DEFAULT.LOG	2010-11-21 07:20:59 UTC
DEFAULT.LOG1	2015-03-25 15:31:05 UTC
DEFAULT.LOG2	2009-07-14 02:34:08 UTC
SAM	2015-03-25 15:31:05 UTC
SAM.LOG	2010-11-21 07:20:59 UTC

레지스트리 키 설정에 대한 실제 조사와 증거의 가치는 디지털 포렌식의 많은 측면과 마찬가지로 매우 구체적이다. 9장, 심지어 이 책에서 레지스트리 포렌식의 모든 측면을 다룰 수는 없지만, 사고 대응자는 평가를 위한 레지스트리 키를 확보하는 것이 중요하고, 레지스트리 설정 분석에 대한 실제 경험을 쌓을 수 있도록 도구에 어느 정도 익숙해져야 한다.

다음의 예시를 통해 시스템, SAM, 보안, 소프트웨어 레지스트리 키가 획득될 것이다. 적절한 키를 획득하고자 Autopsy가 사용되며, 이후 제3의 도구를 통해 이 키들을 검사한다. 방법을 살펴보자.

1. 먼저 시스템 이미지의 세 번째 볼륨에 있는 /System32/config 폴더로 이동한다.
2. 마우스 오른쪽 버튼과 Ctrl 키를 사용해 4개의 레지스트리 키를 선택한다. 파일 중 하나를 마우스 오른쪽 버튼으로 클릭한 후 Export File(s)을 선택한다.
3. 레지스트리 키를 출력할 폴더를 선택한다. 여기에서는 키를 담기 위한 별도의 파일 폴더가 생성됐다. Save를 선택한다.
4. 레지스트리 키가 저장됐는지 확인한다.

위의 스크린샷은 확보된 4개의 레지스트리 파일을 보여 준다.

의심스러운 이미지의 레지스트리 파일이 저장됐으므로 이제 분석자는 제3의 도구를 사용해 레지스트리를 검사할 수 있다. 여기에서는 에릭 짐머맨Eric Zimmerman이 개발한 Registry Explorer/RECmd Version 1.5.1. 도구를 사용해 레지스트리 키를 분석할 것이다. 이 프리웨어 응용 프로그램은 https://ericzimmerman.github.io/#!index.md에서 다운로드할 수 있다. 안전한 위치에 파일을 압축 해제하고 응용 프로그램을 실행한다.

이미지 분석이 진행됐으므로 이제 분석자는 어떤 시점에서 시스템에 연결된 USB 장치가 잠재적인 데이터 손실을 발생시켰는지 파악한다. Autopsy를 통해 이 같은 정보를 얻긴 했지만, USB가 연결된 결과 어떤 레지스트리 키의 설정이 변경됐는지 파악해야 한다. 시스템 레지스트리 하이브는 추가 정보를 위한 최상의 위치라고 할 수 있다.

윈도우 운영체제는 USB 장치, 즉 대용량 저장 장치, iOS 장치, 디지털 카메라, 기타 USB 장치 등이 연결된 시점의 아티팩트를 기록하고 유지한다. 이는 윈도우 운영체제의 일부인 플러그 앤 플레이 매니저PnP, Plug and Play manager 때문이다. PnP는 USB가 연결됐다는 알림을 받고 장치에 이 정보를 쿼리함으로써 올바른 장치 드라이버를 로드할 수 있도록 한다. 이 과정이 완료되면 윈도우 운영체제는 레지스트리 설정에서 장치에 대한 항목을 만든다.

어떤 USB 장치가 연결됐는지 확인하려면 다음과 같은 단계를 따른다.

1. 레지스트리 탐색기를 연다.
2. File을 클릭한 후 Load Hive를 클릭한다.
3. 시스템 레지스트리 하이브로 이동한다.
4. 로드가 완료되면 다음과 같은 창이 나타난다.

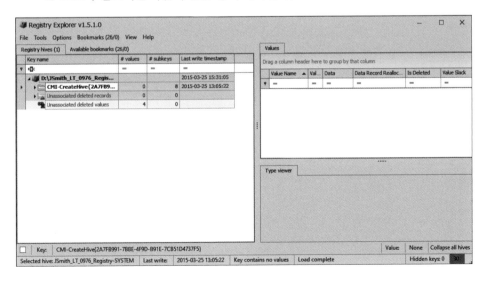

이제 `ControlSet001\Enum\USBSTOR\:`의 올바른 USB 레지스트리 위치로 이동한다.

5. 첫 번째 레지스트리 값인 4C53001245053110159300을 클릭한다. 창의 오른쪽 상단에 다음과 같은 정보가 나타난다.

Value Name ▲	Value Type	Data	Data Record Reall...	Is Deleted	Value Slack
🔣c	🔣c	🔣c	☑	☑	🔣c
▶ Capabilities	RegDword	16	☐	☐	
Class	RegSz	DiskDrive	☐	☐	
ClassGUID	RegSz	{4d36e967-e325-...	☐	☐	00-00-00-00-00-00
CompatibleIDs	RegMultiSz	USBSTOR\Disk US...	☐	☐	
ConfigFlags	RegDword	0	☐	☐	
ContainerID	RegSz	{4933888a-6002-...	☐	☐	00-00-00-00-00-00
DeviceDesc	RegSz	@disk.inf,%disk_...	☐	☐	22-00-00-00
Driver	RegSz	{4d36e967-e325-...	☐	☐	00-00-00-00
FriendlyName	RegSz	SanDisk Cruzer Fit...	☐	☐	
HardwareID	RegMultiSz	USBSTOR\DiskSan...	☐	☐	00-00-00-00
Mfg	RegSz	@disk.inf,%genm...	☐	☐	B7-DA-00-00-00-00
Service	RegSz	disk	☐	☐	50-00

이제 분석자는 검토 대상이 되는 많은 양의 정보를 취득하게 된다. 특히 중요한 정보는 HardwareID다. 출력된 해당 절을 클릭하면 창의 오른쪽 아래에 다음과 같이 표시된다.

날짜와 시간을 검토해 보면 SanDisk Cruzer Fit이 시스템에 연결됐다는 사실을 발견할 수 있다. 분석자는 이것이 2015년 3월 24일 13시 38분에 연결이 있었음을 확인할 수 있다. 이것은 기밀 파일에 접근한 날짜 및 시간과 비교할 때 중요하다.

앞서 언급했듯이 레지스트리 분석은 그 자체만으로도 디지털 포렌식의 중요한 부분 집합이다. 전체 볼륨은 레지스트리 하이브의 설정과 항목에 존재하는 증거 값에 기록됐다. 최소한 분석자는 추가 조사를 할 다른 사람을 위해 이 증거를 수집할 준비를 해야 한다. 즉 사고 대응자들이 점점 더 많은 경험과 기술을 습득함에 따라 레지스트리는 디스크 이미지 조사 시 증거를 위해 활용될 수 있는 영역이 돼야 한다.

▌ 요약

9장에서는 디스크 포렌식 도구를 사용해 어떤 정보를 찾아낼 수 있는지를 여러 측면에서 살펴봤다. 디스크 이미지를 탐색하는 Autopsy의 기능들을 설명했다. 그리고 윈도우 레지스트리와 MFT에 저장된 데이터를 추출해 사고 대응자에게 사고 분석 과정에서 활용할 수 있는 데이터에 관한 아이디어를 제공했다.

구체적인 도구와 기법은 대체로 사용되는 도구에 따라 달라진다. 이해해야 할 핵심 사항은 최신의 운영체제는 새로운 사용자 계정 추가 시 MFT의 파일 변경 증거에서부터 레지스트리 키 설정에 이르기까지 디스크 전반에 자신의 시스템 활동에 관한 흔적을 남긴다는 것이다. 따라서 사고 대응자는 최신 운영체제의 데이터 저장 방법을 이해하고, 이 데이터를 찾기 위해 상용 또는 프리웨어 도구 사용 방법에 대한 전문 지식을 갖춰야 한다. 네트워크 소스 및 메모리에서 얻은 증거와 디스크 증거는 사고에 대한 명확성을 높이고, 사고의 근본 원인을 파악하는 데 도움을 줄 수 있다. 시스템 스토리지 분석에서 집중해야 할 것은 로그 파일의 추출과 검토다. 로그 파일은 많은 양의 정보를 제공하는 핵심 데이터 포인트다.

10장에서는 9장에서 수행했던 작업을 계속 이어서 하는데 사고 조사에서 로그 파일을 활용할 수 있는 방법을 다룬다.

▌ 질문

1. 다음 중 상용 포렌식 플랫폼과 오픈소스 포렌식 플랫폼에서 사용 가능한 기능은 무엇인가?

   A. Hex 뷰어

   B. 이메일 카빙

   C. 메타데이터 뷰어

   D. 위의 보기 전부

2. 사고 대응자가 시스템에 연결된 USB를 발견하려면 어떤 레지스트리 하이브를 이용해야 하는가?

   A. SAM

   B. Security

   C. System

   D. User profile

3. 웹 히스토리는 시스템에 접속된 피싱 URL에 데이터를 제공할 수 있다.

   A. 참

   B. 거짓

4. 다음 중 윈도우 레지스트리 하이브가 아닌 것을 고르시오.

   A. System

   B. SAM

C. Storage

D. Sofeware

▌ 더 읽어 볼 거리

- Autopsy GitHub: https://github.com/sleuthkit/autopsy
- Eric Zimmerman Tools: https://ericzimmerman.github.io/#!index.md
- Eric Zimmerman Tools Cheat Sheet: https://digital-forensics.sans.org/
  media/EricZimmermanCommandLineToolsCheatSheet-v1.0.pdf
- *Registry Analysis with FTK Registry Viewer*: https://subscription.
  packtpub.com/book/networking_and_servers/9781784390495/6/
  ch06lvl1sec37/registry-analysis-with-ftk-registry-viewer
- *Windows Registry Analysis 101*: https://articles.forensicfocus.com/2019/
  04/05/windows-registry-analysis-101/

10

로그 파일 분석

프랑스의 셜록 홈즈로 알려진 에드몽 로카드Edmond Locard 박사는 포렌식 분야의 선구자였
다. 범죄학자이자 교사인 그는 포렌식 기법과 방법론을 개발했으며 오늘날에도 여전히 포
렌식을 알리는 역할을 하고 있다. 그는 **로카드 교환 원칙**Locard's exchange principle으로 잘 알려져
있다. 이 법칙은 용의자는 범행 현장과 상호 작용하면서 흔적을 남긴다는 의미다. 물리적
세계에서 흔적이란 머리카락, 옷의 섬유 조각, 혈액, 또는 피부 세포들을 포함할 수 있는
데, 이러한 흔적들은 범죄 현장의 여러 표면과 사물에 남겨진다. 한편 범행 현장 그 자체
도 용의자에게 흔적을 남긴다. 카펫에서 나온 섬유, 먼지, 금속 파편 또는 깨진 유리창에
서 나온 유리 조각이 용의자에게 달라붙을 수 있다. 포렌식은 더욱더 미세한 흔적을 찾아
내기 위해서 실무와 기술을 점차 정교하게 발전시켜 왔다.

로카드의 업적은 컴퓨터가 등장하기 훨씬 이전에 물리적인 세계에 집중됐다. 범죄 현장에서 범죄 행위자의 모든 행동이 흔적을 남긴다는 이 원리는 물리적인 세계에서와 마찬가지로 디지털 포렌식에서도 적용할 수 있다. 예를 들어 공격자 또는 공격자 단체가 시스템을 손상시키고 웹 서버에서 명령 및 제어 인프라를 구성한다고 하자. 이것은 방화벽 로그 항목의 형태로 추적 증거를 남긴다. 웹 서버에서 악성 코드가 실행되면 실행 중인 메모리, 이벤트 로그 항목, 저장 장치의 악성 코드에 흔적을 남긴다. 일련의 이벤트 체인을 통해 공격자는 그들이 접속하는 여러 장치에 그들 존재의 흔적을 남길 것이다.

앞에서는 사고 대응자가 메모리, 하드 드라이브, 네트워크 트래픽에서 이와 같은 흔적을 발견하고자 활용할 수 있는 여러 위치와 기법을 이야기했다. 활용할 수 있는 풍부한 데이터를 제공하는 위치 중 하나는 로그 파일이 있는 위치다. 동작들은 하드웨어와 소프트웨어에서 광범위하게 기록된다. 사고 대응자는 로그 획득 방법, 검사 방법, 로그의 세부 사항을 알아야 한다. 이에 따라 사고 대응자는 사고가 일어난 근본 원인에 대한 상당한 것들을 확인할 수 있다.

10장에서는 로그와 로그 관리, 보안 정보, 이벤트 관리 시스템과 같은 로그 집계 도구의 사용, 윈도우 이벤트 로그, 마지막으로 윈도우 이벤트 로그 분석을 설명한다. 이러한 기법에 대한 논의를 통해, 사고 대응자는 로그가 사고 조사에 얼마나 중요한지 명확히 설명할 수 있고, 동시에 더 큰 사고 조사의 일환으로 로그를 검토할 수 있게 되길 바란다.

10장에서는 다음과 같은 주제를 다룬다.

- 로그 및 로그 관리
- 보안 정보 및 이벤트 관리
- 윈도우 이벤트 로그
- 윈도우 이벤트 로그 분석

로그 및 로그 관리

사고 조사를 성공적으로 만드는 생명줄은 폭넓은 리소스로부터 나온 증거다. 심지어 악성 코드에 감염된 호스트 시스템을 조사하는 경우에도 다양한 리소스로부터 나온 보강 증거가 필요하다. 특히 소규모 네트워크를 가진 조직이 로그를 어떻게 관리하는가 하는 점은, 사고 대응이 일반적으로 직면하고 있는 과제다. 종합적인 조사를 위해 사고 대응 분석자는 가능한 한 많은 네트워크 데이터에 접근해야 한다. 하지만 조직들이 네트워크 장치 및 기타 시스템에서 로그를 포괄적으로 수집하는 데 적절한 리소스를 사용하지 않는 경우가 많다.

사고가 발생하기 전에 조직은 로그를 어떻게 수집할 것인지, 어떤 로그를 수집할 것인지, 또한 어떻게 유지 관리할 것인지를 명확히 정하는 것이 매우 중요하다. 이러한 사항은 로그 관리 정책과 관련 절차에서 정립돼야 한다. 어떤 로그가 필요한지에 대한 모든 논의의 자리에는 반드시 CSIRT^{Computer Security Incident Response Team} 담당자가 참여해야 하는데 이는 CSIRT 담당자가 로그 소스에 대한 중요도를 알고 있는 경우가 많기 때문이다.

 미국국립표준기술원(NIST)이 로그 관리에 대한 짧은 가이드를 발간했다. 해당 가이드는 http://nvlpubs.nist.gov/nistpubs/Legacy/SP/nistspecialpublicat ion 800-92.pdf에서 볼 수 있다.

로그 관리에 관한 기술적 이슈 외에도 법률 이슈의 해결이 필요하다. 다음은 CSIRT와 CSIRT 법률 지원팀이 사고 발생 전에 해결해야 할 사안들이다.

- **일반적인 비즈니스 실무로서 로그 정책 수립**: 비즈니스의 유형과 관할국에 따라서 이용자들은 모니터링 정책에 명시적으로 포함되지 않는 프라이버시 사항에 대해서 합리적인 기대를 가질 수 있다. 또한 로그가 잠재적인 이용자의 악의적 활동을 판단하고자 엄격하게 활성화된 경우에 법률 이슈가 될 수 있다. 결과적으로

네트워크 활동에 대한 로그 수집이 정상적인 비즈니스 활동의 일부라는 점과 이용자는 프라이버시에 대한 합리적인 기대를 가질 수 없다는 점이 로그 정책으로 수립돼야 한다.

- **이벤트 근접 로깅**: 로그는 이벤트 발생 시 거의 대부분 생성되기 때문에 자동 로깅은 그리 문제가 되지 않는다. 증거의 관점에서, 이벤트 발생 시점에 근접하지 않은 로그는 법정에서 증거로서의 가치를 잃는다.

- **지식이 풍부한 인력**: 로그의 가치는 그 항목을 만든 사람과 이벤트에 대한 지식이 있는지 여부에 따라 달라진다. 네트워크 장치의 로그의 경우 로깅 소프트웨어가 이 문제를 해결한다. 소프트웨어가 잘 작동한다고 입증할 수 있는 한 문제가 없어야 한다.

- **포괄적인 로깅**: 엔터프라이즈 로깅은 가능한 한 많은 기업에 대해 구성돼야 한다. 또한 로깅은 일관성이 있어야 한다. 무작위 로깅 패턴은 전체 기업에서 만들어진 일관된 로깅 패턴보다 법정 가치가 적다.

- **지정 관리인**: 데이터 관리자가 로깅 정책으로 지정돼야 한다. 이 관리인은 로깅 절차와 로그를 생성하는 데 사용되는 소프트웨어의 유형을 설명하게 될 것이다. 또한 사용되는 로그와 로깅 소프트웨어의 정확성을 증언할 책임이 있다.

- **실패 문서**: 이벤트 로깅을 장기간 실패하거나 실패한 이력은 법정에서 로그의 가치를 떨어뜨릴 수 있다. 로깅 실패의 사실과 실패 이유를 반드시 문서화해야 한다.

- **로그 파일 발견**: 조직은 조직이 소송에서 이용한 로그를 상대 변호사도 활용할 수 있다는 점을 알아야 한다.

- **침해 시스템의 로그**: 침해됐다고 알고 있는 시스템에서 발생한 로그는 의심해 봐야 한다. 이러한 로그를 증거로 제출해야 한다면 많은 경우 관리자 또는 사고 대응자는 로그에 포함된 데이터의 정확성에 대해 상세히 증언해야 할 것이다.

- **원본 선호**: 로그 파일들을 로그 소스에서 저장 미디어로 복사할 수 있다. 뿐만 아니라 어떤 로그든지 시스템에 보관해야 한다. 사고 대응자들은 사고가 발생한 동안 사용된 각각의 로그 파일에 대해 관리 연속성chain of custody을 생성해야 하며, 이러한 로그들은 법원의 파기 명령이 내려질 때까지 사건의 일부로 관리돼야 한다.

로그 관리 절차는 조직이 필요하다고 판단하는 이벤트를 식별하는 데 요구되는 기본 요소들을 다룬다. 다음으로 살펴볼 적절한 로그 관리 전략에 관한 주요 사항은 집계 및 검토에 활용되는 기술이다. 이 기술은 전반적인 로그 관리 절차의 일부인 **보안 정보 및 이벤트 관리**SIEM 시스템의 통합을 수반한다.

▌ 이벤트 관리 시스템의 작업

꽤 많은 조직들이 네트워크 장치의 로깅 성질을 중요한 사안으로 다룬다. 공간에 제한이 있으면 로그 파일들이 롤 오버rolled over되는 경우가 많은데, 이 경우 새 로그 파일이 이전 로그 파일 위에 기록된다. 그 결과 조직에서 중요한 로그가 며칠이나 몇 시간만 있다가 사라지는 경우가 생긴다. 만일 몇 주 전에 잠재적 사고가 발생했다면 사고 대응 담당자는 핵심 증거를 놓치게 된다.

이에 따라 많은 기업에서 사용하는 도구 중 하나가 SIEM 시스템이다. 이러한 기기들은 네트워크 소스에서 로그 및 이벤트 데이터를 집계해 단일 위치로 결합할 수 있다. CSIRT와 그 밖의 보안 담당자는 시스템을 개별적으로 검사하지 않고도 전체 네트워크의 활동을 관찰할 수 있다.

다음 스크린샷은 SIEM이 전체 네트워크에 어떻게 통합되는지 보여 준다.

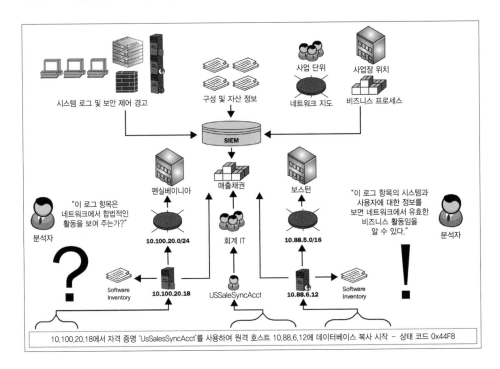

보안 통제에서부터 SQL 데이터베이스에 이르는 다양한 소스가 SIEM으로 로그를 전송하도록 구성돼 있다. 위 그림은 **10.100.20.18**에 위치한 SQL 데이터베이스는 사용자 계정인 **USSalesSyncAcct**가 **10.88.6.12**에 위치한 원격 호스트에 데이터베이스를 복사하는 데 사용됐음을 보여 준다. SIEM은 이러한 유형의 활동을 신속하게 조사할 수 있다. 예를 들어 **USSalesSyncAcct** 계정이 침해된 것으로 확인되면 CSIRT 분석자는 SIEM에서 해당 계정의 모든 사용 현황을 신속하게 쿼리할 수 있다. 이제 원격 호스트로 데이터베이스를 복사했음을 나타내는 로그 항목을 볼 수 있다. SIEM이 없었다면 CSIRT 분석자는 개별 시스템에 대한 접근을 일일이 찾아야 하는 바 이는 엄청난 작업이다.

보안 및 네트워크 분석자들은 다음과 같이 SIEM 플랫폼에서 사고 대응과 관련된 다양한 업무를 수행할 수 있다.

- **로그 집계**: 일반적인 기업의 내부 네트워크에는 수천 개의 장치들이 있으며 각 장치에는 자체 로그가 있다. SIEM을 구축해 이러한 로그를 중앙 위치에 집계할 수 있다.

- **로그 보존**: SIEM 플랫폼의 또 다른 주요 기능은 로그를 보관하는 것이다. PCI-DSS^{Payment Card Industry Data Security Standard}와 같은 컴플라이언스 프레임워크는 로그를 1년 동안 유지 관리해야 하고, 90일 동안 즉시 사용할 수 있도록 규정하고 있다. SIEM 플랫폼은 로그를 질서정연하게 보관하고 즉시 검색할 수 있는 시스템을 제공해 로그 관리를 지원한다.

- **정기적인 분석**: SIEM 플랫폼을 사용해 정기적으로 정보를 검토하는 것이 좋다. 대부분 SIEM 플랫폼들은 연결 횟수, 데이터 흐름, 중요 경고와 같은 핵심 요소들을 강조하는 대시보드를 제공하는 경우가 많다. SIEM은 또한 보고 기능이 있으므로 이런 활동들을 이해관계자들에게 지속적으로 알릴 수 있다.

- **경고**: SIEM 플랫폼은 악의적인 활동임을 나타내는 특정 조건에 대한 경고 기능이 있다. 여기에는 바이러스 백신, 침입 방지 시스템과 침입 탐지 시스템과 같은 보안 통제에서 나오는 경고가 포함된다. SIEM 플랫폼의 또 다른 주요 기능은 이벤트 상관 관계다. 이 기능은 로그 파일을 검사해서 이벤트 간에 연관성 또는 공통점이 있는지 여부를 판단한다. 이후 SIEM은 이러한 유형의 이벤트를 경고할 수 있다. 예를 들어 사용자 계정이 기업의 여러 시스템에 걸쳐 로그인을 여러 번 시도하면 SIEM은 해당 활동을 식별하고 관련 당사자에게 경고를 보낸다.

- **사고 대응**: SIEM이 로그 집계 및 분석을 위한 단일 지점이 되면 CSIRT 분석자는 사고 발생 시 SIEM을 활용할 수 있다. CSIRT 분석은 종종 오프라인 분석을 위한 로그를 다운로드할 뿐만 아니라 플랫폼에서 쿼리를 만들기도 한다. 로그 파일의 중앙 집중화 덕분에 검색 및 이벤트 수집 수행 시간이 상당히 단축된다. 예를 들어 CSIRT 분석 결과 사용자 계정이 침해됐다고 하자. SIEM이 없으면 CSIRT 분석자는 여러 시스템에서 해당 사용자 계정과 관련된 작업을 확인해야 한다. 반면 SIEM을 구축한 분석자는 SIEM 플랫폼에서 해당 사용자 계정을 검색하기만 하면

SIEM 플랫폼은 전사 시스템의 로그에서 사용자 계정 활동을 집계한다. 결과적으로 분석자는 기업 전체에 걸쳐 여러 다양한 시스템의 로그를 검사하느라 보낸 시간의 극히 일부만으로, 사용자 계정 활동에 대한 분명한 결론을 내릴 수 있다.

SIEM 플랫폼은 구입과 구현에 상당한 시간과 비용이 소요된다. 필수 규칙에 대한 지속적인 유지, 관리 및 수정 비용이 추가되기 때문이다. 그러나 사고 대응의 관점에서 네트워크 기반 증거를 적시에 수집하려면 반드시 SIEM을 적절히 구성하고 유지 관리해야 한다. 또한 사고가 감지됐을 때 SIEM 플랫폼의 기능을 통해 사고의 근본 원인을 파악하는 데 걸리는 시간을 크게 줄일 수 있다.

 다음의 기사는 엔터프라이즈 환경에서 SIEM 플랫폼의 사용 사례에 대한 자세한 내용을 다루고 있다. https://bdavis-cybersecurity.blogspot.com/2016/11/cuckoo-sandbox-installation-part-1.html

SIEM 플랫폼에는 다수의 상용 옵션과 오픈소스 옵션이 있다. 각각의 옵션들은 다양한 기능들을 갖고 있다. 다음 두 가지의 오픈소스 옵션인 Security Onion과 Elastic Stack은 사고 대응자가 로그 파일을 분석하는 데 도움을 줄 수 있는 전체 기능을 갖춘 도구다.

Security Onion

풀 옵션의 SIEM 플랫폼이 때론 조직에 비용적 부담이 될 수 있다. 이때 오픈소스 플랫폼인 Security Onion의 사용을 고려해 볼 수 있다. Security Onion은 OSSEC, Suricata, Snort와 같은 다양한 보안 도구를 단일 플랫폼에 결합시킨다. Security Onion에는 로그 파일을 심층 분석할 수 있는 대시보드와 도구의 기능도 있다. 예를 들어 다음의 스크린샷은 이용 가능한 세부 정보의 수준을 보여 준다.

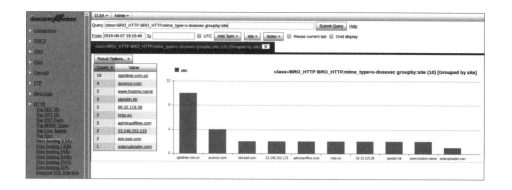

Security Onion 플랫폼을 설치 및 배포하려면 시간이 다소 필요할 수 있지만, 모든 기능을 갖춘 SIEM 솔루션을 구축하기 어려운 조직들에겐 솔루션을 제공하는 강력하고 경제적인 대안이다(Security Onion 플랫폼과 관련 문서는 https://securityonion.net/에서 확인할 수 있다).

Elastic Stack

SIEM의 또 하나의 대안이 되는 오픈소스 옵션은 Elastic Stack(또는 일반적으로 ELK Stack으로 부름)이다. Elastic Stack은 3개의 도구를 하나로 결합한 것이다. 오픈소스 도구인 Elasticsearch, Logstash, Kibana가 결합된 Elastic Stack은 데이터를 수집하고, 수집한 데이터를 Kibana GUI를 통해 검토 및 분석이 가능한 형식으로 변환시키는 오픈소스 플랫폼을 위협 헌터threat hunters에게 제공한다. 이를 통해 위협 탐지자는 다수의 시스템의 로그 데이터를 한 번에 시각화할 수 있다. Elastic Stack은 앞서 언급한 Security Onion을 비롯한 다양한 오픈소스 보안 도구에 내장돼 있다. Elastic Stack은 윈도우 이벤트 로그를 Elastic Stack에 전달하는 Winlogbeat 같은 도구를 통해 독립형 SIEM 솔루션으로 구성할 수도 있다.

다음의 그림은 Elastic Stack에서 가장 눈에 띄는 부분인 Kibana 인터페이스다. 이 인터페이스를 통해 다음과 같이 데이터를 시각화하고 검색할 수 있다.

SIEM 플랫폼은 사고 대응자가 다수의 시스템에서 광범위한 로그들을 검사할 수 있는 훌륭한 방법이다. 한 가지 중요한 것은 이 플랫폼이 윈도우 이벤트 로그를 검사하는 데 있다. 다음 절에서는 다양한 윈도우 이벤트 로그를 살펴보고 이러한 로그가 사고 대응자에게 제공하는 계정 및 응용 프로그램 사용에 대한 정보를 살펴본다.

▌ 윈도우 로그의 이해

사고 대응자가 사고와 관련해 조사해야 할 가장 일반적인 엔드포인트 운영체제는 단연 윈도우 OS다. 마이크로소프트의 압도적인 시장 점유율로 인해 거의 대부분의 기업 엔드포인트는 마이크로소프트의 데스크톱과 노트북, 서버, 가상 시스템일 것이다. 따라서 사고 대응자는 사고 분석을 위해 윈도우 이벤트 로그를 활용하는 방법을 확실히 이해하는 것이 중요하다.

윈도우 이벤트 로그는 운영체제의 동작, 다른 시스템과의 연결, 자격 증명 사용에서 나오는 광범위한 데이터를 PowerShell 사용과 함께 제공한다. 악성 코드나 그 밖의 익스플로잇, 자격 증명 액세스, 윈도우 OS 내부 도구를 사용한 권한 상승 및 측면 이동 등의 초기의 침해로부터의 적대적 전술은 윈도우 이벤트 로그를 통해 캡처되는 경우가 많다.

운영체제가 동작하는 중에 캡처되는 특정한 로그는 조직이 로그를 어떻게 구성하는지에 따라 크게 달라진다. 대부분의 기업들은 로그 파일에 할당된 스토리지 공간뿐만 아니라 어떤 동작이 시스템 로그인지를 구성하는 그룹 정책Group Policy을 세운다. 조직의 로그 관리 실무에 따라 PowerShell, SMB^Server Message Block 사용량, 응용 프로그램 동작, DHCP 클라이언트 관리, 작업 스케줄러Task Scheduler 유지 보수 사용에 대한 로그를 남기도록 윈도우 OS를 구성할 수 있다.

대부분의 경우에 로그 관리 구성은 윈도우 그룹 정책을 통해 관리된다. 여기서 관리자는 하나의 정책을 통해 방대한 시스템들을 관리할 수 있다.

로컬 시스템에서 사용할 수 있는 로그인지 확인하려면 다음을 수행한다.

1. 윈도우 작업 표시줄에 있는 Search 필드에서 Event Viewer를 검색한다. Event Viewer를 클릭하면 다음 창이 열린다.

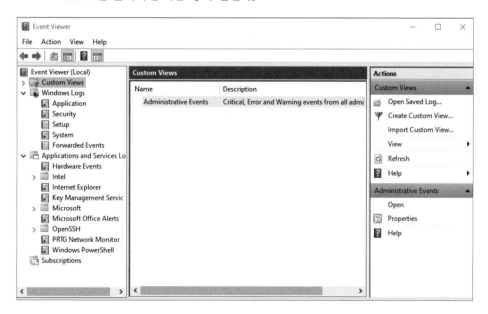

2. 사고 대응자는 이 뷰어를 통해 로그로 기록 중인 내용을 정확하게 파악할 수 있으며 특정 로그 항목도 검색할 수 있다. 로그에 직접 액세스해서 오프라인 분석을 실시하려면 C:\Windows\System32\winevt\logs에서 로그 저장소의 기본 파일 경로로 이동한다. 다음과 같이 로그로 남겨질 수 있는 다양한 이벤트가 표시된다.

Name	Date modified	Type	Size
Security	9/25/2019 3:48 PM	Event Log	20,484 KB
Microsoft-Windows-Store%4Operational	9/25/2019 3:33 PM	Event Log	19,588 KB
Microsoft-Windows-Storage-ClassPnP%4Operational	9/23/2019 5:59 PM	Event Log	6,148 KB
Microsoft-Windows-AppXDeploymentServer%4Operational	9/25/2019 3:14 PM	Event Log	5,124 KB
System	9/25/2019 3:14 PM	Event Log	4,164 KB
Microsoft-Windows-SmbClient%4Connectivity	9/25/2019 1:44 PM	Event Log	3,140 KB
Application	9/25/2019 3:14 PM	Event Log	2,116 KB
Microsoft-Windows-GroupPolicy%4Operational	9/25/2019 2:47 PM	Event Log	2,116 KB
Microsoft-Windows-Ntfs%4Operational	9/25/2019 3:43 PM	Event Log	2,116 KB

(PC › OS (C:) › Windows › System32 › winevt › Logs)

앞서 설명한 것처럼 운영체제가 수행하는 다양한 활동들에 대한 윈도우 이벤트 로그들이 있다. 10장에서는 관련된 윈도우 이벤트 로그의 유형들 중에서 세 가지를 중점적으로 다룬다. 이러한 유형들은 광범위한 활동들을 망라하고 있으며, 운영체제의 활동들이 잠재적으로 손상된 시스템에서 발생했는지 판단하는 데 도움이 된다. 구체적으로는 다음과 같다.

- **보안 로그**: 보안 로그에는 시스템 보안에 대한 데이터 항목이 포함된다. 여기에는 로그온, 로그오프, 보안 그룹 구성원 자격, 프로그램 실행 파일이 포함된다.
- **응용 프로그램 로그**: 응용 프로그램 개발자는 응용 프로그램에서 로그로 남길 활동의 종류를 결정한다. 이것은 응용 프로그램 로그 파일에 집계된다.
- **시스템 로그**: 악의적 활동과 관련 없는 작업 문제를 해결하는 데 주로 사용되는 시스템 로그는 윈도우 OS가 생성하는 데이터를 유지한다.

윈도우 이벤트 로그의 유형에는 수백 가지가 있다. 운영체제의 사용 방식에 따라 일부 이벤트 로그들은 시스템에서 거의 관찰되지 않는다. 반면 어떤 것들은 매우 흔하고, 심지어 정상적인 환경에서도 끊임없이 관찰된다. 다음은 사고 대응자에게 보다 유용한 윈도우 이벤트 로그의 유형이다.

- **4624 및 4634-로그온 및 로그오프**: 이 이벤트 로그 항목은 잠재적으로 손상된 시스템에서 자격 증명의 사용을 나타낸다. 또한 이벤트 ID 4624는 로그온이 로컬 시스템에서 수행됐는지 아니면 원격 연결을 통해 수행됐는지 표시할 수 있으며, 이는 윈도우 SMB 프로토콜을 통한 측면 이동을 찾는 데 매우 중요하다.

- **4625-계정 로그온 실패**: 한두 개의 항목만으로는 큰 의미가 없을 수 있다. 간혹 일부 항목들은 입력 실수fat-fingered로 발생한 로그온 실패일 수 있지만, 실패 항목이 너무 많으면 공격자가 자격 증명을 무차별적으로 시도했음을 나타내는 지표가 된다.

- **4672-새로운 로그온에 할당된 특수 권한**: 이것은 사용자 계정을 루트 권한 또는 관리자 권한 수준으로 높이려고 시도하는 윈도우 OS다. 이 옵션으로 공격자가 침해된 계정의 권한을 높이려고 하는지 확인할 수 있다.

- **4688-새로운 프로세스의 생성**: 이 로그 항목은 프로그램이 실행될 때마다 문서화된다. 문서화된 로그들을 살펴보면 많은 실행 파일이 있겠지만, 위협 탐지자가 PsExec, cmd.exe, whoami.exe와 같은 잘 알려진 남용 프로그램에 집중한다면 잠재적으로 악의적인 행위를 추려낼 수 있다.

- **4768-4773-Kerberos 서비스**: Kerberos Ticket Granting Ticket이 권한 상승에 사용되는 경우에 공격자들이 사용하는 잘 알려진 몇 가지 익스플로잇이 있다. Kerberoasting이라고 불리는 이 공격은 공격자가 유효한 자격 증명으로 네트워크를 통해 실행할 수 있기 때문에 특히 파괴적이다.

- **5140-네트워크 공유 개체에 액세스**: 이 활동은 사용자 계정이 네트워크 공유에 처음으로 로그온될 때 기록된다. 시간이나 사용자 활동의 이상 징후는 상대방이 기밀 데이터를 얻으려는 시도를 나타내거나 혹은 네트워크 공유를 감염시키려고 시도하는 랜섬웨어를 나타낼 수 있다.

- **7045-새로운 서비스 설치**: 이 로그 항목은 로그 항목 내에 표시된 사용자가 새로운 서비스를 설치한 경우에 발생한다. 일부 계통의 악성 코드는 서비스 형태로 설치된다. 이러한 로그 항목의 검토는 악성 코드의 존재를 나타내기도 한다.

자세한 내용은 부록^{Appendix}의 이벤트 로그 목록을 확인하라.

앞서 설명한 것처럼 사용이 가능한 특정 윈도우 이벤트는 백 가지도 넘는다. 특정 항목의 사용은 조직이 결정한 경우가 많은데, 사용 가능한 스토리지 공간의 양과 조사 과정에서 특정 로그 항목의 유용성에 대한 가중치를 부여해야 한다.

윈도우 이벤트 로그를 더 잘 이해하고자 활용할 수 있는 리소스에는 여러 가지가 있다. 그중 으뜸은 ultimatewindowssecurity.com 사이트다. 이 사이트는 이벤트 ID별로 다양한 윈도우 이벤트 로그 유형을 검색할 수 있는 데이터베이스를 제공한다. 이 데이터베이스는 사고 대응자가 좀 더 모호한 이벤트 ID를 발견한 상황에서 매우 유용하다. MITRE Corporation은 ATT&CK 지식 데이터베이스도 제공한다. 이 지식 베이스는 조사와 관련된 윈도우 이벤트 로그 ID를 검색할 수 있다. 예를 들어 사고 대응자가 시스템이 Carbanak 악성 코드에 감염됐음을 보여 주는 지표를 검사하고 있다고 하자. ATT&CK 지식 데이터베이스를 통해 사고 대응자는 Carbanak이 계정을 만들었으며 윈도우 이벤트 ID는 4720이다. 여기서 사고 대응자는 특정 이벤트 ID에 대한 시스템을 검색하고 의심스러운 추가 계정이 있는지 확인할 수 있다.

윈도우 운영체제에는 상당한 수의 로그 이벤트 유형과 ID가 있다. 다음 절에서는 사고 대응자에게 이러한 로그 파일을 수집하고 분석하는 방법을 제공한다.

▌ 윈도우 이벤트 로그 분석

윈도우 이벤트 로그의 분석은 세부적인 절차다. 사고 대응자가 자주 직면하게 되는 문제는 사고 발생 시 잠재적으로 분석해야 할 로그의 수다. 다수의 시스템이라면 사고 대응자는 수백만 개의 개별 이벤트 로그 항목과 씨름해야 한다. 이것을 줄이려면 획득acquisition부터 시작해 선별triage 단계로 이동한 다음 마지막으로 사고 조사와 관련 주요 이벤트 로그 분석에 주력할 수 있는 전문적인 도구와 절차의 사용이 필요하다.

획득

윈도우 이벤트 로그를 획득하고자 사고 대응자가 활용할 수 있는 몇 가지 방법이 있다. 이상적으로 말하면 사고 대응자가 로그 항목을 전사적으로 검색할 수 있도록 로그 파일은 SIEM으로 보내져야 한다. 그러나 불행히도 많은 조직은 상용 플랫폼이나 오픈소스 플랫폼의 스토리지 비용 측면에서 상당한 어려움에 처해 있다. 결과적으로 조직들은 로컬 시스템에서 스토리지를 처리할 수 있도록 해 이러한 로그를 집계하는 비용을 상쇄해야 하는 경우가 많다.

이런 로그들의 대부분은 로컬 시스템상에 존재하므로 사고 대응자는 로그 수집을 위한 기법을 사용해야 한다. 첫 번째로 소개할 기법은 로컬 시스템에서 이동식 미디어로 이벤트 로그를 복사하는 것이다. 간단히 디폴트 디렉터리 C:\Windows\System32\winevt\Logs로 이동해서 관련 로그를 복사하면 된다. 이 방법은 로컬 액세스 및 로컬 시스템과의 충분한 상호 작용이 필요하다. 사고 대응자는 적절한 보고를 위해 시스템에서 수행한 모든 작업을 반드시 문서화해야 한다.

또 다른 기법은 사고 대응자가 간단한 배치 스크립트를 통해 로그 파일 획득을 스크립팅하는 것이다. 획득은 로컬 시스템에서 증거를 확보하기 위한 다른 작업들과 함께 발생할 수 있다. 예를 들어 다음의 스크린샷은 로컬 시스템에서 획득한 네 가지 종류의 윈도우 이벤트 로그를 보여 준다.

```
echo Log Files
wevtutil epl Setup > \%COMPUTERNAME%\Logs\%COMPUTERNAME%_Setup.evtx
wevtutil epl System > \%COMPUTERNAME%\Logs\%COMPUTERNAME%_System.evtx
wevtutil epl Security > \%COMPUTERNAME%\Logs\%COMPUTERNAME%_Security.evtx
wevtutil epl Application > \%COMPUTERNAME%\Logs\%COMPUTERNAME%_Application.evtx
```

이러한 유형의 스크립트는 USB 장치 또는 원격 세션을 통해 실행할 수 있으므로 시스템과 상호 작용하는 양을 줄일 수 있다.

5장, '호스트 기반 증거 확보'에서는 증거의 로컬 획득을 위한 CyLR.exe 도구를 소개했다. CyLR.exe가 확보하는 주요 증거 중 하나는 윈도우 이벤트 로그다. 앞서 설명한 대로 이러한 로그 파일들은 로컬 시스템에서 확보돼 USB로 내보내질 수 있다. 이 절에서 살펴보게 될 또 다른 옵션은 윈도우 이벤트 로그를 획득해 Skadi 로그 검토 플랫폼으로 전달하는 데 CyLR.exe를 사용하는 것이다. 이 절의 뒷부분에서 Skadi를 다루겠지만 우선 CyLR.exe가 시스템에서 실행되면 출력이 Skadi 서버로 전송된다.

로컬 시스템에서 로그 파일을 가져와 Skadi 인스턴스로 보내려면 다음과 같이 진행하자.

1. 윈도우 명령 프롬프트를 관리자로 연다.

2. CyLR.exe 파일이 있는 디렉터리로 이동한다.

3. 명령 프롬프트에 다음과 같은 명령을 입력한다.

```
C:\Users\JSmith\Desktop>CyLR.exe -s 192.168.207.130:22 -u admin -p Password
```

위 명령에서 -s는 CyLR.exe 출력이 전송되는 원격 시스템의 IP 주소 또는 도메인 이름이다. 이 사례에서는 압축된 증거 파일이 SFTP를 통해 시스템 192.168.207.130으로 전송된다. -u는 원격 시스템에 접근하고자 사용되는 계정의 사용자 이름이며, 마지막으로 -p는 원격 시스템과 관련된 계정의 패스워드다.

4. 로컬 획득과 마찬가지로 CyLR.exe가 실행될 것이고, 명령 프롬프트에 다음과 같은 화면이 나타날 것이다.

```
Collecting File: C:\WINDOWS\System32\winevt\logs\Microsoft-Windows-Security-Adminless%4Operational.evtx
Collecting File: C:\WINDOWS\System32\winevt\logs\Microsoft-Windows-Security-Audit-Configuration-Client%4Operational.evtx
Collecting File: C:\WINDOWS\System32\winevt\logs\Microsoft-Windows-Security-EnterpriseData-FileRevocationManager%4Operational.evtx
Collecting File: C:\WINDOWS\System32\winevt\logs\Microsoft-Windows-Security-LessPrivilegedAppContainer%4Operational.evtx
Collecting File: C:\WINDOWS\System32\winevt\logs\Microsoft-Windows-Security-Mitigations%4KernelMode.evtx
Collecting File: C:\WINDOWS\System32\winevt\logs\Microsoft-Windows-Security-Mitigations%4UserMode.evtx
Collecting File: C:\WINDOWS\System32\winevt\logs\Microsoft-Windows-Security-Netlogon%4Operational.evtx
Collecting File: C:\WINDOWS\System32\winevt\logs\Microsoft-Windows-Security-SPP-UX-GenuineCenter-Logging%4Operational.evtx
Collecting File: C:\WINDOWS\System32\winevt\logs\Microsoft-Windows-Security-SPP-UX-Notifications%4ActionCenter.evtx
Collecting File: C:\WINDOWS\System32\winevt\logs\Microsoft-Windows-Security-UserConsentVerifier%4Audit.evtx
Collecting File: C:\WINDOWS\System32\winevt\logs\Microsoft-Windows-SecurityMitigationsBroker%4Operational.evtx
```

이러한 원격 캡처 기법은 사용 가능한 모든 원격 액세스 도구를 통해 수행할 수 있다. 이 기법이 갖는 한 가지 뚜렷한 장점은 `CyLR.exe`가 캡처한 다른 증거와 함께 로그 데이터를 확보해 이를 중앙 저장소로 자동 전달할 수 있다는 것이다. 이러한 중앙 저장소는 Skadi 인스턴스가 될 수도 있고, 단순히 이 데이터를 수용하도록 구성된 SFTP 서버가 될 수도 있다.

어떤 사고는 상당한 양의 데이터를 수반한다. 사실상 사고 대응자가 수동으로 데이터를 검토하는 것은 무리일 수 있다. 이러한 상황에서는 로그 항목의 중요도를 판단하기 위한 데이터 선별 작업이 필수적이다.

선별

앞서 설명한 것처럼 사고 대응자는 사고에 따라 다수의 윈도우 시스템을 검사하게 된다. 이러한 시스템들 각각에는 수천 개, 심지어는 수십만 개의 이벤트 로그 항목들이 들어 있다. 사고 대응자나 사고 대응팀이 그렇게 많은 개별 항목을 검사할 수 있는 방법은 없다. 이것은 흔히 하는 말로 '건초더미에서 바늘 찾기'와 같다. 사고 대응자는 DeepBlueCLI 도구를 활용함으로써 윈도우 이벤트 로그 분석에서 자주 맞닥뜨리는 대규모 데이터셋을 처리할 수 있다. 에릭 콘래드[Eric Conrad]가 개발한 해당 PowerShell 스크립트는 서비스 생성, 계정 생성, 다수의 로그온 실패, 악의적인 PowerShell 사용 등과 같은 의심스러운 윈도우 이벤트 로그 항목을 추적한다. 이러한 보다 중요한 이벤트 유형들에 초점을 맞추면 사고 대응자는 더 많은 로그 파일을 분석하고 의심스러운 활동을 잠재적으로 식별할 수 있다.

다음과 같은 단계를 따라 DeepBlueCLI를 실행해 보자.

1. 깃허브[GitHub] 사이트, https://github.com/sans-blue-team/DeepBlueCLI에서 PowerShell 스크립트를 다운로드한다.
2. PowerShell을 열고 `DeepBlue.ps1`이 포함된 디렉터리로 이동한다.

3. DeepBlue.ps1 PowerShell 스크립트를 특정 윈도우 이벤트 로그 파일(이 사례에서
   는 아래 그림에서 보듯이 윈도우 보안 이벤트 로그)로 지정해 실행한다.

```
PS C:\Users\IRProactive-WKST\Desktop\DeepBlueCLI-master> .\DeepBlue.ps1 C:\Users\IRProactive-WKST\Desktop\evtx\Security.evtx
```

4. 필요하다면 아래 그림에서 보듯이 R을 입력해 스크립트를 활성화한다.

```
Security warning
Run only scripts that you trust. While scripts from the internet can be useful, this script can potentially harm your
computer. If you trust this script, use the Unblock-File cmdlet to allow the script to run without this warning
message. Do you want to run C:\Users\IRProactive-WKST\Desktop\DeepBlueCLI-master\DeepBlue.ps1?
[D] Do not run  [R] Run once  [S] Suspend  [?] Help (default is "D"): R
```

스크립트가 실행된 후 PowerShell 창에 텍스트 출력이 생성된다. 이 사례에서는 Deep
BlueCLI 스크립트가 잠재적으로 침해된 시스템의 윈도우 보안 이벤트 로그에 대해 실행
됐다. 다음의 스크린샷에서 볼 수 있듯이 출력을 검토하면 시스템이 적에게 공격당했다는
몇 가지 잠재적 징후가 나타난다.

```
Date     : 2/15/2017 11:05:20 PM
Log      : Security
EventID  : 4625
Message  : High number of logon failures for one account
Results  : Username: War_Machine
           Total logon failures: 2287
Command  :
Decoded  :

Date     : 2/15/2017 11:05:20 PM
Log      : Security
EventID  : 4625
Message  : High number of logon failures for one account
Results  : Username: IIS_WPG
           Total logon failures: 2290
Command  :
Decoded  :

Date     : 2/15/2017 11:05:20 PM
Log      : Security
EventID  : 4625
Message  : High number of total logon failures for multiple accounts
Results  : Total accounts: 7
           Total logon failures: 10006
```

위의 스크린샷에는 자격 증명에 대한 잠재적 무차별 대입brute-forcing을 나타내는 세 가지 지표가 존재한다. 첫째, War_Machine이라는 사용자 이름이 총 2,287번의 로그온을 시도 했다는 것이다. 둘째, IIS_WPG라는 사용자 이름은 총 2,290번 로그온을 실패했다. 마지막 으로 이 출력 결과는 실패 횟수가 많은 계정이 총 7개임을 보여 준다. 이러한 데이터를 통해 사고 대응자는 이벤트 ID 4625와 해당 계정에 주의를 집중해 잠재적인 침해의 증거를 찾을 수 있다.

또한 DeepBlueCLI는 계정 생성과 관련된 데이터를 제공한다. 앞서 설명한 것처럼 이벤트 ID 4720은 시스템에 계정이 생성됐다는 것을 나타낸다. 예를 들어 사고 대응자가 검사 중인 시스템이 Carbanak에 감염됐다는 지표를 얻었다면 시스템에 새로운 계정이 생성됐었는지 알 수 있다. 다음은 샘플 출력이다.

```
Date     : 2/22/2017 6:35:08 PM
Log      : Security
EventID  : 4720
Message  : New User Created
Results  : Username: MBadegain
           User SID: S-1-5-21-2865824651-146060924-1132756725-1019

Command  :
Decoded  :

Date     : 2/22/2017 6:34:55 PM
Log      : Security
EventID  : 4720
Message  : New User Created
Results  : Username: BFernandez
           User SID: S-1-5-21-2865824651-146060924-1132756725-1018

Command  :
Decoded  :

Date     : 2/22/2017 6:34:27 PM
Log      : Security
EventID  : 4720
Message  : New User Created
Results  : Username: MMartin
           User SID: S-1-5-21-2865824651-146060924-1132756725-1017
```

출력 결과를 보면 3개의 계정이 새롭게 생성됐다. 각각의 계정들은 매우 유사한 명명 규칙을 따른다. 이제 사고 대응자는 접근 관리팀 또는 시스템 관리자에게 이러한 이름들이 합법적인지 확인할 수 있다. 이러한 이름들 중 하나 이상이 합법적이지 않은 경우로 보인다면 사고 대응자는 이제 피벗 및 그 밖의 검색을 수행할 데이터 지점을 갖게 된다.

DeepBlueCLI와 같은 윈도우 이벤트 로그 선별 도구가 갖는 한 가지 주요 단점은 이 도구들은 low-hanging fruit, 또는 종종 악용의 징후가 분명한 이벤트 로그를 찾는 데 초점을 맞추는 경우가 많다는 것이다. 도구는 사고 대응자가 대량의 데이터셋을 쉽게 검색할 수 있도록 하지만, 이러한 도구들은 완벽하지 않으므로 이벤트 로그 항목 또는 항목군이 누락될 수 있다는 점을 알아야 한다.

중요하다고 여겨지는 항목의 범위가 좁혀졌다면 사고 대응자는 중요 로그 파일을 분석하는 데 필요한 몇 가지 도구들과 기술을 활용할 수 있다.

분석

강조했듯이 선별 도구의 사용은 첫 번째 단계에서는 유용할 수 있으나, 이벤트 로그를 사용할 수 있는 모든 사고 조사에서는 사고로부터 얻은 데이터를 더 깊이 조사하기 위한 전문 도구의 사용이 필요하다. 윈도우 운영체제는 이벤트 로그 뷰어를 기본으로 갖고 있다. 많은 사고 대응자의 경험으로 볼 때 해당 뷰어는 이벤트 로그에 대한 심층 분석보다는 제한된 문제 해결에 더 적합하다. 이벤트 로그 분석에 활용할 수 있는 오픈소스 또는 상용 도구들이 몇 가지 있다. SIEM 도구들은 특히 오프라인 이벤트 로그 또는 스크립트나 기타 도구에서 획득한 로그를 분석할 수 있는 가장 좋은 유형의 도구들 중 하나를 제공한다. 10장에서는 Event Log Explorer와 Skadi, 두 가지 도구를 설명한다. 이러한 도구들은 이벤트 로그 분석에 유용하나, 이벤트 로그 분석의 서로 다른 측면에 적합한 고유 기능들을 갖고 있다.

예를 들어 Event Log Explorer는 문자열 검색 기능과 더불어 결과를 보다 효율적으로 필터링할 수 있는 기능을 제공한다. 또한 Event Log Explorer는 복수의 소스를 결합하는 기능도 있다. 반면 Skadi는 로그 파일을 원격으로 획득할 수 있게 하며, 로그 항목과 기타 데이터 즉 마스터 파일 테이블 항목 및 레지스트리 키 설정 등을 결합시킬 수 있다. Skadi의 한 가지 단점은 검토를 위해 데이터를 수집하고 처리하는 데 시간이 필요하다는 점이다. 따라서 조사 중인 사건에 가장 적합한 도구를 선택하는 것은 사고 대응자에게 달려 있다.

Event Log Explorer

Event Log Explorer는 이벤트 로그 분석 도구로서 풍부한 기능들을 갖추고 있으며 탐색하기 쉬운 GUI를 갖고 있다. 상용 도구로 이용이 가능한 Event Log Explorer를 창안한 FSPRo Labs는 도구를 테스트해 볼 수 있도록 30일의 평가 기간을 제공한다. 이 도구는 https://eventlogxp.com/ 웹 사이트에서 다운로드할 수 있으며 윈도우 OS에 설치할 수 있다.

오프라인 이벤트 로그 분석을 시작하려면 다음과 같이 진행하자.

1. Event Log Explorer를 연다. 다음과 같은 창이 나타난다.

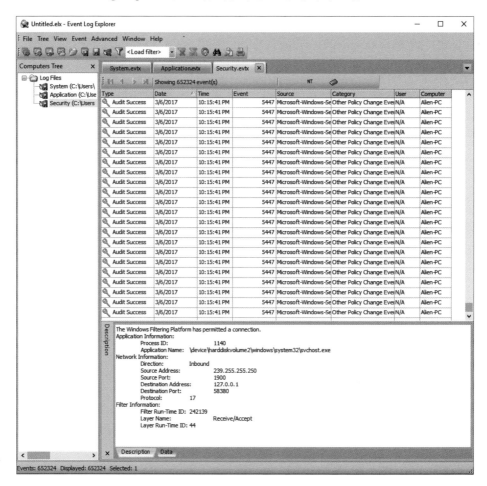

GUI는 세 가지 주요 영역으로 구성된다. 가운데 창에는 개별 로그 항목들이 윈도우 이벤트 로그의 유형type 안에 들어 있다. 아래쪽 창에는 각 로그 항목의 세부 정보가 들어 있다. 끝으로 왼쪽 창에는 분석 중인 윈도우 이벤트 로그의 유형들이 제시돼 있다.

2. Event Log Explorer는 로컬 호스트의 윈도우 이벤트 로그를 자동으로 가져온다. 이러한 로그들을 제거하려면 컴퓨터 이름을 마우스 오른쪽 단추로 클릭하고

Remove Computer를 클릭한다. Yes를 클릭한다. 기존 윈도우 이벤트 로그가 제거된다.

3. 이벤트 로그 파일 또는 파일군을 가져오려면 File > Open Log File > Standard를 클릭한다. 여기서 디렉터리에서 로그 파일을 로드하고 아래에서 보는 바와 같이 Open을 클릭한다.

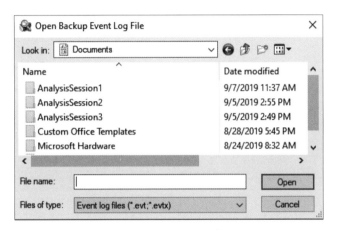

4. 로그 파일 또는 파일군이 로드되면 사고 대응자는 필터를 활용해 로그 파일에 포함된 특정 데이터에 집중할 수 있다. 필터를 열려면 작업 표시줄에서 필터 아이콘을 찾는다.

5. 필터 화면이 열린다. 이제 사고 대응자는 특정한 속성의 이벤트 로그들을 다양하게 필터링할 수 있다. 이벤트 유형, 이벤트 ID로 필터링할 수 있으며 심지어 로그 파일 항목의 텍스트에서 키워드 검색도 가능하다. 이 사례에서는 DeepBlueCLI 선별 스크립트로 식별된 IIS_WPG라는 사용자 이름이 포함된 실패한 로그인, 이벤트 ID 4625에 대한 로그 항목들을 검사한다. 사고 대응자는 이벤트 ID를 4625로 입력하고 Text in description 필드에 아래에서 보는 바와 같이 계정 이름, IIS_WPG를 평문으로 입력한다.

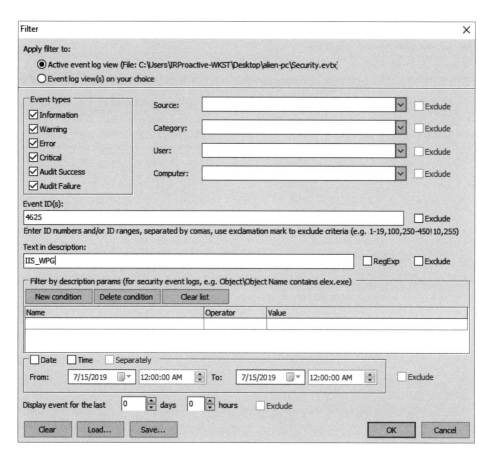

6. OK를 클릭하면 입력한 필터와 일치하는 이벤트 로그 항목들이 출력에 표시된다. 이벤트 로그 항목의 세부 정보를 검사한 결과, 다음에서 보는 바와 같이 해당 자격 증명을 사용하려고 했던 워크스테이션의 이름은 Kali이며 IP 주소는 192.168.1.106이라는 사실을 알 수 있다.

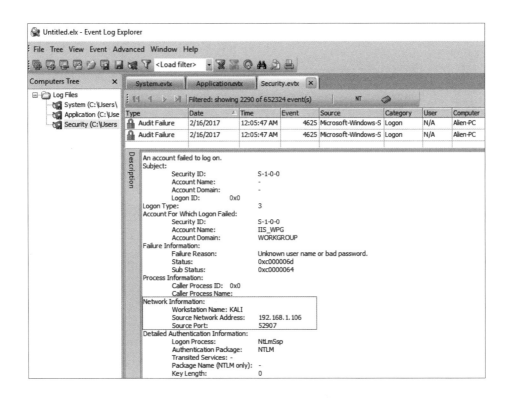

이 간단한 시나리오에서 사고 대응자는 윈도우 보안 이벤트 로그에서 데이터를 취해서 2개의 매우 중요한 데이터 포인트를 추출할 수 있었다. 하나는 호스트 이름인 Kali(잘 알려진 침투 테스트 플랫폼)이며, 다른 하나는 공격 시스템의 IP 주소다. 이제 이 정보를 통해 해당 IP 주소와 호스트 이름에 대한 다른 로그 소스를 검사함으로써 해당 시스템의 활동과 관련된 추가 정보를 검색할 수 있다.

Event Log Explorer는 이 책에서 다 다룰 수 없을 만큼 수많은 기능을 갖고 있다. 가령 커스텀 뷰의 작성, 특정 데이터 포인트 필터링, 여러 이벤트 로그 파일 안에 존재하는 로그 항목에서 텍스트 찾기 기능들이 그것이다. 이러한 기능에도 불구하고 Event Log Explorer는 몇 가지의 사소한 제약들이 있다. 첫 번째는 사고 대응자가 수동으로 분석 대상 시스템에서 로그를 수집하고 로드해야 한다는 것이다. 두 번째는 파일 크기에 따라서 동결을 포함한 Event Log Explorer의 성능 문제가 발생할 수 있다는 것이다. 사고 대응자는 이 응용 프로그램에 과부하가 걸리지 않도록 해야 한다. 그럼에도 Event Log Explorer는 사고 대응자가 툴킷에 포함해야 할 훌륭한 도구다.

Skadi 로그 분석

사고는 전사enterprise 네트워크에 존재하는 다수의 시스템들과 관련되기 마련이다. 따라서 여러 시스템들의 이벤트 로그를 분석하지 않고는 이 활동들 간의 상관 관계를 파악하기란 대체로 매우 어렵다. 이런 경우에 앞서 설명한 SIEM 어플라이언스가 꽤 유용하다. 만일 이벤트 로그를 수집·분석하도록 SIEM이 사전 구성돼 있지 않다면 Skadi 플랫폼이 또 다른 대안이 될 수 있다. https://github.com/orlikoski/Skadi의 깃허브에서 제공하는 이 오픈소스 플랫폼은 우분투 16.04 LTS 서버 기본 이미지에 설치된 응용 프로그램이자 포렌식 그룹이다.

10장에서 중점적으로 다룰 주요 도구는 Skadi 플랫폼의 일부로 포함된 Elastic Stack이다. 그 밖에 Skadi의 핵심 기능은 CyLR.exe를 통해 확보한 로그들과 그 밖의 포렌식 데이터를 수집하는 것이다. 앞서 설명한 것처럼 CyLR.exe는 SFTP를 통해 원격 시스템으로 출력을 전송하도록 구성할 수 있다. Skadi는 Elastic Stack으로 수집이 가능한 데이터셋을 생성하고자 CyLR.exe에 추가 도구를 결합한다. 이 기능으로 사고 대응자는 CyLR.exe를 복수의 다른 시스템에서 실행시킬 수 있고 이것을 Skadi로 직접 전송함으로써 처리, 인덱싱, 검색, 상관 관계를 확인할 수 있다.

예를 들어 사고 조사의 초기에 alien-pc라고 불리는 시스템이 손상됐다는 사실을 식별했다고 하자. 사고 대응자는 시스템에 CyLR.exe를 배포하고 다음과 같은 명령을 실행한다.

```
C:\Users\alien-pc\Desktop>CyLR.exe -s 192.168.49.132:22 -u skadi -p skadi
```

위의 명령에서 -s는 Skadi 서버의 IP 주소를 말한다. 그리고 Skadi 서버에서 기본 사용자 이름과 패스워드는 skadi다. CyLR.exe가 완료되면 사고 대응자는 Skadi 콘솔에 로그인한다. 이제 CDQRCold Disk Quick Response 도구가 실행돼, 수집된 데이터를 Elastic 검색 도구가 수집할 수 있는 형식으로 변환할 것이다. 아래의 명령은 CDQR로 처리를 시작한다.

skadi@skadi:~$cdqr in:alien-pc.zip out:Results -z -max_cpu

위 명령은 다음과 같은 출력을 생성한다.

```
skadi@skadi:~$ cdqr in:alien-pc.zip out:Results -z --max_cpu
docker run   -v /etc/hosts:/etc/hosts:ro   --network host -v /home/skadi/alien-pc.zip:/home/skadi/al
ien-pc.zip -v /home/skadi/Results:/home/skadi/Results aorlikoski/cdqr:4.4.0 -y /home/skadi/alien-pc.
zip /home/skadi/Results -z --max_cpu
```

CDQR은 Results 디렉터리에서 alien-pc.plaso라는 파일을 생성한다. CyLR.exe 파일의 결과들은 Elastic 검색이 수집할 수 있는 형식으로 변환되지 않았다. 다음 단계에서 아래 명령으로 CDQR을 다시 사용한다.

skadi@skadi:~$cdqr in:Results/alien-pc.plaso -plaso_db -es_kb winevt

완료되면 CyLR.exe 파일이 .plaso 파일로 변환돼 처리돼 다음과 같이 Elastic Stack의 Elasticsearch 부분으로 전송된다.

```
skadi@skadi:~$ cdqr in:Results/alien-pc.plaso --plaso_db --es_kb winevt
docker run   -v /home/skadi/Results/alien-pc.plaso:/hom
e/skadi/Results/alien-pc.plaso aorlikoski/cdqr:4.4.0 -y /home/skadi/Results/alien-pc.plaso --plaso_d
b --es_kb winevt
CDQR Version: 4.4
Plaso Version: 20190131
WARNING!! Known compatible version of Plaso NOT detected. Attempting to use default parser list. Try
 using the --no_dependencies_check if Plaso dependancies are the issue.
Using parser: win
Number of cpu cores to use: 1
Destination Folder: Results
Source data: /home/skadi/Results/alien-pc.plaso
Log File: Results/alien-pc.plaso.log
Database File: Results/home/skadi/Results/alien-pc.plaso

Total start time was: 2019-07-16 01:51:32.335461
WARNING: File must be plaso database file otherwise it will not work.  Example: artifact.plaso (from
 CDQR)

Process to export to ElasticSearch started
Exporting results in Kibana format to the ElasticSearch server
"psort.py" "-o" "elastic" "--status_view" "linear" "--index_name" "case_cdqr-winevt" "--server" "127
.0.0.1" "--port" "9200" "/home/skadi/Results/alien-pc.plaso"
All entries have been inserted into database with case: case_cdqr-winevt

Process to export to ElasticSearch completed
ElasticSearch export process duration was: 0:13:03.303455
```

과정이 완료되면 다음과 같이 Kibana GUI에서 결과를 볼 수 있다.

1. Skadi 서버의 IP 주소로 이동하면 아래의 스크린샷에 보이는 포털이 나타난다.

2. Kibana를 클릭하면 아래의 화면이 나타난다.

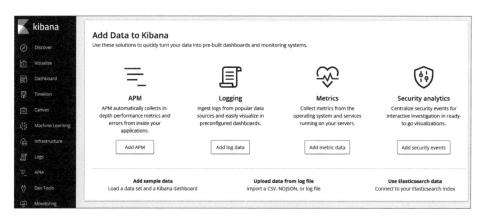

3. Discover를 클릭한다.
4. 오른쪽 상단 코너에 보이는 날짜를 적절한 기간으로 설정한다. Kibana는 기본적으로 마지막 15분 동안의 데이터로 설정된다. 오프라인 데이터의 경우 적용 가능한 기간을 설정하거나 다음과 같이 **5years**를 클릭한다.

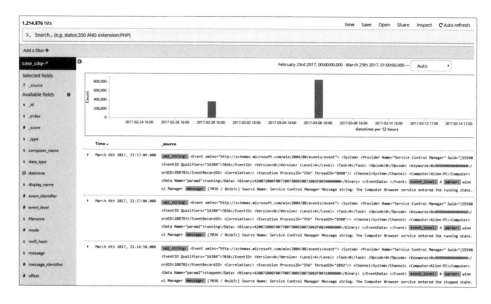

5. Kibana는 기능이 풍부할 뿐만 아니라 다양한 데이터 분석 방법을 제공한다. 여기에는 고객 쿼리, 이벤트 ID, 키워드, XML 문자열의 활용 같은 것이 포함된다. 이번 사례에서 사고 대응자는 새로운 프로세스가 실행됐음을 나타내는 이벤트 ID 4688에 초점을 맞춤으로써 잠재적 악성 코드나 그 밖의 동작을 식별하게 될 것이다. 창 왼편에 보이는 **Add a filter** 기능을 사용하면 다음 스크린샷에 표시된 것처럼 특정 데이터 포인트를 필터링할 수 있다.

6. 필터가 이벤트 ID 4688에 설정되면 Save를 클릭하고 오른쪽 상단 코너의 Refresh 을 클릭해 Kibana를 새로 고친다. 이 필터는 이 특정 이벤트 ID를 필터링함으로써 130만 개에 달하는 이벤트 결과를 784개로 가져온다.

7. 이제 사고 대응자는 결과에 대한 간단한 검색을 시작해서 whoami.exe 실행 파일을 확인한다. 이 실행 파일이 악성이라고 할 수는 없지만 의심스러워 보이는데 이는 공격자가 시스템을 손상시킨 다음 윈도우 whoami.exe 파일을 사용해 시스템 이름을 확인하려고 시도했음을 나타낼 수 있기 때문이다. 이후에는 다음에서 보는 바와 같이, 해당 키워드를 필터에 포함시킴으로써 필터의 성능을 보다 향상시킬 수 있다.

8. 이러한 추가 필터는 아래에서 보는 것처럼 사고 대응자가 분석할 수 있는 로그 항목을 생성한다.

```
t  xml_string   ⊕ ⊖ ▣ ✱  <Event xmlns="http://schemas.microsoft.com/win/2004/08/events/event">
                           <System>
                             <Provider Name="Microsoft-Windows-Security-Auditing" Guid="{54849625-5478-4994-A5BA-3E3B0328C30D}"/>
                             <EventID>4688</EventID>
                             <Version>1</Version>
                             <Level>0</Level>
                             <Task>13312</Task>
                             <Opcode>0</Opcode>
                             <Keywords>0x8020000000000000</Keywords>
                             <TimeCreated SystemTime="2017-03-07T05:11:01.568600000Z"/>
                             <EventRecordID>9505938</EventRecordID>
                             <Correlation/>
                             <Execution ProcessID="4" ThreadID="68"/>
                             <Channel>Security</Channel>
                             <Computer>Alien-PC</Computer>
                             <Security/>
                           </System>
                           <EventData>
                             <Data Name="SubjectUserSid">S-1-5-21-2865824651-146060924-1132756725-500</Data>
                             <Data Name="SubjectUserName">Administrator</Data>
                             <Data Name="SubjectDomainName">Alien-PC</Data>
                             <Data Name="SubjectLogonId">0x000000000162e98c</Data>
                             <Data Name="NewProcessId">0x0000000000001a68</Data>
                             <Data Name="NewProcessName">C:\Windows\System32\whoami.exe</Data>
                             <Data Name="TokenElevationType">%%1936</Data>
                             <Data Name="ProcessId">0x0000000000001a0c</Data>
                             <Data Name="CommandLine"/>
                           </EventData>
                         </Event>
```

9. 이제 사고 대응자는 명령이 실행된 날짜, 시간, 계정을 확인할 수 있다. 관리자가 평소 업무의 정당한 이유로 이 명령을 실행했을 수 있지만, 이것은 더 큰 침해의 일부였을 가능성도 배제할 수 없으므로 사고 대응자는 해당 도구의 사용을 확인해야 한다.

10. CyLR.exe와 Skadi의 조합은 사고 대응자들에게 원격으로 로그 파일에 접근할 수 있고 보다 상세한 분석이 가능한 플랫폼으로 수집을 자동화할 수 있는 기능을 제공한다. Skadi는 가상머신으로 구성할 수 있으므로 필요에 따라 사용할 수도 있다. 여기서 사고 대응자는 필요한 모든 로그 파일을 전달해 여러 시스템에 걸친 작업을 단시간에 상호 연관시킬 수 있다. 이러한 조합은 강력하며 비용도 적게 든다.

CyLR.exe와 결합된 Skadi는 사고와 관련된 수많은 시스템들에서 로그 파일을 획득하고 분석할 수 있는 기능을 제공한다. Skadi는 특정 이벤트 ID 또는 키워드를 피벗할 수 있는 기능으로 인해 사고 조사에서 추가 증거를 식별하는 데 중요한 특정 로그 항목에 집중할 수 있는 강력한 도구가 된다.

▌ 요약

로그 분석은 공격자의 행동이 흔적을 남길 것이라는 가정을 기반으로 한다. 물리적 세계와 마찬가지로 이러한 흔적을 볼 수 있는 사고 대응자의 능력은 사용하는 도구와 기법에 달려 있다. 10장에서는 로그 및 로그 관리의 기본 요소를 살펴봤고, SIEM과 같은 도구를 통해 로그를 집계 및 검토했으며, 마지막으로 윈도우 OS에서 생성된 가장 일반적인 로그를 검사하는 도구와 기법을 살펴봤다. 또한 사고 조사에 필수 요소인 로그가 어떤 역할을 하는지 간략히 살펴봤다.

11장에서는 계속해서 공격자가 남긴 흔적에 대한 주제를 다루면서 악성 코드 분석이 사고 대응에서 어떤 역할을 하는지 알아본다.

▌ 질문

1. 효과적인 로그 관리를 위해 조직은 일반적인 업무 관행으로 로깅을 설정해야 한다.

   A. 예

   B. 아니오

2. SIEM의 기능이 아닌 것은 무엇인가?

   A. 로그 보존

   B. 자동 대응

   C. 알림

   D. 로그 집계

3. 다음 중 Elastic Stack의 구성이 아닌 것은?

    A. Kibana

    B. Elasticsearch

    C. Log response

    D. Logstash

4. 로카드^{Locard}의 교환 원칙이란 기본적으로 두 물체가 서로 접촉하면 흔적을 남긴다는 것을 말한다.

    A. 예

    B. 아니오

▌ 더 읽어 볼 거리

- Windows Security Log Events, at https://www.ultimatewindowssecurity.com/securitylog/encyclopedia/
- Graylog, at https://github.com/Graylog2
- Skadi, at https://github.com/orlikoski/Skadi

사고 보고서 작성

사고 대응팀은 소방서가 작동하는 것과 상당히 유사한 방식으로 기능한다. 두 팀은 모두 각자의 기술, 도구, 실전 연습에 대한 훈련을 받음으로써 준비의 시간을 확보하고, 화재나 사고 통보를 받는 즉시 이에 대응한다. 소방관들은 화재 대응 시 본인들의 조치를 메모하고 기록해, 주요 의사 결정을 문서화하고 개별 직원들의 기여도를 기록한다. 화재가 진압되면 그들은 잔해를 샅샅이 뒤져 화재의 원인과 발화점을 파악한다. 문서를 적절히 작성하고 나면 소방서는 사후 검토를 통해 성과를 평가하고 개선 여지가 있는 분야를 파악한다. 그 밖에 보고서들은 소방서와 안전 전문가들이 건축 법규를 업데이트하고, 화재 발생시 구조물의 생존 능력을 개선할 수 있게 만든다.

사고 대응팀은 소방서와 상당히 유사한 업무 흐름을 활용한다. 사고가 발생하면 대응 조치를 메모하고 기록한다. 시스템으로부터 증거를 수집하고 포렌식 차원에서 적절한 방식으로 이를 관리한다. 그리고 사고 대응 과정에서 확보한 메모, 관찰 내용, 증거를 활용해 사고의 근본 원인 분석을 실시한다. IT 담당자는 취약성을 개선하고 한층 더 견고한 시스템을 구축하고자 이 근본 원인 분석을 활용한다. 마지막으로 사고 대응팀은 자체적인 조치 후 사후 검토를 통해 일련의 사건들을 정리하고 비평함으로써 그들이 사용한 절차와 도구, 기법을 개선하고 사고 대응 계획을 수정한다.

사고 대응팀은 근본 원인 분석 및 사후 브리핑의 효과를 극대화하고자 본인들이 취한 모든 조치가 적절한 방식으로 기록됐는지 확인할 필요가 있다. 또한 사고 대응팀은 고위 경영진들과 의사 결정권자들이 IT 인프라의 미래 상황을 고려할 때 활용할 수 있는 몇 가지 문서들을 준비해야 한다. 사고 대응자가 필요한 문서를 더 잘 준비할 수 있도록 다음과 같은 주제를 다룬다.

- **문서 작성 개요**: 캡처할 데이터는 무엇인지, 보고서 검토자는 누구인지, 그리고 사고 대응자가 사고 문서를 작성할 때 사용 가능한 출처에 대한 것을 포함해 보고서 작성에 필요한 다양한 요소를 다룬다.
- **사고 추적**: 사고 대응이 상시 업무인 조직에서, 추적 소프트웨어는 작업의 내용과 관련 데이터를 캡처하는 데 유용하다. 여기에서는 **신속 사고 대응**FIR, Fast Incident Response추적 시스템을 알아본다.
- **서면 보고서**: 사고의 심각성 또는 복잡성에 따라서 서면 보고서가 작성된다. 사고 대응자는 고위 경영진과 외부 이해관계자가 접할 단정하고 사려 깊은 보고서를 작성해 이들 주요 의사 결정권자에게 당면 문제와 향후 대처 방안의 정확한 그림을 제시할 수 있다.

문서 작성 개요

사고 관련 문서의 작성에는 몇 가지 형식이 있다. 문서의 길이는 사고의 유형에 따라 다르다. 단순한 사고, 즉 조사에 소요되는 시간이 매우 짧고 영향력이 적은 사고의 경우에는 기존의 문제 추적 시스템^{ticketing system} 내에서 비공식적으로 문서화될 수 있다. 하지만 의료 기록이나 신용카드 정보 등의 기밀 정보가 유출되는 데이터 침해 사고와 같이 보다 복잡한 사고를 조사하는 경우에는 광범위한 서면 보고서와 보조 증거가 필요하다.

문서 작성 대상

어떤 사고를 문서화하기로 할 때 어떤 사항을 문서화해야 하는지를 알아내기란 그리 어렵지 않다. 사고에 있어서 문서화할 대상을 고려할 때 육하원칙^{5Ws and How}에 따르는 것은 훌륭한 방법이 될 수 있다. 한편 문서화를 논할 때 특히 이것이 보안 사고의 법률적 영향에 대한 논의라면 떠올릴 수 있는 한 격언은 '기록하지 않은 것은 발생하지 않은 것'이라는 말이다. 문서화의 현명한 토대가 될 이 자명한 이치는 적절한 문서화란 사고 대응 분석자가 얻을 수 있는 최대한의 세부 정보로 구성되는 경우가 많다는 점을 강조하고자 사용된다. 분석자들은 종국적으로 민사 소송 절차에 귀결되는 사고에 관여하게 될 수 있다. 흔히 사법 절차는 느리게 진행되는 경우가 많기 때문에 가령 어떤 분석자는 무려 18개월 뒤에 증인으로 소환될 가능성이 있으며, 그 사이에 이미 10건의 다른 사고가 발생했을 수 있다. 따라서 사고 보고서 안에 가능한 한 상세한 내용을 수록하는 것이야말로 분석자들이 당해 사건을 적절히 재구성하는 방법이라 할 수 있다.

문서화에서 육하원칙을 활용한 좋은 본보기는 하드 드라이브 이미징 등의 디지털 포렌식 작업을 수행할 때 볼 수 있다. 6장, '포렌식 이미징'에서는 의심스러운 드라이브에 대한 사진 촬영 실무를 살펴보면서 적절한 문서 작성을 부분적으로 다룬 바 있다. 다음의 항목들은 사건에 대한 한층 더 상세한 기록이다.

- **누가**[Who]: 기록하기 가장 쉬운 세부 정보다. 간단히 말해 누가 해당 절차에 관여했냐는 것이다(예: 담당자는 분석자 제인 스미스[Jane Smith]다).
- **언제**[When]: 이미징 시작과 종료 날짜 그리고 그 시각을 기록한다(예: 이미징 프로세스는 2019년 8월 16일 21:08 UTC에 개시해 2019년 8월 16일 22:15 UTC에 종료됐다). 시각은 매우 중요하므로 반드시 표준 시간대를 이용해 보고서에 표시한다.
- **어디에서**[Where]: 사무실과 같이 구체적인 장소를 기록한다.
- **무엇을**[What]: 가령 메모리 확보, 방화벽 로그의 확보, 드라이브 이미징과 같이 수행한 조치를 기록한다.
- **왜**[Why]: 해당 조치에 대한 타당한 이유를 제시한다면 왜 그러한 조치를 수행했는지 이해하는 데 도움이 된다.
- **어떻게**[How]: 조치 사항의 수행 방식에 대한 서술이 포함돼야 한다. 또한 사고 대응 팀이 플레이북 또는 표준 운영 절차를 그들 계획의 일부로서 활용한다면 이 역시 기록에 포함돼야 한다. 표준 운영 절차에서 벗어나는 경우에도 반드시 기록 대상에 포함시켜야 한다.

위의 모든 정보를 종합하면 다음과 같은 예시문을 보고서에 기입할 수 있다.

2019년 8월 16일, 분석자 제인 스미스[Jane Smith]는 조사를 위해 US, Anytown, 123 Maple St. 소재 Corporate Office Park 217호에 도착. 도착 즉시 비품 번호 #AccLT 009, 일련 번호 #7895693-862의 델 노트북을 입수함. 해당 노트북이 알려진 관리 및 통제 서버와 통신했음을 방화벽 IDS/OPS 경고를 통해 확인함. 악성 코드 감염 여부를 확인하고자 노트북 이미징을 실시할 예정임. 21:08 UTC에 표준 운영 절차 IR-002에 의거해 라이브 이미징 기법을 활용, 드라이브를 이미징함. 2019년 8월 16일 22:15 UTC에 절차를 완료함.

이 보고서는 발생한 사건을 재구성하기에 충분한 상세 정보를 제공한다. 이 보고서를 사진 및 관리 연속성[chain of custody] 등의 다른 문서와 종합하면 분석자는 해당 절차와 그 결과에 대한 분명한 그림을 그릴 수 있다.

문서 작성 유형

사고가 문서화되는 방법에 있어서 반드시 따라야 할 표준이 있는 것은 아니지만, 그 방식을 몇 가지 유형으로 분류해 볼 수는 있다. 앞서 언급한 바와 같이 흔히 문서화의 정도는 사건의 유형과 규모, 범위에 따라 달라지지만, 일반적으로 다음과 같은 분류가 적용될 수 있다.

- **문제 추적 시스템**: 대부분의 기업과 같은 조직들은 오늘날의 네트워크 기반 시설에서 통상적으로 일어나는 시스템 사고와 그 밖의 문제를 추적하는 데 활용할 목적으로 현재의 추적 시스템을 갖추고 있다. 이 추적 시스템은 사고와 관련한 대량의 데이터를 정확히 담아 낸다. 한 항목 안에는 보통 시작일과 종료일, 시각, 당초 보고자, 시행한 조치 사항이 담겨 있으며, 메모 영역도 제공된다. 추적 시스템이 갖는 한 가지 큰 단점은 이 시스템이 애당초 기업의 기반 시설에 대한 일반적인 운영을 지원하고자 설계됐다는 점이다. 따라서 좀 더 복잡한 사고에 있어서는 이 추적 시스템이 지원 가능한 것보다 훨씬 더 많은 문서 작업이 요구된다. 이 때문에 기존의 추적 시스템이 고립된 악성 코드 감염이나 신속한 처리가 가능한 경미한 사고 대응용으로 쓰이는 경우가 많다.

- **사고 대응 오케스트레이션**: 일부 조직에서는 사고 대응 전담 플랫폼의 필요성을 인식하고, 사고 대응팀을 지원하는 응용 프로그램과 그 밖에 유형의 인프라를 마련해 왔다. 분석자들은 이러한 사고 대응 오케스트레이션 플랫폼을 통해서 데이터의 입력, 증빙 파일 첨부, 팀원들과 협업을 할 수 있으며, 악성 코드 리버스 엔지니어링 및 위협 정보 피드와 같은 외부의 자원도 끌어올 수 있다.

    상용 플랫폼과 프리웨어 플랫폼들이 있다. 이 플랫폼들의 주요 이점은 날짜, 시간, 분석자가 행한 조치 등의 정보가 자동으로 확보된다는 점이다.

    정보를 볼 수 있는 사람들을 선별된 그룹으로 한정할 수 있다는 점 역시 또 하나의 분명한 이점이다. 추적 시스템의 경우에는 조직이 기밀로 하길 원하는 세부 정보를 권한 없는 자가 들여다볼 가능성이 있다. 하지만 통합 시스템을 갖춤으로써 어느 정도 기밀성을 제공받게 된다. 플랫폼이 갖는 또 다른 이점은 어떤 조치가 취해졌으며, 획득된 정보는 무엇인지를 팀원들이 볼 수 있도록 하는 기능에 있다. 이는 팀원들 간의 통화 건수와 의사소통의 오류 가능성을 줄여 준다.

- **서면 보고**: 자동화 플랫폼을 사용하고 있다 해도 어떤 사고는 광범위한 서면 보고가 필요하다. 일반적으로 이러한 서면 보고는 크게 세 가지 유형으로 나눌 수 있다. 11장 후반부에서 각각의 유형을 상술한다.
  - **핵심 요약**: 핵심 요약은 고위 경영진을 대상으로 사고에 관한 상위급의 핵심 항목에 대한 개요를 서술한 1~2장짜리 보고서를 일컫는다. 일반적으로 핵심 요약에 포함될 사항은 사고의 간략한 개요, 원인을 파악할 수 있을 경우에는 그 근본 원인, 개선 권고 사항이다.
  - **사고 보고서**: 이것은 조직 내 다양한 직원들이 열람하는 상세 보고서다. 이 보고서에는 세부 조사 내역, 상세한 근본 원인 분석, 사고 재발 방지를 위한 권고 사항이 포함된다.
  - **포렌식 보고서**: 포렌식 보고서는 작성되는 보고서 가운데 가장 상세하다. 이 보고서는 로그 파일, 캡처된 메모리 또는 디스크 이미지를 대상으로 포렌식 조사가 수행된 경우 작성된다. 이 보고서는 다른 포렌식 담당자가 검토하는 경우가 많기 때문에 매우 기술적일 수 있다. 또한 도구의 산출물 및 로그 파일과 같은 증거의 일부분이 포함되므로 보고서 분량이 방대해진다.

사고 보고서를 구성하는 다양한 범주들을 이해하면 사고 대응자가 자료를 올바르게 구성할 수 있다. 아무리 작은 사고라고 할지라도 문서 작성에서 사고 대응자가 압도당하는 경우가 생긴다. 대량의 데이터 소스에 결부된 보고서 작성 절차는 수고로운 작업이 될 수 있다. 보고서 작성 절차의 흐름을 개선하려면 사고가 시작될 때부터 다양한 범주에 따라 문서를 구성할 준비를 해야 한다.

출처

보고서를 준비할 때 문서에 포함되는 여러 데이터 출처source들이 있다. 티켓팅 시스템에 한 번만 입력하면 되는 작은 사고에서부터, 광범위한 사고 조사와 포렌식 보고를 요하는 복잡한 데이터 침해 사고에 이르기까지 다양하다. 출처에는 다음과 같은 것들이 있다.

- **개인적 관찰**: 사용자들은 사고와 관련된 모종의 정보를 보유하고 있을 수 있다. 예컨대 정당한 주소에서 발송된 것으로 보이는 이메일 첨부 파일을 클릭한 사용자가 있을 수 있다. 다른 경우 분석자들이 시스템 내에서 특정 행동을 관찰하고 기록할 수 있다.
- **응용 프로그램**: 일부 응용 프로그램은 보고서에 포함돼야 할 로그 파일 또는 기타 데이터를 생성한다.
- **네트워크/호스트 장비**: 이 책은 기업 환경 내 시스템 호스트로부터 증거의 획득과 분석을 다루는 것에 많은 양을 할애한다. 이러한 시스템의 다수는 전반적인 사고 보고서 또는 포렌식 보고서에 포함될 수 있는 보고서 출력을 지원한다.
- **포렌식 도구**: 포렌식 도구들은 흔히 자동 보고 기능을 갖추고 있는 경우가 많다. 자동 보고 기능은 앞서 다룬 바 있는 일부 작업의 개요나 포렌식 보고서에 포함시킬 수 있는 파일 해시와 같은 실제 출력처럼 간단할 수 있다.

자료의 출처가 어디든 가능한 한 많은 자료를 확보해 보고서에 포함시키는 것이 좋다. 정보가 적은 것보다는 많은 편이 낫기 때문이다.

독자

문서 작성에서 최종적으로 고려해야 할 사항은 상세한 포렌식 보고서에 비해 이 사고 보고서를 읽는 독자가 누구인지다. 일반적으로 조직 안팎에서 사고 관련 보고서를 읽을 가능성이 있는 사람들은 다음과 같다.

- **임원**: 세간의 이목을 끄는 사고는 CEO 또는 CFO의 관심을 불러일으킬 수 있으며, 이것이 언론과 닿아 있다면 더욱 그럴 수 있다. 핵심 요약executive summary 정도면 충분하지만, 고위 경영진이 더욱 상세한 보고서, 그리고 사고 처리 중간 및 종결 시에 브리핑을 요청한다 해도 놀라지 말자.

- **정보 기술 인력**: 이들은 사고 대응 분석자가 발견해 낸 사항에 가장 큰 관심을 보일 만한 사람들이다. 필시 이들은 근본 원인 분석 및 개선 권고 사항을 매우 진지하게 검토할 것이다.

- **법무팀**: 소송 등의 법적 조치가 예상될 경우, 법무팀은 해명돼야 할 보안 또는 관련 절차상의 공백이 있는지 여부를 판단하기 위해 보고서를 검토하게 될 것이다. 만일 수정이 가해져야 한다고 하더라도 놀랄 필요는 없다.

- **마케팅팀**: 외부 데이터 침해가 발생한 경우 마케팅팀은 핵심 요약 또는 사고 보고서 가운데 하나를 검토해 고객을 대상으로 한 메시지를 작성할 수 있다.

- **규제 당국**: 의료 기관 및 금융 기관 등 규제 대상 업계에 있어서 규제 당국은 회사 측의 잠재적 책임 유무를 판단하고자 사고 보고서를 검토하는 경우가 많다. 침해가 일어난 기밀 기록의 건수에 기반해 벌금이 부과되거나 회사의 부주의 유무에 따라 벌금이 부과될 수 있다.

- **법 집행 기관**: 일부 사고의 경우에는 법 집행 기관의 관여가 요청된다. 이 경우 법 집행 기관은 사고 검토를 위해 사고 보고서 및 포렌식 보고서의 사본을 요청할 수 있다.

- **외부 지원**: 외부 포렌식 전문가를 영입하거나 사고 대응에 대한 외부 지원이 필요한 경우가 있다. 기존의 보고서들은 이들이 업무 처리 속도를 높이는 데 도움이 된다.

독자를 이해하면 보고서를 읽게 될 대상에 대한 아이디어를 얻을 수 있다. 보고서는 명확하고 간결해야 한다는 점을 염두에 두자. 또한 필요한 지식이나 경험이 없는 독자들을 위해 기술적 세부 사항을 어느 정도는 명확하게 설명해야 할 수도 있다.

▌ 사고 추적

많은 기업은 사고 추적을 위해 ServiceNow와 Jira 같은 IT 문제 추적 시스템IT trouble ticket tracking system을 활용한다. 사고 건수가 별로 없어서 사고 대응 절차를 자동화할 필요가 없을 경우에는 이러한 방식의 사고 추적이 통하지만, 정교한 사고 대응 역량을 활용해야 하는 기업이라면 사고 대응 절차의 적절한 실행과 문서화 과정을 추적 및 지원하는 사고 대응 플랫폼을 이용해야 할 수도 있다.

사이버 보안 사고를 추적하기 위한 상업용 솔루션은 일반적으로 SOARSecurity Orchestration Automation Response 플랫폼의 범주에 속한다. 이러한 솔루션 가운데 일부는 다른 도구 세트와 통합돼 절차의 상당 부분을 자동화할 수 있다. 또한 플레이북을 플랫폼에 통합함으로써 사고 대응팀이 즉시 액세스해 절차 전반을 수행하는 동안 플랫폼 자체에서 사고 대응팀의 시행 조치들을 모두 기록할 수 있다. 전담 플랫폼의 가장 큰 이점은 시간 경과에 따른 사고를 추적하고, 조직이 어떤 유형의 공격에 대응하고 있는지 파악할 수 있다는 점이다.

신속 사고 대응

소시에테 제네랄Société Générale CERT는 사고 대응팀을 지원하고자 사고 내용의 생성과 추적, 보고를 담당하는 프리웨어 도구로서 신속 사고 대응Fast Incident Response, FIR이라는 플랫폼을 구축했다.

이 웹 응용 프로그램을 통해 조직 내 누구라도 사고 내용을 생성하고 메모할 수 있으며 종료 시까지 추적할 수 있다. 이 도구는 예산 제약이 있는 사고 대응팀이 사용하기 매우 편리한 기능들을 다수 제공한다.

이 툴은 MySQL 백엔드 데이터베이스와 파이썬Python, 장고Django, 부스트랩Bootstrap의 조합을 활용해서 분석자와 그 밖의 사용자가 데이터를 입력하고 쿼리를 수행할 수 있는 웹 응용 프로그램 환경을 조성한다. FIR 응용 프로그램의 또 한 가지 핵심 기능은 필드를 조직에 적합하게 사용자 정의하는 것이다. FIR은 도커Docker 컨테이너 또는 우분투Ubuntu와 같은 리눅스 시스템에 설치할 수 있다.

FIR은 개발 환경과 생산 환경에서 모두 활용할 수 있다. 조직의 규모와 시스템의 데이터 입력 빈도에 따라 두 가지 설치 옵션 중 하나를 선택한다. https://github.com/certsocietegenerale/FIR/wiki/Setting-up-a-development-environment에서 완벽한 구축 가이드를 찾을 수 있다.

이 책에서는 플랫폼을 사용자 정의하는 방법과 사고를 기록하는 방식을 소개한다. 특정 CSIRT를 대상으로 FIR 플랫폼을 맞춤화하는 데 사용할 수 있는 다른 옵션들도 있다. 다음의 FIR 사이트 역시 유용한 정보를 추가로 제공한다. https://github.com/certsocietegenerale/FIR/wiki/User-manual

수정 없이 신규 사고 내역을 생성하려면 다음 단계를 따른다.

1. FIR을 설치했으면 웹 브라우저의 주소창에 http://localhost:8000을 입력하고 로그인 화면으로 이동한다. 로그인 양식이 표시된다. 개발 환경의 경우에는 admin/admin을 이용해 로그인한다.

2. 로그인이 되면 기록할 사고 내역이 없으므로 빈 대시보드가 나타난다. 좌측 상단
   의 New event 버튼을 클릭한다. 다음과 같은 창이 표시된다.

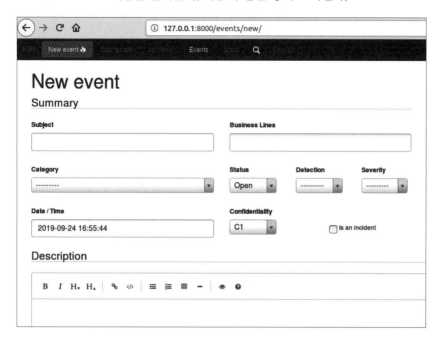

3. 양식 안에는 사고 내역을 기록할 수 있는 필드들이 있다.

   o **주제**subject : 어떠한 평문이라도 입력할 수 있는 프리 텍스트 필드다. 사고 번호
     를 개별적으로 사용하는 것이 가장 좋다.

   o **비즈니스 라인**business lines : 사전 설정이 된 필드 중 하나이며 수정이 가능하다.
     조직의 규모에 따라서 비즈니스 라인별로 사고를 구분할 수 있으며, 이로써
     해당 사업부 내의 보안 취약성을 의사 결정권자들에게 보여 줄 수 있다.

   o **카테고리**category : FIR에는 사고 대응팀이 볼 수 있도록 공격에 관계된 다수의
     사고 카테고리가 다양한 유형별로 사전 구성돼 있다. 카테고리 추가 기능도
     있다.

   o **상태**status : 해당 사고가 아직 진행 중인지 보여 준다.

- 　○ **탐지**detection: 사고를 최초로 탐지한 주체가 누구이며 탐지 대상은 무엇인지 보여 준다.
- 　○ **심각성**severity: FIR에는 심각성 수준이 1부터 4까지 사전에 설정돼 있다.
- 　○ **날짜/시각**date/time: FIR은 응용 프로그램 내에서 수행하는 조치에 날짜 및 시간 스탬프를 자동으로 설정한다. 시간대 변경을 위해 플랫폼 내 설정을 변경해야 할 수도 있다. FIR 설치 안내서가 해당 변경 수행에 도움을 줄 수 있다.
- 　○ **기밀성**confidentiality: 일정한 수준의 기밀성을 갖는 조직을 위해, 0부터 3까지 기밀성의 단계적 차이를 둘 수 있다.

4. 특정 필드에 정보를 입력함으로써 사고를 생성한다. 이하에서는 **보안 운영 센터**SOC, Security Operations Center에 노트북 도난을 보고한 사례를 들어 본다. 이때 보고자는 암호화되지 않은 하드 드라이브에 약 2,000개의 기밀 파일이 저장돼 있다고 알렸다.

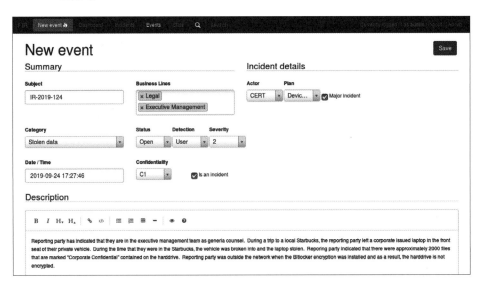

5. 사고 표시 박스를 체크하면 Actor 및 Plan의 2개 필드가 추가로 나타난다. 이 선택 사항은 해당 조직에 맞게 변경할 수 있다. 이 경우 담당자actor는 CERT 팀이고, 계획plan은 Device Loss Playbook이 된다. 필드에 입력을 완료한 후에 Save를 클릭한다.

6. FIR은 사고 정보가 들어 있는 다른 창을 연다. 창의 하단에 Add 및 To-Do를 클릭한다. 다음과 같은 창이 열릴 것이다.

Incident / Stolen data / IR-2019-124

Opened on Sept. 24, 2019, 5:27 p.m. by admin

DESCRIPTION

Reporting party has indicated that they are in the executive management team as generla counsel. During a trip to a local Starbucks, the reporting party left a corporate issued laptop in the front seat of their private vehicle. During the time that they were in the Starbucks, the vehicle was broken into and the laptop stolen. Reporing party indicated that there were approximately 2000 files that are marked "Corporate Confidential" contained on the harddrive. Reporting party was outside the network when the Bitlocker encryption was installed and as a result, the harddrive is not encrypted.

TO-DO LIST

Action	Accountable
Task	--------- ▼ +

+ Add To-Do Item

Comments (1)

📅	👤	Comment	Action		
2019-09-24 17:27	admin	Incident opened	Opened	✏	✖

➕ Add 💬 Comment ✏ Edit ⊘ Block ✓ Close ↩ Incident followup ◀ Alert ✛ Takedown

7. Task 필드에서 Execute Device Loss Playbook으로 들어가서 Accountable에서
   CERT를 선택한다. 완료되면 + 아이콘을 클릭한다. 이렇게 하면 FIR 시스템에
   과제를 추가해 사후 관리가 가능하다. **Dashboard**를 클릭하면 해당 사고가 표시
   된다.

8. Tasks를 클릭하면 CERT 팀에 배정된 과제를 볼 수 있다.

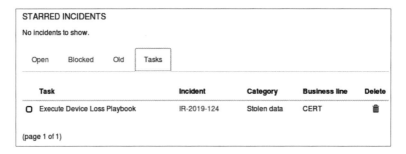

사고 대응팀은 FIR 플랫폼을 사용해 사고 데이터를 위한 단일 저장소를 갖게 되고, 개인에게는 특정 업무를 할당할 수도 있다. FIR은 한층 더 강화된 기능을 위해 시스템 관리자가 사업부 또는 시행 조치 등의 필드에 변경을 가할 수 있도록 하고 있다. 창 우측 상단의 **Admin** 아이콘을 클릭하면 이에 접근할 수 있다. 클릭하면 구성 메뉴가 열린다.

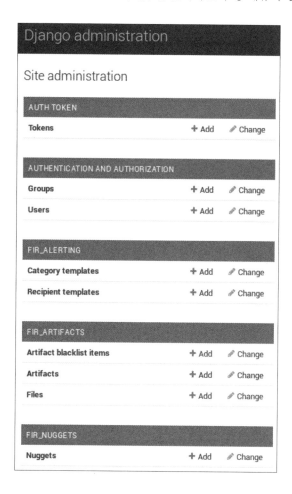

이 필드 가운데 다수는 아직 구성되지 않은 상태이므로 관리자는 특정한 유형의 알림 또는 아티팩트를 설정할 수 있다. 사고 정보는 관리자가 플랫폼을 사용하기 전에 미리 구성을 원하는 분야일 것이다. 스크롤을 아래로 내리면 다음과 같이 관리자가 사고 필드를 수정할 수 있다.

INCIDENTS		
Attributes	+ Add	Change
Bale categories	+ Add	Change
Business lines	+ Add	Change
Comments	+ Add	Change
Incident categories	+ Add	Change
Incident templates	+ Add	Change
Incidents	+ Add	Change
Label groups	+ Add	Change
Labels	+ Add	Change
Logs	+ Add	Change
Profiles	+ Add	Change
Valid attributes	+ Add	Change

예를 들어 관리자가 malware playbook을 Plan 드롭다운 메뉴에 추가하려 한다고 가정해 보자. 이러한 추가 작업을 수행하는 즉시 다른 CSIRT 직원에게 플레이북을 실행해야 한다는 알림이 간다.

1. Labels를 클릭하면 다음과 같은 창이 나타난다.

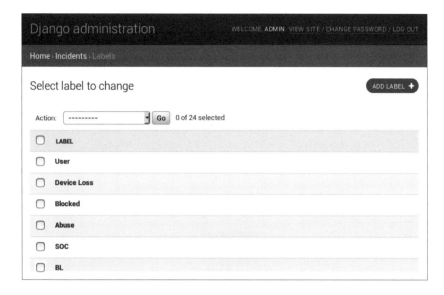

2. Add Label을 클릭한다. 텍스트 필드에는 Malware Playbook을 입력한다. 드롭다운
   메뉴를 위해서는 Plan을 선택한다. 마지막으로 Save를 클릭한다.

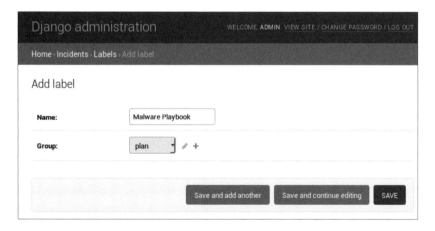

3. 홈 화면으로 돌아와 New Event를 클릭한다. Is an incident 체크박스를 클릭한다.
   Plan에서 Malware Playbook이라는 이름의 메뉴를 선택할 수 있다.

위의 설명은 사고 대응 분석자와 팀원들이 자신들의 운영상의 필요에 따라 FIR을 조정할
수 있도록 수정한 여러 가지 경우의 수 가운데 하나다. FIR 응용 프로그램과 이와 비슷한
다른 응용 프로그램은 사고 대응팀이 탐지에서 종결까지 사고를 추적할 수 있도록 하는 한
편, 사고 정보를 위한 중앙 저장소를 제공한다. 이것은 조사를 마무리하고 이해관계자 및
핵심 의사 결정권자를 위한 문서를 준비해야 할 때 중요한 의미를 갖는다.

▌ 서면 보고

서면 보고서는 종종 몇 가지 요소에 의해 구조화된다. 사고 대응에 관련된 인력, 수행한 조
사의 유형과 정도, 투입된 자원의 양, 사고 조사에 관여한 조직 내 인원 수, 결과 도출 시
까지의 관여자의 수 등 사고 대응에는 다양한 측면이 존재한다. 그 결과 일부 조직에서는
사고 보고서, 핵심 요약, 포렌식 보고서의 핵심 요소들을 단일 문서로 통합하는 경우가 있
다. 반대로 어떤 조직에서는 문서를 분리하는 것이 사고 조사의 관여도와 이해관계가 다

른 사람들에게 더 큰 도움이 될 수 있다고 생각할 수도 있다. 다음은 조사 과정에서 확보하고 보고해야 하는 핵심 정보들이다.

핵심 요약

앞에서 논한 바와 같이 핵심 요약에서는 거시적 수준에서 사고에 대한 견해를 담는다. 여기에는 사고의 요약, 근본 원인 설명, 사고를 시정하고 재발을 방지하기 위한 권고 사항이 포함된다. 금융 기관이나 병원과 같이 보고 요건이 의무화된 규제 대상업의 경우 통지가 필수인지 여부와 필수인 경우 얼마나 많은 기밀 기록이 노출됐는지를 언급하는 것이 좋다. 이를 통해 최고 경영진은 사고의 정도를 파악하고, 법률 및 고객 커뮤니케이션 단계들을 적절히 밟았는지 확인할 수 있다.

사고 보고서

사고 보고서는 아마도 조직 안팎에서 가장 넓은 층의 독자를 갖고 있는 보고서일 것이다. 이 보고서를 검토하는 개인들의 기술적 능력이 제한적이라 해도 적절한 용어와 관련 데이터를 갖추는 것은 중요하다. 혼동을 겪을 수 있는 사람들에게 기술적 세부 사항을 설명할 시간은 언제나 있기 마련이다.

다음은 보고서 안에 수집되고 반영돼야 할 핵심적인 데이터들이다.

- **배경**background : 배경은 탐지에서 최종 처리까지의 사고의 개요다. 사고 배경에는 최초에 CSIRT가 사고를 인지하게 된 경위 및 어떤 초기 정보를 입수했는지가 포함돼야 한다. 다음으로는 사고의 유형 및 범위에 관한 결론을 도출해야 한다. 또한 사고가 시스템에 미치는 영향과 침해됐을 가능성이 있는 기밀 정보에 대한 내용도 보고서에 포함돼야 한다. 마지막으로 어떠한 봉쇄 전략을 취했으며, 어떤 방식으로 시스템을 정상화시켰는지에 관한 개요가 포함돼야 한다.

- **이벤트 타임라인**^{events timeline}: 보고서의 내용이 배경 설명에서 이벤트 타임라인으로 이동함에 따라 점차 세부 사항에 초점이 맞춰진다. 이벤트 타임라인은 표의 형식으로 구성하는 것이 가장 좋다. 수행한 각각의 조치별로 타임라인에 입력한다. 다음의 표는 반드시 표 안에 포함시켜야 할 세부 내용의 정도를 보여 준다.

날짜	시간	설명	수행자
6/17/19	19:08	SOC는 CSIRT에게 내부 호스트로부터 시도된 C2 트래픽에 관한 호출을 경보함	John Q. Examiner
6/17/19	19:10	방화벽 로그를 검사해 호스트 10.25.4.5가 알려진 악성 코드 C2 서버에 연결된 적이 있음을 확인했음.	John Q. Examiner
6/17/19	19:14	네트워크 보안 CSIRT 멤버에게 요청해 스위치 009에서 호스트 10.25.4.5를 연결하는 포트를 관리적으로 비활성화시킴.	John Q. Examiner
6/17/19	19:25	네트워크 스위치 009에서 호스트 10.25.4.5의 내부 네트워크 연결을 제거함.	Dale Mitchell

이 같은 일지에는 여러 페이지에 걸쳐서 여러 항목들이 기록될 수 있지만, 중요한 것은 사건의 순서와 특정 조치를 수행하는 데 걸린 시간을 파악할 수 있도록 해야 한다는 것이다. 이 정보는 사건의 순서를 재구성하는 데 활용될 수 있으며, 또한 대응 및 처리 시간을 검토함으로써 사고 대응 절차를 개선하는 데도 활용될 수 있다.

- **네트워크 인프라 개요**: 네트워크 전반에 걸쳐 다수의 시스템 관련 사고가 발생한 경우에는 영향을 받은 시스템의 네트워크 다이어그램, 시스템들 간 상호 연결 방식과 상호 소통 방식의 개요를 모두 포함하는 것이 좋다. 사고와 직접적인 관계가 있는 방화벽 규칙 등 다른 정보 역시 포함돼야 한다.

- **포렌식 분석 개요**: 사고 보고서에는 로그, 메모리, 디스크 드라이브에 대한 포렌식 분석을 포함한 사고의 개요와 사고 대응 절차 및 그 결과의 개요를 포함시켜야 한다. 이를 통해 이해관계자들은 디지털 포렌식의 매우 기술적인 측면까지 파고 들어갈 필요 없이 실시된 분석의 종류와 해당 분석의 결과를 파악할 수 있다. 포렌식 분석을 통해 도달한 결론도 반드시 이 절에 포함돼야 한다. 사고 대응팀이 포

렌식 기법을 광범위하게 활용한 경우에는 10장의 후반부에서 다루게 될 별도의 보고서를 통해 기록할 수 있다.

- **봉쇄 조치**: 사고 대응팀의 핵심 업무 가운데 하나는 사고가 감지됐을 때 다른 시스템에 미칠 손상의 정도를 축소하는 것이다. 따라서 이 세션에서는 시스템 전원 차단, 네트워크 연결 제거 또는 인터넷 접근 제한과 같이 대응팀이 취한 봉쇄 조치의 내용이 기술된다. 이 조치들의 효과 역시 보고서에 반영돼야 한다. 가령 스위치 접근을 통해서 네트워크 접속을 차단하는 데 행정적인 문제가 있어서 대신 수동 절차를 취해야 했다면 이 같은 사실에 대한 기록은 CSIRT가 해당 조치를 보다 유연하게 하는 새로운 절차를 세우는 데 도움을 줄 수 있고, 더불어 네트워크의 다른 부분에 접근하고 있는 손상된 호스트의 기능을 제한하도록 할 수 있다.

- **발견 사항 및 근본 원인 분석**: 보고서에서 고위 경영진 및 기술 인력들에게 가장 유용한 부분은 발견 사항, 그리고 찾을 수 있다면 근본 원인을 설명한 세션이다. 보고서에서 이 부분은 종합적이어야 하며, 이벤트 타임라인의 요소들을 반영해야 한다. 사고에서 긍정적이든 부정적이든 그 결과를 도출하는 데 기여한 호스트, 소프트웨어, 하드웨어, 사용자의 특정 요인들을 명시한다. 공격자가 이용한 구체적인 침투 방식이나 공격의 대상이 된 취약점이 파악됐다면 그 역시 이 세션에 포함한다. 보고서에서 이 세션의 전반적인 목적은 위협이 인프라를 어떻게 위험에 빠뜨릴 수 있는지를 설명하고 이후에 도출되는 시정 조치 및 권고 사항에 신빙성을 부여하는 데 있다.

- **시정 조치**: 사고 처리 과정에서 취약성 또는 기타 결함을 시정하기 위한 조치를 취했다면 그 역시 보고서에 포함한다. 네트워크 나머지 부분에 대한 손상을 최소화하고자 CSIRT가 변경을 가한 사항을 다른 IT 담당자에게 빠짐없이 설명하게 되면 이후 IT 담당자가 이를 일반 변경 관리 절차에 두고 심사할 수 있다. 이는 CSIRT의 변경이 향후 다른 시스템에 부정적인 영향을 미치지 않도록 하기 위함이다.

- **최종 권고**: 이 세션에는 인프라, 취약성 보완이나 추가적 통제에 관한 개선 사항 및 권고 사항들을 포함한다. 그러나 모든 권고 사항은 관찰 및 철저한 근본 원인 분석에 기반해야 한다.
- **용어 정의**: 기술 인력들이 사고를 파악하는 데 도움이 될 수 있는 구체적인 용어 정의를 보고서에 포함한다. 가령 특정 시스템의 **서버 메시지 블록**SMB, Server Message Block 프로토콜 내의 취약점을 이용한 침투가 있었다면 SMB와 같은 기술적 용어에 대한 정의가 보고서에 포함돼야 한다.

이 보고서가 필시 조직 안팎의 다양한 주체에게 전달될 가능성이 높다는 점을 이해하는 것이 중요하다. 보고서는 적어도 한 차례의 품질 관리 검토를 거쳐 오류 및 누락이 없도록 하고 대상 독자들에게 읽힐 수 있도록 해야 한다.

포렌식 보고서

포렌식 보고서는 3대 주요 보고서 유형 가운데 기술적으로 가장 복잡하다. 분석자들은 최대한 기술적 정확성을 다해야 하고, 비기술자를 위해 보고서를 하향 평준화시켜서는 안 된다. 분석자들은 악의적인 내부자와 같은 특정 개인을 파악할 수 있는 경우에 특히 포렌식 보고서가 전반적인 사고 보고에 중요하다는 점을 인식해야 한다.

가해자가 밝혀졌거나 사고로 인해 법률적 영향이 발생할 수 있는 경우에 포렌식 보고서는 상당히 정밀한 조사를 받게 될 것이다. 따라서 분석자들은 정확하고 철저하게 보고서를 작성하고자 최선의 노력을 기울여야 한다.

- **조사자 이력 및 배경**: 독자들이 법률 관계자 또는 외부 감사인인 경우에는 포렌식 분석자의 배경 및 자격을 파악하는 것이 중요하다. 조사자의 배경에는 공식 교육, 훈련, 경력, 분석자의 법정 경험에 대한 개요 등이 포함된다. 특히 법정 경험은 분석자가 전문가 증인의 신분을 가진 것으로 판단된 경우에는 반드시 포함돼야 할

사항이다. 완벽한 이력서가 포렌식 보고서에 첨부될 수 있으며, 만일 해당 보고서가 법정에서 증거로 사용될 것이 예상되는 경우에는 더욱 그러하다.

- **활용 도구**: 증거 분석에 사용된 하드웨어 및 소프트웨어 도구의 완벽한 리스트를 보고서에 포함한다. 이러한 정보에는 물리적 쓰기 방지 장치와 같은 하드웨어 제조사, 모델, 일련 번호 또는 사용된 소프트웨어의 이름 및 버전이 포함된다. 모든 도구들이 사용 전에 최신 상태였다는 내용을 추가 사항으로 보고서에 포함시킬 수 있다.

- **증거 항목**: 사고 처리 과정에서 분석자가 입수한 디스크 이미지, 메모리 캡처 또는 로그 파일을 증거 항목의 종합 리스트에 포함시킨다. 날짜, 시간, 위치 그리고 증거를 입수한 분석자 역시 포함시킨다. 실물 증거의 경우 관리 연속성 형태로 첨부를 포함시켜야 할 수도 있다. 증거 항목의 수가 많을 경우 이 부분을 부록으로 포함시켜 독자들의 이해도를 높인다.

- **포렌식 분석**: 포렌식 분석은 조사 과정에서 취한 조치에 대해 분석자의 매우 구체적인 기술이 필요한 부분이다. 날짜 및 시간과 같은 세부 정보가 중요하며, 수행한 조치의 유형에 대한 상세한 설명이 있어야 한다.

- **도구 산출물**: 앞에서는 사고 조사에 활용되는 매우 다양한 도구를 소개했다. Volatility 또는 Rekall과 같은 일부 도구에는 보고서 생성 기능이 없다. 따라서 이 도구로부터 산출물을 확보하는 것은 분석자에게 달린 문제다. 분석자는 도구의 명령행에서 화면을 캡처하거나 텍스트를 출력할 수 있으므로 이를 반드시 보고서에 반영시킨다. 이것이 중요한 이유는 이들 도구가 사고와 관련된 산출물을 만들어 내는 경우가 있기 때문이다.

  Autopsy와 같은 도구는 출력 보고서를 포렌식 분석 보고서에 포함시킬 수 있는 기능을 갖고 있다. 예를 들어 앞에서 수행한 분석으로부터 보고서를 작성하려면 다음과 같은 절차를 따른다.

  1. Autopsy에서 케이스를 연다.
  2. Tools로 이동한 후 Generate Report까지 탐색해 들어간다.

3. Results – HTML을 선택한다. Next를 클릭한 후 All Results를 클릭한다.

4. 이로써 기본 브라우저에서 열리는 HTML 보고서가 생성된다.

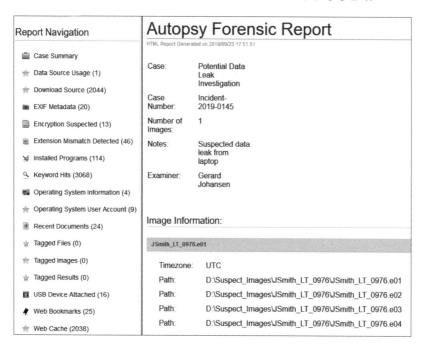

이제 분석자는 정보를 검토할 수 있다. PDF 파일로 인쇄하는 등의 기법을 통해 분석자는 출력물을 직접 보고서에 첨부할 수 있다. 분석자가 도구에서 보고서를 직접 내보낼 수 있는 기능을 익힘으로써 사용 도구 세트에 익숙해진다면 보고서의 오류를 줄일 수 있고 정확도를 높일 수 있다.

- **결론**: 증거에서 도출된 결론을 보고서에 포함시킬 수 있다. 예를 들어 분석자가 해당 해시를 알려진 변종과 매치해 본 후 특정 실행 파일이 악성 코드며 이 악성 코드가 자격 증명을 훔쳤다고 판단했다면, 이 분석자는 본인의 정당한 권한 내에서 이러한 결론을 내린 것이다. 그러나 추정을 뒷받침할 적절한 증거가 없다면 추정 및 결론 내리기에 신중을 기해야 한다. 사고 대응자들은 보고서에 가정적 표현을 쓰거나 의견을 포함시키지 않도록 주의해야 한다.

- **용어의 정의**: 포렌식 보고서는 매우 기술적이므로 필요한 용어의 정의를 포함해야 한다. 법적 조치가 예상될 경우에는 법무 담당자를 비롯한 내부 이해관계자가 종종 보고서를 검토하게 된다. 그들은 기술적 세부 사항에 관한 좀 더 명확한 설명이 필요할 수 있다.
- **별첨**: 도구의 산출물이 너무 길어 보고서 본문에 포함시킬 수 없는 경우에는 부록에 포함시킬 수 있다. 예를 들어 Volatility 명령의 산출물이 몇 페이지에 달하지만 가장 관련성 높은 데이터는 단 한 줄에 불과하다면, 분석자는 해당 한 줄을 뽑아내 포렌식 분석 부분에 포함시키고 전체 산출물은 부록에 포함했다고 명시한다. 도구의 산출물 전체가 정밀 조사의 대상이 될 수 있도록 이 보고서의 일부로 포함시키는 것이 중요하다.

포렌식 보고서의 핵심 요소 가운데 하나는 사고 문서 작업의 일환으로써 보고서가 발표되기 전에 먼저 상호 검토peer-review 절차를 거쳐야 한다는 것이다. 이는 시행 조치, 분석, 결론이 증거와 일치하도록 하려는 데 목적이 있다. 이것은 분석자가 도구 산출물로부터 또는 조사를 통해 가능한 한 많은 데이터를 포함시켜야 하는 이유가 된다. 포렌식 보고서가 법정에서 사용될 경우에는 이것을 작성한 포렌식 분석자와 동급이거나 상위의 자격을 갖춘 분석자가 보고서를 검토하고 해당 작업을 평가할 수 있다는 점을 알아야 한다. 제3의 사고 대응자 내지는 분석자가 사고 대응자의 작업 내용을 읽고 보고서를 검토하고서도 동일한 결론에 이를 수 있어야 한다. 이 사실을 인지하는 분석자들은 보고서 작성에 한층 더 집중할 수 있다.

조직이 별도의 문서들을 작성하거나 단일한 마스터 보고서를 준비할지 여부에 관계없이 보고서에 포함돼야 할 일정한 데이터가 있다. 사고 대응 담당자가 이 데이터 구성에 대한 지식을 갖고 있다면, 사고 조사가 진행되는 동안 적절한 메모를 하고 본인이 관찰한 바를 기록할 수 있다. 그렇지 못할 경우 시행 조치 또는 관찰한 바가 보고서에 반영되지 않을 수 있다. 나아가 사건이 재판으로 비화할 경우 법정에서 증거가 누락되는 경우가 초래될 수 있다. 문서화를 제대로 하지 않는 것보다는 차라리 과도하게 하는 편이 더 낫다.

▌ 요약

사고 대응팀은 사고에 적절히 대응하고자 필요한 업무를 준비하고 수행하는 데 많은 노력을 기울인다. 그러나 사고의 발생 경위와 취해진 조치에 대해서 의사 결정권자와 사고 대응팀이 명확하게 이해할 수 있도록 해당 사고를 적절히 문서화하는 것도 그에 못지않게 중요하다. 문서화 작업 및 근본 원인 분석을 통해서 조직은 보안의 미비점을 개선하고 향후 유사한 사건이 발생할 위험을 줄일 수 있다. 사고 대응팀 및 포렌식 분석자들의 주요 관심 분야는 사고에서 악성 코드가 수행하는 역할에 있다.

12장에서는 이러한 유형의 사고에 대처하는 데 있어 분석자가 활용할 수 있는 몇 가지 기법을 논의한다.

▌ 질문

1. 사고 보고서 작성 시에는 보고서를 읽을 대상을 고려해야 한다.

    A. 참

    B. 거짓

2. 다음 중 사고 보고서 작성에 활용할 수 있는 데이터 소스는 무엇인가?

    A. 응용 프로그램

    B. 네트워크/호스트 장치

    C. 포렌식 도구

    D. 위의 전부

3. 사고 대응자는 사고 보고서에 근본 원인 분석에 관한 내용을 포함시켜서는 결코 안 된다.

    A. 참

    B. 거짓

4. 포렌식 보고서에 포함되지 않는 것은 무엇인가?

A. 활용된 도구

B. 분석자의 이력서

C. 견해

D. 증거물 리스트

▌ 더 읽어 볼 거리

- Intro to Report Writing for Digital Forensics: https://www.sans.org/blog/intro-to-report-writing-for-digital-forensics/
- Understanding a Digital Forensics Report: http://www.legalexecutiveinstitute.com/understanding-digital-forensics-report/
- Digital forensics report, Ryan Nye: http://rnyte-cyber.com/uploads/9/8/5/9/98595764/exampledigiforensicsrprt_by_ryan_nye.pdf

전문 주제

이 책의 앞선 3개의 부를 보완하고자 4부에서는 성공적인 사고 조사에 직접적인 영향을 미치는 사고 대응과 디지털 포렌식의 전문적인 측면들을 탐구한다. 악성 코드 분석, 위협 인텔리전스 통합, 다양한 디지털 포렌식 기법을 위협 사냥threat hunting 실무에 통합하는 방법이 다뤄진다.

4부는 다음과 같은 장으로 구성된다.

- 12장, 사고 대응을 위한 악성 코드 분석
- 13장, 위협 인텔리전스의 활용
- 14장, 위협 사냥

12

사고 대응을 위한
악성 코드 분석

기업과 소비자를 대상으로 하는 시스템에서 악성 소프트웨어는 계속적으로 진화하고 있는 골칫거리가 아닐 수 없다. 악성 코드 개발자는 악성 코드에 대한 방어가 형성되는 즉시, 시스템의 손상이나 파괴가 가능한 새로운 변종을 만들어 낸다. 심지어 악성 코드는 국가와 글로벌 조직을 향한 무기로 활용되고 있다. 보도됐던 수많은 데이터 유출 사고는 특정 목적 달성에 악성 코드를 활용한 것으로서 사고의 전부 또는 일부가 악성 코드를 구성요소로 한다. 각각의 경제 부문에서 활동하고 있는 조직들은 악성 코드 위협에 직면해 있다. WannaCry 및 Petya와 같은 랜섬웨어 공격이 추가적으로 발생함에 따라서 조직들은 이러한 공격에 대한 대응 조치를 취해야만 했다.

악성 코드의 위험은 상존하기 때문에 사고 대응 분석자는 악성 코드의 분석 방법과 도구에 대한 지식이 어느 정도 필요하다. 12장에서 악성 코드 분석에 대한 복잡한 면들을 모두 다루기는 어렵다. 따라서 12장에서는 악성 코드 분석에 대한 기본 요소들을 중심으로 분석에 활용되는 도구들을 검토하게 될 것이다. 이를 통해 분석자는 분석 방법을 확실히 이해할 수 있으므로 사고 상황에서 그러한 분석 결과를 보다 잘 검토할 수 있다.

12장에서 다룰 주제는 다음과 같다.

- 악성 코드 분류
- 악성 코드 개요
- 악성 코드 분석
- 분석을 위한 도구
- 샌드박스sandbox 도구 및 기술

▌ 악성 코드 분류

악성 소프트웨어 또는 악성 코드란 컴퓨터 시스템을 손상시키고 망가뜨리거나 그리 반갑지 않은 상태로 만들고자 생성된 모든 소프트웨어를 통칭하는 용어다. 용어상으로는 그렇지만 기능적으로 볼 때도 악성 코드는 매우 광범위하게 분류될 수 있다. 지불 시스템에서 신용카드 번호를 훔치고자 특별히 코딩된 악성 코드가 있는 반면, 어떤 악성 코드는 공격자가 해당 시스템을 원격으로 제어하도록 만든다. 분석자는 침해된 시스템이 악성 코드 감염 이후 어떻게 인터넷에 통신을 보내는지 혹은 감염된 시스템에서 수행되는 활동은 무엇인지와 같은 특정한 동작들을 관찰함으로써 악성 코드의 유형과 공격자가 가진 최종 목적을 판단할 수 있다.

일반적으로 악성 코드는 다음과 같이 세분된다.

- **바이러스**virus: 한동안 바이러스라는 용어는 컴퓨터 시스템에 결정적 영향을 미치는 악성 코드라는 의미로 사용됐다. 하지만 악성 코드의 종류가 다양해지면서 바

이러스라는 용어는 단지 고의로 시스템에 좋지 않은 영향을 미치는 코드를 의미하는 것으로 격하됐다.

- **웜**warm: 바이러스의 일종인 웜은 종종 시스템에 영향을 미칠 뿐만 아니라 자체 복제가 가능해 그 시스템과 연결된 다른 시스템에도 영향을 미칠 수 있다. 가장 유명한 웜 중 하나는 1998년 전 세계적으로 확산돼 인터넷상에서 **서비스 거부**DoS, Denial-of-Service 공격을 일으켰던 모리스 웜Morris Worm이다.

- **트로이 목마**Trojan: 트로이 목마 신화는 이러한 부류의 악성 코드에 영감을 불어넣었다. 트로이 목마는 종종 정당한 응용 프로그램이나 파일 속에 숨어 있다가 사용자가 아무런 의심 없이 파일을 열 때 시스템을 감염시킨다. 이 종류의 악성 코드는 소셜 엔지니어링 공격을 활용해 시스템을 감염시키는 경우가 많다.

- **키로거**keylogger: 키로거는 실행 중인 시스템의 백그라운드에 숨어서 사용자가 입력하는 키를 캡처한다. 그런 다음 이 정보를 컨트롤러로 전송해 검토한다. 키로거를 사용하는 악성 코드 개발자는 일반적으로 자격 증명 탈취에 관심이 있다.

- **루트킷**rootKit: 루트킷은 **원격 접근 트로이 목마**RAT, Remote Access Trojan 등 기타 악성 코드를 숨기는 데 활용되며, 공격자가 감염된 시스템에 원격 명령을 실행할 수 있게 한다.

- **정보 탈취 악성 코드**Information Stealing Malware: 보통 이러한 유형의 악성 코드는 신용카드 번호나 은행 자격 증명을 캡처하는 것과 같은 단일 목적을 위해 코딩된다. 일례로 Shylock은 은행 로그인을 캡처하고자 특별 고안된 악성 코드다.

- **백도어**backdoor: 원격 접근이 변형된 유형으로, 이 종류의 악성 코드는 시스템을 감염시킨 후 공격자가 감염된 시스템을 제어할 수 있도록 만든다.

- **다운로더**downloader: 악성 코드에 대한 방어가 더욱 정교해짐에 따라 악성 코드 개발자도 점차 발전하고 있다. 다운로더는 다단계multi-stage 악성 코드 프로그램의 일부다. 다운로더는 종종 시스템을 감염시킨 후 나머지 코드를 원격 서버에 전달한다. 이 방법은 보안 컨트롤을 우회하는 데 사용되며, 악성 코드 개발자가 더 크고 복잡한 악성 코드를 사용할 때 유용하다.

- **봇넷**botnet: 봇넷이란 일련의 컴퓨터들로서 **봇넷 컨트롤러**라고 하는 인터넷의 중앙 시스템을 통해 완전히 제어된다. 먼저 봇넷 악성 코드는 시스템을 감염시킨다. 감염된 시스템의 수가 증가하면 악성 코드 개발자는 이 봇넷을 활용해 단일 대상에 대해 **분산 서비스 거부**DDoS, Distributed Denial-of-Service 공격을 수행할 수 있다.
  - **랜섬웨어**ransomware: 비교적 새로운 유형의 악성 코드인 랜섬웨어는 피해자의 파일을 암호화한다. 이 악성 코드는 종종 해독키를 원하는 피해자에게 비트코인과 같은 암호통화 형태의 대가를 요구한다.
  - **파일 와이퍼**file wiper: 파일 와이퍼는 파일을 파괴하거나 **마스터 부트 레코드**MBR, Master Boot Record를 감염시키고 레코드를 수정해 파일이 시스템에 더 이상 접근할 수 없도록 만든다.

여러 변형된 형태의 악성 코드가 한 체인에서 함께 사용된다. 예를 들어 악성 코드 개발자는 먼저 합법적인 응용 프로그램으로 위장한 원격 접근 트로이 목마RAT로 시스템을 감염시킨다. 사용자가 의심 없이 응용 프로그램을 열면 코드가 실행된다. 그런 다음 두 번째 페이로드를 다운로드하고 시스템을 더욱 감염시켜 악성 코드 개발자의 원격 접근을 허용도록 만든다. 원격 접근이 성공하면, 지불 시스템을 식별하는 공격이 계속된다. 이제 두 번째 악성 코드를 지불 시스템에 로드하고 신용카드 번호를 캡처한다.

한편 악성 코드에서 살펴봐야 할 또 다른 중요 사안은 시간의 흐름에 따른 진화의 측면에 있다. 변종 악성 코드는 폭발적으로 늘어 왔고, 현재에도 굉장히 많은 악성 코드가 존재한다. 악성 코드는 빠르게 변화하는 인코딩 기술과 전송 기술, 실행 기술과 함께 날로 진화하고 있다. 이러한 변화에 발맞춰 분석자들은 더욱 치명적이고 최신화되는 악성 코드에 대비해야 한다.

▌악성 코드 분석 개요

악성 코드 분석 또는 악성 코드 리버스 엔지니어링은 매우 기술적이고 전문화된 포렌식의 한 분야다. 안티바이러스 및 위협 인텔리전스Anti-Virus and Threat Intelligence는 고도로 숙련된 프로그래머 집단 및 포렌식 인력을 활용해 악성 코드를 확보한 뒤 그것을 분석함으로써 악성 코드의 종류와 작동 방식을 판단하고 악성 코드의 대응 책임자를 정한다. 여기에는 정적static 분석과 동적dynamic 분석의 두 가지 분석 방법이 사용된다. 대부분의 디지털 포렌식과 마찬가지로 각각의 분석은 모두 장점이 있으므로 사고 대응 분석자는 두 가지 분석 유형에 대해 모두 숙련돼 있어야 한다.

 김 제터(Kim Zetter)의 『Countdown to Zero Day』(Broadway Books, 2015)는 현장에서 실제 발견된 악성 코드를 분석해 얻은 탁월한 해법을 담은 책이다. 여러 연구팀이 광범위한 연구를 통해 Stuxnet 바이러스를 깊이 분석했으며 이 악성 코드가 하는 일을 알고자 시도했다.

레니 젤서Lenny Zeltser는 악성 코드에 대한 탁월한 분석 방법론을 제시했다. 레니 젤서는 악성 코드 분석 전문가로서 그의 웹 사이트(https://zeltser.com)에는 다양한 자료가 있다. 분석 절차를 지원하는 7단계 방법론은 다음과 같다.

1. 조사가 수행될 수 있는 통제된 연구실 환경을 조성한다.
2. 의심되는 악성 코드가 **운영체제**OS 환경과 상호 작용할 때 악성 코드의 동작을 검사한다.
3. 의심되는 응용 프로그램 코드를 조사해 내부 작동 상태를 파악한다.
4. 동적 분석을 통해 정적 분석에서 식별할 수 없는 작업이 무엇인지 확인한다.
5. 필요에 따라 악성 코드가 패킹돼 있는지 확인하고 필요한 경우 패킹을 푼다.
6. 분석 목표가 완료될 때까지 절차를 계속 진행한다.
7. 포렌식 보고서의 보충 자료를 준비하고 연구실을 분석 이전의 상태로 복원시킨다.

이하에서는 정적 분석을 살펴본다.

정적 분석

정적 분석은 실제 악성 코드를 검사할 때 악성 코드가 시스템에서 실행되지 않는 분석 방법이다. 연구에 필요한 악성 코드는 고의 감염이 없는 시스템으로부터 얻거나 악성 코드에 감염된 프로덕션 시스템에서 얻을 수 있다.

이 경우 사고 대응 분석자는 메모리 분석의 조합을 통해 실제 소스 코드 또는 실행 파일을 얻을 수 있고, 하드 드라이브 분석 중에도 실제 실행 파일을 획득할 수 있다. 정적 분석은 흔히 다음과 같은 여러 기법으로 구성된다.

- **지문 채취**: 코드의 암호화 해시를 얻는 것은 가장 기본적인 기술이다. 이 암호화 해시를 이미 알려진 다른 해시들과 비교하면 그 코드가 이전에 확인된 적이 있는지를 판가름할 수 있다.

- **안티바이러스 스캐닝**: 바이러스 백신 공급 업체가 모든 바이러스를 다 잡아내는 것은 아니다. 예를 들어 어떤 공급 업체는 악성 코드를 분석해서 자사 제품에 주의 사항을 배포했을 수 있다. 반면 어떤 공급 업체는 악성 코드에 접근 기회가 없었거나 주의 사항 배포가 없었을 수 있다. 따라서 여러 다른 바이러스 백신 공급 업체를 사용해 파일을 스캔하는 것이 좋다.

- **문자열 추출**: 악성 코드는 흔히 IP 주소, 오류 메시지 또는 악성 코드 안에 평문으로 인코딩된 데이터에 포함되는 경우가 많다. 이러한 문자열을 찾아낸다면 악성 코드의 목적을 나타내는 **명령 및 제어**[C2] 서버 또는 데이터를 식별할 수 있다.

- **파일 포맷**: 실행 파일이 합법적이든 아니든 실행 파일과 관계된 메타데이터가 존재하기 마련이다. 따라서 분석자는 휴대용 실행 파일 형식의 응용 프로그램 컴파일 시간, 기능, 문자열, 메뉴, 아이콘을 볼 수 있다.

- **패커 분석**packer analysis : 악성 코드 개발자는 바이러스 백신 프로그램을 우회하고자 패커를 사용한다. 이 패커는 압축 또는 암호화 방식을 사용하기 때문에 숨길 수 없는 파일 해시를 남기지 않는다. 패킹된 악성 코드의 정적 분석에 사용되는 도구들이 있지만, 많은 경우 패커 분석은 쉽지 않다.
- **디스어셈블리**disassembly : 전문 소프트웨어를 사용해 코드를 리버싱reversing하면 악성 코드 분석자가 어셈블리 코드를 볼 수 있다. 따라서 분석자는 악성 코드가 수행하려는 작업이 무엇인지 알 수 있다.

동적 분석에 비해 정적 분석은 다소 많은 시간과 노력을 요하는 작업으로 비쳐질 수 있다. 수작업으로 수행되는 검색과 분석이 다수 존재하지만 나름의 장점도 있다. 우선 코드를 실행하지 않고 검사를 수행하기 때문에 비교적 안전하다. 특히 종합적인 샌드박스 솔루션이 없는 조직에서는 더욱 그렇다. 또한 악성 코드 개발자가 의도한 바에 대해 보다 포괄적인 분석과 더 나은 이해를 제공하는 것도 장점이다.

하지만 정적 분석에도 단점은 있다. 이 기술을 사용해 최상의 결과를 얻으려면 악성 코드 전체가 필요하다. 소요되는 시간도 정적 분석의 또 다른 큰 단점이다. 악성 코드가 복잡해질수록 정적 분석에 필요한 시간은 조직이 감당할 수 없을 만큼 길어질 수 있다.

정적 분석은 사고 대응팀이 아주 포괄적인 분석 결과를 기다려야 하는 사고에서 보다 당면 현안을 다루는 경우에 있어서 더 적합하다.

동적 분석

정적 분석은 통제된 환경에서 잠재적인 악성 코드를 조사하는 데 초점을 뒀다. 즉 실제 코드를 검사하거나 다른 소스와 비교할 수 있는 특정 파일의 속성을 찾는 것이 중요했다. 반면 동적 분석은 통제된 환경에서 잠재적인 악성 코드가 실행되는 것을 허락하고, 프로그램이 보여 주는 동작들을 관찰하는 것에 초점을 둔다.

동적 분석은 악성 코드 연구자와 사고 대응자들에게 여러 장점을 제공한다. 첫째, 코드가 완전히 실행되도록 하면 악성 코드 개발자가 사용하는 암호화 기술 또는 난독화 기술과 같은 장벽이 제거된다. 둘째, 동적 분석에 활용 가능한 자동화 도구들이 있는데 이것은 악성 코드의 복잡성이 계속 증가함에 따라 매우 노동집약적이 될 수 있는 수동 절차를 없애 준다. 마지막으로 동적 분석이 훨씬 더 빠른 경우가 많다. 악성 코드 연구자는 잠재적인 악성 코드가 시스템에서 어떻게 작동하는지 실시간으로 모니터링할 수 있다.

다음에서는 두 가지의 동적 분석 방법을 제시한다.

- **정의된 지점 분석**defined point analysis: 이 방법에서는 윈도우 7과 같은 테스트 OS가 라이브 프로덕션 상태로 구성된다. 분석자는 다양한 레지스트리 키 설정, 프로세스 및 네트워크 연결을 기록할 수 있다. 기록이 완료되면 의심되는 악성 코드가 시스템에서 실행된다. 악성 코드가 완전히 실행됐다고 확신하면 분석자는 실행 중인 프로세스를 비교하거나 식별 사항들을 비교하는 등으로 시스템의 두 지점을 비교한다. 이러한 유형의 분석에는 앞에서 다뤘던 일부 포렌식 기법이 사용될 수 있다. 예를 들어 분석자는 새로 설치한 OS를 사용해서 메모리 캡처를 수행할 수 있다. 이 메모리 캡처와 감염된 시스템에서 가져오는 후속 캡처는 분석자가 악성 코드의 특정 동작을 식별하는 비교 지점을 제공한다.
- **런타임 동작 분석**runtime behavior analysis: 이 분석 방법으로 분석자는 프로세스 탐색기와 유틸리티와 같은 도구를 사용해 의심스러운 악성 코드가 실행되는 동안의 동작을 관찰할 수 있다. 또한 분석자가 악성 코드의 실행 방식을 충분히 이해할 수 있도록 이 절차의 상당 부분을 자동화하는 도구들도 있다.

동적 분석이 분명한 장점을 갖고 있는 것은 사실이지만, 의심스러운 악성 코드를 해체시키기 전에 사고 대응팀이 미리 숙지해야 할 사항들이 있다. 첫째, 통제된 환경이 구성돼야 한다는 것이다.

악성 코드로 의심된다면 프로덕션 환경에서 절대로 실행해서는 안 된다. 연구자와 사고 대응팀은 테스트 환경 또는 분석 환경이 프로덕션 환경과 완전히 분리되도록 해야 한다.

동적 분석에 적합한 환경을 조성하는 데 필요한 자원의 양은 또 다른 우려 사항이다. 악성 코드 연구자 및 사고 대응팀은 악성 코드 분석을 위해 샌드박스 환경을 사용한다. 샌드박스란 의심스러운 악성 코드가 실행되고 관련 분석이 수행되는 통제된 환경이라고 할 수 있다. 악성 코드 연구 기관의 경우 다양한 OS의 복사본과 패치 수준을 유지해야 하기 때문에 샌드박스가 상당히 커질 수 있다. 예를 들어 조직이 윈도우 OS에 영향을 미치는 악성 코드 샘플을 테스트하려면 윈도우 XP, 윈도우 7, 윈도우 8 및 다양한 패치 수준을 가진 윈도우 10 인스턴스가 있어야 한다. 이로써 악성 코드에 의해 침해된 특정 OS에 초점을 맞출 수 있다. 분석자는 OS 외에도 메모리 이미지를 갖고 있어야 한다.

▌ 악성 코드 분석

악성 코드 분석 도구는 간단한 16진수 에디터, 대화형 디스어셈블러, 온라인 검색 및 분석을 통합한 GUI 기반 도구에 이르기까지 다양하다. 개별 사고에 따라서 활용되는 구체적인 도구나 기술이 달라진다. 네트워크 시스템의 감염 과정에서 소셜 엔지니어링 이메일을 통한 감염 가능성이 있으므로 분석자는 악성 코드의 동작을 신속하게 파악하고, 이를 제거하기 위한 해결책을 마련해야 한다. 어떤 환경에서는 보안 통제 시스템이 의심 파일을 식별하는 경우가 있다. 현재 진행 중에 사고가 없는 상황에서는 사고 대응 분석자가 코드를 완전히 분해해서 해당 코드에 특정 목적이 있는지 확인해야 할 수도 있다. 어느 쪽이든 다음 절에서 설명할 도구들은 악성 코드 분석 절차를 지원하지만, 이 목록에는 모든 분석 지원 도구들이 포함돼 있진 않다.

정적 분석

정적 분석에 활용하는 도구들이 있다. 자동화 도구와 수동 도구를 함께 사용하면 분석자가 추가로 초점을 맞춰야 하는 악성 코드의 구성 분자를 식별할 수 있고, 응용 프로그램 내에서 악성 코드를 나타내는 특정 지표를 확인할 수 있다.

ClamAV

정적 분석 수행의 첫 번째 단계는 분석을 진행하고 있는 잠재적인 악성 코드가 과거에 식별된 적이 있었는지 확인하는 것이다. 단일의 샘플 해시는 VirusTotal 같은 사이트에 업로드될 수 있지만, 사고 대응자가 분석 과정에서 다수의 파일을 확보했다면 파일의 추가 검사를 보증해 줄 도구가 있는지 판단할 수 있어야 한다. 한 가지 방법은 상업용 안티바이러스 스캐너를 사용해 디렉터리를 검색하는 것이다. 이 책에서는 무료 오픈소스 도구인 ClamAV를 사용한다.

ClamAV는 다수의 의심되는 파일 형식의 디렉터리를 검색하는 명령행 유틸리티다. ClamAV로 의심 파일을 식별했다면 사고 대응자는 추가적인 파일 분석이 가능하다. ClamAV를 시작하려면 다음과 같이 진행한다.

1. ClamAV 다운로드 페이지 https://www.clamav.net/로 이동한다.

2. 해당하는 OS 버전을 다운로드한다(이 책에서 사용되는 윈도우 실행 파일은 https://www.clamav.net/downloads/production/ClamAV-0.102.1.exe에서 다운로드할 수 있다.).

3. https://www.clamav.net/documents/installing-clamav-on-windows의 구성 지침을 따라서 시그니처 파일을 업데이트한다.

4. 명령 프롬프트 또는 윈도우 PowerShell 터미널을 연다.

5. 예를 들어 악성 코드 트래픽 분석 사이트에서 파일 여러 개가 검토됐다고 하자. 이 파일들은 https://www.malware-traffic-analysis.net/2019/09/04/index.html에서 이용할 수 있다. 터미널에 다음과 같은 코드를 입력한다.

```
PS C:\Program Files\ClamAV>.\clamav.exe -m D:\Malware Samples\2019-09-04-
malware-from-Ursnif-and-Trickbot-infection
```

6. 위의 명령에 따라서 ClamAV 스캐너가 2019-09-04-malware-from-Ursnif-and-Trickbot-Infection 폴더 안에 담긴 파일 전부에 대해서 실행된다. Enter 키를 누르면 다음과 같은 결과가 생성된다.

```
2019-09-04-Windows-registry-updates-caused-by-Ursnif.txt: OK
2019-09-04-Word-doc-from-password-protected-zip-archive.doc: Doc.Malware.Sagent-7159046-0 FOUND
```

7. ClamAV는 .doc 파일이 Doc.Malware.Sagent-7159046 악성 파일 시그니처와 관련이 있음을 보여 준다.

ClamAV은 스캔 패키지의 일부로 포함된 시그니처에 따라 그 효과가 매우 다르다. 일부 변형된 악성 코드는 상응하는 시그니처를 사용하지 않는 경우가 있기 때문에 ClamAV를 통한 탐지가 어려울 수 있다. 이것을 이해한다면 ClamAV는 다수의 잠재적 악성 코드 파일에서 이미 알려진 악성 코드를 식별하는 유용한 방법이다.

PeStudio

PeStudio는 파일 1개를 정적 분석하기에 적합한 도구다. 이 PeStudio 응용 프로그램은 8장, '시스템 메모리 분석'에서 메모리 이미지 분석으로 확보한 의심되는 악성 소프트웨어를 검사하는 경우에 소개한 바 있다. 이 절에서는 PeStudio로 실제 악성 코드를 분석해본다. 이 도구로 분석자는 추가 분석에서 악성 코드의 구체적 특징들을 파악할 수 있다.

이하의 시나리오에서는 실제 활동 중인 악성 코드를 검사할 것이다. 샘플로 사용할 악성 코드는 Emotet infection with TrickBot이다. 이 샘플은 https://www.malwaretraffic-analysis.net/2019/09/18/index.html에서 다운로드했다. 바이러스 백신 프로그램이 악성 코드를 격리해 분석을 불가능하게 만들 수 있으므로 악성 코드를 다운로드하기 전에 사전 구성이 적절히 완료됐는지 확인해야 한다. 파일이 폴더로 다운로드되면 파일 분석을 위한 준비가 완료된 것이다. 다음과 같은 절차가 진행된다.

1. PeStudio를 연다. 왼쪽 상단의 폴더 아이콘을 클릭하고 `2019-09-18-updated-Emotetmalware-binary.exe`라는 파일명을 가진 악성 코드 샘플로 이동한다.

2. 로드가 완료되면 다음과 같은 창이 나타난다. 창의 왼편에는 PeStudio가 수행할 검사 항목들이 나열돼 있다. 아래에서 보는 것처럼 몇몇 항목들(빨간색)은 코드 안에 악성 코드가 포함돼 있을 수 있다는 점을 나타낸다.

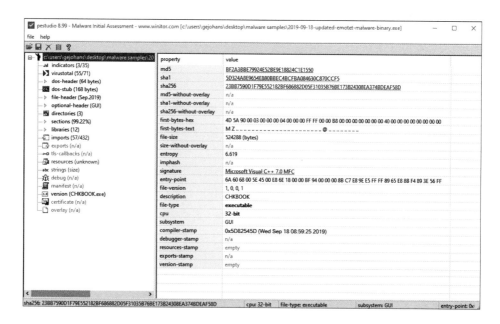

3. 먼저 indicators를 클릭하고 식별된 악성 코드의 구성 요소에 대한 구체적인 개요를 확인한다. PeStudio는 3개의 지표indicators를 특정하고 있다. 아래의 스크린샷에서 볼 수 있듯이 이 파일은 VirusTotal에서 55/71점을 기록했고, 블랙리스트 문자열들을 갖고 있으며, 블랙리스트 상징symbols들을 가져오기import하고 있다.

1430	The file references string(s) tagged as blacklist	count: 85	1
1120	The file is scored by virustotal	score: 55/71	1
1266	The file imports symbol(s) tagged as blacklist	count: 57	1

4. imports를 클릭한다. 아래에서 보듯이 분석자는 블랙리스트에서 가져온^{import} 라이브러리 파일들을 볼 수 있다.

name (432)	group (14)	MITRE-Technique (5)	type (1)	anonymous (6)	blacklist (57)
GetCapture	windowing	-	implicit	-	x
GetClassLongA	windowing	-	implicit	-	x
GetForegroundWindow	windowing	-	implicit	-	x
SetForegroundWindow	windowing	-	implicit	-	x
SetWindowLongA	windowing	-	implicit	-	x
GetDesktopWindow	windowing	-	implicit	-	x
GetTimeZoneInformation	system-information	-	implicit	-	x
GetVolumeInformationA	storage	-	implicit	-	x
WinHelpA	shell	-	implicit	-	x
EnumResourceLanguagesA	resource	-	implicit	-	x
LockResource	resource	-	implicit	-	x
WritePrivateProfileStringA	registry	-	implicit	-	x
RegDeleteValueA	registry	T1112	implicit	-	x
RegSetValueA	registry	T1112	implicit	-	x
RegDeleteKeyA	registry	T1112	implicit	-	x
RegEnumKeyA	registry	T1012	implicit	-	x
RegCreateKeyA	registry	-	implicit	-	x
RegSetValueExA	registry	T1112	implicit	-	x
VirtualProtect	memory	-	implicit	-	x
GetKeyState	keyboard-and-mouse	-	implicit	-	x
SetWindowsHookExA	hooking	T1179	implicit	-	x
CallNextHookEx	hooking	T1179	implicit	-	x
UnhookWindowsHookEx	hooking	T1179	implicit	-	x
GetShortPathNameA	file	-	implicit	-	x
FindFirstFileA	file	-	implicit	-	x
FindClose	file	-	implicit	-	x
UnlockFile	file	-	implicit	-	x

5. strings를 클릭한다. 이를 통해 의심되는 악성 코드가 갖는 다양한 문자열을 명확하게 알 수 있다. 아래 스크린샷에서 보듯이 분석자는 향후 추가 분석을 수행하는 경우에 해당 문자열에 초점을 둘 수 있게 된다.

					Port :
unicode	6	0x000694A5	x	x		Port :
unicode	64	0x0006BE13	x	x		No error occurred.-An unknown error occurred while accessing %1.
ascii	13	0x0005F6AD	x	-		SetWindowLong
ascii	19	0x0005F7E8	x	-		SetForegroundWindow
ascii	19	0x0005F96C	x	-		GetForegroundWindow
ascii	12	0x0005FA11	x	-		GetClassLong
ascii	10	0x0005FA58	x	-		GetCapture
ascii	16	0x0005FC84	x	-		GetDesktopWindow
ascii	18	0x0005138D	x	-		EnumDisplayDevices
ascii	19	0x000513B0	x	-		EnumDisplayMonitors
ascii	22	0x0005F22C	x	-		GetTimeZoneInformation
ascii	20	0x0005EE8D	x	-		GetVolumeInformation
ascii	7	0x0005FA67	x	-		WinHelp
ascii	12	0x0005041C	x	-		LockResource
ascii	12	0x0005EB4A	x	-		LockResource
ascii	21	0x0005ED65	x	-		EnumResourceLanguages
ascii	25	0x0005EF43	x	-		WritePrivateProfileString
ascii	11	0x00060495	x	-		RegSetValue
ascii	12	0x000604FF	x	-		RegDeleteKey
ascii	10	0x0006050F	x	-		RegEnumKey
ascii	13	0x00060541	x	-		RegSetValueEx

PeStudio는 의심되는 악성 코드에 대한 상당히 방대한 분량의 개요를 제공한다. 이것은 사고 대응자가 다른 감염 여부를 확인할 수 있다는 측면에서 충분히 효율적이다. 하지만 더욱 심층적인 분석을 수행해야 하는 사고들도 있다. 물론 다른 도구들이 사용되겠지만 말이다.

REMnux

REMnux는 악성 코드를 분석하는 프리웨어 명령행 기반 유틸리티다. 레니 젤서가 개발하고 관리하는 REMnux는 악성 코드에 연관된 의심스러운 문서, 자바스크립트^{JavaScript}, 그 밖의 아티팩트를 검사하는 다양한 도구를 갖고 있다. 또한 악성 코드의 분석에 활용될 뿐만 아니라 네트워크 연결이나 트래픽을 식별하는 경우에도 사용할 수 있는 Wireshark와 같은 도구들도 있다.

 REMnux에 관한 정보는 https://remnux.org/에서 확인할 수 있고, https://docs.remnux.org/install-distro/get-virtual-appliance에서 OVA 파일 형식으로 다운로드할 수 있다.

다운로드한 파일은 분석자가 선택한 가상화 소프트웨어에서 변환할 수 있다. 데스크톱에는 .html 파일과 PDF 문서 2개의 링크가 있는데 여기에는 분석자가 조사를 수행하는 데 필요한 모든 정보가 들어 있다. 조사를 시작하고자 터미널 아이콘을 클릭하면 아이콘 창이 나타난다. 대부분의 명령에서 규칙은 다음과 같다.

```
REMnux@REMnux:~$ <Command><Malware File>
```

다음에서 살펴볼 예시에서는 악성 코드 실행 파일이 분석될 것이다. 분석될 파일은 Ursnif doc와 연결된 이진수 파일이다. 이 파일은 https://www.malware-traffic-analysis.net/2019/09/04/index.html에서 구할 수 있다. 다시 한번 말하지만, 악성 코드에 대한 작업을 수행할 때는 적절한 예방적 조치를 기울여야 한다. 리눅스 플랫폼인 REMnux의 장점은 윈도우 기반의 악성 코드 샘플을 해당 시스템상에 직접 다운로드할 위험이 거의 없다는 것이다.

파일이 적절한 위치에 배치되면 pescanner를 실행할 수 있다. pescanner는 PE 형식의 파일을 정적으로 검사하는 도구다. 이 도구를 실행하려면 다음과 같은 명령을 사용한다.

```
REMnux@REMnux:~$ pescanner 2019-09-04-initial-Ursnif-binary.exe
```

이 명령은 많은 양의 정보를 생산한다. 아래의 스크린샷을 보면 우선 파일 해시 및 이진수 크기, 이진수로 코딩된 아키텍처를 포함한 메타데이터가 제공된다.

```
remnux@remnux:~/MalwareSamples$ pescanner 2019-09-04-initial-Ursnif-binary.exe
################################################################################
[0] File: 2019-09-04-initial-Ursnif-binary.exe
################################################################################

Meta-data
================================================================================
Size            : 300032 bytes
Type            : PE32 executable (GUI) Intel 80386, for MS Windows
Architecture    : 32 Bits binary
MD5             : b2490c2f4f8d22ddb34b4cbecd3c69b3
SHA1            : 59154cb6a203e00fbe0431281b2bb33e1b00061a
ssdeep          : 6144:TJ8mth3sLtIAqj3FVzpe5ZFzbLXLe86HGrHnQ2Jx:uWJsIY5ZFzPy86HOHH
imphash         : 0e1c43d49561655b09b5f1bc6792fa38
Date            : 0x4AA0FBD5 [Fri Sep  4 11:36:53 2009 UTC]
Language        : ENGLISH
CRC:    (Claimed) : 0x0, (Actual): 0x54247 [SUSPICIOUS]
Entry Point     : 0x4207ae .text 0/5
```

여기서 주목할 또 다른 주요 포인트는 REMnux가 CRC^{Cyclic Redundancy Check}와의 불일치를 식별했다는 점으로, 이것은 의심스러운 동작에 대한 지표가 된다. 일반적으로 CRC 검사는 해싱 기능을 사용해 소프트웨어 코드 내에 포함된 원시 데이터의 오류나 변경 사항을 감지하는 데 사용된다. 살펴본 사례에서 실행 파일의 메타데이터는 CRC가 0x0이고 실제^{actual}는 0x54247이라는 사실을 보여 준다. 이것이 파일이 악의적이라는 점을 나타내는 또 다른 지표다.

그 밖에 이 명령은 악성 코드에 프로그래밍된 지침^{instructions}에 관한 정보도 아래와 같이 보여 준다.

```
Offset | Instructions
----------------------------------------
0        call 0x423e7c
5        jmp 0x420631
10       push byte 0xc
12       push dword 0x43b3e0
17       call 0x4210f0
22       and dword [ebp-0x1c],0x0
26       mov esi,[ebp+0x8]
29       cmp esi,[0x44e2d0]
35       ja 0x4207f5
37       push byte 0x4
39       call 0x42408e
44       pop ecx
45       and dword [ebp-0x4],0x0
49       push esi
50       call 0x4248a0
55       pop ecx
56       mov [ebp-0x1c],eax
59       mov dword [ebp-0x4],0xfffffffe
66       call 0x4207fe
71       mov eax,[ebp-0x1c]
74       call 0x421135
79       ret
80       push byte 0x4
82       call 0x423fb4
87       pop ecx
88       ret
89       mov edi,edi
91       push ebp
92       mov ebp,esp
94       push esi
95       mov esi,[ebp+0x8]
98       cmp esi,0x0
```

이제 pescanner는 악성 코드가 사용 중인 메모리 절section을 식별했다. 특정 절의 엔트로피Entropy를 자세히 설명하는 절도 있다. 엔트로피가 높을수록 파일이 압축되거나 암호화됐음을 나타낸다. 살펴본 사례에서 pescanner는 특정 메모리 절이 엔트로피에 대한 표준 범위를 벗어나 있기 때문에 어떤 메모리 절도 의심suspicious으로 추정되지 않는다 표시했다.

```
Sections
============================================================================
Name       VirtAddr    VirtSize    RawSize    MD5                               Entropy
----------------------------------------------------------------------------
.text      0x1000      0x2e9c7     0x2ea00    ea80d5c83da498d1b76c537bdfc80370  6.717635
.rdata     0x30000     0xdc66      0xde00     0f5ff6da63a54786b653ce46fe4c1830  5.805477
.data      0x3e000     0x1041c     0x4c00     a5297d66be916d217b1f5f18812916a5  5.463237
.rsrc      0x4f000     0x530       0x600      15f94e54fda75a4b78243579f4c48870  3.658907
.reloc     0x50000     0x742a      0x7600     8e489f790699d5a7eda31642e180e611  2.852141
```

결과를 아래로 이동해 보면 pescanner는 악성 코드의 일부로 가져오기된 DLLDynamic-Link Library 파일을 보여 준다. 이제 분석자는 아래의 스크린샷에서 볼 수 있는 파일 항목에 대한 검사를 통해 악성 파일의 동작을 더 많이 판단해 낼 수 있다.

```
Imports
=======================================
[1]  KERNEL32.dll
[2]  USER32.dll
[3]  WINSPOOL.DRV
[4]  COMCTL32.dll
[5]  ole32.dll
[6]  OLEAUT32.dll
[7]  SHLWAPI.dll
[8]  ADVAPI32.dll
[9]  CLUSAPI.dll
[10] OLEACC.dll
[11] GDI32.dll
```

끝으로 pescanner는 의심스러운 IATImport Address Table 항목이 악성 소프트웨어에 의해 호출되고 있음을 보여 준다. 이를 통해 분석자는 악성 코드가 나타내는 동작을 판단하고 감염된 시스템에서 수행할 수 있는 조치들을 결정할 수 있다.

```
Suspicious IAT alerts
=====================================================
[1]  CreateDirectoryW
[2]  CreateFileA
[3]  CreateFileW
[4]  FindResourceW
[5]  GetCommandLineW
[6]  GetModuleFileNameA
[7]  GetModuleFileNameW
[8]  GetModuleHandleA
[9]  GetModuleHandleW
[10] GetProcAddress
[11] GetStartupInfoA
[12] GetStartupInfoW
[13] GetTickCount
```

REMnux는 다양한 도구들을 자랑하며, 조사와 관련된 폭넓은 작업을 수행할 수 있는 훌륭한 리소스다. 또한 REMnux에는 Rekall 및 Volatility와 같은 다른 도구가 포함돼 있어서 분석자가 악성 코드 분석과 함께 메모리 이미지 분석 작업도 수행할 수 있다.

YARA

사고 대응자들이 숙지해야 하는 또 다른 악성 코드 분석 도구는 패턴 매칭 도구인 YARA다. YARA^Yet Another Ridiculous Acronym는 텍스트 기반 규칙을 생성함으로써 악성 코드를 식별하고 분류하는 스키마다. YARA 규칙은 조건부로 결합되는 문자열과 불리언^Boolean 표현식의 조합으로, YARA 규칙에 포함된 속성들이 특정 파일 안에도 들어 있는지 확인하기 위한 것이다. 예를 들어 다음은 플로리안 로스^Florian Roth가 Stuxnet 악성 코드에 대해 생성한 YARA 규칙이며, https://github.com/Yara-Rules/rules/blob/master/malware/APT_Stuxnet.yar에서 이용할 수 있다. 이 규칙은 의심스러운 파일에서 Stuxnet 악성 코드에 연루된 전체 단어^full-word 문자열을 검사하고자 작성됐으며, 그 코드는 다음과 같다.

```
rule Stuxnet_Malware_3
{
  meta:
    description = "Stuxnet Sample - file ~WTR4141.tmp"
    author = "Florian Roth"
    reference = "Internal Research"
```

```
    date = "2016-07-09"
    hash1 =
"6bcf88251c876ef00b2f32cf97456a3e306c2a263d487b0a50216c6e3cc07c6a"
    hash2 =
"70f8789b03e38d07584f57581363afa848dd5c3a197f2483c6dfa4f3e7f78b9b"
  strings:
    $x1 = "SHELL32.DLL.ASLR." fullword wide
    $s1 = "~WTR4141.tmp" fullword wide
    $s2 = "~WTR4132.tmp" fullword wide
    $s3 = "totalcmd.exe" fullword wide
    $s4 = "wincmd.exe" fullword wide
    $s5 = "http://www.realtek.com0" fullword ascii
    $s6 = "{%08x-%08x-%08x-%08x}" fullword wide
  condition:
    ( uint16(0) == 0x5a4d and filesize < 150KB and ( $x1 or 3 of ($s*) ) )
or ( 5 of them )
}
```

위의 규칙은 파일 크기가 150KB 미만인 경우에, 그리고 완전 단어 문자열이 SHELL32.DLL. ASLR이거나 문자열 $S가 3개 파일 안에 포함돼 있는 경우 트리거하도록 작성됐다. YARA 규칙은 단일 규칙일 경우에는 표준 텍스트 편집기에서 작성할 수 있고, 복수 규칙일 경우에는 동일한 YARA 파일 안에서 작성할 수 있다.

YARA 규칙은 여러 가지 다른 방법으로 활용될 수 있다. 첫째, 악성 코드 내지는 또는 침해에 대한 정적 분석에 입각해 작성될 수 있으며, Volatility의 yarascan 플러그인을 통해 메모리 이미지를 스캔하는 데 활용될 수 있다. 이를 통해 메모리 이미지에 특정 악성 코드의 흔적이 있는지 확인할 수 있다. 둘째, 파일 및 디스크 이미지에 대해 복수의 규칙을 실행함으로써 악성 코드 내지는 침해의 존재가 있는지 탐지할 수 있다. 한편 복수의 YARA 규칙으로 라이브 디스크의 **침해 지표**IoC, Indicators of compromise를 스캔하는 Loki와 같은 스캐너 (https://github.com/Neo23x0/Loki)도 있다.

YARA 규칙의 작성은 때때로 사건 발생 시 이슈를 나타낼 수 있다. 이는 PeStudio 또는 pescanner와 같은 악성 코드 분석 기법이 문자열 및 기타 지표를 추출하는 데 필요하다는 사실 때문이다. YARA 규칙에 관한 또 다른 옵션은 플로리안 로스의 yarGen 도구다. 파이썬 스크립트인 yarGen은 https://github.com/Neo23x0/yarGen에서 이용할 수 있으며, 이 도구로 사고 대응 과정에서 식별된 특정한 파일들에 대한 YARA 규칙을 만들 수 있다.

예를 들어 앞서 살펴본 2019-09-04-malware-from-Ursnif-and-Trickbot-infection 파일 세트에 관련된 파일 안에는 마이크로소프트 워드^{Microsoft Word} 문서가 포함돼 있었다. 해당 파일에서 추출한 지표들은 다른 시스템을 분석하는 데 유용하다. yarGen을 사용해 해당 파일에서 규칙을 생성할 수 있다. 다음과 같은 절차를 따른다.

1. 깃허브(https://github.com/Neo23x0/yarGen)에서 yarGen을 다운로드한다.
2. ZIP 파일의 압축을 푼다.
3. yargen.py 스크립트가 포함된 디렉터리로 이동한다. yarGen은 디렉터리에 포함된 파일에 대해서 작동하므로 샘플을 단일 디렉터리 안에 넣어 두는 것이 좋다.
4. 다음 명령 구문을 사용해 YARA 규칙을 만든다. 이 경우 -m은 yarGen에게 Malware 디렉터리에서 규칙이 생성될 파일을 검색하도록 지시한다. -o는 출력 파일이며 일반적으로 .yar 확장자를 가진 텍스트 파일이다.

```
remnux@remnux:~/Desktop/yarGen-master$python yarGen.py -m Malware - o sample.
yar
```

스크립트가 실행되고 나면 다음과 같은 YARA 규칙이 생성된다.

```
/*
   Yara Rule Set
   Author: yarGen Rule Generator
   Date: 2019-10-12
   Identifier: Malware
   Reference: https://github.com/Neo23x0/yarGen
*/

/* Rule Set ------------------------------------------------------- */

rule Malware_sample {
   meta:
      description = "Malware - file sample.doc"
      author = "yarGen Rule Generator"
      reference = "https://github.com/Neo23x0/yarGen"
      date = "2019-10-12"
      hash1 = "4e59d5e27d1109b3e2cb46b5dbe8d5c04aa82978177f4d29e3e986b88ff68894"
   strings:
      $x1 = "*\\G{0D452EE1-E08F-101A-852E-02608C4D0BB4}#2.0#0#C:\\WINDOWS\\system32\\FM20.DLL#Mic
      $x2 = "*\\G{00020430-0000-0000-C000-000000000046}#2.0#0#C:\\Windows\\System32\\stdole2.tlb#
      $x3 = "var rXvzpRtxp = function(){return \"\" + \"R\" + \"u\" + \"\\x6e\";};var pzLDkTdpjP
      $x4 = "*\\G{1ABB45AB-A1DB-4268-86A8-DAA4B48BD521}#2.0#0#C:\\Users\\Willy\\AppData\\Local\\T
      $x5 = "TdpjP(\"Ws\" + \"cript.Shell\")[[\"nbHqBJBJXBKzPPXJjLBtz\", rXvzpRtxp()][1]](\"C:\\\
      $x6 = "*\\G{2DF8D04C-5BFA-101B-BDE5-00AA0044DE52}#2.8#0#C:\\Program Files\\Common Files\\Mi
      $x7 = "2222222222222222222222222222222222222222222222222222" ascii /* hex encoded string '"""
      $x8 = "\\MSO.DLL" fullword ascii
      $x9 = "*\\G{000204EF-0000-0000-C000-000000000046}#4.2#9#C:\\PROGRA~1\\COMMON~1\\MICROS~1\\V
      $s10 = "OAC4AZABlAGYAbABBAFQAZQBgAFMAVABSAEUAQQBtACgAWwBzAHkAUwB0AGUAUABQAuAEkATwAuAE0ARQBNAE
```

yarGen은 이 특정 파일과 관련된 다양한 문자열을 가져와서 규칙을 만들었다. yarGen은 다수의 시스템이나 파일을 분석해야 하는데, 문자열 추출을 위한 완전한 정적 분석을 수행할 시간적 여유가 없는 경우에 사용하기 좋은 옵션이다.

지금까지 제한적이지만 YARA와 이것의 기능을 탐색해 봤다. YARA 규칙은 사고가 발생했을 때 활용할 수 있는 강력한 도구다. 이 규칙은 악성 코드를 위한 것이긴 하지만, 다른 모든 파일에 대해서도 기능할 수 있는데, 사고 대응자는 바이러스 백신이나 탐지 체계를 우회하는 등 공격자가 공격의 일환으로 활용하는 익스플로잇이나 스크립트에 관한 침해 지표IoC를 얻고자 YARA의 기능을 다른 시스템을 스캔하는 데 활용할 수 있다.

▌ 동적 분석

악성 코드의 동적 분석이란 제어된 환경이나 악성 코드 샌드박스 안에서 악성 코드를 폭파시키는 것이다. 악성 코드가 활성화돼 있는 동안 사고 대응자는 악성 코드가 계속 동작하게 만듦으로써 악성 코드가 동작할 때 생성되는 다양한 프로세스, 설정된 네트워크 연결,

다운로드된 추가 패키지를 관찰할 수 있다. 동적 분석은 악성 코드와 관련된 IoC를 보다 잘 인식하고 영향을 받은 다른 시스템들을 더 잘 식별할 수 있게 한다.

동적 분석은 이를 통해 악성 코드가 실행될 때 나타나는 현상들을 파악할 수 있는 데 반해, 분석에 들어가는 시간은 정적 분석에 비해 짧다는 장점이 있다. 일반적으로 사고 대응자들은 문제의 악성 코드가 갖는 고도의 복잡성을 모두 이해할 필요가 없으며, 오히려 악성 코드에 관한 IoC를 식별하는 능력을 키워야 한다. 이렇게 만들어진 추가 탐지와 예방 통제는 사고를 억지하고 피해를 줄인다.

악성 코드 샌드박스

종종 샌드박스를 이용하면 동적 분석이 용이해진다. 샌드박스는 악성 코드의 실행을 통제하고자 만들어진 시스템이다. 샌드박스를 만드는 방법 중 하나는 알맞은 OS 및 도구가 설치된 가상 어플라이언스appliance를 설치하는 것이다. 샌드박스가 적절하게 구성되면 가상 시스템의 스냅샷을 찍을 수 있고, 악성 코드가 동작한다. 이제 분석자는 네트워크 트래픽을 모니터링하고 프로세스를 조사해 정상적인 기준 동작과 비교할 수 있다. 이 기준과의 편차를 더 자세히 검토하면 이들이 유효한지 또는 악성 실행 파일에 연결돼 있는지를 확인할 수 있다.

또한 사고 대응자는 샌드박스에서 IoC 추출을 위한 다양한 디지털 포렌식 작업을 수행할 수 있다. 악성 코드의 동작을 알고자 실시간 모니터링의 방법을 선호하는 편이지만, 추가적인 시간이 더 있다면 악성 코드의 실행으로 변경된 메모리 아티팩트, 로그 파일 및 레지스트리 설정에 대한 세부 검사도 가능하다. IoC를 완전히 이해하면 악성 코드와 사고와의 관련성을 더 깊이 이해할 수 있다.

가상 시스템에서 작업을 할 때 얻을 수 있는 주요 이점 가운데 하나는 스냅샷이 생성된 경우에 사고 대응자가 필요한 만큼 샌드박스를 활용할 수 있다는 것이다. 악성 코드 분석이 완료되면 시스템을 원래 스냅샷으로 되돌릴 수 있으므로 매번 새로운 시스템을 구축하지 않고도 절차를 반복할 수 있다.

 FLARE(FireEye Labs Advanced Reverse Engineering) 샌드박스는 사전 구성된 샌드박스를 구축하기 위한 우수한 리소스를 제공한다. 이 샌드박스는 동적 분석을 위한 도구 세트로 구성되며 윈도우 OS 플랫폼에서 구축된다. FireEye의 사전 구성된 가상 시스템은 https://github.com/fireeye/flare-vm에서 이용할 수 있다.

가상머신 이외에도, 분석자가 악성 코드가 포함된 것으로 의심되는 라이브 응용 프로그램을 실행할 수 있도록 샌드박스 환경을 다시 생성하는 자동화 도구들이 있다. 이 도구들은 기업 환경에서 구성 및 배포될 수 있으며, 악성 코드 샌드박스의 기능을 수행할 수 있는 클라우드 기반 서비스에 잠재적 악성 코드를 업로드할 수 있는 기능을 갖고 있다.

Process Explorer

Process Explorer는 악성 코드가 실행되고 있는 동안 이들에 대한 세부 조사를 가능하게 하는 핵심 도구 중 하나다. 이 도구는 Windows Sysinternals 도구 제품군의 일부로 제공되며, 분석자가 각 프로세스의 실행 내용, 부모 프로세스, CPU 사용량 검사를 파악할 수 있는 무료 플랫폼을 제공한다. 다음 사이트에서 이 응용 프로그램을 간단히 다운로드할 수 있다.

https://technet.microsoft.com/en-us/sysinternals/processexplorer.aspx

내용을 추출한 후 해당하는 Process Explorer 버전(32비트 또는 64비트)을 두 번 클릭한다. 다음과 같은 창이 나타난다.

그림에서 보듯이 분석자가 이용할 수 있는 몇 가지 중요 정보가 있다. 이 도구의 가장 큰 장점은 시각적 표현이다. 캡처 이후에 기본 윈도우 도구 또는 메모리 분석 도구를 활용할 때와 달리 의심스러운 프로세스가 있는지 신속하게 확인할 수 있다.

분석자는 https://www.virustotal.com/gui/home/upload에 프로세스와 관련 데이터를 보낼 수 있다. 만일 의심스러운 프로세스가 발견되면 Process Explorer는 분석과 비교를 위해 해당 정보를 위 사이트로 보낼 것이다. 프로세스가 식별되면 창에서 해당 프로세스를 클릭한다. Process로 이동한 후 VirusTotal을 확인한다. 결과는 다음의 스크린샷에서 보는 바와 같이 70 이상의 숫자로 표시된다.

csrss.exe	0.11	1,660 K	5,192 K	688 Client Server Runtime Process	Microsoft Corporation
winlogon.exe		2,384 K	11,416 K	736 Windows Logon Application	Microsoft Corporation
fontdrvhost.exe		1,776 K	5,004 K	884 Usermode Font Driver Host	Microsoft Corporation	0/70

Process Explorer의 또 다른 주요 기능은 Volatility와 동일한 방식으로 프로세스 콘텐츠를 덤프하는 것이다. 주요 차이점이라면 분석자가 메모리 이미지를 수집하지 않고도 덤프를 수행할 수 있다는 것이다. 메모리를 덤프하려면 Process를 클릭하고 프로세스로 이동한 후, Create Dump로 이동한다. 분석자는 미니 덤프$^{\text{Mini-Dump}}$ 또는 풀 덤프$^{\text{Full Dump}}$ 중에서 선택할 수 있다. 표준 실행으로서 풀 덤프를 캡처하는 것이 권장된다. 이 덤프는 선택한 디렉터리에 저장될 수 있다.

Process Spawn Control

악성 코드 검사에서 활용할 수 있는 기법 하나는 알맞은 윈도우 OS로 가상머신을 만드는 것이다. 마이크로소프트 Office Suite가 설치된 베어 본$^{\text{bare-bones}}$ OS로 시작하는 것이 가장 좋다. 만일 악성 코드가 이러한 응용 프로그램의 취약점을 악용하는 것으로 보인다면, 추후에 타사 프로그램을 설치할 수도 있다. 이런 종류의 검사에서 이용하는 도구가 Process Spawn Control이다. Process Spawn Control은 PowerShell 스크립트로 https://github.com/felixweyne/ProcessSpawnControl에서 다운로드할 수 있으며 사고 대응자는 이 도구로 악성 코드의 실행을 컨트롤할 수 있고 Process Explorer에서 행해진 조치들을 관찰할 수 있다. 분석을 수행하려면 다음과 같은 단계를 따른다.

1. Process Explorer를 시작하고 몇 분 동안 실행 상태로 둔다.
2. PowerShell 터미널에서 ProcessSpawnControl.ps1 스크립트를 실행한다. 메시지가 나타나면 Run Once를 선택한다.

3. Process Spawn Control은 모든 실행 파일을 정지시키지만 잠재적 악성 코드만은 예외다. 실행되면 윈도우 실행 파일 notepad.exe를 연다. 다음과 같은 창이 나타난다.

4. Process Explorer 창에서 notepad.exe 프로세스가 다음과 같이 중단된suspended 것으로 나타난다.

5. PowerShell 대화 박스에서 Allow run을 클릭하면 notepad.exe 프로세스가 다음과 같이 실행된다.

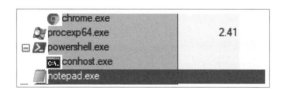

위와 같은 도구들을 함께 사용하면 잠재적 악성 코드의 실행 파일이 어떻게 작동하는지, 그리고 어떤 실행 경로를 이용하는지 파악할 수 있다. 이 데이터는 메모리 또는 로그 파일 분석을 통해 얻은 다른 아티팩트와 함께 악성 코드가 시스템을 손상시킨 방법에 대한 추가적인 사항을 제공할 수 있다.

Cuckoo Sandbox

악성 코드 분석 시스템인 Cuckoo Sandbox는 악성 코드와 관련된 수많은 작업을 자동화한다. 이것은 오픈소스 응용 프로그램이며 윈도우 실행 파일, 문서, 가상화된 환경 내의 모든 자바 애플릿과 같이 의심되는 다양한 악성 파일을 분석할 수 있는 기능을 갖추고 있다. 이 분석에는 Volatility를 활용한 네트워크 트래픽과 메모리 분석이 포함된다.

 Cuckoo Sandbox 설치에는 시간과 노력이 필요하다. https://bdavis-cybersecurity. blogspot.com/2016/11/cuckoo-sandbox-installation-part-1.html에서 로컬 샌드박스 설치에 관한 좋은 자료를 찾아볼 수 있다.

Cuckoo Sandbox는 로컬 버전 외에도 웹 기반 버전이 있다. https://malwr.com/ 사이트에서 악성 코드 사본을 무료로 업로드하고 동적 분석을 수행할 수 있다. 이에 따라 사이트는 검토가 가능한 리포트를 생성한다. 다음에 나오는 예시에서 https://malwr.com은 http://www.malware-traffic-analysis.net/2017/06/12/index.html에서 확보할 수 있는 Loki Bot Malspam를 검토하는 데 사용된다.

1. http://malwr.com 사이트로 이동해 왼쪽 상단에 있는 **Submit**을 클릭한다. 그러면 다음과 같은 창이 열린다.

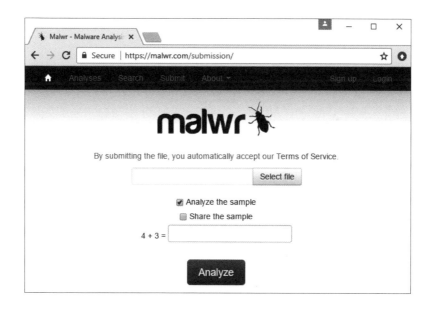

2. Select File을 클릭한 후 분석할 악성 코드 파일을 탐색한다. 분석자는 Malwr에서 악성 코드 샘플을 커뮤니티와 공유하거나 공유하지 않도록 선택할 수 있다. 이 사례에서는 테스트되는 악성 코드가 알려지기 때문에 공유 항목은 선택하지 않는다. 끝으로 방정식을 완성하고 Analyze를 클릭한다. 다음과 같은 창이 나타난다.

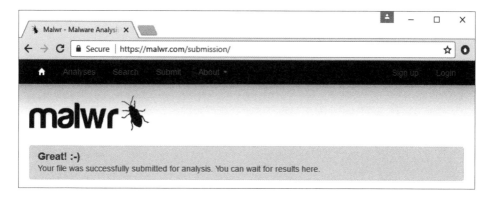

3. 악성 코드의 유형과 크기에 따라 Malwr 분석은 몇 분 정도 소요될 수 있다. 분석이 진행되는 동안 다음과 같은 창이 나타난다.

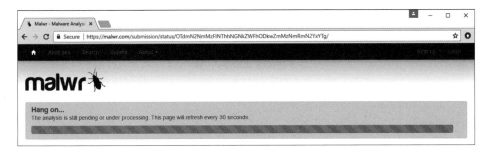

4. 분석이 완료되면 분석 결과와 함께 창이 열린다. 다음에서 보듯이 분석 결과는 검토 내용 및 네트워크 요소와 같은 정적 그리고 동적 분석의 요소를 포함한다.

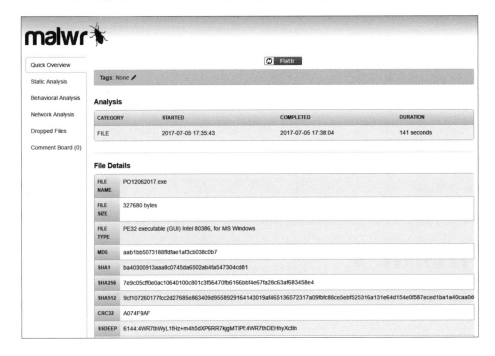

5. Static Analysis를 클릭한다. 이제 분석자는 문자열과 DLL 파일의 일부로 가져온 요소(이 경우 MSVBVM60.dll)를 비롯한 특정 요소를 볼 수 있다.

6. Static Analysis 절에서 Antivirus를 클릭한다. 다음의 스크린샷에서 보듯이 업로드 된 샘플에 대한 VirusTotal 결과를 분석할 수 있다.

ANTIVIRUS	SIGNATURE
Bkav	Clean
MicroWorld-eScan	Gen:Variant.Graftor.380641
nProtect	Clean
CMC	Clean
CAT-QuickHeal	Trojan.Dynamer
McAfee	Fareit-FIL!AAB1BB507318
Malwarebytes	Clean
VIPRE	Trojan.Win32.GenericIBT
SUPERAntiSpyware	Clean
Tencent	Win32.Trojan.Generic.Lpkz
TheHacker	Clean
K7GW	Trojan (0050fca31)

7. 다음으로 Behavioral Analysis를 클릭한다. 여기에서는 특정 파일 동작이 간략히 설명된다. 악성 코드가 실행된 후 발생한 일련의 이벤트를 분석하는 차트가 있다. 분석자는 다음의 스크린샷에 나타난 특정 요소들을 보다 자세하게 들여다볼 수 있다.

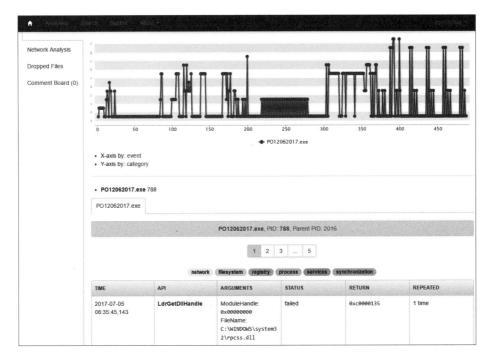

8. 종종 악성 코드 감염으로 다른 파일이 삭제되는 경우가 있다. Malwr에서는 이렇게 삭제된 파일 역시 볼 수 있다. Dropped Files를 클릭한다. Malwr은 악성 코드로 인해 삭제된 2개의 파일이 있음을 다음과 같이 보여 준다.

FILE NAME	filename.vbs
FILE SIZE	384 bytes
FILE TYPE	ASCII text, with CRLF line terminators
MD5	899dbb13af252b6cd89a6de23048cf8c
SHA1	857745ec21332c7e3a2f6f44af1113ecd9ec3f6a
SHA256	bf01560f94fd75d02a21b8cd133cab3d6e181f7eb4d41b6d415b65fe63665e96
CRC32	DA5FB4F1
SSDEEP	3:j+qAHmFEm86oQ/FERMQsNC2xA+KdIH1MARm5iRMQbm34MkWJJFHrLL:j+q9Nht6G9KdEARm5Mm34M9
YARA	• embedded_win_api - A non-Windows executable contains win32 API functions names

FILE NAME	filename.exe
FILE SIZE	327680 bytes
FILE TYPE	PE32 executable (GUI) Intel 80386, for MS Windows
MD5	1f54f93c28df730aa1c13d0090c7eeb5
SHA1	c152e04d928a5397943d9285af8373813affed25
SHA256	75d49db3c12349a5be3da567ed9ca169e05d0ced8e6a15846bf9b884ed954f0c
CRC32	9E4A0D9D
SSDEEP	6144:9WR7thWyL1fHz+m4h5dXP6RR7kjgMTIPv:9WR7thDEHhyXctIX
YARA	None matched

Malwr 커뮤니티를 통해서 네트워크 활동을 검사하고 커뮤니티의 의견을 제공받는 것을 포함해서 Malwr를 통해 얻을 수 있는 정보는 많다. 이 플랫폼을 로컬 솔루션과 비교할 때 고려해야 할 사항이 있다. 악성 코드 개발자는 해시 또는 실제 파일이 업로드됐는지 확인하고자 커뮤니티 게시판과 VirusTotal에 주의를 기울인다. 그러므로 만일 이 악성 코드가 정부 기관이나 대형 소매업체와 같은 단일 조직을 대상으로 특정된 것이라면, 공격자는 자신이 만든 악성 코드가 사고 대응 분석자에게 발각됐다는 사실을 눈치채게 될 것이다. 따라서 사고 대응팀은 자신들의 노력이 공격자에게 발각될 가능성을 염두에 두면서 이 기법의 속도와 편의성 사이에서 균형을 맞춰야 한다.

▋ 요약

12장에서는 사고 대응자를 위한 악성 코드 분석의 다양한 요소를 설명했다. 첫째, 악성 코드는 공격자가 이용할 수 있는 가장 보편적인 위협이므로 일반적인 경우 악성 코드의 이해는 필수적이다. 둘째, 정적 및 동적 악성 코드 분석 기술은 분석자가 핵심 데이터 포인트를 추출할 수 있는 도구와 기술을 제공한다. 마지막으로 샌드박스 시스템을 사용하면 사고 대응자가 신속하고 통제된 방식으로 악성 코드의 동작과 속성에 대한 정보를 얻을 수 있다.

12장은 악성 코드 분석에 관한 여러 방법을 가볍게 다뤘다. 분명히 해야 하는 것은 정적 분석과 동적 분석을 위한 도구를 사용하는 경우에도 사고 대응 분석자는 여전히 많은 기술을 쌓아야 한다는 점이다. 만일 고도로 전문화된 디지털 포렌식을 마스터하고 싶다면 말이다. 사이버 범죄자들과 범죄국들은 계속해서 더욱 정교한 악성 코드를 활용하고 있기 때문에 어렵겠지만, 적어도 이러한 종류의 분석에 대한 기능적 지식을 갖는 것이 중요하다. 12장에서는 현재 발견된 악성 코드의 유형들을 조사함으로써 악성 코드 분석을 한층 더 깊이 살펴봤다. 또한 두 가지 주요 분석 방법에 대한 개요, 즉 정적 분석과 동적 분석에서 이용할 수 있는 도구에 대한 내용도 살폈다. 논의된 도구들을 통해 분석자는 악성 코드의 동작들을 파악하고 악성 코드를 식별할 수 있다. 끝으로 실제로 실행되는 악성 코드는 보다 자세한 사항을 제공해 줄 수 있었다. 13장에서는 악성 코드 분석에 위협 인텔리전스의 사용을 결합함으로써 분석자에게 다른 조직에서 일어나는 사건을 관찰할 수 있는 기회를 제공할 것이다.

질문

1. 다음 중 악성 코드의 종류로 올바르지 않은 것은 무엇인가?

    A. Trojan

    B. Keylogger

    C. RootKit

    D. Webshell

2. 사고 대응자는 악성 코드 분석을 수행할 때 통제된 환경을 만들어야 한다.

    A. 참

    B. 거짓

3. 다음 중 정적 분석의 종류로 올바른 것은?

    A. 런타임 동작

    B. 문자열 추출

    C. 메모리 어드레싱

    D. 악성 코드의 코딩

4. 다음 중 동적 분석의 종류로 올바른 것은?

    A. 디스어셈블리

    B. 정의된 포인트

    C. 패커 분석

    D. 아티팩트 추출

▌ 더 읽어 볼 거리

- A source for pcap files and malware samples: https://www.malware-trafficanalysis.net/index.html
- Malware Unicorn: https://malwareunicorn.org/#/
- MalwareJake: http://malwarejake.blogspot.com/
- Florian Roth's GitHub account: https://github.com/Neo23x0/

위협 인텔리전스 활용

사이버 공격에 대한 조직의 대응 능력에 커다란 영향을 끼쳐 온 사고 대응 분야 중 하나는 사이버 위협 인텔리전스의 사용, 간단히 말해 위협 인텔리전스다. **사이버 위협 인텔리전스** cyber threat intelligence란 분석자가 네트워크 공격의 종류를 식별하고, 공격에 적절히 대응하며, 향후 공격에 대비할 수 있게 해주는 정보, 데이터 포인트, 기법을 광범위하게 아우르는 말이다. 정보 보안 분석자들이 위협 인텔리전스에 관한 역량을 잘 활용하려면 위협 인텔리전스와 함께 활용되는 다양한 용어, 방법, 도구에 대한 기초가 탄탄해야 한다. 만일 분석자가 이 데이터를 잘 활용한다면 보다 유리한 위치에서 사전적 보안 조치를 취할 수 있고, 보안 사고가 발생한 경우에는 효율적으로 대응할 수 있게 된다.

13장에서는 사이버 위협 인텔리전스에 관해 다음과 같이 제시된 주제들을 핵심적으로 다룬다.

- **위협 인텔리전스 이해**: 사이버 위협 인텔리전스는 기존의 인테리전스 분야와 새로운 인테리전스 분야의 융합이라고 할 수 있다. 개요에서는 사이버 위협 인텔리전스를 구성하는 다양한 수준의 주제들을 다룬다.
- **위협 인텔리전스 방법론**: 사이버 위협 인텔리전스 생성과 통합은 절차 중심의 시도다. 이 절에서는 사이버 위협 인텔리전스 방법론의 개요를 살펴본다.
- **위협 인텔리전스 출처**: 사고 대응자들은 복수의 출처를 통해 사이버 위협에 관한 정보에 접근할 수 있다. 이 절에서는 사용 가능한 주요 소스들을 살펴본다.
- **위협 인텔리전스 플랫폼**: 위협 인텔리전스는 방대한 양의 데이터를 제공한다. 따라서 사고 대응자는 위협 인텔리전스 플랫폼을 조사함으로써 잠재적인 데이터 과부하를 처리할 수 있는 옵션을 얻을 수 있다.
- **위협 인텔리전스 사용**: 사이버 위협 인텔리전스는 사전 예방적 또는 사후 대응적으로 사용된다. 이 절에서는 이러한 작업을 수행하기 위한 주요 도구와 기법들을 살펴본다.

13장은 사이버 위협 인텔리전스의 도구, 기법, 방법론에 관한 내용을 여러 방면에서 매우 가볍게 다루고 있다. 이 개요가 사고 대응자들이 위협 인텔리전스를 사고 대응 작전에 통합할 수 있는 출발점을 제공했으면 한다.

▌ 위협 인텔리전스 이해

정보 보안과 사고 대응에 관련된 용어들과 마찬가지로 위협 인텔리전스는 어느 정도 모호한 면이 있다. 정부와 학계의 여러 기관은 종종 위협 인텔리전스로 일컬어지는 정보와 데이터를 생산한다. 또한 여러 상업적 제공 업체도 위협 인텔리전스라고 홍보하는 정보를 무료나 유료로 이용할 수 있도록 한다. 이러한 상황은 종종 위협 인텔리전스는 무엇이고, 단순한 데이터 또는 정보는 무엇인지를 판단하기 어렵게 만드는 결과를 가져온다.

위협 인텔리전스를 구성하는 요소들을 파악하기 위한 좋은 출발점은 정의definiton를 사용하는 것이다. 리서치 회사, 가트너Gartner가 정의한 위협 인텔리전스란 다음과 같다.

> "위협 인텔리전스는 자산에 현존하거나 임박한 위험 혹은 위협에 대응하기 위한 것으로서 전후 사정, 메커니즘, 지표, 시사점, 실행 가능한 조언을 포함한 증거 기반 지식evidence-based knowledge이라고 할 수 있으며, 이러한 지식은 해당 문제 사안의 대응에 관한 의사 결정에 영향을 미칠 수 있다."

이 정의에 따르면 데이터 또는 정보가 위협 인텔리전스로 간주되는 데 필요한 핵심 요소들은 다음과 같다.

- **증거 기반**evidence based: 13장에서는 악성 코드의 분석처럼 다른 절차를 거쳐 얻은 증거가 어떻게 위협 인텔리전스를 생성하는지 살펴볼 것이다. 위협 인텔리전스의 산출물이 유용하려면 무엇보다도 증거가 적절한 방법을 통해 확보돼야 한다. 이를 통해 증거를 사용하는 분석자는 증거의 타당성에 확신을 가질 수 있다.
- **유용성**utility: 위협 인텔리전스가 보안 사고의 결과나 보안을 바라보는 조직의 태도에 긍정적인 영향을 미치려면 어느 정도 효용성을 가져야 한다. 인텔리전스는 분석자가 유사한 특징을 보이는 다른 사건을 평가하는지 여부를 결정하고자 특정한 행동이나 방법에 대한 콘텍스트 및 데이터 측면에서 명확성을 제공해야 한다.
- **조치 가능성**actionable: 데이터나 정보를 위협 인텔리전스와 구분하는 핵심 요소는 조치다. 위협 인텔리전스는 반드시 조치가 뒤따라야 한다. 인텔리전스는 특정 사건의 특정 순서이든, 사건에 대한 특정 핵심 영역이든, 또는 조직이 직면할 수 있는 사이버 위협에 대한 인텔리전스에 직면해 특정 보안 통제가 구현됐는지 여부와 관계없이 조치에 동기를 부여해야 한다.

위의 핵심 요소들이 어떤 방식으로 상호 작용하는지 관찰하고자, 조직의 인프라에서 가장 발생하기 쉬운 공격의 유형을 파악하려는 의료기관 사고 대응팀의 시나리오를 생각해 볼 수 있다. 데이터를 훔치고 싶어 하는 사이버 범죄자들에 대한 모호한 정보들은 쓸모가 없다. 해당 데이터 모음 자체에는 구체적인 맥락이나 정보가 없기 때문에 조직으로서는 모호한 정보만을 갖고는 어떤 조치도 단행할 수 없다.

반면 사고 대응팀이 제3의 위협 인텔리전스 제공업체를 이용하고 있다고 가정해 보자. 이 제3자는 특정 범죄 집단의 이름을 열거한다. 또한 이 범죄 집단들이 현재 병원 직원들에게 이메일을 전송하면서 PDF 파일을 활용하고 있다는 사실도 알려 준다. PDF 파일에는 C2 서버가 제어하는 원격 접근 트로이 목마가 포함돼 있으며, 이것은 유럽 전역에 퍼져 있다. 제3의 인텔리전스 제공 업체는 악성 코드의 MD5 파일 해시, C2 서버의 IP 주소 내지 도메인 주소와 함께 PDF 문서와 가장 많이 연결된 파일명도 제공한다.

이 정보를 바탕으로 의료기관 사고 대응팀은 PDF 첨부 파일이 이메일에서 열리지 않도록 보안 통제를 조정할 수 있다. 또한 그들의 인프라에 감염이 이미 발생했는지 여부를 확인하고자 도구를 이용한 인프라 검색을 실시할 수도 있다. 마지막으로 네트워크 내의 호스트가 C2 서버와 통신을 시도하면 팀에 경고하도록 이벤트 관리 솔루션을 구성할 수 있다.

이상 2개 시나리오의 큰 차이점은 두 번째 설정에서 조직이 내부 조치를 취했다는 것이다. 첫 번째 시나리오에서는 정보가 매우 모호하고 쓸모 없어 조직에 더 나아진 점은 없었다. 두 번째 시나리오에서 팀은 불리한 조건을 예방하거나 이에 대응하기 위한 준비를 하고자 구체적인 조치를 실행할 수 있었다.

위협 인텔리전스는 날로 증대되는 사이버 위협자들의 복잡성과 기술력에 대한 대응이라 할 수 있다. 위협 인텔리전스의 초점은 다음과 같은 위협 행위자 그룹에 맞춰져 있다.

- **사이버 범죄자**^{cyber criminals}: 조직적이고 기술적으로 숙련된 사이버 범죄자는 은행, 소매점, 그 밖에 조직을 향한 다양한 금융 범죄에 가담해 왔다. 이 집단은 순전히 금전상의 동기에 따라서 수익 창출이 가능한 데이터를 확보하는 데 궁극적인 목적이 있다. 예를 들어 Home Depot 및 Target과 같은 소매 업체에 대한 공격은 신용카드 데이터를 훔쳐 다크웹 또는 암시장에 신용정보를 내다 팔려는 목적과 연관된 것이었다.

- **핵티비즘**hacktivism: Anonymous와 Idlib Martyrs' Brigade 같은 단체는 정치적인 연유로 대규모 사업체, 정부 심지어 종교 기관까지 접수하는 해커 그룹이다. 네트워크에 침투해 기밀 데이터를 획득하고 공개하거나 서비스 거부 공격을 수행하는 것은 모두 정치적이고 금전적 목적의 일환으로 이뤄진다.
- **사이버 스파이**cyber-espionage: 미국, 러시아, 중국, 이란, 북한과 같은 국가는 네트워크를 뚫고 정보를 수집하는 첩보 활동에 지속적으로 간여하고 있다. 이제껏 가장 잘 알려진 사이버 공격 중 하나인 스턱스넷Stuxnet 바이러스는 미국과 이스라엘에 의해 자행된 것으로 알려져 있다.

위협 인텔리전스를 이해하는 또 다른 핵심 요소는 **지능형 지속 공격**APT, Advanced Persistent Threat 의 개념이다. APT라는 말은 대략 10여 년 동안 우리 주변에 존재해 왔으며, 사이버 범죄자 또는 사이버 파괴자의 능력과 동기를 능가하는 사이버 위협 행위자를 묘사하는 데 사용되고 있다. APT 그룹들은 장기간에 걸쳐 명확한 대상을 염두에 두고 이들에 대한 의도된 목적을 달성하고자 조직을 겨냥한다. APT라는 용어가 설명하듯이 이 그룹은 다음과 같은 특성을 갖고 있다.

- **지능형**advanced: APT 위협 행위자는 수준 높은 기술을 보유하고 있다. 이러한 기술은 종종 오픈소스 방법을 통해 얻을 수 있는 것을 넘어서는 인텔리전스 수집 기술이 포함된다. 여기에는 구글 어스Google Earth 사이트에서 이용 가능한 사진 등의 **이미지 인텔리전스**IMINT, Imagery Intelligence가 포함된다. **신호 인텔리전스**SIGINT, Signals Intelligence는 전화 인프라, 셀룰러 데이터 또는 무선 신호를 사용하는 음성 및 데이터 통신을 침해해 수집된 인텔리전스다. 마지막으로 APT 그룹은 **휴먼 인텔리전스**HUMINT, Human Intelligence를 활용하거나 인간 자원과 상호 작용을 통해 인텔리전스를 수집한다. 또한 이 그룹은 고급 네트워크 침입 도구를 활용할 수 있으며, 제로 데이 취약점을 찾아내서 이 취약점을 대상으로 하는 맞춤형 악성 코드 및 익스플로잇을 만들어 내는 데 능숙하다.

- **지속성**persistent : APT 위협 행위자는 명확하고 분명한 목표를 세우고, 목적 달성에 한 걸음 더 다가가고자 종종 다른 기회를 포기한다. APT 위협 행위자는 취약성을 지능적으로 활용하고 탐지 메커니즘을 우회할 수 있는 행보를 지속함으로써 목표 달성 시까지 종종 몇 개월 또는 몇 년을 보내기도 한다. APT 위협 행위자와 다른 행위자 사이의 주요 차이점 가운데 하나는 오랜 시간 동안 대상 네트워크 내에 머물려는 의도에 있다. 사이버 범죄 조직은 신용카드 번호로 가득 찬 데이터베이스를 다운로드할 수 있을 만큼의 시간 동안 네트워크에 머물지만, APT 그룹은 가능한 한 오랫동안 네트워크 접속을 유지한다.
- **위협**threat : 일반 조직에게 APT 그룹은 분명히 위협적인 존재다. APT 위협 행위자는 특정 목적을 위해 공격을 수행하며 대기업, 군대, 정부 기관 같은 특정 대상을 공격하는 데 필요한 인프라와 기술을 갖추고 있다.

위협 인텔리전스는 서로 연관된 많은 요소가 함께 묶여 있기 때문에 연구 분야가 광범위하다. 결국 위협 인텔리전스는 조직의 실행 조치를 이끌어 내야 한다. 그 조치가 무엇일지는 종종 위협 인텔리전스에 대한 신중한 평가 후에 결정된다. 이러한 평가는 검토 중인 위협 인텔리전스의 유형과 유형별 이점에 대한 파악이 수반된다.

위협 인텔리전스 유형

위협 인텔리전스를 구성하는 다양한 정보의 유형과 데이터 모음을 논할 때 이들은 종종 다음 세 가지 범주 중 하나에 해당한다.

- **전술적 위협 인텔리전스**tactical threat intelligence : 이것은 세 가지의 위협 인텔리전스 범주 중에서 가장 치밀하다. **침해 지표**IOC, Indicators of Compromise 또는 **공격 지표**IOA, Indicators of Attacks 또는 **전술·기술·절차**TTP, Tactics Techniques Procedure가 전술 위협 인텔리전스의 정보에 해당된다.

- ○ **침해 지표**^{IOC} : 침해 지표란 침해가 나타내는 시스템에서 관찰되는 아티팩트다. 예를 들어 악성 코드 파일의 C2 IP 주소나 MD5 해시가 침해 지표라고 할 수 있다.

- ○ **공격 지표**^{IOA} : 공격 지표란 공격 또는 공격 시도를 시사하고 있는 시스템에서 관찰되는 아티팩트다. IOA는 시스템을 공격한 적이 남긴 지표가 시스템이 손상됐다는 사실이 아닌 오히려 공격당했다는 사실을 보여 주기 때문에 IOC와 구별된다. Nmap이나 다른 네트워크 검색 도구를 갖고 자동 포트 스캔을 시도했음을 나타내는 연결 흔적이 방화벽 로그에 남아 있을 수 있다.

- ○ **전술·기술·절차**^{TTP} : 인간은 습관의 노예다. 이를 바탕으로 사이버 공격자는 네트워크 공격에 대한 독특한 방법론을 개발한다. 예를 들어 사이버 범죄 조직은 원격 접근 트로이 목마를 실행하는 엑셀 스프레드시트를 첨부한 소셜 엔지니어링 이메일 방식을 선호할 수 있다. 이를 통해 공격자들은 신용카드 **POS**^{Point of Sale} 장치에 접근을 시도하고, 또 다른 악성 코드로 POS 장치를 감염시킬 수 있다. 이 조직이 실행하는 공격 방법은 조직의 TTP로 여겨진다.

- **운영 위협 인텔리전스**^{operational threat intelligence} : 지난 10년 동안 하나의 조직만을 대상으로 삼는 것이 아닌 산업 전반, 지역 또는 국가를 대상으로 하는 더 많은 합동 공격이 있어 왔다. 운영 위협 인텔리전스는 사이버 공격 그리고 사이버 위협 행위자의 광범위한 목표에 관한 데이터 및 정보다. 이것은 흔히 사고 대응팀이 속한 조직을 조사하는 것이 아니라 더 큰 산업군을 공격하는 사이버 위협 행위자의 공격 방법을 조사하는 것과 연관된다. 예를 들어 의료기관의 사고 대응팀에 관한 이전 사례로 돌아가 보자. 규모와 직원의 측면이 유사한 타 의료기관에서 어떤 유형의 공격이 일어났는지에 대한 폭넓은 지식은 널리 퍼져 있는 위협에 맞춰 자신들의 보안 통제를 조정하는 데 도움이 될 것이다.

- **전략적 위협 인텔리전스**^{strategic threat intelligence} : CIO 또는 CISO와 같은 고위 경영진은 조직이 사이버 위협 환경을 다루는 데 필요한 통제와 함께 조직의 전략적 목표에 자주 관심을 기울여야 한다. 전략적 위협 인텔리전스는 사이버 공격의 동향,

사이버 위협 행위자가 널리 퍼져 있는 상황, 주요 공격 대상 산업이 무엇인지 조사한다. 또 다른 핵심 데이터 포인트는 위협 행위자나 그룹이 공격으로 활용할지 모르는 기술의 변화에 있다.

위협 인텔리전스를 잘 활용하려면 우선 각각의 위협 인텔리전스의 유형이 조직의 전략에 통합될 수 있다는 점을 이해해야 한다. 세 가지 유형의 내외부 위협 인텔리전스를 모두 활용한다면 핵심 의사 결정자에게 위협 상황에 대한 이해를 제공할 수 있다. 즉 적절한 보안 통제 및 절차를 구현할 역량을 가진 경영진에게, 그리고 지속적으로 보안 이슈를 찾고 사이버 공격 대응의 준비 역량을 갖는 분석자에게 말이다.

고통의 피라미드

고통의 피라미드pyramid of pain는 공격자가 활용하는 다양한 종류의 침해 지표와 공격 지표를 설명하고, 공격이 진행되는 동안 지표를 수정하고자 필요한 역량을 설명하는 데 유용한 구조다. 데이비드 비앙코David Bianco가 개발한 이 구조는 공격자가 대상자 관찰을 통해 활용하는 IOC, IOA, TTP 간의 관계와 함께 이러한 지표들을 변경하는 공격자의 역량을 설명한다. 다음에 제시된 다이어그램은 다양한 지표들 간의 관계와 보안 통제를 우회하고자 지표를 수정할 때 필요한 역량을 보여 준다.

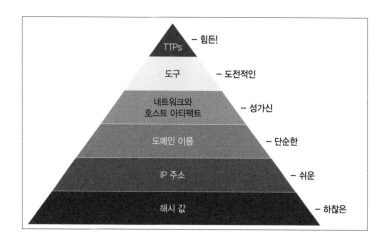

예를 들어 공격자가 윈도우 SMB 프로토콜을 통해 측면 이동으로 전파되는 악성 코드를 만들었다고 하자. 공격자는 기존의 서명 기반의 악성 코드 방지 도구를 우회하고자 설치될 때마다 해시를 변경하는 다형성 바이러스를 사용한다. 이 같은 변경은 악성 코드가 통제를 우회하게 만든다. 하지만 공격자는 네트워크 아티팩트 또는 호스트 아티팩트와 같은 다른 지표들을 변경하기가 비교적 어렵기 때문에 결과적으로 사고 대응자들이 피라미드의 최상위 계층에 있는 보안 통제를 정비한다면 적의 공격을 성공적으로 막을 가능성이 높아진다.

위협 인텔리전스의 관점에서 보면 사고 대응자들은 고통의 피라미드를 통해 위협 인텔리전스의 요건들을 장기 전략의 측면에서 유용하게 조절할 수 있다. 위협 행위자가 사용하는 TTP에 대한 세부 정보와 인텔리전스에 대해 알면 위협 행위자가 활동하는 방식에 대한 보다 많은 통찰을 얻을 수 있다. C2 서버의 IP 주소와 같은 하위 수준 지표들이 유용하긴 하지만 이러한 지표들이 적에 의해 쉽게 변경될 수 있다는 점을 알아야 한다.

▍ 위협 인텔리전스 방법론

위협 인텔리전스는 끊임없이 변화하는 환경에 적응하고자 피드백 주기cycle를 겪는다. 이 도전적 상황을 해결하고자 등장한 방법론들이 있는데, 종종 활용되는 한 가지는 미국 국방부에서 사용하는 인텔리전스 주기다.

인텔리전스 주기는 위협 인텔리전스를 조직의 운영과 통합할 수 있도록 하는 프레임워크이자 그 출발점이다.

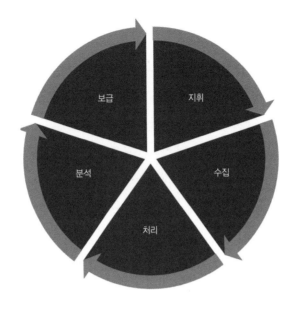

다음은 인텔리전스 주기의 설명이다.

- **지휘**direction: CISO, 정보 보호 담당자 또는 사고 대응 분석자와 같은 의사 결정권자는 어떤 위협 인텔리전스가 필요한지를 결정한다. 인텔리전스에 대한 요구 사항을 결정할 때는 이전에 논의된 위협 인텔리전스의 유형별 사용자를 식별하는 것이 좋다. 예를 들어 CISO는 이듬해 병원에 대한 사이버 공격의 추세를 예측하기 위한 위협 인텔리전스를 원할 수 있다. 그리고 사고 대응 분석자는 타 의료기관에서 관찰된 개별적 악성 코드 침해 지표에 관한 인텔리전스를 요구할 수 있다. 또한 조직은 현재 사용 중인 중요 시스템과 응용 프로그램 그리고 이들이 보호하고자 하는 중요 데이터를 살펴봄으로써 인텔리전스를 시작할 수 있다. 한편 조직이 직면할 수 있는 사이버 위협의 유형에 관한 정보를 사전에 파악하는 것도 좋은 출발이다.
- **수집**collection: 수집 단계에서 조직은 내부의 출처로부터 데이터와 정보를 얻는다. 사이버 위협 인텔리전스 측면에서 정보의 수집은 CERT를 후원하는 정부기관 또

는 위협 인텔리전스를 판매하는 제3의 기관을 통해서도 이뤄질 수도 있다. 마지막으로 조직이 활용할 수 있는 다양한 **오픈소스 인텔리전스**^{OSINT, Open Source Intelligence} 피드가 있다.

- **처리**^{processing}: 한 조직이 얻을 수 있는 인텔리전스의 양은 엄청날 수 있다. 처리 단계에서 조직은 원시 데이터를 가져와 평가하고 데이터의 관련성과 안정성을 판단한 후, 다음 단계를 위해 이를 대조한다.
- **분석**^{analysis}: 분석 단계에서 조직은 처리된 데이터를 평가하고, 이를 다른 출처의 데이터와 결합한다. 이렇게 해석되고 완성된 결과물은 선별되고 올바르게 평가된 위협 인텔리전스로 간주될 수 있다.
- **보급**^{dissemination}: 새롭게 선별된 위협 인텔리전스는 조직 내의 다양한 사용자에게 전송돼 활용된다.

이 방법론이 갖는 주기적 특성은 피드백이 절차의 일부임을 보장한다. 수집 및 처리에 관계된 분석자들은 전파되는 인텔리전스의 관련성 및 정확성에 대한 피드백을 반드시 받아야 한다. 이를 통해 그들은 시간이 지남에 따라 인텔리전스 결과물을 조율할 수 있게 될 것이다. 이를 통해 최종 사용자가 사용하는 인텔리전스에서 최고 수준의 관련성과 신뢰도가 보장된다.

위협 인텔리전스 지휘

위협 인텔리전스 측면에서 조직은 굉장히 많은 양의 정보와 데이터 포인트를 활용할 수 있다. 여기서 조직이 넘어야 할 주요 장벽 가운데 하나는 자신들의 위협 인테리전스 요구 사항이 무엇인지 판단하는 것이다. 다양한 수준의 위협 인텔리전스가 확보되면 조직에 불필요한 것을 걸러내고, 조직의 실행 조치를 이끌어내는 위협 인텔리전스에만 주력하면 된다.

조직의 인텔리전스 요구 사항을 결정할 때는 어떤 행위자가 조직에 위협을 가하는지 그리고 그러한 위협 행위자가 조직의 네트워크에 대해 어떤 방식으로 공격을 수행하는지 조사하는 것이 좋다. 이를 위해 MITRE ATT&CK 방법론, 사이버 킬 체인, 다이아몬드 모델과 같은 자원을 활용할 수 있다. 조직은 이러한 방법을 통해 위협 상황을 파악하고 위협 인텔리전스의 활용도를 위협의 수준에 맞게 조정할 수 있다.

킬 체인

사이버 킬 체인^{cyber kill chain}은 록히드 마틴^{Lockheed-Martin}의 3명의 연구원이 최초로 고안한 개념이다(https://www.lockheedmartin.com/content/dam/lockheed/data/corporate/documents/LM-White-Paper-Intel-Driven-Defense.pdf). 사이버 킬 체인은 공격자가 최종의 목적 달성을 위해 거쳐가는 네트워크 침투의 단계를 개략적으로 설명하고 있다. 조직은 위협 인텔리전스를 통해 향상된 탐지 능력으로 관찰 가능한 다양한 침해 방법과 침해 지표^{IOC}를 추정할 수 있게 된다.

사이버 킬 체인은 공격자가 거쳐가는 네트워크 공격을 7단계로 나누고 있다.

1. **정찰**^{reconnaissance}: 공격자들은 소셜 미디어, 기업 웹 사이트, 도메인 등록 등의 오픈소스 인텔리전스를 검토하는 데 상당한 시간을 들이는데 이는 대상 조직의 외부 연결 네트워크를 매핑하기 위함이다. Nmap 및 NetCat과 같은 네트워크 매핑 도구 및 스캐닝 도구의 사용 역시 정찰의 한 방법으로써 이를 통해 열린 포트 또는 활성화된 서비스를 확인할 수 있다. 위협 행위자는 정상적인 트래픽 뒤에 숨어서 직접적 조치 없이 공격을 수행하거나 스캐닝을 조정할 수 있기 때문에 보통의 경우 공격자의 정찰 활동을 탐지하기란 매우 어렵다.

2. **공격 코드 제작**^{weaponization}: 정찰 단계를 거친 후 위협 행위자는 실제 침투를 위한 도구를 만든다. 예를 들어 제작된 도구는 시스템을 손상시키는 다단계 악성 코드 페이로드^{payload}가 될 수 있다. 공격에 사용된 도구를 조사하면 악성 코드가 어떻게 포장됐는지 또는 어떤 익스플로잇이 사용됐는지 등의 특정 데이터 요소들을 확인하고 결합할 수 있다. 이를 통해 해당 공격자 고유의 모자이크를 만들어 대조 가능한 DNA 프로파일을 생성한다.

3. **전달**delivery : 위협 행위자는 악성 코드를 전달하거나 페이로드를 악용하기 위한 매개체가 필요하다. 그렇기 때문에 그들은 VPN 연결을 매개체로 사용하거나 대상 조직의 직원에게 보내는 이메일에 악성 코드가 실린 워드 문서를 첨부할 수 있다.

4. **취약점 공격**exploitation : 이 단계에서 위협 행위자는 대상 네트워크의 취약성을 공격하거나 PowerShell과 같은 도구 세트의 기능을 부당하게 이용한다.

5. **설치**installation : 대상 조직 내에 더 많은 임시 거점을 확보하고자 위협 행위자는 익스플로잇 또는 악성 코드를 설치한다. 심지어 이러한 설치에는 침해된 시스템의 설정이나 기타 기능들에 대한 수정이 포함될 수 있다.

6. **명령 및 제어**C2, Command and Control : 설치가 성공적으로 완료되면 위협 행위자는 시스템을 제어하고자 원격 C2 채널을 다시 중앙 서버로 구성해야 한다. 이로써 그들은 제어 상태를 관리하고 추가적인 익스플로잇 또는 악성 코드를 로드하며 대상 조직의 활동을 관찰할 수 있다.

7. **목표에 대한 조치**actions on objective : 이전의 6단계가 모두 완료되면 위협 행위자는 침투의 목적을 달성하기 위한 다음의 단계로 넘어간다. 소매업체를 타깃으로 하는 경우에 있어서 다음 단계란 악성 코드에 감염된 POS 단말기 그리고 신용카드 번호의 탈취를 의미한다. 정부 조직을 대상으로 한다면 판매를 위한 기밀 데이터의 데이터베이스를 탈취하는 것일 수 있다.

조직은 이러한 다양한 단계를 거치면서 위협 요소에 대한 개별적인 IOC와 일반적인 TTP를 확보할 수 있다. 흔히 활용되는 한 가지 기술은 조직에 대한 위협을 파악하고 이 위협을 각 단계마다 개별 IOC로 매핑하는 것으로, 조직은 해결을 위한 구체적인 위협 인텔리전스가 필요하다.

예를 들어 조직이 POS 단말기를 타깃으로 삼은 사이버 범죄 집단에 관한 보고를 받았다고 하자. 여기에서 조직은 공격 코드 제작weaponization 단계에서 구성된 초기 제작 도구의 IOC가 무엇인지를 알아야 한다는 것을 깨닫게 된다. 그런 다음 조직은 위협 행위자가 어떤 식으로 익스플로잇 또는 악성 코드를 전달했는지를 둘러싼 TTP를 조사하게 된다. 이후 조직은 위협 행위자가 취약점이나 특정 유틸리티를 통해 네트워크를 악용하는 방법을 이해해야 한다. 익스플로잇 또는 악성 코드의 설치는 실행 중인 메모리와 침해된 시스템의 레지스트리 설정에서 IOC를 생성할 것이다. 해당 분야의 특정 IOC에 대한 접근 권한을 보유하면 조직이 추가 탐지 기능을 개발하도록 돕거나 사고 조사 중에 이와 같은 IOC를 찾는 기능을 지원할 수 있다.

다이아몬드 모델

침입 분석 방법인 다이아몬드 모델diamond model은 APT 위협의 속성에서 해당 위협을 차별화하는 절차를 설명하고자 사용되는 방법론이다. 다이아몬드는 **공격자**adversary, **기반 시설**infrastructure, **능력**capabilities, **희생자**victim의 네 가지 요소로 구성된다.

이 모델은 위의 네 그룹 사이의 상호 작용 파악을 시도한다.

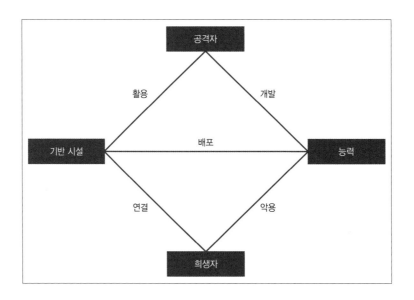

예를 들어 간단한 악성 코드 공격을 가정해 보자. **공격자**는 맞춤형 악성 코드를 사용할 것이다. 맞춤형 악성 코드를 개발하기 위한 그들 자신의 능력은 **능력**이라고 표시한다. 그런 다음 **공격자**는 침해된 웹 서버 또는 기반 시설을 통해 악성 코드를 배포하고자 그들의 능력을 활용한다. 능력이 소셜 엔지니어링 취약성을 악용하는 경우에 이것은 **희생자**와 연결된다.

이 간단한 예는 다이아몬드 모델이 공격을 분류하는 데 어떻게 활용될 수 있는지에 대한 일부만을 조명하고 있다. 따라서 다이아몬드 모델에 관한 자료를 http://www.dtic.mil/dtic/tr/fulltext/u2/a586960.pdf에서 다운로드해 보다 심층적인 탐구를 수행할 것을 권장한다. 조직은 이 모델을 흡수함으로써 자신이 직면한 위협을 더 잘 이해할 수 있고, 조직의 인프라에 대한 공격이 진행되는 동안 이러한 위협에 어떻게 상호 작용할 수 있는지를 깨닫게 된다. 이로써 조직은 그들의 고유한 도전 과제에 더 적합하게 위협 인텔리전스에 대한 요구 사항을 조정할 수 있게 된다.

위협 인텔리전스 요구 사항을 결정하는 데 한 가지 중요한 참고 자료는 https://apps.dtic.mil/sti/pdfs/ADA586960.pdf에 있는 MITRE ATT & CK 위키[wiki]다. **공격자의 전술, 기술, 공통 지식**ATT&CK, Adversarial Tactics, Techniques & Common Knowledge은 공격자가 사용하는 전술 및 기술의 광범위한 모음이다. 전술은 킬 체인의 각 단계를 포함하며 각 기술에 대한 심층 분석도 포함한다.

ATT&CK는 정보 보안 및 사고 대응 연구 기관들에 의해 파악된 바 있는 다양한 지능형 지속 공격APT 그룹의 세부 정보도 제공한다. ATT&CK 플랫폼의 항목은 철저하게 문서화되며 각주가 붙기 때문에 분석자는 요약 보고서와 포괄적인 보고서를 모두 볼 수 있다.

ATT&CK 위키의 가치는 분석자가 위협 조직 그리고 그들의 기술과 전술의 세부 정보를 얻도록 한다는 데에 있다. ATT&CK의 세부 정보는 사이버 킬 체인과 다이아몬드 모델 등에 더 잘 통지될 수 있다. 이를 통해 조직은 그들이 당면한 위협을 전적으로 이해하고 위협 인텔리전스 요구 사항을 조정해 자신들의 필요를 충족시킬 수 있다.

▋ 위협 인텔리전스 소스

조직이 활용할 수 있는 위협 인텔리전스에는 세 가지 주요 소스가 있다. 위협 인텔리전스는 먼저 조직 내부 절차로부터 생성될 수 있고, 오픈소스 방법을 통해 수집하거나, 마지막으로 제3의 위협 인텔리전스 공급 업체를 통해 획득할 수도 있다. 각각의 조직들은 그들의 필요 사항과 활용할 소스를 판단하고자 내부 절차를 활용할 수 있다.

내부 개발 소스

대부분의 복잡한 위협 인텔리전스 소스는 조직 내부에서 개발된다. 악성 코드 대응 작전에서 IOC를 획득하고 위협 행위자로부터 TTP를 얻는 데 인프라가 필요하기 때문이다. IOC를 확보하고자 조직은 의도적으로 허니팟honeypot이나 시스템의 취약점을 이용하는 데, 이로써 독특한 악성 코드 샘플을 확보할 수 있다. 또한 조직은 의심스러운 악성 코드를 평가하고 리버스 엔지니어링reverse engineering을 할 수 있는 전문성과 활용 가능한 시스템을 보유해야 한다. 이로써 그들은 활용 가능한 개별 IOC를 추출할 수 있다.

네트워크 침입을 시도하는 공격자의 TTP를 추적할 수 있는 SIEM 플랫폼과 같은 시스템도 활용 가능하다. 이 경우 **보안 운영 센터**SOC, Security Operations Center 분석자는 공격자들의 침입 시도의 상호 차이점을 기록할 수 있다. 이러한 정보를 통해 조직은 특정 공격자 그룹의 프로파일을 작성할 수 있다. 이는 네트워크 침입을 예방하거나 탐지하기 위한 보안 통제들을 조율하는 데 도움이 된다.

조직 내부에서 위협 인텔리전스를 개발하려면 악성 코드 분석, 네트워크, 호스트 기반 포렌식과 같은 영역에 대한 전문성이 필요하다. 더욱이 필수 인프라 구축에는 종종 엄청난 비용이 든다. 결국 조직들은 다른 조직들 사이에서 공개적으로 공유되는 사항에 대해서 제3의 제공자에 의존해야 하는 상황에 처한다.

상업적 소스

위협 인텔리전스 공급 업체와의 계약을 통해 위협 인텔리전스 소스를 확보하는 것은 내부적인 소스 개발에 대한 대안이 될 수 있다. 공급 업체는 자체적인 인력과 인프라를 통해 악성 코드를 수집하고 공격을 분석하며, 다양한 위협 단체를 연구한다. 상업적 위협 인텔리전스 제공자는 각각의 조직 고객에 맞춤형 위협 인텔리전스를 진행한다.

흔히 상업적 공급 업체들은 일반적인 SIEM 플랫폼을 사용하는 고객들에게 SIEM 및 SOC 서비스를 제공하는 경우가 많다. 이에 따라 공급 업체들은 전 세계에 걸쳐 있는 다양한 기업에 영향을 미치는 악성 코드와 공격 샘플을 수집할 수 있다. 이 과정을 통해 업체는 고객에게 폭넓은 결과를 제공할 수 있다. 이러한 점이 상업 서비스를 이용할 때 얻을 수 있는 이점 가운데 하나다. 게다가 제3자에게 비용을 이전하기 때문에 비용 절감의 효과도 생긴다.

오픈소스

조직 규모를 불문하고 대부분 조직에서 꽤 인기 있는 소싱sourcing 분야는 오픈소스 인텔리전스OSINT 제공업체다. 커뮤니티 그룹들, 심지어 상업적 기업조차도 위협 인텔리전스를 일반 대중에게 무료로 이용할 수 있도록 한다. SANS 및 US-CERT와 같은 단체는 위협과 취약점에 대한 구체적인 정보를 제공하고 있다. 에일리언 볼트AlienVault와 같은 상업용 제공업체는 사용자 커뮤니티가 IOC와 TTP와 같은 위협 인텔리전스를 공유할 수 있도록 **공개 위협 교환**OTX, Open Threat Exchange 플랫폼을 제공한다. 그 밖의 다른 상업용 제공자들은 APT 그룹 또는 전략적 위협 인텔리전스에 대한 백서 및 보고서를 통해 정보 보안 업계의 새로운 트렌드에 대해 설명한다. 조직에 따라 OSINT는 매우 유용할 수 있으며, 이는 상업용 서비스에 대한 저비용 대안을 제공한다.

OSINT가 널리 보급됨에 따라 여러 조직은 조직들 사이에서 위협 인텔리전스를 공유할 방안을 고안했다. 출처에 따라 조직이 위협 인텔리전스를 얻을 수 있는 실제적인 방법은 조직이 구성된 방식에 따라 달라진다.

다음의 목록은 완전하진 않지만, 활용이 가능한 사이버 위협 OSINT 형식이다.

- **OpenIOC**: 초기 OpenIOC는 6장, '포렌식 이미징의 이해'에서 활용된 Redline 응용 프로그램과 같은 Mandiant의 제품이 위협 인텔리전스를 처리하고, 분석된 시스템에 대한 침해 증거 검색에 활용되도록 할 목적으로 개발됐다. 이는 사고 대응 분석자가 시스템이 침해됐는지 여부를 판단하는 데 사용하는 기술 IOC를 설명하는 XML 스키마로 발전했다.

- **STIX: 구조화된 위협 정보 표현 방식**STIX, Structured Threat Information eXpression은 OASIS 컨소시엄의 산물이다. 이 기계 판독형 포맷을 통해 조직은 상업용 및 프리웨어의 다양한 위협 인텔리전스 수집 플랫폼에서 위협 인텔리전스를 공유할 수 있다.

- **TAXII: 신뢰할 수 있는 지표 정보의 자동화 공유**TAXII, Trusted Automated Exchange of Indicator Information는 HTTPS를 통해 위협 인텔리전스를 공유하는 응용 프로그램 레이어 프로토콜이다. TAXII는 STIX 포맷의 위협 인텔리전스를 공유하는 데 사용될 수 있는 API를 정의한다.

- **VERIS: 사건 기록 및 사고 공유 어휘**VERIS, Vocabulary for Event Recording and Incident Sharing는 사이버 보안 사고에 관한 언어를 표준화하기 위한 포괄적인 스키마다. VERIS 스키마가 해결하려는 주요 문제 중 하나는 보안 사고를 문서화하는 표준화된 방식이 없다는 것이다. VERIS는 발생 가능한 다양한 공격을 분류하고자 조직에 분명한 방법을 갖추도록 체계를 제공한다. VERIS 스키마는 또한 Verizon Data Breach Study로 통합된 조직들이 제공하는 데이터 수집 지점의 역할을 한다.

다양한 인텔리전스 소스를 활용할 수 있는 상황에서 조직이 당면한 과제는 보안 위협 인텔리선스를 종합·구성·활용하는 능력에 있다. 이러한 과제의 해결을 위해서 다음 절에서 위협 인텔리전스 플랫폼을 알아본다.

위협 인텔리전스 플랫폼

조직이 위협 인텔리전스를 집계하기 시작할 때 위협 인텔리전스가 내부에서 생성됐는지 또는 외부에서 생성됐는지 여부에 상관없이 집계를 위한 플랫폼이 필요하다. 모든 플랫폼은 위협 인텔리전스 지표를 저장할 수 있어야 하며, 분석자가 쉽게 검색할 수 있는 데이터베이스를 제공해 사고 발생 시 IOC를 사용 가능한 인텔리전스에 연결할 수 있도록 해야 한다. 이와 같은 기능을 제공하는 프리웨어 버전과 다양한 상업용 플랫폼이 존재한다. 개별 조직들은 각 조직의 요구 사항에 적합한 플랫폼을 선택할 수 있다.

MISP 위협 공유

이용 가능한 프리웨어 플랫폼으로 **악성 코드 정보 공유 플랫폼**MISP, Malware Information Sharing Platform이 있다. 이 커뮤니티 프로젝트는 분석자가 악성 코드 및 기타 익스플로잇에 관한 데이터를 저장하는 데 사용할 수 있는 소프트웨어 플랫폼을 제작해 왔다. 여기에서 팀이나 다른 직원들에게 이 정보를 공유할 수 있다. MISP는 검색, 상관 관계 엔진, IOC 내보내기 및 가져오기, 사용자가 데이터를 공유할 수 있는 커뮤니티 지원 등의 풍부한 기능을 갖춘 응용 프로그램이다.

MISP 설치는 사용 중인 운영체제 플랫폼 유형에 따라 다르다. 전체 지침들은 https://github.com/MISP/MISP/tree/2.4/INSTALL에서 확인할 수 있다. MISP 제작자는 사용자가 테스트용으로 다운로드할 수 있도록 OVA 가상머신상에서 완벽하게 설치되도록 했다. OVAOpen Virtualization Format 파일은 https://www.circl.lu/assets/files/misp-training/MISP_v2.4.77.ova에서 이용할 수 있다. 이것은 분석자가 데이터베이스를 채우지 않고도 응용 프로그램의 기능을 테스트할 수 있게 해주는 좋은 옵션이다.

다음 시연에서는 MISP의 교육용 버전이 이용될 것이다. 로그인하면 다음과 같은 창이 나타난다.

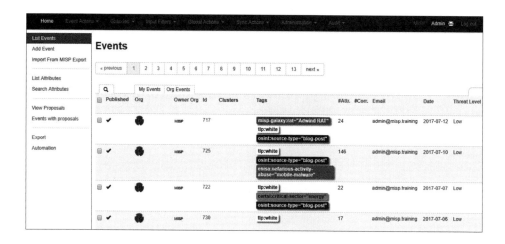

이 창에는 MISP 데이터베이스에 기록된 모든 이벤트가 포함돼 있다. 이 페이지에는 이벤트 분류를 식별하는 태그tag, 추가된 날짜, 분석자가 여러 항목을 신속하게 분류하도록 하는 기본적인 정보 등 많은 데이터가 담겨 있다.

Event ID 또는 View 아이콘을 클릭하면 또 다른 창이 나타난다.

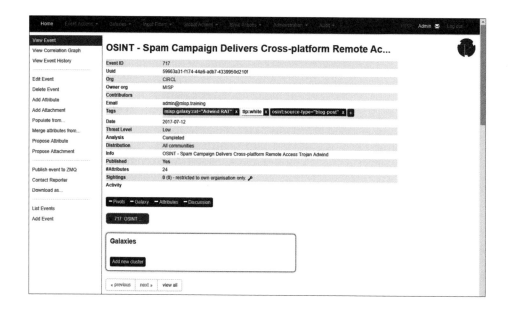

이 창에서 분석자는 특정 이벤트에 관한 많은 인텔리전스를 제공받게 된다. 먼저 이 이벤트 데이터는 해당 이벤트 내에 포함된 IOC에 관한 속성^{attribute}의 개요를 나타낸다.

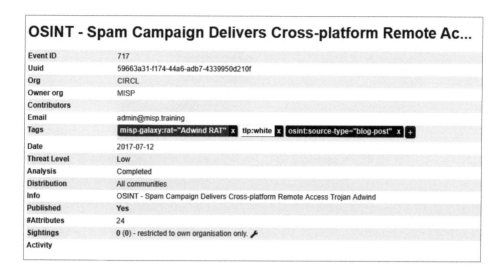

이 데이터는 분석자에게 전체 홈 창에서 사용할 수 있었던 이벤트 정보의 개요를 제공한다. 아래로 내려가면 창에 이벤트의 구체적인 요소들이 보인다.

백그라운드 정보에서 나타난 특정 트로이 목마는 VirusTotal이 평가한 것이며, 다음 링크는 61개 중 46개의 바이러스 백신 제공 업체가 이 이벤트는 트로이 목마 바이러스와 연관돼 있음을 감지했다는 사실을 보여 준다.

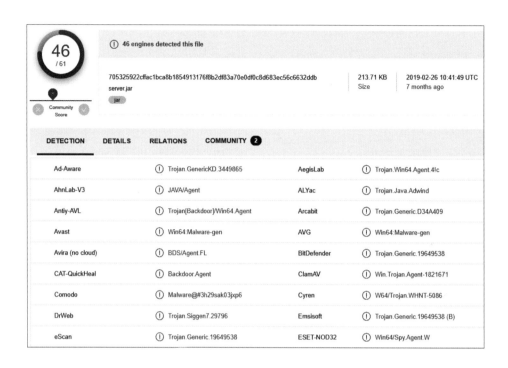

MISP 플랫폼의 진정한 가치는 해당 이벤트와 관련된 IOC다. 창을 아래로 이동하면 해당 이벤트에서 다룬 악성 코드 관련 개별 IOC를 볼 수 있다.

2017-07-12	Network activity	url	https://nup.pw/Qcaq5e.jar	+	Files and URLs related to Adwind/jRAT
2017-07-12	Network activity	url	http://vacanzaimmobiliare.it/testla/WebPanel/post.php	+	Related C&C servers:
2017-07-12	Network activity	url	http://ccb-ba.adv.br/wp-admin/network/ok/index.php	+	Files and URLs related to Adwind/jRAT
2017-07-12	Network activity	url	https://nup.pw/e2BXtK.exe	+	Files and URLs related to Adwind/jRAT

여기에서 분석자는 C2 통신과 관련된 특정 URL을 식별할 수 있고, 악성 코드가 다단계 공격의 일부임을 파악할 수 있다. 이후 분석자는 이러한 URL을 방화벽의 로그와 연관시키거나 웹 프록시를 통해 해당 URL을 차단함으로써 악성 코드 발생 가능성을 차단할 수 있다.

창을 좀 더 아래로 내리면 특정 네트워크 정보가 나타난다.

| | 2017-07-12 | Payload delivery | ip-dst\|port | 174.127.99.234:1033 | ➕ | Related C&C servers - Port 1033 | ☑ |

이 인텔리전스를 통해 분석자는 특정 IP 주소를 드릴 다운하고 들어가 네트워크 종료 지점에서 경고를 차단하거나 작성할 수 있으며, 이로써 침해가 일어난 시스템이 추가로 있는지 확인할 수 있다.

또한 MISP를 통해 해당 이벤트와 관련 있는 특정 파일을 볼 수도 있다.

여기에서 분석자는 메모리 이미지 또는 디스크 이미지를 활용할 수 있고, 일치하는 해시를 검색할 수도 있다. 따라서 사고 대응 분석자는 분석 및 복구 활동이 필요한 특정 파일을 드릴 다운해 들어갈 수 있다.

위협 인텔리전스가 효과를 발휘하려면 시의적절해야 한다. 사이버 공격의 영역에 있어서 정보는 매우 빠르게 쇠퇴한다. 위협 인텔리전스를 종합하는 플랫폼은 반드시 업데이트 기능을 갖춰야 한다. MISP는 다양한 위협 인텔리전스 피드를 통합하고 이러한 기록을 이벤트 보기에 추가할 수 있는 기능을 갖추고 있다.

1. 설명을 위해서 Sync Actions 탭으로 이동한 후 List Feeds를 클릭한다. 다음과 같은 창이 열린다.

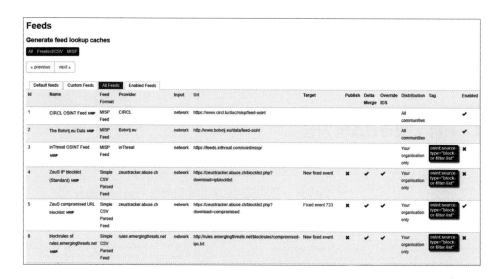

2. 이 창의 가장 오른쪽 모서리로 이동해 원으로 둘러싸인 아래 방향 화살표를 찾는다. 해당 소스로부터 모든 이벤트를 가져오게 될 것이다. 예를 들어 소스 번호가 5인 버튼을 클릭한다. 동기화가 완료되면 해당 이벤트 창에 추가 항목이 생성된다.

조직에서 사용하는 위협 인텔리전스 피드의 유형에 따라 MISP는 해당 사이트와 연결돼 MISP 데이터군을 풍부하게 만들 수 있다. 이를 통해 분석자는 다양한 제공 업체의 자체

데이터셋을 검색 가능한 단일한 위치에 보관할 수 있다. 여기에서 이 데이터를 사전예방적 탐지 기능의 일부로 활용하거나 사고 조사가 진행되는 동안에도 활용할 수 있다.

▌ 위협 인텔리전스의 사용

위협 인텔리전스를 조직의 보안 방법론과 사고 대응 기능에 통합하는 데에는 두 가지 분명한 이점이 있다. 능동적인 접근 방식으로 볼 때 조직이 이러한 데이터를 활용하면 탐지 및 예방적 통제의 효율성을 높일 수 있다. 조직은 알려진 악성 코드 사이트에 블랙리스트를 올리는 것과 같은 메커니즘을 통해 공격을 차단하거나, 특정 호스트 동작의 침해 지표에 대한 경고를 통해 탐지 기능을 강화할 수 있다. 사후 대응적 차원에서 조직은 위협 인텔리전스를 기존 도구 세트에 통합해 조사에 활용할 수 있다. 이를 통해 조직은 기존 정보로는 찾을 수 없었던 증거 항목을 발견할 수 있다.

예방적 위협 인텔리전스

위협 인텔리전스 제공자는 종종 CSIRT와 SOC 팀에게 SIEM에 쉽게 반영될 수 있는 위협 인텔리전스를 제공한다. 이를 통해 이들 팀들은 시기 적절한 인텔리전스로 탐지 역량을 강화하고, 피해를 입기 전에 이러한 위협 중 하나 이상을 탐지할 가능성을 높일 수 있다.

MISP 플랫폼에서 특정한 IOC를 갖는 이벤트들은 여러 가지 서로 다른 유형의 탐지 규칙으로 IOC를 전환시킬 수 있다. 예를 들어 어떤 조직은 조직에 영향을 미치는 랜섬웨어에 대해 우려하므로 이에 대한 탐지 역량을 강화하고자 한다. MISP 플랫폼상에서 711번 이벤트는 Locky ransomware 캠페인과 연관이 있다. 이벤트의 번호를 클릭하면 다음과 같은 화면이 생성된다.

| | ✕ | MISP | MISP | 733 | osint:source-type="block-or-filter-list" | 51 | admin@misp.training | 2017-07-14 | Undefined | Completed | ZeuS compromised URL blocklist feed |

왼쪽 열로 이동해 Download as...를 클릭한다. 그러면 다음과 같은 창이 생성된다.

사전 예방적/탐지적 관점에서 사고 대응자들은 세 가지 오픈소스 네트워크 침입탐지 시스템에 대한 규칙으로 IOC를 내보낼 수 있다. 이 경우 Suricata, Snort 또는 Bro에 대한 규칙을 내보낼 수 있다. 이들 각각은 네트워크 트래픽을 검사하고 해당 트래픽을 정의된 규칙 세트ruleset와 비교하는 오픈소스 네트워크 침입탐지 시스템이다.

이러한 각각의 도구들은 탐지 규칙에 대한 특정 구문을 갖고 있다. 아래에서는 Snort 규칙의 예를 들어 본다. Download Snort rules를 클릭해 이 이벤트와 관련된 Snort 규칙을 다운로드한다. 완료 시 텍스트 에디터에서 파일을 열면 이벤트와 관련된 다양한 규칙을 볼 수 있다.

```
1    #This part might still contain bugs, use and your own risk and report any issues.
2    #
3    # MISP export of IDS rules - optimized for snort
4    #
5    # These NIDS rules contain some variables that need to exist in your configuration.
6    # Make sure you have set:
7    #
8    # $HOME_NET - Your internal network range
9    # $EXTERNAL_NET - The network considered as outside
10   # $SMTP_SERVERS - All your internal SMTP servers
11   # $HTTP_PORTS   - The ports used to contain HTTP traffic (not required with suricata export)
12   #
13   alert tcp $HOME_NET any -> $EXTERNAL_NET $HTTP_PORTS (msg: "MISP e711 [] Outgoing HTTP URL:
14   alert udp any any -> any 53 (msg: "MISP e711 [] Hostname: 1010technologies.com"; content:"|
15   alert tcp any any -> any 53 (msg: "MISP e711 [] Hostname: 1010technologies.com"; content:"|
```

이 다운로드와 함께 설정 가능한 많은 규칙이 존재한다. 예를 들어 위의 14행을 보면 UDP 53 포트를 통해 호스트 1010technologies.com에 연결이 시도되면 Snort가 당신에게 경고 하도록 하는 특정 규칙이 설정돼 있음을 알 수 있다. 이 호스트는 어느 정도 랜섬웨어 캠페 인과 관련이 있다. 만일 이 규칙이 통합되면 조직에서는 이러한 유형의 연결을 미리 경고 할 수 있고, 사용자 파일이 암호화됐다는 문의가 헬프 데스크에 도달했을 때 랜섬웨어 활 동을 알게 되는 것보다 훨씬 더 빠른 대응을 할 수 있다.

많은 상업용 IDS/IPS 공급자가 Snort 규칙을 자체 소유 플랫폼에 도입시킬 수 있다는 것 은 Snort 규칙의 장점이다. 이를 통해 SOC 및 CSIRT 직원은 다양한 소스에서 Snort 규 칙을 로드할 수 있으므로 유지 관리할 여러 개의 플랫폼을 둘 필요 없이 해당 기능들을 향 상시킬 수 있다.

사후적 위협 인텔리전스

조사가 진행되는 동안 CSIRT 또는 분석자는 사고 조사가 지연되고 있는 것처럼 보이는 상 황을 경험할 수 있다. 이것은 분석자들이 무엇인가 잘못됐다는 것을 알고 있기 때문이거 나 침해 지표를 갖고 있지만 특정 방향을 가리키는 구체적인 증거가 없기 때문일 수 있다. 위협 인텔리전스는 분석자가 이전에 발견하지 못했던 증거를 발견할 수 있는 능력을 향상 시키고자 활용될 수 있다.

Autopsy

사고 대응 분석자가 이용해 볼 만한 위협 인텔리전스 처리 도구는 굉장히 많다. 예를 들어 8장, '시스템 메모리 분석'에서 다뤄진 디스크 포렌식 플랫폼은 위협 인텔리전스 피드에서 IOC 검색을 위한 해시를 처리하는 기능을 제공한다. 상업용 디스크 포렌식 도구 외에도 Autopsy 플랫폼은 해시 세트를 검색할 수 있다. MISP에서 내보내기 형식으로 돌아가면 이벤트 표시기의 `.csv` 파일을 다운로드할 수 있다. 이벤트 711의 경우 CSV 파일을 다운로드한다. 그런 다음 데이터를 필터링하고 type 열에서 해시 값^{hash value}을 선택한다. 그러면 다음과 같은 목록이 생성된다.

uuid	event_i	category	type	value	comme	to_ids	date
5950fd86-	711	Artifacts dropped	md5	8cd9f803947badddbfafc584edfdeebb		1	20170627
5950fd87-	711	Artifacts dropped	md5	a0d81f0bffb0e20a34191385031cf117a		1	20170627
59520c6b-	711	Artifacts dropped	sha1	f5fce485a72ab82a5e5b48b98befd5e0568a83e1	#NAME?	1	20170627
59520c6b-	711	Artifacts dropped	sha256	83b366204ef60cca5468c2db1baadeb7590f97493c451fa005f9b583ce691133	- Xchecked	1	20170627
59520c6b-	711	Artifacts dropped	sha1	3e19f754ea0fef9e62d91dfd4f22e6c73240bcbc	- Xchecked	1	20170627
59520c6b-	711	Artifacts dropped	sha256	8015133c16d41fdfbeb5f86f5d82ffb124a131ed012375d3cf70babe2f440ac8	#NAME?	1	20170627

여기에서 해당 해시 값을 Autopsy에 불러들일 수 있다.

1. 먼저 Autopsy에서 Tools를 클릭한 후 Options를 클릭한다. 그런 다음 Hash Sets 를 클릭하고 New Hash Sets를 클릭한다. 다음과 같은 창이 나타난다.

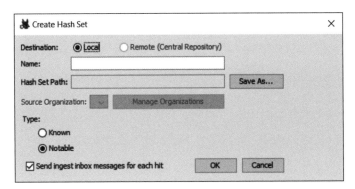

2. 해시 세트의 이름을 입력한다. 한 가지 제안을 하자면 제목과 MISP 이벤트 번호 711을 사용하는 것이다. **Save As...**를 클릭하고 데이터베이스가 저장될 위치로 이동한다. 기본 설정은 그대로 둔다. 이것은 존재하는 해시 파일 중 어느 하나에 대한 적중^{hit}이 있음을 나타낸다. **OK**를 클릭한다.

3. 다음 창에서 **Add Hashes to Database**를 클릭한다. CSV 파일에서 클립보드로 해시를 복사한 후 빈 공간에 마우스 오른쪽 버튼을 클릭하고 **Paste**를 선택한다.

4. 해시가 로드됐다. **Add Hashes to Database**를 클릭한다.

이 기능으로 분석자는 디스크 이미지를 검색해 일치하는 해시를 찾을 수 있다. 이것은 다른 방법을 통해 파일 찾기를 시도하는 것보다 훨씬 더 효율적인 증거 검색 방법이다. Autopsy는 사건에 따라 다른 데이터베이스를 허용한다. 업데이트된 정보를 지속적으로 제공하는 이 기능을 사용하면 기존 검색으로는 탐지되지 않았던 1~2주 전의 해당 사건의 침해 증거를 새롭게 찾을 수 있다.

Redline에 IOC 추가

Redline에서도 위협 인텔리전스를 활용할 수 있다. Redline은 수집기를 통해 IOC를 검색하거나 기존 메모리 캡처에서 IOC를 로드하고 검색할 수 있다. 예를 들어 분석자가 메모리 이미지에서 일치하는 IOC를 검색하려면 먼저 메모리 이미지를 연다.

1. 왼쪽 하단에서 IOC Reports 탭을 클릭하면 Create a new IOC Report라는 버튼이 생성된다. 다음과 같은 창이 나타난다.

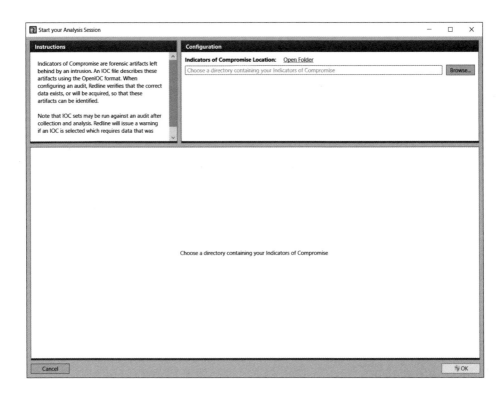

Redline은 OpenIOC 형식으로 IOC를 처리하는 기능이 있다. 분석자들은 IOC 파일을 저장할 수 있는 폴더를 만들어야 하는데, 이는 Redline이 파일을 개별적으로 읽지 않고 폴더 안에 존재하는 모든 파일을 한꺼번에 읽기 때문이다.

2. Browse를 클릭하고 IOC 폴더로 이동한다. 이제 IOC가 로드되고, 특정 정보가 Redline 라인 플랫폼으로 로드된다.

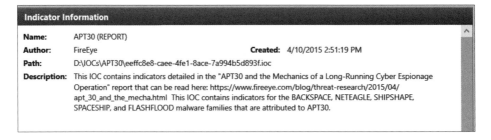

3. OK를 클릭하면 메모리 캡처에 대해 IOC가 실행된다. IOC 파일과 메모리 이미지의 양에 따라 몇 분 정도 소요될 수 있다. 완료되면 IOC Report가 Analysis Data 절에 나열된다. IOC의 모든 적중 개수[hits]가 목록에 표시된다.

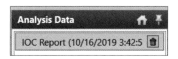

다음으로 Yara와 Loki라는 2개의 통합 도구를 살펴볼 것이다.

Yara와 Loki

사고 발생 시 위협 인텔리전스를 활용할 수 있는 두 가지 통합 도구로 Yara와 Loki가 있다. Yara는 흔히 패턴 매칭의 스위스 군용 나이프[Swiss Army Knife]라고 불린다. 이것은 악성 코드를 분류하는 연구자들을 돕고자 고안됐다. 부울[Boolean] 표현식과 문자열을 사용해 악성 코드 샘플을 분류할 수 있다. 예를 들어 CobaltStrike의 변형에 대한 Yara의 규칙(https://github.com/Yara-Rules/rules/blob/master/malware/APT_Cobalt.yar)은 다음과 같다.

Branch: master ▾	rules / malware / APT_Cobalt.yar		Find file	Copy path

jholgui Updated and renamed name file APT_FIN7   76d87e8 on Sep 11

1 contributor

25 lines (18 sloc) | 705 Bytes   Raw | Blame | History

```
 1   /*
 2        This Yara ruleset is under the GNU-GPLv2 license (http://www.gnu.org/licenses/gpl-2.0.html) and open to any user or organization, as
 3
 4   */
 5   rule Cobalt_functions
 6   {
 7
 8       meta:
 9
10           author="@j0sm1"
11           url="https://www.securityartwork.es/2017/06/16/analisis-del-powershell-usado-fin7/"
12           description="Detect functions coded with ROR edi,D; Detect CobaltStrike used by differents groups APT"
13
14       strings:
15
16           $h1={58 A4 53 E5} // VirtualAllocEx
17           $h2={4C 77 26 07} // LoadLibraryEx
18           $h3={6A C9 9C C9} // DNSQuery_UTF8
19           $h4={44 F0 35 E0} // Sleep
20           $h5={F4 00 BE CC} // lstrlen
21
22       condition:
23           2 of ( $h* )
24   }
```

위의 규칙은 문자열 Cobalt_functions를 발견 시 경고하도록 Yara를 구성한다.

Yara는 악성 코드의 연구 도구로 활용될 수 있지만, Yara의 유용한 특징 중 하나는 Yara를 다른 도구들과 기능적으로 통합할 수 있다는 것이다. 그러한 도구 중 하나는 간단한 IOC 스캐너인 Loki다(https://github.com/Neo23x0/Loki). 이 경량 플랫폼은 사고 대응 분석자가 IOC용 폴더, 파일 또는 전체 볼륨을 검색할 수 있도록 하는데, 예를 들어 Yara 규칙, 알려진 불량 파일 해시, IOC 파일명, 알려진 C2 서버와 같은 것들이다. 독창적으로 Loki는 정기적으로 업데이트되는 광범위한 IOC의 라이브러리를 보유하고 있다.

1. 특정 IOC에 대한 시스템 볼륨을 확인하려면 Loki를 다운로드해 USB 장치에 추출한다. Loki 폴더를 열면 다음과 같은 파일들이 보인다.

config	10/16/2019 3:44 PM	File folder	
docs	10/16/2019 3:44 PM	File folder	
plugins	10/16/2019 3:44 PM	File folder	
tools	10/16/2019 3:44 PM	File folder	
LICENSE	10/16/2019 3:44 PM	File	35 KB
loki	10/16/2019 3:44 PM	Application	9,174 KB
loki-upgrader	10/16/2019 3:44 PM	Application	8,419 KB
README.md	10/16/2019 3:44 PM	MD File	14 KB
requirements	10/16/2019 3:44 PM	Text Document	1 KB

2. Loki는 최신 IOC로 업데이트해야 하므로 loki-upgrader를 마우스 오른쪽 버튼으로 클릭하고 관리자로 실행한다. 업그레이드 프로그램이 실행되면 실행 파일과 서명 파일이 모두 업데이트된다. 완료되면 업데이터가 닫힌다.

3. Loki 파일로 다시 이동하면 signature-base라는 새 파일이 추가될 것이다.

📁 config	10/16/2019 3:44 PM	File folder	
📁 docs	10/16/2019 3:44 PM	File folder	
📁 plugins	10/16/2019 3:44 PM	File folder	
📁 signature-base	10/16/2019 3:46 PM	File folder	
📁 tools	10/16/2019 3:44 PM	File folder	
📄 LICENSE	10/16/2019 3:46 PM	File	35 KB
🖥 loki	10/16/2019 3:46 PM	Application	9,174 KB
📄 loki-upgrade	10/16/2019 3:46 PM	Text Document	53 KB
🖥 loki-upgrader	10/16/2019 3:44 PM	Application	8,419 KB
📄 README.md	10/16/2019 3:46 PM	MD File	14 KB
📄 requirements	10/16/2019 3:46 PM	Text Document	1 KB

이 폴더에는 Loki가 볼륨을 검색할 수 있는 모든 IOC가 들어 있다. 이를 통해 자신만의 Yara 규칙을 작성하는 분석자들이 파일을 로드할 수 있게 해 솔루션의 기능을 사용자 정의할 수 있는 기능을 제공한다.

4. 시스템 검사를 실행하려면 Loki 응용 프로그램 위에서 마우스 오른쪽 버튼을 클릭해 관리자 권한으로 실행해야 한다. 그러면 실행 파일이 시작되고 다음과 같은 창이 열린다.

규칙들이 업데이트되면 Loki는 볼륨에서 일치하는 패턴 또는 IOC를 검색하기 시작할 것이다.

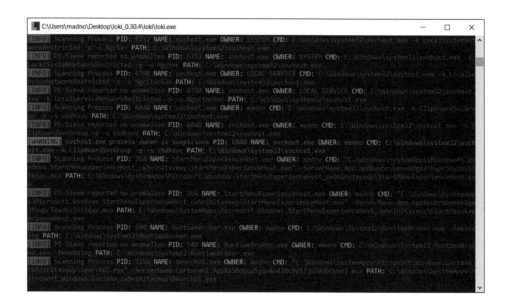

이제 분석자는 적중 개수[hit]를 기록하고 나중에 조사를 수행할 수 있다. 또 다른 주요 기능은 Loki가 새로운 유형의 악성 코드에 감염됐을 수 있는 시스템을 선별하기 위한 작업의 일환으로 여러 시스템에 배치될 수 있다는 점이다. 예를 들어 사고 대응 분석자는 Yara 규칙을 다운로드하는 것을 포함해 Kaspersky's SecureList 등의 위협 인텔리전스 제공자로부터 취득한 Yara 규칙으로 Petya 랜섬웨어 공격의 IOC를 검색할 수 있다.

여기에서 Yara 규칙은 Loki 또는 또 다른 플랫폼에 공급돼 의심되는 시스템을 선별하는 데 사용될 수 있다.

사고 대응 분석자가 에너지를 쏟아야 하는 도구의 수는 매일 증가하고 있다. 여기에는 다양한 위협 인텔리전스 피드와 기능을 통합하는 상업적 도구 그리고 프리웨어 도구가 포함된다. 이러한 도구들은 진행 중인 사건에서뿐만 아니라 사전 탐지와 경고 차원에도 쓰일 수 있다. CSIRT는 이러한 도구를 검토해 보고 이들이 절차에 통합될 수 있도록 총력을 기울여야 한다. 그렇게 하면 사고를 탐지하고 효율적으로 조사하는 데 도움을 얻게 될 것이다.

▌ 요약

손무의 『손자병법』에는 적을 알고 자신을 아는 것에 대한 전략적 개념이 들어 있다. 이러한 전략은 전쟁에서 승리할 수 있는 자신감을 준다. 위협 인텔리전스는 조직의 사전 예방적 보안 통제의 중요한 구성 요소가 될 뿐만 아니라 사고 대응 능력에 있어서도 중요한 요소가 됐다. 13장은 사이버 위협 인텔리전스의 새로운 기법과 방법론, 이 데이터를 사용하기 위한 소스, 기술, 방법을 살펴봤다.

위협 인텔리전스가 제공하는 이점을 활용해 앞으로 전진하고자 하는 조직은 무엇보다도 위협이 무엇인지 우선적으로 파악해야 한다. 여기서부터 조직은 자신들의 요구 사항을 분명히 정의할 수 있고, 인텔리전스 절차를 시작할 수 있게 된다. 끝으로 조직은 위협 인텔리전스를 활용하기 위한 도구 세트를 통합함으로써 보다 능동적인 예방 통제와 효율적인 대응 능력을 확보할 수 있다. 위협 인텔리전스가 적에 대한 공포를 완전히 없애 줄 수는 없지만, 조직이 오늘날의 위협에 대처할 수 있는 더 많은 양의 실탄을 사용할 수 있도록 해준다. 또한 위협 인텔리전스는 14장의 주제인 위협 사냥을 통해 환경에서 위협을 식별하는 사전 예방적 관행을 살펴볼 때 중요한 기능으로도 작용한다.

▌질문

1. 다음 중 위협 인텔리전스의 주요 요소가 아닌 것은 무엇인가?

   A. 침해 지표

   B. 유용성

   C. 증거 기반

   D. 조치 가능성

2. 다음 중 사이버 킬 체인이 아닌 것은 무엇인가?

   A. 피싱

   B. 공격 코드 제작

   C. 악성 코드

   D. IOC

3. TTP는 네트워크가 공격받을 때 공격자가 취하는 행위를 말한다.

   A. 참

   B. 거짓

4. 다음 중 위협 인텔리전스의 유형이 아닌 것은 무엇인가?

   A. 운영^{Operational}

   B. 전략^{Strategic}

   C. 방어^{Defense}

   D. 전술^{Tactical}

▌ 더 읽어 볼 거리

- *What Is Threat Intelligence? Definition and Examples*: https://www.recordedfuture.com/threat—intelligence—definition/
- *Threats/Vulnerabilities*: https://www.sans.org/reading—room/whitepapers/threats/paper/38790
- Yara GitHub repository: https://github.com/VirusTotal/yara
- Suricata: https://suricata—ids.org/
- *The Zeek Network Security Monitor*: https://www.zeek.org/
- Snort: https://www.snort.org/

위협 사냥

Mandiant의 APT1 보고서의 발표는 정보 보안 전문가들에게 가장 전문적인 위협 그룹들 중 하나에 대한 심층적인 정보를 제공했다. 중국 PLA Unit 61398에 대한 식견은 이러한 수준 높은 위협 행위자들에 대한 콘텍스트를 제공했다. APT^Advanced Persistent Threat라는 용어는 정보 보안 어휘집의 일부가 됐다. 정보 보안 및 사고 대응자들은 이제 탐지 없이 그리고 상당한 기간에 걸쳐 활동을 수행하는 위협에 대한 통찰력을 갖게 됐다.

또한 지속적인 연구에 따르면 조직들은 발생했거나 현재 진행 중인 침해를 탐지하는 능력이 여전히 훨씬 뒤처져 있었다. IBM과 Ponemon Institute가 작성한 『2018년 데이터 침해 비용 연구: 글로벌 개요』에서는 조사 대상 477개 조직들이 침해를 탐지하기까지 평균 197일이 소요됐다고 밝혔다. 이 평균은 위협 행위자들이 방어자들의 행동에서 벗어나 반년 이상 활동을 수행할 수 있었다는 것을 보여 준다.

심지어 제법 전문적인 그룹들이 대상 네트워크에서 소비할 수 있는 평균 시간과 APT가 제기하는 위협이 결합됨에 따라 네트워크에서의 잠재적 위협을 식별하고자 조직들은 수동적인 탐지와 대응에서, 보다 능동적인 접근 방식으로 이동하기 시작했다. 이른바 **위협 사냥**threat hunting이라고 부르는 이 실무는 사전 예방적 절차로서, 디지털 포렌식 기법을 통해 시스템과 네트워크 구성 요소를 분석하고 이전에 탐지되지 않았던 위협을 식별, 격리한다. 사고 대응과 마찬가지로 위협 사냥은 사전 구성된 경고 도구나 자동화 도구에 의존하지 않는 대신 사고 대응 및 위협 인텔리전스, 디지털 포렌식의 다양한 요소들을 통합하는 절차, 기술, 인력을 결합한 것이다.

14장에서는 위협 사냥의 핵심 요소들을 살펴보고 위협 사냥의 실무 개요를 제공한다.

첫째는 위협 사냥 성숙도 모델의 이해를 통해 위협 사냥의 다양한 측면에 대한 구성 개념을 제공한다. 둘째, 위협 사냥 주기는 시종일관 위협 사냥을 포함한 절차를 탐색한다. 셋째, 위협 사냥은 사전 예방적인 절차이므로 올바르게 실행되기 위해서는 효과적인 계획이 필요하다. 14장에서는 위협 사냥을 계획하는 방법을 간략히 설명한다. 이러한 내용의 이해를 통해 위협 사냥을 자신의 작업에 통합할 수 있는 토대를 마련할 수 있고 이전에 식별되지 않았던 위협을 보다 효과적으로 식별할 수 있다.

14장에서는 다음과 같은 주제를 다룬다.

- 위협 사냥 성숙도 모델
- 위협 사냥 주기
- MITRE ATT&CK
- 위협 사냥 계획
- 위협 사냥 보고

▋ 위협 사냥 성숙도 모델

앞에서 다뤘던 '고통의 피라미드'의 개발자이자 사이버보안 전문가 데이비드 비앙코^{David}^{Bianco}는 사이버 보안업체 Sqrrl에서 근무하면서 위협 사냥 성숙도 모델을 개발했다. 위협 사냥과 관련해 이 성숙도 모델을 이해하는 것이 중요한데, 이 모델은 위협 사냥 절차를 성숙시키기 위한 로드맵을 결정하는 구성 개념을 위협 헌터와 그들의 조직에 제공하기 때문이다. 성숙도 모델은 Hunt Maturity 0(또는 HM0)에서 HM4까지 다섯 가지 수준으로 구성된다.

다음에서는 이 모델의 다섯 가지 수준을 살펴본다.

- **HM0-초기**: 초기 단계에서 조직은 네트워크 또는 호스트 기반 침입 방지/탐지 시스템, 바이러스 백신, **보안정보 및 이벤트 관리**^{SIEM}와 같이 오직 자동화된 도구에만 의존해 위협 사냥 팀에 경고를 제공한다. 그런 다음 이러한 경고를 수동으로 조사하고 해결한다. 이것은 경고에 대한 의존도가 높을 뿐만 아니라 위협 인텔리전스 지표를 사용하지 않도록 제한된다. 마지막으로 이 성숙도 수준은 시스템 원격 측정 수집 능력을 제한하는 것이 특징이다. 이 단계에서 조직은 위협을 사냥할 수 없다.

- **HM1-최소**: 최소 단계에서 조직은 보다 많은 데이터를 수집하며, 실제로 이용 가능한 많은 시스템 원격 측정 기능에 접근할 수 있다. 또한 이러한 조직들은 위협 인텔리전스를 업무에 통합하려는 의도를 내보이지만, 위협 행위자에 대한 최신 데이터와 인텔리전스의 측면에서 뒤처져 있다. 이 단계의 조직들은 여전히 자동적인 경보에 의존하는 경우가 많지만, 높아진 시스템 원격 측정의 수준으로 인해 보고서에서 위협 인텔리전스 지표를 추출하고, 일치하는 지표를 위해 사용 가능한 데이터를 검색할 수 있는 기능을 제공한다. 이것이 위협 사냥을 시작하기 위한 첫 번째 단계.

- **HM2-진전**: 이 단계에서 조직은 타 조직에서 개발한 위협 사냥 절차를 활용해, 이러한 절차를 특정 사용 사례에 적용한다. 예를 들어 조직은 윈도우 시스템의 내부 도구를 통해 측면 이동lateral movement과 관련된 프레젠테이션이나 사용 사례 작성을 찾을 수 있다. 여기서 조직은 이 절차와 관련된 기능들을 추출해 자신의 데이터셋에 적용한다. 이 단계에서 조직은 위협 사냥을 위한 자체 절차를 만들 수 없다. HM2 단계는 또한 위협 사냥 프로그램을 갖춘 조직에서 가장 일반적인 수준의 위협 사냥 성숙도를 나타낸다.
- **HM3-혁신**: 이 성숙도 수준에서 위협 헌터들은 그들 자신의 절차를 개발한다. 또한 머신러닝, 통계, 링크 분석과 같이 수동적인 절차 이외의 다양한 방법의 사용이 늘어난다. 이 수준에서도 사용할 수 있는 데이터가 굉장히 많다.
- **HM4-선도**: 위협 사냥의 최첨단을 나타내는 선도 성숙도 수준은 HM3의 많은 기능을 통합하지만 하나의 중요한 차이가 있다. 이것이 바로 자동화를 사용하는 것이다. 과거 결과를 산출한 절차는 자동화돼, 위협 헌터들이 새로운 위협에 더 잘 대처하는 새로운 위협 사냥 시스템을 만들 수 있는 기회를 제공한다.

 위협 사냥 성숙도 모델은 조직이 유동적인 위협 환경에 보조를 맞추고자 현재 성숙도 수준을 파악하고 미래의 기술 및 절차를 포함하기 위한 계획을 수립하는 데 유용한 구성 개념이다.

▌ 위협 사냥 주기

위협 사냥은 사고 대응과 마찬가지로 절차 중심으로 운용된다. 명확하게 정의되고 승인된 절차는 없지만 위협 사냥이 수행할 수 있는 절차를 제공하는 일반적인 시퀀스가 있다. 다음 스크린샷은 위협 사냥의 다양한 단계를 절차에 결합해 위협 헌터를 다양한 활동으로 안

내함으로써 정확하고 완전한 사냥을 촉진한다.

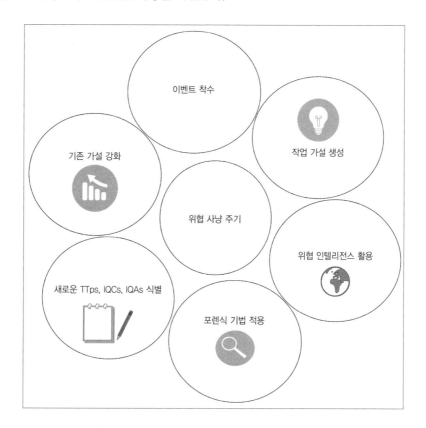

첫 번째 단계부터 시작해 보자.

이벤트 착수

위협 사냥은 이벤트 착수로부터 시작된다. 위협 사냥을 업무에 통합한 조직은 특정 시점이나 기간 동안 수행할 위협 사냥의 절차 또는 정책을 갖고 있다. 예를 들어 어떤 조직은 보안 운영팀이 매달 4~5건 위협 사냥을 매주 월요일에 착수하는 절차를 갖고 있다. 이런 각각의 위협 사냥을 이벤트 착수initiating event라고 할 수 있다.

두 번째 유형의 이벤트 착수는 일반적으로 내부 또는 외부 소스에서 발생하는 일부 위협 인텔리전스 경보가 중심이 된다. 예를 들어 어떤 조직은 다음의 스크린샷에 표시된 것과 같은 경보를 수신할 수 있다. 미국 연방수사국의 이 경보는 Ryuk 계열의 랜섬웨어와 연관된 새로운 IOC가 있음을 나타낸다. 조직은 이 인텔리전스에 대해 조치를 취하기로 결정하고 다음과 같이 경고의 일부로 제공되는 IOC와 관련된 모든 지표에 대해 네트워크를 통한 사냥을 시작할 수 있다.

이벤트 착수를 완전히 이해했다면 다음 단계는 위협 사냥을 하는 동안 찾아야 할 항목을 만드는 것이다.

작업 가설 생성

위협 사냥팀은 이벤트 착수에서 벗어나 작업 가설을 작성한다. 위협 사냥이란 집중화된 시도이며 사냥팀이 이벤트 로그나 메모리 이미지를 뒤지기만 하는 것이 아니라 그들이 찾을 수 있는 모든 것을 찾기 시작한다는 것을 의미한다. 'APT 그룹이 네트워크의 다수 시스템을 장악했다'와 같은 작업 가설이 일반적인데 이는 위협 사냥의 대상을 특정하지 않는다. 위협 사냥꾼은 이러한 지표가 지속적인 위협 그룹에서 나오든 아니면 기존의 위협 인텔리전스에서 나오든 간에 핵심 지표에 집중해야 한다.

작업 가설은 초점을 제공한다. 'APT 유형의 공격자는 DMZ 웹 서버를 장악해 명령 및 제어C2, Command and Control 인프라로 사용하고 있다'와 같은 작업 가설은 보다 좋은 가설이다. 이는 사냥팀이 디지털 포렌식 기법을 적용해 이 가설이 사실인지 판단할 수 있는 특정 대상을 제공한다.

경보를 통해 시작되는 이러한 위협 사냥은 많은 경우 가설을 세우고자 활용될 수 있는 핵심 영역의 초점을 발견하게 한다. 예를 들어 앞에서 FBI의 경보를 다뤘다. Ryuk에 관련된 IOC 외에도 다음과 같은 말들 역시 경보에 포함된다.

> Ryuk가 악성 프로그램 배포에 사용된 Dropper와 관련된 모든 파일을 삭제하기 때문에 정확한 감염 경로는 알려져 있지 않다. 경우에 따라 Ryuk는 TrickBot 및/또는 Emotetbanking Trojans에 2차적으로 배치돼 SMB(Server Message Block) 프로토콜을 사용해 네트워크를 통해 전파되며 자격 증명을 탈취하는 데 사용될 수 있다.

이 데이터를 통해 사냥팀은 이러한 전술·기술·절차TTP, Tactics Techniques Procedure를 직접 다루는 가설을 세울 수 있다. 가설은 다음과 같다. '공격자가 다수의 내부 시스템을 감염시켰고, 다른 시스템을 감염시키려는 목적으로 내부 네트워크 내에서 측면 이동하고자 마이크로소프트 SMB 프로토콜을 사용하고 있다.' 다시 말해 이 표본 가설은 명확하며 위협 헌터에게 가설을 입증하거나 반증할 수 있는 구체적인 초점을 제공한다.

위협 인텔리전스 활용

13장에서는 사고 발생 시 사이버 위협 인텔리전스를 활용할 수 있는 방법을 광범위하게 살펴봤다. 위협 사냥에는 다양한 사고 대응과 디지털 포렌식 기법이 적용되고 있기 때문에 사이버 위협 인텔리전스 역시 중요한 역할을 한다. 작업 가설과 마찬가지로 위협 인텔리전스는 이용 가능한 관련 위협 인텔리전스의 검토를 통해 확인된 특정 지표 또는 TTP에 더욱 주의를 집중할 수 있도록 한다.

가설과 위협 인텔리전스 사이의 이러한 결합의 예는 뱅킹 트로이 목마 Emotet와 이를 지원하는 인프라 사이의 관계를 조사함으로써 제공될 수 있다.

첫째, 사냥팀이 만든 가설은 다음과 같다. '내부 네트워크 내의 시스템은 Emotet 전송 또는 명령 및 제어 인프라와 통신해 왔다.' 이 가설을 염두에 둔 사냥팀은 **오픈소스 인텔리전스**OSINT, Open Source Intelligence 또는 상업용 피드를 활용해 집중을 높일 수 있다. 예를 들어 다음과 같은 사이트들은 Emotet 바이너리를 제공하는 것으로 확인됐다.

- https://www.cityvisualization.com/wp-includes/88586
- https://87creationsmedia.com/wp-includes/zz90f27
- http://karencupp.com/vur1qw/s0li7q9
- http://www.magnumbd.com/wp-includes
- http://minmi96.xyz/wp-includes/l5vaemt6

이제부터 이 URL에 대한 트래픽 표시가 있는 시스템에 집중할 수 있다.

포렌식 기법 적용

다음 단계의 위협 사냥 주기는 포렌식 기법을 가설 테스트에 적용하는 것이다. 이 책은 다양한 위치에 존재하는 지표들을 찾기 위한 포렌식 기법의 사용에 대부분 할애됐다. 위협 사냥에서 사냥팀은 이러한 동일한 기법을 다양한 증거 소스에 적용해 지표가 존재하는지 여부를 확인할 것이다.

예를 들어 앞의 5개의 URL은 악성 코드 Emotet와 관련된 지표로 식별됐다. 위협 헌터들은 몇 가지 증거 자료를 활용해 지표가 존재하는지 확인할 수 있다. 예를 들어 프록시 로그를 검사하면 내부 시스템이 해당 URL에 연결돼 있는지 여부를 확인할 수 있다. DNS 로그는 내부 네트워크의 시스템이 하나 이상의 URL을 해결해 연결을 설정하려고 시도했는지를 나타낼 때 유용하다. 마지막으로 방화벽 로그는 해당 URL에 연결됐는지 또는 연루된 IP 주소에 연결됐는지 확인하는 데 유용하다.

새로운 지표 식별

위협 사냥 과정에서 새로운 지표가 발견될 수 있다. 특정 악성 코드 계열에 대한 메모리 이미지를 검색하면 이전에 알려지지 않았고 탐지되지 않았던 IP 주소가 드러난다. 다음은 위협 사냥에서 확인할 수 있는 상위 10개 지표다.

- 비정상적인 아웃바운드 네트워크 트래픽
- 권한 있는 사용자 계정의 이상 징후
- 지리적 이상 징후
- 과도한 로그인 실패
- 과도한 데이터베이스 읽기 볼륨
- HTML 응답 크기
- 과도한 파일 요청
- 포트-응용 프로그램 불일치
- 의심스러운 레지스트리 또는 시스템 파일 변경
- DNS 쿼리 이상 징후

기존 가설 강화

위협 사냥 중에 식별되는 새로운 지표는 기존의 위협 사냥 가설을 수정하게 한다. 예를 들어 Emotet 감염 지표에 대한 위협 사냥 과정에서, 위협 헌터는 내부 네트워크에서 측면 이동을 위해 윈도우 시스템 내부 도구 PsExec가 사용됐다는 것을 발견한다. 이제부터 원래의 가설은 이 새로운 기법을 반영하도록 변경돼야 하며, 모든 지표는 지속적인 위협 사냥에 통합돼야 한다.

발견된 새로운 지표와 관련해 위협 헌터들이 이용할 수 있는 또 다른 방법은 새로운 지표를 이벤트 착수로 활용해 새로운 위협 사냥을 시작하는 것이다. 식별된 지표 또는 TTP가 원래의 위협 사냥 가설을 훨씬 벗어날 경우 이런 조치가 종종 활용된다. 이것은 또한 여러 팀이 활용할 수 있는 옵션이기도 하다. 마지막으로 지표는 위협 사냥에서 사고 대응으로 이동해야 할 수 있다. 이것은 종종 데이터 손실, 자격 증명 손상 또는 다수 시스템의 감염이 발생한 경우에 필수적이다. 기존 가설이 어느 지점에서 수정되는지 또는 새로운 가설이 생성되는지, 또는 최악의 경우 사고가 선언되는지를 결정하는 것은 사냥팀에 달려 있다.

▌ MITRE ATT&CK

13장, '위협 인텔리전스 활용'에서는 사고 대응에 위협 인텔리전스를 통합하는 것에 관련한 MITRE ATT&CK 프레임워크를 간략히 살펴봤다. MITRE ATT&CK 프레임워크는 다양한 영역의 위협 사냥에서 유용하지만, 14장의 목적상 두 가지 특정 사용 사례에 초점을 맞춘다. 첫째, 구체적 가설을 세우는 데 프레임워크를 사용한다. 둘째, 최상의 지표를 생성할 수 있다고 여겨지는 증거 출처를 판단하고자 프레임워크를 사용한다.

첫 번째 사용 사례인 가설 생성은 MITRE ATT&CK 프레임워크의 다양한 전술과 기법의 조사를 통해 달성된다. `attack.mitre.org/tactics/enterprise`에서 다양한 엔터프라이즈 전술을 검토한 결과, 다음의 스크린샷에서 보는 것과 같이 12가지 별도의 전술이 표시된다.

ID	Name	Description
TA0001	Initial Access	The adversary is trying to get into your network.
TA0002	Execution	The adversary is trying to run malicious code.
TA0003	Persistence	The adversary is trying to maintain their foothold.
TA0004	Privilege Escalation	The adversary is trying to gain higher-level permissions.
TA0005	Defense Evasion	The adversary is trying to avoid being detected.
TA0006	Credential Access	The adversary is trying to steal account names and passwords.
TA0007	Discovery	The adversary is trying to figure out your environment.
TA0008	Lateral Movement	The adversary is trying to move through your environment.
TA0009	Collection	The adversary is trying to gather data of interest to their goal.
TA0011	Command and Control	The adversary is trying to communicate with compromised systems to control them.
TA0010	Exfiltration	The adversary is trying to steal data.
TA0040	Impact	The adversary is trying to manipulate, interrupt, or destroy your systems and data.

이 전술들은 서술적이긴 하지만 위협 사냥 가설 작성에 도움이 될 만큼 구체적이지 않다. 위협 헌터들이 주목해야 할 것은 전략을 구성하는 다양한 기법들이다. 예를 들어 공격자들이 초기 거점을 확보하고자 활용하는 다양한 기법에 대해 서술하는 초기 접근 전술을 검토하는 것이다. MITRE ATT&CK 프레임워크는 그러한 전술 11가지를 자세히 설명한다.

MITRE ATT&CK 프레임워크를 가설에 활용할 수 있으려면 다양한 전술이 갖고 있는 기법들을 하나 이상 통합해야 한다. 예를 들어 위협 사냥팀이 명령 및 제어 트래픽에 대해 우려하는 경우 MITRE ATT&CK 엔터프라이즈의 전술 TA0011을 살펴볼 수 있다. 이제 그 전술에 해당하는 22가지의 구체적 기법이 있다. 여기서 위협 사냥팀은 데이터 인코딩에 관한 T1132와 같은 기법을 선택할 수 있다. 그런 다음 다음과 같은 가설을 세울 수 있다. '공격자가 내부 네트워크의 시스템을 손상시켰고 명령 및 제어 트래픽을 난독화하고자 인코딩 또는 압축을 사용하고 있다.'

위의 예에서 MITRE ATT&CK 프레임워크는 가설을 만들 수 있는 훌륭한 기반을 제공했다. MITRE ATT&CK 프레임워크는 또한 이러한 유형의 기법을 사용하는 것으로 확인된 다양한 위협 행위자 그룹과 도구에 대한 통찰력을 준다. 예를 들어 https://attack.mitre.org/techniques/T1132/에서 보듯이 데이터 인코딩에 관한 T1132 기법을 검토해 보면 APT19와 APT33과 같은 위협 행위자 그룹은 모두 명령 및 제어 트래픽을 난독화하는 데 이 기법을 사용한다는 것을 알 수 있다. 도구의 측면에서 MITRE는 Linux Rabbit이나 njRAT와 같은 다양한 악성 코드 계열이 Base64 인코딩이나 인코딩된 URL 파라미터와 같은 난독화 기술을 사용한다는 것을 보여 준다. 결과적으로 위협 사냥은 사냥팀이 원하는 특정 위협 그룹이나 악성 코드 계열에 보다 집중된다.

두 번째로 MITRE ATT&CK 프레임워크는 증거 소스에 대한 지침을 제공함으로써 위협 사냥에 활용된다. T1132 데이터 인코딩 기법으로 돌아가서 살펴보면 MITRE는 이 기법과 관련된 지표들에 대한 최상의 데이터 소스가 패킷 캡처, 네트워크 프로토콜 분석, 프로세스 모니터링, 네트워크 연결을 사용하는 프로세스 식별이라는 것을 보여 준다. 이제 위협 사냥꾼은 Moloch 또는 Wireshark를 통한 패킷 캡처 분석을 활용해 악성 지표를 식별할 수 있다. 이것은 네트워크 연결 및 관련 프로세스에 대한 주요 시스템의 메모리 검사를 통해 추가로 보강될 수 있다.

MITRE는 종종 위협 사냥팀의 지표 탐색에 도움을 줄 추가 세부 사항을 분류한다. 기법 1132에는 이 특정 기법과 관련된 추가 세부 사항이 다음과 같이 포함된다.

> "흔치 않은 데이터 흐름에 대한 네트워크 데이터 분석(예: 서버에서 수신하는 것보다 훨씬 많은 데이터를 송신하는 클라이언트). 일반적으로 네트워크 통신이 없거나 이전에는 볼 수 없었던 네트워크를 활용하는 프로세스가 의심스럽다. 패킷 내용을 분석해 사용 중인 포트에 대해 예상되는 프로토콜 동작을 따르지 않는 통신을 탐지하자."

기법, 데이터 소스, 잠재적 행동 방침에 대한 세부 사항은 위협 사냥과 가설, 결국에는 행동 방침에 초점을 맞출 수 있는 능력을 제공하기 때문에 위협 헌터들에게 큰 도움이 된다. 이러한 요소들은 위협 사냥 계획을 세우는 데 유용하다.

▍위협 사냥 계획

위협 사냥을 시작하는 데는 많은 계획이 필요하지 않지만, 위협 사냥을 어떻게 수행할 것인지, 데이터 소스 및 위협 사냥이 집중될 기간에 대한 약간의 체계는 있어야 한다. 필요한 모든 핵심 사항을 다루고 모든 사냥팀을 동일한 초점 영역에 배치하는 간단한 서면 계획을 통해 위협 사냥과 관련 없는 데이터를 최소화할 수 있다. 다음은 계획에서 다뤄야 할 7가지 핵심 요소다.

- **가설**: 앞에서 설명한, 하나 또는 2개의 가설. 사냥팀원들 모두가 이 가설을 명확히 이해해야 한다.
- **MITREATT&CK 전술**: 13장에서는 MITRE ATT&CK 프레임워크와 이것의 위협 인텔리전스 및 사고 대응에 대한 적용을 이야기했다. 여기에서는 위협 사냥에 위협 행위자가 사용해 온 구체적인 전술이 포함돼야 한다. 가설에 가장 적합한 전술을 선택하자.
- **위협 인텔리전스**: 사냥팀은 내부적으로 개발하거나 외부에서 조달한 위협 인텔리전스를 최대한 활용해야 한다. 외부 소스는 상용 제공자 또는 OSINT일 수 있다. 위협 인텔리전스는 이전에 식별된 가설 및 MITRE ATT&CK 전술과 직접 관련된 IoC, IoA, TTP여야 한다. 이것이 사냥 팀이 사냥을 하는 동안 활용할 데이터 포인트다.
- **증거 소스**: 이것은 위협 사냥 중에 활용돼야 하는 다양한 증거 소스의 목록이어야 한다. 예를 들어 SMB를 통한 측면 이동 지표를 찾는 경우 사냥팀은 NetFlow 또는 선택한 패킷 캡처를 활용할 수 있다. 원격 데스크톱을 사용하는 측면 이동에 대한 다른 지표들은 윈도우 이벤트 로그에서 찾을 수 있다.
- **도구**: 계획에 관한 이 절은 증거를 검토하는 데 필요한 구체적 도구를 서술한다. 예를 들어 10장, '로그 파일 분석'에서는 오픈소스 도구인 Skadi를 사용해 로그 파일을 분석하는 법을 다뤘다. 만약 이 도구를 위협 사냥에 사용한다면 이것을 계획에 포함시켜야 한다.

위협 사냥에 매우 도움이 되는 도구 그룹은 **엔드포인트 탐지 및 대응**EDR, Endpoint Detection and Response 도구다. 이러한 도구는 기존의 바이러스 백신 플랫폼의 방법론을 기반으로 한다. 이러한 플랫폼 중 상당수는 특정 IoC 및 기타 데이터 포인트를 전사적으로 검색할 수 있는 기능도 갖추고 있으므로 위협 탐지팀은 수많은 시스템에서 일치하는 IoC를 검색할 수 있다. 이러한 도구는 위협 사냥 중에 광범위하게 활용돼야 한다.

- **범위**: 위협 사냥에 포함될 시스템을 말한다. 계획은 포커스를 맞출 단일 시스템 또는 시스템들, 서브넷 또는 네트워크 세그먼트를 표시해야 한다. 초기에 위협 사냥꾼들은 한정된 수의 시스템에 초점을 맞춰야 하지만, 도구 세트에 익숙해지고 주어진 시간에 얼마나 많은 증거가 조사될 수 있는지에 따라 보다 많은 시스템을 추가할 수 있다.

- **기간**: 위협 사냥은 종종 증거를 소급해서 검토하기 때문에 위협 사냥팀이 초점을 맞춰야 하는 기간을 설정해야 한다. 예를 들어 발생 사건이 상대적으로 새로운 경우라면(예: 48시간) 이전에 감지되지 않은 적대적 행동을 해결하고자 계획에 표시된 기간을 지난 72시간으로 제한할 수 있다. 다른 시간 프레임은 사용 가능한 가설과 위협 인텔리전스에 따라 위협 사냥을 14일 또는 30일로 확장할 수 있다.

다음은 이러한 요소들을 보기 쉽게 프레임워크로 통합한 위협 사냥 계획의 예다.

가설	• 공격자는 DMZ의 웹서버를 손상시켜 시스템에 접근하고 원격 접근 도구를 구성했다.
MITRE ATT&CK 전술	• T1190 자유롭게 접근 가능한 응용 프로그램 익스플로잇 • T1219 원격 접근 도구 • T1071 표준 응용 프로그램 레이어 프로토콜
위협 인텔리전스	• VirusTotal • Alien Vault OTX • US-CERT
소스	• 윈도우 이벤트 로그, 패킷 캡처 • IIS 로그, 웹 로그 • 웹 응용 프로그램 방화벽 로그
도구	• 이벤트 로그 검토 도구 • Wireshark 또는 Moloch • 파일 검색 도구
범위	• DMZ의 모든 웹서버
시간 프레임	• 지난 90일간의 로그 검토

이 샘플 계획에서 설정된 가설은 공격자가 하나 이상의 DMZ 웹 서버를 장악했다는 것이다. 연관된 MITRE ATT&CK 전술은 웹 응용 프로그램을 이용하거나 명령 및 제어 채널을 설정하는 것을 포함한다. 이 계획에서 위협 사냥팀은 OSINT를 활용할 것이다. 소스 및 도구에는 로그 및 패킷 캡처가 포함되며 지난 90일 동안의 것이 검토된다. 이것은 간단한 계획이지만 위협 사냥팀의 각 구성원들이 사냥을 수행하는 데 필요한 모든 방향을 제공한다.

▌ 위협 사냥 보고

11장, '사고 보고서 작성'에서는 사고 대응자들이 자신의 활동과 발견 사항을 올바르게 보고하는 데 필요한 구체적 내용을 살펴봤다. 위협 사냥의 보고는 관리자 및 정책 설정자에게 사냥팀이 활용할 도구, 기법, 절차에 대한 통찰력뿐만 아니라 추가 도구의 잠재적 정당성을 제공하고 또는 기존 절차를 수정할 수 있게 하므로 매우 중요하다. 다음은 위협 사냥 보고서에 포함돼야 할 핵심 요소들이다.

- **요약서**executive summary: 상위 수준의 개요로서 취한 조치, 발견된 지표 및 사냥이 증명되거나 반증된 경우에 있어서 의사 결정자들에게 행동할 수 있는 짧은 서술을 제공한다.

- **위협 사냥 계획**threat hunt plan: 위협 사냥 가설을 포함한 계획이 위협 사냥 보고서의 일부로 포함돼야 한다. 위협 수색팀이 작업 중 활용했던 다양한 세부 정보를 독자에게 제공할 수 있다.

- **포렌식 보고서**forensic report: 11장, '사고 보고서 작성'에서 살펴본 바와 같이 포렌식 도구에 의해 생성되거나 사고 대응자가 스스로 만든 많은 양의 데이터가 존재한다. 각 시스템 또는 증거 소스에 대한 자세한 검사가 문서화돼야 하므로 위협 사냥 보고서 중 이 절이 가장 길다. 또한 사냥의 일환으로 조사된 모든 증거 항목의 포괄적인 목록이 존재해야 한다.

- **소견**findings: 이 절은 사냥팀이 사냥 초기에 설정된 가설을 증명하거나 반증할 수 있었는지 여부를 나타낸다. 가설이 증명됐다면 수정 가설, 새로운 가설 또는 사고 대응 능력이 작용했는지 여부와 같은 후속 조치를 문서화해야 한다. 마지막으로 위협 사냥의 일부로 발견된 IoC, IoA 또는 TTP도 문서화해야 한다.

  이 소견 절의 또 다른 핵심 영역은 기존의 절차와 기술이 어떻게 세부적인 위협 사냥을 촉진할 수 있었는지 표시하는 것이다. 예를 들어 위협 사냥이 윈도우 이벤트 로그가 시간 또는 수량 면에서 불충분하다고 표시하면 이 사실이 보고서에 나타나야 한다. 이러한 유형의 통찰은 상세한 위협 사냥을 용이하게 하고자 충분한 네트워크 및 시스템 가시성을 확보할 수 있는 환경을 조성하는 데 소요되는 추가 시간과 리소스를 정당화하는 기능을 제공한다.

  위협 사냥 보고서의 마지막 절은 보안과 관련이 없거나 사고 관련 발견 사항에 할애된다. 위협 사냥은 종종 취약 시스템, 기존 구성 오류 또는 사고와 관련되지 않은 데이터 포인트를 찾을 수 있다. 이러한 정보를 위협 사냥의 일부로 보고해 문제가 해결될 수 있도록 해야 한다.

- **권고 사항**recommendations: 가설과 모순되거나 보안 발견 사항을 포함하지 않는 위협 사냥에서도 조사 결과가 자주 발견되기 때문에 향후의 위협 사냥 개선, 조직의 보안 상태 또는 시스템 구성의 개선을 위한 권고 사항이 포함돼야 한다. 또한 이러한 권고 사항을 그룹으로 나누는 것이 좋다. 예를 들어 전략적인 권고 사항에는 구현을 위한 리소스의 양과 시간을 증가시킬 수 있는 장기적인 구성 또는 보안 상태의 개선이 포함된다. 전술적 권고 사항에는 경보의 정확도를 향상시킬 수 있는 위협 사냥 절차 또는 시스템 설정에 대한 단기 또는 간단한 개선 사항이 포함될 수 있다. 권고 사항은 중요도에 따라 추가 분류할 수 있는데 이는 단순히 절차 개선이나 구성 변경에 초점을 둔 권고 사항보다 우선 순위가 높은, 즉 보안 상태를 개선하는 데 필요하거나 고위험 공격 방지를 위해 필요한 권고 사항을 포함한다.

위협 사냥 보고서에는 전체 위협 사냥 절차를 지속적으로 개선하는 데 사용할 수 있는 많은 양의 데이터가 포함돼 있다. 또 다른 고려 사항은 고위 경영진에게 위협 사냥을 보고하는 이점이다. 고위 경영진들이 관심을 가질 만한 주요 데이터 포인트는 사용된 시간, 이전에 식별된 적 없는 지표, 감염된 시스템의 식별, 식별된 위협, 포함된 시스템의 수다. 이전에 식별된 적 없는 위협을 식별할 수 있는 위협 사냥 능력에 대한 지표를 제공하는 데이터를 보유한다면 이것이 조직의 일상적인 보안 운영의 일부인 지속적인 실무임을 확인하는 데 큰 도움이 될 것이다.

▌요약

전직 FBI 정보 요원이자 사이버 보안 전문가인 에릭 오닐Eric O'Neill은 다음과 같이 말했다. "여러분이 위협을 사냥하지 않으면 위협이 여러분을 사냥할 것이다." 이것이 바로 위협 사냥이 가진 정서다. 지금까지 살펴본 것처럼 손상에서 탐지까지의 평균 시간은 공격자가 상당한 피해를 입히기에 충분한 시간을 준다. 위협 사냥은 사전 예방적 위협 사냥, 위협 사냥 주기의 적용, 적절한 계획 수립, 발견 사항 기록 등의 측면에서 조직의 성숙도 수준을 파악함으로써 이뤄질 수 있다. 사전 예방적 자세를 취하면 공격자가 피해를 일으킬 시간을 줄일 수 있으며, 끊임없이 변화하는 위협 환경보다 앞서 나가는 데 도움이 될 수 있다.

▌ 질문

1. 머신러닝과 같은 기술은 어떤 위협 사냥 성숙도 모델 수준에서 찾을 수 있는가?

   A. HM0

   B. HM1

   C. HM2

   D. HM3

2. 다음 중 상위 10개 IoC는 무엇인가?

   A. IP 주소

   B. 악성 코드 서명

   C. 과도한 파일 요청

   D. URL

3. 위협 사냥 착수 이벤트는 위협 인텔리전스 보고서가 될 수 있다.

   A. 참

   B. 거짓

4. 작업 가설은 위협 사냥의 의도에 관한 일반화된 진술이다.

   A. 참

   B. 거짓

▌ 더 읽어 볼 거리

- Your Practical Guide to Threat Hunting: https://www.threathunting.net/files/hunt-evil-practical-guide-threat-hunting.pdf
- MITRE ATT&CK: https://attack.mitre.org

부록

IT 및 보안 전문가가 사용할 수 있는 다양한 유형의 윈도우 이벤트 로그 유형이 있다. 이 부록에는 보안 및 사고 조사와 관련된 가장 중요한 이벤트가 포함되어 있으며 참고용으로 제공된다.

이벤트 ID	이벤트 유형	주요 용도	이벤트 로그
21	원격 데스크톱 서비스: 세션 로그온이 성공했습니다.	이벤트 상관 관계, 측면 이동, 범위 지정	TerminalServices-LocalSessionManager/Operational
25	원격 데스크톱 서비스: 세션 재 연결에 성공했습니다.	이벤트 상관 관계, 측면 이동, 범위 지정	TerminalServices-LocalSessionManager/Operational

이벤트 ID	이벤트 유형	주요 용도	이벤트 로그
102	이 이벤트는 터미널 서비스 게이트웨이 서비스가 연결을 허용하고자 유효한 SSL(Secure Sockets Layer) 인증서를 요구할 때 기록된다.	이벤트 상관 관계, 측면 이동, 범위 지정	Microsoft-Windows-TerminalServices-Gateway
106	사용자가 예약된 작업을 등록했습니다.	실행, 지속성	Windows task scheduler
107	작업 스케줄러가 시간 트리거로 인해 작업을 시작했습니다.	실행, 지속성	Windows task scheduler
131	RDP 서버가 새 TCP 연결을 수락했습니다.	이벤트 상관 관계, 측면 이동, 범위 지정	Remote desktop services RdpCoreTs
140	사용자가 예약된 작업을 업데이트했습니다.	실행, 지속성	Windows task scheduler
141	사용자가 예약된 작업을 삭제했습니다.	실행, 지속성	Windows task scheduler
200	작업 스케줄러는 작업 인스턴스에서 작업을 시작했습니다.	실행, 지속성	Windows task scheduler
201	작업 스케줄러가 작업을 성공적으로 완료했습니다.	실행, 지속성	Windows task scheduler
800	파이프 라인 실행 세부 정보.	이벤트 상관 관계, 측면 이동, 실행	PowerShell
4103	파이프 라인을 실행 중입니다.	이벤트 상관 관계, 측면 이동, 실행	PowerShell
1024	RDP ClientActiveX가 서버에 연결을 시도하고 있습니다.	이벤트 상관 관계, 측면 이동, 범위 지정	Microsoft-Windows-TerminalServices-RDPClient/Operational
4624	계정이 성공적으로 로그온됐습니다.	이벤트 상관 관계(사용자 이벤트), 범위 지정, 사용자 위치 식별	Security
4625	계정 로그온에 실패했습니다.	이벤트 상관 관계(사용자 이벤트), 범위 지정, 사용자 위치 식별	Security
4634	계정이 로그 오프되었습니다.	이벤트 상관 관계(사용자 이벤트), 범위 지정, 사용자 위치 식별	Security
4647	사용자가 로그오프를 시작했습니다.	이벤트 상관 관계(사용자 이벤트), 범위 지정, 사용자 위치 식별	Security

이벤트 ID	이벤트 유형	주요 용도	이벤트 로그
4648	명시적 자격 증명을 사용해 로그온을 시도했습니다.	이벤트 상관 관계, 측면 이동, 범위 지정	Security
4672	새 로그온에 할당된 특수 권한입니다.	권한 상승	Security
4698	예약된 작업을 생성했습니다.	지속성	Security
4727	보안이 설정된 글로벌 그룹이 생성됐습니다.	권한 상승, 측면 이동, 지속성	Security
4728	구성원이 보안이 설정된 글로벌 그룹에 추가됐습니다.	권한 상승, 측면이동	Security
4737	보안이 설정된 글로벌 그룹을 변경했습니다.	권한 상승, 측면 이동, 지속성	Security
4706	도메인에 대한 새 트러스트가 생성됐습니다.	통제 확인	Security
4720	사용자 계정을 만들 수 있습니다.	권한 상승, 측면 이동, 지속성	Security
4729	보안이 활성화된 글로벌 그룹에서 구성원이 제거됐습니다.	통제 확인	Security
4754	보안이 설정된 유니버설 그룹을 만들 수 있습니다.	권한 상승, 측면 이동, 지속성	Security
4755	보안이 설정된 유니버설 그룹을 변경했습니다.	권한 상승, 측면 이동, 지속성	Security
4767	사용자 계정의 잠금을 해제했습니다.	권한 상승, 지속성	Security
5140	네트워크 공유 개체에 액세스했습니다.	측면 이동	Security
5145	클라이언트에 원하는 액세스 권한을 부여할 수 있는지 알아보고자 네트워크 공유 개체를 검사했습니다.	측면 이동	Security
7045	사용자가 시스템에 새 서비스를 설치했습니다.	실행, 측면 이동	Security

평가

3장 디지털 포렌식 기본 원리

1. B
2. A
3. D
4. B

4장 네트워크 증거 수집

1. D
2. A
3. D
4. B

5장 호스트 기반 증거 확보

1. C
2. A
3. C
4. A

6장 포렌식 이미징

1. A, C
2. A
3. A
4. D

7장 네트워크 증거 분석

1. A
2. B

3. D

4. B

8장 시스템 메모리 분석

1. D

2. C

3. B

4. A

9장 시스템 스토리지 분석

1. D

2. C

3. A

4. C

10장 로그 파일 분석

1. A

2. B

3. C

4. A

11장 사고 보고서 작성

1. A

2. D

3. B

4. C

12장 악성 코드 분석

1. D

2. A

3. B

4. B

13장 위협 인텔리전스 활용

1. A

2. B

3. A

4. C

14장 위협 탐지

1. D

2. C

3. A

4. B

| 찾아보기 |

디지털 포렌식과 사고 대응 2/e
사이버 위협에 대응하는 사고 대응 기법과 절차

발 행 | 2021년 8월 31일

지은이 | 제라드 요한센
옮긴이 | 백 명 훈 · 이 규 옥

펴낸이 | 권 성 준
편집장 | 황 영 주
편 집 | 조 유 나
　　　　 김 진 아
디자인 | 송 서 연

에이콘출판주식회사
서울특별시 양천구 국회대로 287 (목동)
전화 02-2653-7600, 팩스 02-2653-0433
www.acornpub.co.kr / editor@acornpub.co.kr

한국어판 ⓒ 에이콘출판주식회사, 2021, Printed in Korea.
ISBN 979-11-6175-555-7
http://www.acornpub.co.kr/book/digital-forensics-2e